여러분의 합격을 응원하는
해커스공무원의 특별 혜택

FREE 공무원 영어 특강

해커스공무원(gosi.Hackers.com) 접속 후 로그인 ▶
상단의 [무료강좌] 클릭하여 이용

공무원 보카 어플 이용권

POSTVOCA4000

구글 플레이스토어/애플 앱스토어에서 '해커스공무원 기출보카' 검색 ▶ 어플 설치 후 실행 ▶
'인증코드 입력하기' 클릭 ▶ 위 인증코드 입력 후 이용

* 해당 자료는 [해커스공무원 기출 보카 4000+]교재 내용으로 제공되는 자료로, 공무원 시험 대비에 도움이 되는 유용한 자료입니다.
*등록 후 30일간 사용 가능

공무원 매일영어 학습

해커스공무원(gosi.Hackers.com) 접속 후 로그인 ▶ 상단의 [무료강좌] 클릭 ▶
[매일영어 학습] 클릭하여 이용

해커스공무원 온라인 단과강의 20% 할인쿠폰

5978B58EE4D4C23Q

해커스공무원(gosi.Hackers.com) 접속 후 로그인 ▶ 상단의 [나의 강의실] 클릭 ▶
좌측의 [쿠폰등록] 클릭 ▶ 위 쿠폰번호 입력 후 이용

* 쿠폰 이용 기간: 등록 후 7일간 사용 가능

쿠폰 이용 관련 문의 **1588-4055**

단기 합격을 위한 해커스공무원 커리큘럼

입문
탄탄한 기본기와 핵심 개념 완성!
누구나 이해하기 쉬운 개념 설명과 풍부한 예시로 부담없이 쌩기초 다지기
TIP 베이스가 있다면 **기본 단계**부터!

기본+심화
필수 개념 학습으로 이론 완성!
반드시 알아야 할 기본 개념과 문제풀이 전략을 학습하고
심화 개념 학습으로 고득점을 위한 응용력 다지기

기출+예상 문제풀이
문제풀이로 집중 학습하고 실력 업그레이드!
기출문제의 유형과 출제 의도를 이해하고 최신 출제 경향을 반영한
예상문제를 풀어보며 본인의 취약영역을 파악 및 보완하기

동형문제풀이
동형모의고사로 실전력 강화!
실제 시험과 같은 형태의 실전모의고사를 풀어보며 실전감각 극대화

최종 마무리
시험 직전 실전 시뮬레이션!
각 과목별 시험에 출제되는 내용들을 최종 점검하며 실전 완성

PASS

* 커리큘럼 및 세부 일정은 상이할 수 있으며, 자세한 사항은 해커스공무원 사이트에서 확인하세요.

단계별 교재 확인 및 **수강신청은 여기서!**
gosi.Hackers.com

해커스계리직
영어
출제예상문제집

해커스

CONTENTS

계리직 문제집도 해커스가 만들면 다릅니다!   4
계리직 영어 이렇게 출제된다!   6

기출로 보는 유형별 필승 비법   10

Part 1 회화형

필수점검문제   20
실전완성문제   44

Part 2 숙어형

필수점검문제   112
실전완성문제   128

Part 3 독해형

필수점검문제   174
실전완성문제   198

Part 4 문법형

필수점검문제	278
실전완성문제	292

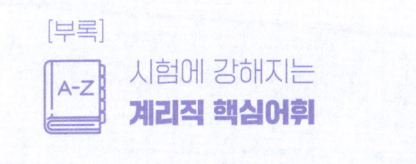

Part 5 실전 모의고사

실전 모의고사 1회	334
실전 모의고사 2회	342
실전 모의고사 3회	350
실전 모의고사 4회	358
실전 모의고사 5회	366

계리직 문제집도 해커스가 만들면 다릅니다!

01 유형별 문제들을 체계적으로 학습하여 **탄탄한 실력 완성**이 가능합니다!

> 풍부하게 수록된 최신 출제 유형의 문제들을 풀어 봄으로써 유형별 문제풀이 전략을 철저하게 파악할 수 있습니다.
> 반드시 맞추어야 하는 '필수점검문제'와 고난도 문제가 포함된 '실전완성문제'를 통해 다양한 난이도에 대비할 수 있습니다.
> 계리직 업무 수행 과정에서 발생할 수 있는 상황을 소재로 한 문제들로 실제 시험에 가까운 학습이 가능합니다.

> 최신 출제 유형의 문제 수록

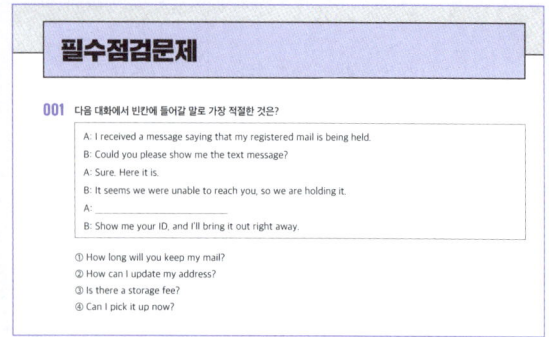

> 다양한 난이도의 문제 수록

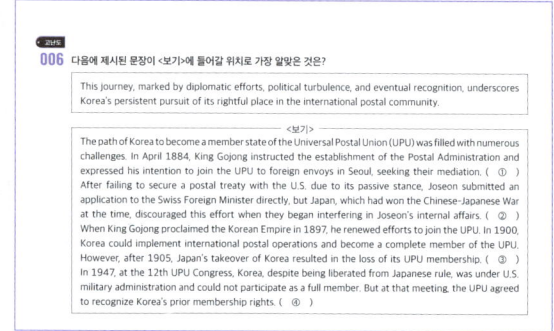

02 최신 출제경향을 완벽하게 분석하여 **전략적인 학습**이 가능합니다!

> 출제경향을 개편 이전과 비교한 '2024년 계리직 영어 출제경향'을 통해 바뀐 시험에 효과적으로 준비할 수 있습니다.
> 유형별 수험 대책을 통해 집중 학습이 필요한 부분을 확인하고, 취약한 부분에 대한 보완이 가능합니다.
> '기출로 보는 유형별 필승 비법'으로 2024년 기출문제 각각의 문제 유형과 그에 따른 문제풀이 비법을 살펴볼 수 있습니다.

> 최신 출제경향 분석 자료 제공

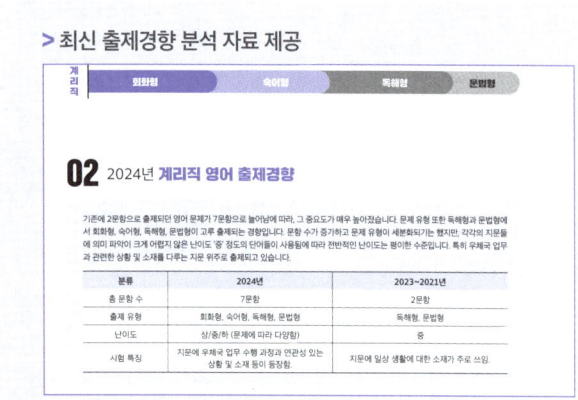

> 기출로 보는 유형별 필승 비법

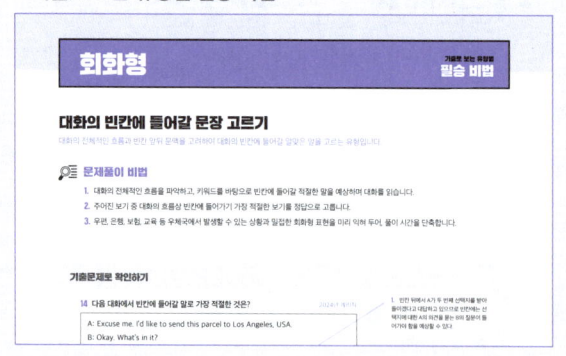

03 꼼꼼한 해석해설로 문제에 대한 **완벽한 이해**가 가능합니다!

> 정확한 해석과 상세한 해설, 일목요연하게 정리된 어휘를 통해 문제를 완벽하게 이해함으로써 실력을 향상시킬 수 있습니다.
> 문제 바로 옆에 해석해설이 수록된 구성으로 학습의 편의성을 높였습니다.

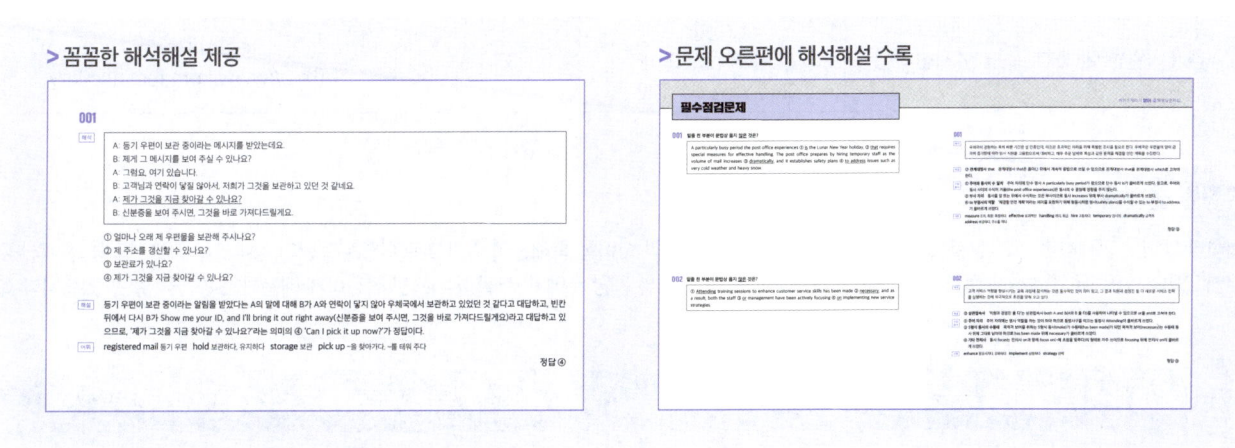

04 <계리직 핵심어휘>로 **계리직 직무 관련 어휘**를 학습할 수 있습니다!

> 우편, 예금 등 계리직 직무 상황에서 자주 쓰이는 핵심 단어들을 선별한 '계리직 핵심어휘'를 통해 기초영어 실력을 쌓을 수 있습니다.
> 간단한 퀴즈를 통해 '계리직 핵심어휘'의 어휘와 표현을 확실하게 암기했는지 확인할 수 있습니다.

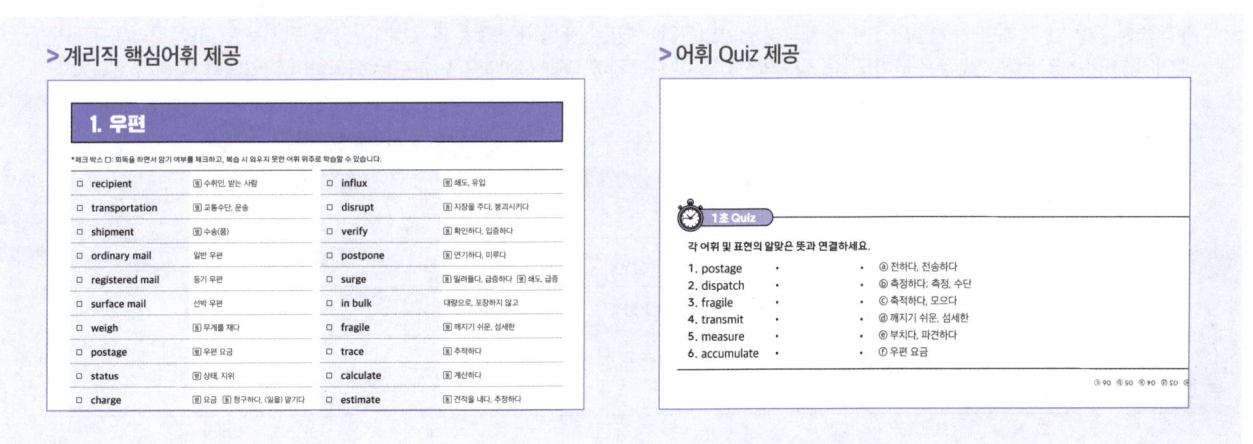

계리직 영어 이렇게 출제된다!

01 계리직 영어 **시험 안내**

시험 개요

영어 과목 위치	문제 유형	총 문항 수	2024년 경쟁률	시험 안내 사이트
'컴퓨터일반'에 포함	4지선다형	7문항 * 컴퓨터일반 전체 20문항 중 14-20번	37.7:1	우정사업본부 (https://www.koreapost.go.kr/)

유형별 출제 문항 수

계리직 영어는 2024년부터 7문항으로 출제되며 2024년에는 회화형·숙어형·독해형이 각각 2문제씩, 문법형의 경우 1문제 출제되었습니다. 공무원 영어 시험의 유형별 출제 문항 수는 변동이 적은 편이므로, 유형별 문항 수에 따라 풀이 시간을 적정하게 배분하는 연습을 할 수 있습니다.

계리직 | 회화형 | 숙어형 | 독해형 | 문법형

02 2024년 **계리직 영어 출제경향**

기존에 2문항으로 출제되던 영어 문제가 7문항으로 늘어남에 따라, 그 중요도가 매우 높아졌습니다. 문제 유형 또한 독해형과 문법형에서 회화형, 숙어형, 독해형, 문법형이 고루 출제되는 경향입니다. 문항 수가 증가하고 문제 유형이 세분화되기는 했지만, 각각의 지문들에 의미 파악이 크게 어렵지 않은 난이도 '중' 정도의 단어들이 사용됨에 따라 전반적인 난이도는 평이한 수준입니다. 특히 우체국 업무와 관련한 상황 및 소재를 다루는 지문 위주로 출제되고 있습니다.

분류	2024년	2023~2021년
총 문항 수	7문항	2문항
출제 유형	회화형, 숙어형, 독해형, 문법형	독해형, 문법형
난이도	상/중/하 (문제에 따라 다양함)	중
시험 특징	지문에 우체국 업무 수행 과정과 연관성 있는 상황 및 소재가 등장함.	지문에 일상생활에 대한 소재가 주로 쓰임.

03 계리직 영어 유형별 출제경향 및 수험 대책

회화형

출제경향
2024년 시험에서는 '대화의 빈칸에 들어갈 문장 고르기' 유형이 2문제 출제되었습니다. 빈칸 완성 유형의 경우 정답의 단서가 빈칸 앞뒤에 위치할 가능성이 크지만, 대화의 전체적인 흐름이 가장 자연스러운 것을 골라야 함에 유의합니다.

수험 대책
① 대화의 전체적인 흐름을 파악하여 주어진 보기 중 빈칸에 가장 알맞은 것이 무엇인지 찾아내는 훈련을 반복합니다.
② 안부를 묻거나 도움을 구하는 등 일상에서 흔히 사용되는 회화형 표현들을 미리 암기해 둠으로써 문제풀이 시간을 단축시킬 수 있습니다.

숙어형

출제경향
2024년 시험에서는 '빈칸에 들어갈 내용 중 적절하지 않은 표현 고르기', '빈칸에 들어갈 내용 중 적절한 표현 고르기' 유형이 각각 1문제씩 출제되었습니다. 네 개의 보기 모두가 표현으로 주어지는 경우, 각 보기의 정확한 뜻을 알지 못하면 지문 전반의 문맥을 읽어냈다고 하더라도 정답을 고르기 어려울 수 있습니다.

수험 대책
① 표현을 암기할 때는 예문을 통해 의미를 익히고, 특히 전치사를 포함하고 있는 표현들은 전치사에 유의하여 암기합니다.
② 반드시 알아 두어야 할 어휘와 표현을 선별하여 수록한 <계리직 핵심어휘>를 활용해 풍부한 어휘력을 키울 수 있습니다.
③ 본 교재를 통해 숙어형 문제를 풀어 본 뒤, 뜻을 몰랐거나 또는 뜻이 헷갈리는 어휘 및 표현들은 별도로 정리하여 반복적으로 외워 둡니다.

독해형

출제경향
2024년 시험에서는 '목적 파악'과 '빈칸 완성' 유형이 각각 1문제씩 출제되었습니다. 2024년 개편 이전에도 꾸준히 출제되어 온 독해형의 빈칸 완성 유형의 경우, 빈칸 앞뒤 문장에 정답의 단서가 제시되는 경우가 많습니다.

수험 대책
① 정답의 단서를 중심으로 빠르고 정확하게 지문을 분석하고, 문제를 풀면서 해석이 어려웠던 부분은 체크하여 문장 구조를 확실하게 확인합니다.
② 유형별로 다양한 문제를 학습하여 실전에 대비하고, 언제나 시간 제한을 두고 문제를 푸는 연습을 하여 시간 배분에 익숙해지도록 합니다.
③ 틀린 문제에 대해서는 '기출로 보는 유형별 필승 비법'(10p)에서 다루고 있는 문제풀이 비법을 다시 한번 적용해 보면서 문제풀이 노하우를 쌓습니다.

문법형

출제경향
2024년 시험에서는 '밑줄 친 부분 중 어법상 옳지 않은 것 고르기' 유형이 1문제 출제되었습니다. 지엽적이고 까다로운 문법 포인트보다 공무원 전 직렬에 대해 빈출 출제되어 온 수 일치·to 부정사·관계절과 같은, 기본적인 문법 포인트들의 출제 가능성이 더 높습니다.

수험 대책
① 먼저 기본 개념을 탄탄히 다진 후, 다양한 예상문제들을 풀어 보며 실력을 쌓아야 합니다.
② 틀린 문제는 해설 내 오답 분석을 꼼꼼히 읽어 보며 핵심 개념을 정리하고, 문제를 회독함으로써 관련 문법을 확실하게 숙지합니다.

공무원시험전문 해커스공무원
gosi.Hackers.com

해커스계리직 **영어**
출제예상문제집

기출로 보는 유형별
필승 비법

회화형

기출로 보는 유형별
필승 비법

대화의 빈칸에 들어갈 문장 고르기

대화의 전체적인 흐름과 빈칸 앞뒤 문맥을 고려하여 대화의 빈칸에 들어갈 알맞은 말을 고르는 유형입니다.

문제풀이 비법

1. 대화의 전체적인 흐름을 파악하고, 키워드를 바탕으로 빈칸에 들어갈 적절한 말을 예상하며 대화를 읽습니다.
2. 주어진 보기 중 대화의 흐름상 빈칸에 들어가기 가장 적절한 보기를 정답으로 고릅니다.
3. 우편, 은행, 보험, 교육 등 우체국에서 발생할 수 있는 상황과 밀접한 회화형 표현을 미리 익혀 두어, 풀이 시간을 단축합니다.

기출문제로 확인하기

14 다음 대화에서 빈칸에 들어갈 말로 가장 적절한 것은?　　　2024년 계리직

> A: Excuse me. I'd like to send this parcel to Los Angeles, USA.
> B: Okay. What's in it?
> A: Just some clothes and snacks.
> B: Did you put any fragile items in it?
> A: No. How long will it take to LA?
> B: The airmail usually takes about 5-7 days, and it takes about two weeks by ship. _____
> A: Then I'll go with the second one.

① What's the recipient's name?
② How much does it weigh?
③ Which one do you prefer?
④ What's your mailing address?

1. 빈칸 뒤에서 A가 두 번째 선택지로 하겠다고 대답하고 있으므로 빈칸에는 선택지에 대한 A의 의견을 묻는 B의 질문이 들어가야 함을 예상할 수 있다.

2. 주어진 보기 중 '고객님께서는 무엇을 선호하시나요'라고 묻는 표현이 빈칸에 가장 적절하므로 ③ Which one do you prefer? 가 정답이다.

[정답] ③

[해석] A: 실례합니다. 저는 이 소포를 미국 로스앤젤레스로 보내고 싶은데요.
B: 네. 뭐가 들어 있나요?
A: 그냥 옷이랑 간식이에요.
B: 혹시 깨지기 쉬운 물품이 들었나요?
A: 없어요. LA까지는 얼마나 걸릴까요?
B: 항공 우편은 보통 5-7일 정도가 소요되며, 선편으로는 2주 정도 소요됩니다. 고객님께서는 무엇을 선호하시나요?
A: 그럼 저는 두 번째로 할게요.
① 수취인의 성함이 무엇인가요?
② 그것은 무게가 얼마입니까?
③ 고객님께서는 무엇을 선호하시나요?
④ 고객님의 우편물 발송 주소가 무엇인가요?

[어휘] parcel 소포　fragile 깨지기 쉬운　go with (제안 등을) ~로 하다, ~와 동행하다　recipient 수취인

기출문제로 확인하기

15 다음 대화에서 빈칸에 들어갈 말로 가장 적절한 것은? 2024년 계리직

> A: Good morning. How can I help you today?
> B: Hi. I received a notification saying that I have a registered mail waiting for me.
> A: I see. _____
> B: Here's my driver's license.
> A: Okay. Bear with me while I look for your mail. I'll be right back.
> B: Sure. No problem.

① Can I wait in line?
② May I see your identification?
③ Should I send a registered mail?
④ Why don't you send the notification?

1. 빈칸 뒤에서 B가 운전 면허증을 A에게 건네고 있으므로 빈칸에는 운전 면허증을 비롯한 신분증 확인에 대한 요청이 들어가야 함을 예상할 수 있다.

2. 주어진 보기 중 '신분증을 보여 주시겠어요'라고 요청하는 표현이 빈칸에 가장 적절하므로 ② May I see your identification?이 정답이다.

[정답] ②

[해석]
A: 좋은 아침입니다. 무엇을 도와드릴까요?
B: 안녕하세요. 저를 기다리고 있는 등기 우편이 있다는 내용의 연락을 받았어요.
A: 그렇군요. 신분증을 보여 주시겠어요?
B: 여기 제 운전 면허증입니다.
A: 알겠습니다. 제가 우편물을 찾을 동안 기다려 주세요. 금방 돌아올게요.
B: 그럼요. 문제없습니다.
① 제가 줄 서서 기다리면 될까요?
② 신분증을 보여 주시겠어요?
③ 제가 등기 우편을 보내야 할까요?
④ 왜 연락을 안 주시나요?

[어휘] notification 연락, 알림 registered mail 등기 우편 identification 신분증

숙어형

기출로 보는 유형별
필승 비법

1. 빈칸에 들어갈 내용 중 적절하지 않은 어휘/표현 고르기

보기에 주어진 어휘/표현 가운데 문장의 빈칸에 들어가기에 적절하지 않은 것을 고르는 유형입니다.

🔍 문제풀이 비법

1. 빈칸이 있는 문장과 주변 문맥을 확인하여 빈칸과 관련된 정보를 파악합니다.
2. 보기 각각의 의미를 확인하고, 문맥의 흐름상 가장 적절하지 않은 보기를 정답으로 고릅니다.
3. 나머지 세 개의 보기와 전혀 다른 뜻을 가진 보기를 빈칸에 대입해 봄으로써 정답을 추론할 수도 있습니다.

기출문제로 확인하기

16 빈칸에 들어갈 말로 적절하지 않은 것은? 2024년 계리직

I'm glad to announce that we are releasing a new stamp to _____ the first president of the Korea Post, Yeongsik Hong.

① look down at
② bring to light
③ pay tribute to
④ honor the memory of

1. 빈칸 주변의 문맥을 통해 최초의 우정국장인 홍영식과 관련된 우표가 발행되었다는 것을 파악할 수 있다.

2. ①번은 '~를 얕보다', ②번은 '(새로운 정보를) 밝히다', ③번은 '~에게 경의를 표하다', ④번은 '~을 추모하다'라는 의미이다. 따라서 주어진 문장의 '최초의 우정국장인 홍영식_____, 새로운 우표를 발행할 예정이다'라는 문맥에서 we are releasing a new stamp to _____ the first president of the Korea Post, Yeongsik Hong의 빈칸에는 '~를 얕보다'라는 의미의 ① look down at이 적절하지 않다.

[정답] ①

[해석] 저는 최초의 우정국장인 홍영식을 밝힐/에게 경의를 표할/을 추모할, 새로운 우표를 발행할 예정임을 알리게 되어 기쁩니다.
① ~를 얕보다
② (새로운 정보를) 밝히다
③ ~에게 경의를 표하다
④ ~을 추모하다

[어휘] announce 알리다 president ~장, 대통령 look down at ~를 얕보다 bring to light (새로운 정보를) 밝히다 pay tribute to ~에게 경의를 표하다 honor the memory of ~을 추모하다

2. 빈칸에 들어갈 내용 중 적절한 어휘/표현 고르기

보기에 주어진 어휘/표현 가운데 문장의 빈칸에 들어가기에 적절한 것을 고르는 유형입니다.

문제풀이 비법

1. 빈칸이 있는 문장과 주변 문맥을 확인하여 빈칸과 관련된 정보를 파악합니다.
2. 문맥의 흐름상 가장 적절한 보기를 확인하여 정답을 고릅니다.
3. 보기 중 서로 반대되는 뜻을 가진 어휘/표현이 등장하는 경우, 한쪽이 정답일 수 있음에 유의하여 확인합니다.

기출문제로 확인하기

17 빈칸에 들어갈 말로 가장 적절한 것은?　　　　　　　2024년 계리직

> Perishable items are materials that can deteriorate in the mail such as food, plants, etc. Permissible perishable items are sent at the mailer's own risk. These items must be specially packaged and delivered before they begin to _____ .

① turn out
② build up
③ put away
④ waste away

1. 빈칸 주변의 문맥을 통해 잘 상하는 품목들이 특별히 포장되고 배송되어야 한다는 것을 파악할 수 있다.

2. ①번은 '되어 가다', ②번은 '보강하다', ③번은 '치우다', ④번은 '손상되다'라는 의미이다. 따라서 주어진 문장의 '잘 상하는 품목들이 ____기 시작하기 전에 특별히 포장되고 배송되어야 한다'라는 문맥에서 These items must be specially packaged and delivered before they begin to ____의 빈칸에는 '손상되다'라는 의미의 ④ waste away가 적절하다.

[정답] ④
[해석] 잘 상하는 품목들은 식품 및 식물과 같이 배달 중에 변질될 수 있는 것들이다. 허용되는 잘 상하는 품목들은 우편물 발송인의 책임으로 발송된다. 이러한 품목들은 손상되기 시작하기 전에 특별히 포장되고 배송되어야 한다.
① 되어 가다
② 보강하다
③ 치우다
④ 손상되다
[어휘] perishable 잘 상하는　deteriorate 변질하다, 악화시키다　permissible 허용되는　at one's own risk ~의 책임으로　turn out 되어 가다　build up 보강하다　put away 치우다　waste away 손상되다, 쇠약해지다

독해형

기출로 보는 유형별
필승 비법

1. 전체 내용 파악하기: 목적, 주제, 제목, 요지 파악

지문의 중심 내용을 파악하여 지문의 목적, 주제, 제목, 요지를 고르는 유형입니다.

문제풀이 비법

1. 지문의 처음 또는 마지막에 중심 내용이 나오는 경우가 많으므로, 지문의 처음과 마지막을 먼저 읽고 대략적인 글의 중심 내용을 파악합니다.
2. 지문의 처음 또는 마지막에서 파악한 중심 내용과 맞지 않는 보기를 소거합니다.
3. 이후 남은 보기들 중 지문의 중심 내용을 가장 잘 표현한 보기를 정답으로 고릅니다. 이때, 보기의 내용이 지문과 관련된 내용이라 할지라도 지문의 중심 내용이 아닌 경우 정답이 될 수 없음에 유의합니다.

기출문제로 확인하기

18. 다음 글의 목적으로 가장 적절한 것은? 2024년 계리직

Dear Valued Customer,

We regret to inform you of the temporary closure of the Bluff Park branch of the U.S. bank at 762 Shades Mountain Plaza, effective from August 3 to September 1. This decision stems from the safety concern regarding a pervasive leakage problem in that building. Customers who use the Bluff Park branch are being directed to the branch at 1809 Riverchase Drive instead. Hours there are 9 a.m. to 6 p.m. Monday through Friday. Customers may call 1-800-ASK-BANK or visit the website - www.usbank.com - for locations of additional nearby branches and approved banking service providers.

Thank you for your continued support and patronage.

Warm regards,

① 은행 상품을 홍보하려고
② 새로운 은행 지점을 소개하려고
③ 은행 홈페이지 주소를 안내하려고
④ 은행 지점의 일시적 이용 중지를 공지하려고

1. 지문 처음을 통해 '미국 은행 Bluff Park 지점의 일시적인 휴업을 알리는 것'이 글의 중심 내용임을 알 수 있다.

2. ① 은행 상품에 대한 홍보는 지문에서 언급되지 않았다.
② 새로운 은행 지점은 지문에서 언급되지 않았다.

3. ③번은 지문에서 언급되기는 하지만 지문의 중심 내용이 아니므로 정답이 될 수 없다. 따라서 글의 목적을 '은행 지점의 일시적 이용 중지를 공지하려고'라고 표현한 ④번이 정답이다.

[정답] ④

[해석] 친애하는 고객 여러분께,

저희는 여러분께 8월 3일부터 9월 1일까지 유효한, Shades Mountain 광장 762번지에 있는 미국 은행 Bluff Park 지점의 일시적인 휴업을 알리게 되어 유감입니다. 이 결정은 그 건물에 만연한 누수 문제 관련 안전 우려에서 기인합니다. Bluff Park 지점을 이용하시는 고객분들께서는 대신 Riverchase Drive 1809번지에 있는 지점으로 안내받게 되실 겁니다. 그곳의 운영 시간은 월요일에서 금요일 오전 9시부터 오후 6시까지입니다. 고객 여러분은 인근에 있는 또 다른 지점들과 승인된 은행 서비스 제공 기관의 위치를 위해 '1-800-문의은행'에 전화하시거나 웹사이트 www.usbank.com 를 방문하실 수 있습니다.

여러분의 변함없는 성원과 후원에 감사드립니다.

안부를 전합니다.

[어휘] temporary 일시적인 effective 유효한 pervasive 만연한 leakage 누수 direct 안내하다, 향하다; 직접적인 patronage 후원, 지원

2. 추론하기: 빈칸 완성 - 단어·구·절

빈칸 앞뒤 지문의 흐름을 자연스럽게 연결하는 보기를 골라 빈칸을 완성하는 유형입니다.

문제풀이 비법

1. 빈칸이 있는 문장을 읽으며 빈칸 앞뒤에 제시되는 키워드를 통해 빈칸에 필요한 정보가 무엇인지 파악합니다.
2. 빈칸 주변이나 중심 내용을 위주로 지문을 읽고 문맥상 빈칸에 가장 적절한 정답을 고릅니다.

기출문제로 확인하기

20 밑줄 친 (A), (B)에 들어갈 말로 가장 적절한 것은? 2024년 계리직

In order to modify the revenue structure for postal business, the outdated financial system has been completely ___(A)___, and an advanced system using emerging technologies such as big data and AI were instituted in its place. This allows customers to manage MyData-based asset and get consultation and signup both in person and online, improving customer service. In addition, user-friendly service screen and content, 24-hour chatbot service, etc. are provided. Offering integrated customer information service, big data- and AI-based product recommendations and insurance reviews, paperless digital services, and various functions of financial terminals has been proven to be beneficial for the users. The new scalable Cloud-based infrastructure allows around-the-clock all year around 24/7 support system which ___(B)___ business interruptions, and it is expected to ultimately increase efficiency and convenience in the long run.

	(A)	(B)
①	overhauled	minimizes
②	subsided	disregards
③	overhauled	underrates
④	subsided	exaggerates

1. (A) 빈칸에 우편 사업의 수익 구조를 개편하기 위해서는 오래된 금융 시스템이 어떻게 되어야 하는지에 대한 내용이 나와야 적절하다는 것을 알 수 있다.

2. (A) 빈칸이 있는 문장 뒷부분에서 새로운 기술들을 사용한 선진 시스템이 도입되었다고 했으므로, (A)에는 오래된 금융 시스템이 철저히 '점검되어'(overhauled) 왔다는 내용이 들어가야 자연스럽다.

1. (B) 빈칸에 1년 24시간 내내 허용되는 지원 시스템이 사업 중단을 어떻게 하는지에 대한 내용이 나와야 적절하다는 것을 알 수 있다.

2. (B) 빈칸이 있는 문장 뒷부분에서 1년 24시간 내내 허용되는 지원 시스템이 효율성과 편의성을 증가시킬 것을 기대된다고 했으므로, (B)에는 사업 중단을 '최소화하는'(minimizes) 지원 시스템이라는 내용이 들어가야 자연스럽다.
따라서 ① (A) overhauled - (B) minimizes 가 정답이다.

정답 ①

해석 우편 사업의 수익 구조를 개편하기 위해, 오래된 금융 시스템이 철저히 (A) 점검되어 왔고, 빅 데이터와 인공 지능과 같이 새로운 기술들을 사용한 선진 시스템이 그 자리에 도입되었다. 이 시스템은 고객들로 하여금 마이데이터에 기반한 자산을 관리하고 대면뿐만 아니라 온라인으로도 상담 및 가입을 받게 하는데, 이는 고객 서비스를 개선시킨다. 게다가, 사용자 친화적인 서비스 화면 및 콘텐츠, 24시간 챗봇 서비스 등이 제공된다. 통합된 고객 정보 서비스, 빅 데이터 및 인공 지능 기반의 상품 추천과 보험 후기, 종이를 쓰지 않는 디지털 서비스, 그리고 금융 단말기의 다양한 기능을 제공하는 것이 사용자들에게 유익한 것으로 입증되어 왔다. 확장 가능한 새로운 클라우드 기반의 사회 기반 시설은 사업 중단을 (B) 최소화하는 지원 시스템을 1년 24시간 내내 허용하고, 그것은 궁극적으로 결국에는 효율성과 편의성을 증가시킬 것으로 기대된다.

　　　(A)　　　　(B)
① 점검되는　　최소화한다
② 가라앉는　　무시한다
③ 점검되는　　과소평가한다
④ 가라앉는　　과장한다

어휘 modify 개편하다, 수정하다 revenue 수익 institute 도입하다 integrate 통합시키다 insurance 보험 terminal 단말기; 끝의 scalable 확장 가능한 interruption 중단 overhaul 점검하다 subside 가라앉다 disregard 무시하다 underrate 과소평가하다 exaggerate 과장하다

문법형

기출로 보는 유형별 필승 비법

밑줄 친 부분 중 어법상 옳지 않은 것 또는 옳은 것 고르기

지문에서 밑줄 친 4개의 보기 중 어법상 옳지 않은 것 또는 옳은 것을 고르는 유형입니다.

문제풀이 비법

1. 밑줄 친 보기를 중심으로 수 일치, to 부정사, 동명사, 조동사 등에 유의하여 확인한 후, 정답이 될 수 없는 보기를 소거합니다.
2. 밑줄 친 보기만으로 어법상 옳은지 옳지 않은지를 확인할 수 없는 경우, 보기 주변의 문맥을 함께 파악합니다. 이때에는 관계절, 부사절, 병치 구문 등에 유의합니다.

기출문제로 확인하기

19 밑줄 친 부분이 문법상 옳지 않은 것은?   2024년 계리직

> The Korea Post announced that phishing emails impersonating the post office ① are increasing rapidly, and caution is needed. According to the analysis data, most phishing emails are related to parcel delivery, and induce users ② to make payments in the name of shipping fees, storage fees, fines, etc. through links included in emails. However, the post office never asks for payment through email. In the case of cash on delivery parcels, the recipient pays in advance through the post office app or the Internet post office website or pays a cash on delivery fee ③ who the postman delivers the mail. The Korea Post advised that you ④ should never respond to requests in the name of payment of shipping or return fees.

1. ① 주어 자리에 복수 명사 phishing emails가 왔으므로 복수 동사가 와야 한다. 이때 '피싱 이메일이 급속도로 증가하고 있다'라며 현재 진행되고 있는 일을 표현하고 있으므로 복수 현재진행 시제 are increasing이 올바르게 쓰였다. 참고로, 주어와 동사 사이의 수식어 거품(impersonating the post office)은 동사의 수 결정에 영향을 주지 않는다.
② 동사 induce는 to 부정사를 목적격 보어로 취하므로 목적어 users 뒤 목적격 보어 자리에 to 부정사 to make가 올바르게 쓰였다.
④ 제안을 나타내는 동사(advise)가 주절에 나오면 종속절에 '(should +) 동사원형'의 형태가 와야 하므로 동사원형 (never) respond 앞에 조동사 should가 올바르게 쓰였다.

2. ③ 문맥상 '집배원이 우편물을 배송할 때'라는 의미가 되어야 자연스러운데, 완전한 절(the postman delivers the mail)을 이끌면서 '~할 때'의 의미를 나타내는 것은 부사절 접속사 when이므로, 불완전한 절을 이끄는 관계대명사 who를 부사절 접속사 when으로 고쳐야 한다.

[정답] ③

[해석] 우정사업본부는 우체국을 사칭하는 피싱 이메일이 급속도로 증가하고 있어, 주의가 필요하다고 발표했다. 분석 자료에 따르면, 대부분의 피싱 이메일은 소포 배송과 관련된 것으로, 이메일 속에 포함된 링크를 통해 운송료, 보관료, 벌금 등의 명목으로 결제하도록 유도한다. 하지만, 우체국은 이메일을 통한 결제를 결코 요청하지 않는다. 현금 결제 소포의 경우, 수취인은 우체국 어플 또는 인터넷 우체국 웹사이트를 통해 미리 결제하거나 집배원이 우편물을 배송할 때 현금 결제 요금을 지불한다. 우정사업본부는 운송료나 반송료의 명목으로 오는 요청에 결코 응답하지 않아야 한다고 조언한다.

[어휘] announce 발표하다 phishing 피싱 impersonate 사칭하다 rapidly 급속도로 caution 주의 analysis 분석 induce 유도하다 storage 보관 fine 벌금 cash on delivery 현금 결제 recipient 수취인

공무원시험전문 해커스공무원
gosi.Hackers.com

공무원시험전문 해커스공무원
gosi.Hackers.com

 1분 만에 파악하는 **계리직 영어 기출 트렌드**

◯ 유형별 기출 트렌드

- 대화의 빈칸에 들어갈 적절한 문장을 고르는 문제가 주로 출제된다.
- 우체국에서 일어날 수 있는 상황에 대한 대화 위주로 출제된다.
- 전반적인 대화의 흐름을 파악한 뒤, 빈칸 앞뒤에서 정답의 단서를 찾을 수 있다.

최근 출제율

회화형 28%

*2024년 계리직

해커스계리직 **영어**
출제예상문제집

Part 1
회화형

필수점검문제
실전완성문제

필수점검문제

001 다음 대화에서 빈칸에 들어갈 말로 가장 적절한 것은?

> A: I received a message saying that my registered mail is being held.
> B: Could you please show me the text message?
> A: Sure. Here it is.
> B: It seems we were unable to reach you, so we are holding it.
> A: _____
> B: Show me your ID, and I'll bring it out right away.

① How long will you keep my mail?
② How can I update my address?
③ Is there a storage fee?
④ Can I pick it up now?

002 다음 대화에서 빈칸에 들어갈 말로 가장 적절한 것은?

> A: Hi. I'm here to send a small parcel to Canada.
> B: All right. Can you tell me what the contents are?
> A: Some catalogs and stationery.
> B: Thank you. What type of international mail would you like to use?
> A: Airmail-parcel. _____
> B: It takes about 7-14 days. However, the required time can differ due to local factors.

① Is there an additional fee for that?
② How long will it take to arrive?
③ Can I track my shipment?
④ Will I receive an arrival notification?

001

[해석]
A: 등기 우편이 보관 중이라는 메시지를 받았는데요.
B: 제게 그 메시지를 보여 주실 수 있나요?
A: 그럼요, 여기 있습니다.
B: 고객님과 연락이 닿질 않아서, 저희가 그것을 보관하고 있던 것 같네요.
A: <u>제가 그것을 지금 찾아갈 수 있나요?</u>
B: 신분증을 보여 주시면, 그것을 바로 가져다드릴게요.

① 얼마나 오래 제 우편물을 보관해 주시나요?
② 제 주소를 갱신할 수 있나요?
③ 보관료가 있나요?
④ 제가 그것을 지금 찾아갈 수 있나요?

[해설] 등기 우편이 보관 중이라는 알림을 받았다는 A의 말에 대해 B가 A와 연락이 닿지 않아 우체국에서 보관하고 있었던 것 같다고 대답하고, 빈칸 뒤에서 다시 B가 Show me your ID, and I'll bring it out right away(신분증을 보여 주시면, 그것을 바로 가져다드릴게요)라고 대답하고 있으므로, '제가 그것을 지금 찾아갈 수 있나요?'라는 의미의 ④ 'Can I pick it up now?'가 정답이다.

[어휘] registered mail 등기 우편 hold 보관하다, 유지하다 storage 보관 pick up ~을 찾아가다, ~를 태워 주다

정답 ④

002

[해석]
A: 안녕하세요. 저는 캐나다로 작은 소포 하나를 보내려고 왔어요.
B: 네. 내용물이 무엇인지 말씀해 주시겠어요?
A: 몇 가지 카탈로그와 문구류입니다.
B: 감사합니다. 어떤 종류의 국제 우편을 사용하려고 하시나요?
A: 항공 소포요. <u>도착하는 데 얼마나 걸릴까요?</u>
B: 7일에서 14일 정도 걸립니다. 하지만, 소요되는 시간은 현지 요인들로 인해 달라질 수 있어요.

① 그것에 추가 요금이 있나요?
② 도착하는 데 얼마나 걸릴까요?
③ 제 배송물을 추적할 수 있나요?
④ 제가 도착 알림을 받을 수 있나요?

 캐나다로 카탈로그와 문구류를 보내는 데 어떤 종류의 국제 우편을 사용하는지 묻는 B의 질문에 대해 A가 등기 항공 소포를 사용하겠다고 하고, 빈칸 뒤에서 다시 B가 It takes about 7-14 days(7일에서 14일 정도 걸립니다)라고 대답하고 있으므로, '도착하는 데 얼마나 걸릴까요?'라는 의미의 ② 'How long will it take to arrive?'가 정답이다.

[어휘] stationery 문구류 additional 추가의 track 추적하다 notification 알림, 통지

정답 ②

필수점검문제

003 다음 대화를 읽고, 고객(A)이 결정한 일로 가장 알맞은 것은?

> A: I'm having trouble withdrawing money from the ATM. It's not dispensing cash.
> B: I'm sorry for the inconvenience. It seems there's a technical issue with the ATM.
> A: Is there an alternative way for me to get cash?
> B: If you have your bankbook or card, I can help you complete the transaction at the teller window.
> A: I'll do that. How long will it take?
> B: It won't take long—just a few minutes.

① To write a report for lost cash
② To withdraw cash through the teller window
③ To request a reissue of a bankbook at the teller window
④ To wait a moment until the ATM is repaired

004 다음은 우체국에서 계좌를 개설하는 상황이다. 빈칸에 들어갈 말로 가장 적절한 것은?

> A: Hello. I'm interested in opening a savings account.
> B: We offer various savings options. _____?
> A: I'm looking for something with a good interest rate.
> B: I recommend one that currently provides an annual interest rate of 3.1 percent.
> A: That sounds good. I'd like to open one.
> B: Can I have your identification card first?

① Are you interested in a short-term account
② Have you opened an account at the post office
③ Can you apply for an automatic cancellation
④ Do you have any specific preferences

003

해석

A: 현금 자동 지급기에서 돈을 인출하는 데 어려움을 겪고 있어요. 현금이 나오지 않네요.
B: 불편을 드려 죄송합니다. 현금 자동 지급기에 기술적인 문제가 있는 것처럼 보이네요.
A: 제가 돈을 뽑을 수 있는 다른 방법이 있을까요?
B: 고객님이 통장 또는 카드를 가지고 있으시다면, 제가 창구에서 거래를 완료하시도록 도와드리겠습니다.
A: 그렇게 하겠습니다. 얼마나 걸릴까요?
B: 그것은 오래 걸리지 않을 거예요, 단 몇 분이면 됩니다.

① 현금 분실에 대한 신고서 작성하기
② 창구를 통해 현금 인출하기
③ 창구에서 통장 재발급을 요청하기
④ 현금 자동 지급기가 수리될 때까지 잠시 기다리기

해설 고객(A)이 현금이 나오지 않는 현금 자동 지급기 대신 돈을 뽑을 수 있는 다른 방법이 있는지 묻고, B가 통장 또는 카드가 있는 경우 창구에서 처리해 줄 수 있다고 안내하자 A가 I'll do that(그렇게 하겠습니다)이라고 대답하고 있으므로, 고객(A)이 결정한 일을 '창구를 통해 현금 인출하기'라고 한 ②번이 정답이다.

어휘 withdraw 인출하다, 철수하다 dispense 내놓다, 분배하다 inconvenience 불편 alternative way 다른 방법 bankbook 통장 transaction 거래 teller window 창구 reissue 재발급하다 repair 수리하다

정답 ②

004

해석

A: 안녕하세요. 저는 예금 계좌 개설에 관심이 있습니다.
B: 저희는 다양한 예금 선택지를 제공하고 있습니다. 특별히 선호하시는 것이 있나요?
A: 저는 금리가 좋은 것을 찾고 있어요.
B: 저는 현재 연 3.1퍼센트의 금리를 제공하는 예금을 추천해 드립니다.
A: 좋은 것 같네요. 하나 개설하고 싶어요.
B: 신분증 먼저 받을 수 있을까요?

① 단기 계좌에 관심이 있으신가요
② 우체국에서 계좌를 개설하신 적이 있나요
③ 자동 해지를 신청해 주실 수 있나요
④ 특별히 선호하시는 것이 있나요

해설 예금 계좌 개설에 관심이 있다는 A의 말에 대해 B가 다양한 예금 선택지를 제공하고 있다고 안내하고, 빈칸 뒤에서 다시 A가 I'm looking for something with a good interest rate(저는 금리가 좋은 것을 찾고 있어요)라고 대답하고 있으므로, '특별히 선호하시는 것이 있나요'라는 의미의 ④ 'Do you have any specific preferences'가 정답이다.

어휘 savings account 예금 계좌 interest rate 금리, 이율 annual 연간의, 한 해의 identification card 신분증 short-term 단기의 apply for ~을 신청하다 automatic 자동의

정답 ④

필수점검문제

005 다음은 우체국에서 해외로 송금을 하는 상황이다. 빈칸에 들어갈 말로 가장 적절한 것은?

> 고객: I want to transfer five million Korean won to the U.S.
> 직원: Do you have the recipient's bank code and account number?
> 고객: Yes, I brought them. Here they are.
> 직원: Perfect. The recipient will be informed with a message as soon as the transfer is finished.
> 고객: Sounds good. _____
> 직원: It's ten thousand won. Using an ATM or smart banking is 50 percent cheaper.
> 고객: Thank you for letting me know. I'll choose the second option.

① Would it be faster to use an ATM?
② Can the recipient withdraw the money immediately?
③ Could you tell me about the fee?
④ What's the U.S. currency rate today?

006 다음은 우체국에서 우표를 구매하는 상황이다. 빈칸에 들어갈 말로 가장 적절한 것은?

> 고객: I heard I can buy the limited-edition commemorative stamp for the Olympic Games here.
> 직원: You're in the right place. We have them in stock. You can purchase either individual items or sets.
> 고객: I like the set. Since there are 5 pieces in one set, can I purchase a total of 4 sets?
> 직원: _____.
> 고객: I'll take 2 sets then. What's the total price?
> 직원: The total comes to thirty thousand won.

① Would you like to see other stamp designs?
② What edition of the Olympic Games is this?
③ I'm sorry, but there is a limit of 10 stamps per customer.
④ If you purchase 3 or more sets, a 5 percent discount will be provided.

005

[해석]
> 고객: 미국으로 한화 5백만 원을 송금하고 싶습니다.
> 직원: 수취인의 은행 코드와 계좌 번호를 가지고 계십니까?
> 고객: 네, 가져왔습니다. 여기요.
> 직원: 좋습니다. 수취인은 송금이 완료되자마자 알림 메시지를 받을 겁니다.
> 고객: 좋네요. 수수료를 알려 주시겠어요?
> 직원: 만 원입니다. 현금 자동 지급기나 스마트 뱅킹을 이용하는 것이 50퍼센트 더 저렴하고요.
> 고객: 알려 주셔서 감사합니다. 저는 두 번째 선택지로 할게요.

① 현금 자동 지급기를 사용하는 것이 더 빠를까요?
② 수취인이 돈을 바로 인출할 수 있나요?
③ 수수료를 알려 주시겠어요?
④ 오늘 미국 환율이 어떻게 되나요?

[해설] 수취인이 송금 완료 여부를 알리는 메시지를 받게 된다고 직원이 설명한 후 고객이 말하고, 빈칸 뒤에서 다시 직원이 It's ten thousand won. Using an ATM or smart banking is 50 percent cheaper(만 원입니다. 현금 자동 지급기나 스마트 뱅킹을 이용하는 것이 50퍼센트 더 저렴하고요)라고 말하고 있으므로, '수수료를 알려 주시겠어요?'라는 의미의 ③ 'Could you tell me about the fee?'가 정답이다.

[어휘] **transfer** 송금하다, 이동시키다; 송금; 이동 **account** 계좌, 계정 **withdraw** 인출하다 **currency rate** 환율

정답 ③

006

[해석]
> 고객: 올림픽을 위한 한정판 기념우표를 여기서 살 수 있다고 들었어요.
> 직원: 잘 찾아오셨네요. 우리는 그것들의 재고를 가지고 있습니다. 낱개 또는 세트 모두 구매하실 수 있어요.
> 고객: 세트가 좋겠네요. 한 세트에 5장이니까, 총 4세트 구매할 수 있을까요?
> 직원: 죄송하지만, 고객 한 분당 우표 10장의 제한이 있습니다.
> 고객: 그럼 2세트 살게요. 총가격이 얼마죠?
> 직원: 총 3만 원입니다.

① 다른 우표 디자인들도 보시겠어요?
② 이번이 몇 회째 올림픽인가요?
③ 죄송하지만, 고객 한 분당 우표 10장의 제한이 있습니다.
④ 3세트 이상 구매하실 경우 5퍼센트 할인이 제공됩니다.

[해설] 고객이 한정판 한 세트가 5장이 들어 있는 기념우표를 총 4세트 구매하겠다고 하고, 빈칸 뒤에서 다시 고객이 I'll take 2 sets then(그럼 2세트 살게요)이라고 말하고 있으므로, '죄송하지만, 고객 한 분당 우표 10장의 제한이 있습니다'라는 의미의 ③ 'I'm sorry, but there is a limit of 10 stamps per customer'가 정답이다.

[어휘] **limit** 한정하다; 제한, 한계 **commemorative** 기념하는 **in stock** 재고로 **individual** 낱개의, 개인의 **edition** 회차, 판

정답 ③

필수점검문제

007 다음 대화를 읽고, 여성 고객(W)이 결정한 일로 가장 알맞은 것은?

> W: Hello. I'd like to use the flower delivery service for my mother's birthday.
> M: Sure! Do you have any specific design in mind?
> W: I'm interested in a flower basket with yellow roses in it.
> M: Oh, that design is no longer being stocked.
> W: Then is a basket with pink roses available?
> M: Yes. Would you like me to proceed with it?
> W: Please do. My mother will like that color, too.

① Changing the flower basket gift to a fruit basket
② Delivering the flowers to her mother in person
③ Sending a basket with flowers of a different color
④ Waiting until the yellow rose basket is restocked

008 다음 대화에서 빈칸에 들어갈 말로 가장 적절한 것은?

> A: Hi. I want to open a savings account.
> B: Sure. Are you over age of 14?
> A: Not yet. Is that a problem?
> B: You'll need to come with your parents or submit additional documents.
> A: They are busy during the day. _____
> B: We require a family relationship certificate and a signed agreement from your parents.

① Is there no fee for online banking?
② Can I get a student ID issued?
③ What kind of documents do I need?
④ Why is parental consent required?

007

해석

> W: 안녕하세요. 어머니 생신에 꽃 배달 서비스를 이용하고 싶은데요.
> M: 물론입니다! 염두에 둔 특정 디자인이 있으신가요?
> W: 저는 노란색 장미로 된 꽃바구니에 관심이 있어요.
> M: 오, 그 디자인은 더 이상 입고되지 않고 있습니다.
> W: 그럼 분홍색 장미로 된 바구니는 이용 가능한가요?
> M: 네. 그걸로 진행해 드릴까요?
> W: 그렇게 해 주세요. 어머니는 그 색도 좋아하실 거예요.

① 꽃바구니 선물을 과일 바구니로 변경하기
② 어머니에게 직접 꽃을 배달하기
③ 다른 색의 꽃으로 된 바구니를 보내기
④ 노란색 장미 바구니가 다시 입고될 때까지 기다리기

해설 더 이상 입고되지 않는 노란색 장미로 된 꽃바구니 대신 분홍색 장미로 된 꽃바구니를 이용할 수 있다는 M의 안내에 대해 여성 고객(W)이 Please do. My mother will like that color, too(그렇게 해 주세요. 어머니는 그 색도 좋아하실 거예요)라고 말하고 있으므로, 여성 고객(W)이 결정한 일을 '다른 색의 꽃으로 된 바구니를 보내기'라고 한 ③번이 정답이다.

어휘 **stock** 입고하다; 재고(품) **available** 이용 가능한 **proceed** 진행하다 **in person** 직접

정답 ③

008

해석

> A: 안녕하세요, 제가 예금 계좌를 개설하고 싶어서요.
> B: 물론이죠. 14세 이상이신가요?
> A: 아직이요. 그게 문제가 되나요?
> B: 부모님과 함께 오시거나 추가 서류를 제출하셔야 합니다.
> A: 부모님은 낮에 바쁘셔서요. <u>어떤 종류의 서류가 필요한가요?</u>
> B: 가족관계증명서와 부모님의 서명이 있는 동의서를 요청드려요.

① 온라인 뱅킹에는 수수료가 없나요?
② 제가 학생증을 발급받을 수 있나요?
③ 어떤 종류의 서류가 필요한가요?
④ 왜 부모님 동의가 필요한가요?

해설 14세 미만의 계좌 개설을 위해서는 부모님과 같이 오거나 추가 서류를 제출해야 한다는 B의 안내에 대해 A가 부모님이 바쁘시다고 하고, 빈칸 뒤에서 B가 다시 We require a family relationship certificate and a signed agreement from your parents(가족관계증명서와 부모님의 서명이 있는 동의서를 요청드려요)라고 말하고 있으므로, '어떤 종류의 서류가 필요한가요?'라는 의미의 ③ 'What kind of documents do I need?'가 정답이다.

어휘 **savings account** 예금 계좌 **document** 서류, 기록; 기록하다 **certificate** 증명서, 인증서 **agreement** 동의, 협정 **consent** 동의; 동의하다

정답 ③

필수점검문제

009 다음은 우체국에서 파손된 택배에 대해 문의하는 상황이다. 빈칸에 들어갈 말로 가장 적절한 것은?

> 고객: A package that I received this morning was delivered damaged.
> 직원: I'm sorry to hear that. Could you show me the packaging box and its contents?
> 고객: Here you go.
> 직원: We need to figure out more about it, but for now it seems to have been damaged during transit.
> 고객: _____
> 직원: For registered mail, damages up to one hundred thousand won are covered.
> 고객: I see. How do I proceed with the claim?

① I must speak to the postman directly.
② Who is responsible for the damage?
③ Will there be compensation for that?
④ Can I send the package again without paying extra?

010 다음 대화에서 빈칸에 들어갈 말로 가장 적절한 것은?

> A: Hi. I received a notice saying that I need to pick up a piece of mail from the post office.
> B: Let me check that for you. It appears the courier attempted delivery, but the item was returned to the post office.
> A: Why wasn't it left in my mailbox?
> B: This item requires an in-person delivery, so it couldn't be left unattended.
> A: I see. _____
> B: Yes, of course. Please let me know the date that works best for you.

① Has my mail been lost?
② Can I request redelivery on another day?
③ Should I contact the mail carrier directly?
④ When will my mail arrive here?

009

해석
고객: 제가 오늘 아침에 받아 본 소포가 파손된 채로 배송되었어요.
직원: 유감입니다. 포장 박스와 그것의 내용물을 제게 보여 주시겠어요?
고객: 여기요.
직원: 그것에 대해 더 알아봐야 하겠지만, 일단은 운송 중에 파손된 것처럼 보이네요.
고객: <u>그에 대한 배상이 있을까요?</u>
직원: 등기 우편의 경우, 최대 10만 원의 손해에 대해 보장됩니다.
고객: 그렇군요. 청구를 어떻게 진행하면 될까요?

① 제가 집배원과 직접 이야기해야겠어요.
② 파손에 대해 누가 책임지나요?
③ 그에 대한 배상이 있을까요?
④ 추가 비용을 지불하지 않고 다시 소포를 보낼 수 있나요?

해설 고객의 소포가 운송 중에 파손된 것 같다는 직원의 설명에 대해 고객이 말하고, 빈칸 뒤에서 다시 직원이 For registered mail, damages up to one hundred thousand won are covered(등기 우편의 경우, 최대 10만 원의 손해에 대해 보장됩니다)라고 말하고 있으므로, '그에 대한 배상이 있을까요?'라는 의미의 ③ 'Will there be compensation for that?'이 정답이다.

어휘 **figure out** ~을 알아보다, 생각해 내다 **transit** 운송 **registered mail** 등기 우편 **cover** 보장하다, 덮다 **proceed** 진행하다 **claim** 청구, 요구; 요구하다 **compensation** 배상, 보상

정답 ③

010

해석
A: 여보세요. 제가 우체국에서 우편물 하나를 찾아가야 한다는 통지를 받았는데요.
B: 확인해 볼게요. 배달원이 배송을 시도했던 것 같은데, 물품이 우체국으로 반송되었네요.
A: 왜 우편함에 두고 가면 안 됐나요?
B: 이 물품은 대면 배송을 요구해서요, 그래서 주인 없이는 남겨 놓을 수 없습니다.
A: 알겠습니다. <u>제가 다른 날로 배송 일정을 다시 잡을 수 있을까요?</u>
B: 네, 당연하죠. 고객님께 가장 잘 맞는 날을 알려 주세요.

① 제 우편물이 분실되었나요?
② 제가 다른 날로 배송 일정을 다시 잡을 수 있을까요?
③ 제가 집배원에게 직접 연락해야 하나요?
④ 제 우편물이 여기에 언제 도착하나요?

해설 우편물이 우편함에 보관되지 않은 이유를 묻는 A의 질문에 대해 B가 대면 배송이 필요하다고 설명하고, 빈칸 뒤에서 다시 B가 Yes, of course. Please let me know the date that works best for you(네, 당연하죠. 고객님께 가장 잘 맞는 날을 알려 주세요)라고 대답하고 있으므로, '제가 다른 날로 배송 일정을 다시 잡을 수 있을까요?'라는 의미의 ② 'Can I request redelivery on another day?'가 정답이다.

어휘 **courier** 배달원, 택배 회사 **in-person** 대면의, 직접 하는 **unattended** 주인이 옆에 없는

정답 ②

필수점검문제

011 다음 두 사람의 대화에서 A가 웹사이트에 가입하려 하는 이유는?

> A: I'm here to buy the traditional liquor that's being sold in limited quantities.
> B: The traditional liquor you're looking for was only accessible for pre-order.
> A: Oh, I didn't know that. Is there any way I can still get a bottle?
> B: Unfortunately, we don't have any available in stock right now.
> A: I see. Could you tell me how to obtain future limited-edition bottles of traditional liquor?
> B: You can sign up on our website to receive notifications about the next releases.
> A: I'll try. I hope I can reserve them in time.

① 구매 불가한 전통주에 대해 민원을 제기하기 위해서이다.
② 시중에서 품절된 전통주를 구하기 위해서이다.
③ 전통주를 적절한 시기에 구매하기 위해서이다.
④ 예정된 전통주 할인 행사에 참여하기 위해서이다.

012 다음 대화를 읽고, 여성 고객(W)이 결정한 일로 가장 알맞은 것은?

> W: Hello. I need to send a document to Germany as fast as possible.
> M: We can send it via EMS. It is expected to arrive within a week.
> W: That's great. How much does it cost?
> M: It costs thirty thousand won.
> W: Oh, that's a bit expensive. Is there a cheaper option?
> M: Yes. We have a regular mail option that costs ten thousand won, but it takes about 10-15 days.
> W: I can't wait that long. I'll go with the faster option.

① To use regular mail to save money
② To not send the document at all
③ To use EMS despite the cost
④ To look for a different courier service

011

해석

A: 저는 한정 수량으로 판매되는 전통주를 사려고 왔어요.
B: 고객님이 찾으시는 전통주는 사전 예약 주문으로만 이용이 가능했습니다.
A: 아, 그걸 몰랐네요. 그래도 한 병 구할 수 있는 방법이 있나요?
B: 안타깝게도, 지금 당장은 어떤 이용 가능한 재고는 없습니다.
A: 알겠습니다. 나중에 나올 전통주 한정판을 구할 방법을 알려 주실 수 있나요?
B: 그다음 출시에 대한 알림을 받기 위해 저희 웹사이트에 가입하실 수 있어요.
A: 해 볼게요. 그것들(그다음 전통주들)을 제때 예약할 수 있기를 바라 봅니다.

해설 다음 출시될 전통주들을 구할 방법을 알려 줄 수 있는지 묻는 A의 질문에 대해 B가 출시 알림을 받기 위해 웹사이트에 가입할 수 있다고 설명하자, 다시 A가 그다음 전통주들은 제때 예약할 수 있기를 바란다고 덧붙이고 있으므로, A가 웹사이트에 가입하려는 이유를 '전통주를 적절한 시기에 구매하기 위해서이다'라고 한 ③번이 정답이다.

어휘 traditional 전통의 liquor 술 quantity 양 pre-order 사전 예약 주문 in stock 재고로 obtain 구하다, 얻다 sign up 가입하다, 참가하다 notification 알림 release 출시, 개봉, 발표; 풀어 주다

정답 ③

012

해석

W: 안녕하세요. 제가 가능한 한 빨리 독일로 서류를 보내야 하는데요.
M: 저희가 그것을 EMS로 보내 드릴 수 있어요. 그것은 일주일 이내로 도착할 겁니다.
W: 좋네요. 비용은 얼마나 드나요?
M: 비용은 3만 원입니다.
W: 아, 그건 좀 비싸네요. 더 저렴한 선택지가 있나요?
M: 네. 비용이 만 원인 보통 우편이 있기는 한데, 그것은 10일에서 15일 정도 걸립니다.
W: 그렇게 오래 기다릴 수는 없어요. 더 빠른 선택지로 할게요.

① 돈을 절약하기 위해 보통 우편을 사용하기
② 문서를 아예 보내지 않기
③ 비용에도 불구하고 EMS 이용하기
④ 다른 택배 회사를 찾기

해설 가능한 한 빨리 독일로 서류를 보내야 한다는 여성 고객(W)에게 M이 일주일 이내로 도착하며 비용이 3만 원인 EMS와 15일 이내로 도착하며 비용이 만 원인 보통 우편을 안내하자, W가 I can't wait that long. I'll go with the faster option(그렇게 오래 기다릴 수는 없어요. 더 빠른 선택지로 할게요)라고 말하고 있으므로, 여성 고객(W)이 결정한 일을 '비용에도 불구하고 EMS 이용하기'라고 한 ③번이 정답이다.

어휘 courier 택배 회사, 배달원

정답 ③

필수점검문제

013 다음 대화를 읽고, 고객(A)이 결정한 일로 가장 알맞은 것은?

> A: Can I exchange some money for Japanese yen? I have a trip coming up.
> B: Unfortunately, our delivery of Japanese yen has been delayed.
> A: Oh, but I have to convert the money today.
> B: You can either look for another branch that has yen or come back later when the yen is available.
> A: I'll stay nearby and come back later to exchange the money. When will the yen reserves be ready?
> B: We expect around 11 a.m.

① A will wait in the bank until 11 a.m.
② A will ask if better exchange rates can be applied.
③ A will revisit the bank after 11 a.m.
④ A will look for other branches with yen reserves.

014 다음은 우체국에서 우편물 배송 상황에 대해 문의하는 상황이다. 빈칸에 들어갈 말로 가장 적절한 것은?

> 직원: I have something to report about your package delivery. It looks like it hasn't left the Hub Terminal for its destination yet.
> 고객: What happened?
> 직원: It seems it was sent to the wrong province and then returned to the terminal.
> 고객: Oh, no. There was no point in me sending it by next-day express mail.
> 직원: _____
> 고객: It's already late, so I should receive that at least.

① We revised our regulations on compensation.
② The terminal recently underwent a major renovation of its warehouse.
③ In cases like this, we refund the entire postage.
④ I am sorry, but we are not responsible for the delay.

013

해석

> A: 돈을 일본 엔화로 좀 환전할 수 있을까요? 제가 여행을 앞두고 있어서요.
> B: 유감스럽게도, 저희 일본 엔화의 배송이 지연되고 있습니다.
> A: 오, 그렇지만 저는 오늘 돈을 바꿔야 해요.
> B: 엔화를 보유하고 있는 다른 지점을 찾아보시거나 아니면 엔화를 이용 가능할 때 나중에 다시 오셔도 됩니다.
> A: 근처에 있다가 환전하러 나중에 다시 올게요. 엔화 준비금은 언제쯤 마련되나요?
> B: 오전 11시쯤으로 예상합니다.

① A는 오전 11시까지 은행에서 기다릴 것이다.
② A는 우대 환율을 적용받을 수 있는지 물어볼 것이다.
③ A는 11시 이후에 은행을 재방문할 것이다.
④ A는 엔화 준비금이 있는 다른 지점을 찾아볼 것이다.

해설 고객(A)이 방문한 은행의 일본 엔화 배송이 지연되고 있기 때문에 오늘 내로 환전하기 위해서는 다른 지점을 찾아보거나 나중에 다시 올 수 있다는 B의 설명에 대해 A가 I'll stay nearby and come back later(근처에 있다가 환전하러 나중에 다시 올게요)라고 대답하며 엔화 준비금의 도착 예정 시간을 묻자, B가 We expect around 11 a.m.(오전 11시쯤으로 예상합니다)라고 알려 주고 있으므로, 고객(A)이 결정한 일을 'A는 11시 이후에 은행을 재방문할 것이다'라고 한 ③번이 정답이다.

어휘 **exchange** 환전하다, 교환하다; 환전, 교환 **delay** 지연시키다 **convert** 바꾸다 **branch** 지점 **available** 이용 가능한 **reserve** 준비금; 보유하다

정답 ③

014

해석

> 직원: 고객님의 택배에 대해 제가 알려 드릴 것이 있어요. 그것이 아직 목적지를 향해 허브 터미널에서 떠나지 못한 것 같습니다.
> 고객: 무슨 일이 있었나요?
> 직원: 그것은 잘못된 지역으로 보내졌다가 다시 터미널로 돌아온 것처럼 보여요.
> 고객: 오, 이런. 제가 그것을 익일 특급 우편으로 보낸 의미가 없었네요.
> 직원: 이와 같은 경우, 우편 요금 전액을 환불해 드립니다.
> 고객: 이미 늦었으니, 최소한 그거라도 받아야겠어요.

① 저희는 보상에 관한 규정을 개정했습니다.
② 그 터미널은 최근에 대대적인 물류 창고 개조를 진행했습니다.
③ 이와 같은 경우, 우편 요금 전액을 환불해 드립니다.
④ 죄송하지만, 저희는 지연에 대한 책임이 없습니다.

해설 택배가 잘못된 지역으로 보내졌다가 다시 터미널로 돌아온 것처럼 보인다는 직원의 설명에 대해 고객이 익일 특급 우편으로 보낸 의미가 없었다고 대답하자, 빈칸 뒤에서 다시 고객이 It's already late, so I should receive that at least(이미 늦었으니, 최소한 그거라도 받아야겠어요)라고 말하고 있으므로, '이와 같은 경우, 우편 요금 전액을 환불해 드립니다'라는 의미의 ③ 'In cases like this, we refund the entire postage'가 정답이다.

어휘 **province** 지역, 지방 **revise** 개정하다, 수정하다 **regulation** 규정 **compensation** 보상 **renovation** 개조, 보수 **warehouse** (물류) 창고 **refund** 환불하다; 환불 **postage** 우편 요금

정답 ③

필수점검문제

015 다음 대화에서 빈칸에 들어갈 말로 가장 적절한 것은?

> A: I'm afraid I have to close my installment account due to an urgent need.
> B: May I see your ID card and account number, please?
> A: Here they are.
> B: It seems your account matures next year. You can make one withdrawal for free. But if you close the account, you'll lose most of the interest you've earned.
> A: _____
> B: You can withdraw up to five million won.
> A: Then I'll keep the account open but withdraw three million won.

① I would like to open another account.
② I want to take out a loan of three million won.
③ How much is the earned interest?
④ What is the maximum withdrawal limit?

016 다음 대화에서 빈칸에 들어갈 말로 가장 적절한 것은?

> 선생님: Our class is planning a post office field trip. Do you offer educational tours for school groups?
> 직원: Of course! How many people will be coming?
> 선생님: There will be thirty in total, including myself.
> 직원: OK. _____
> 선생님: We are targeting the first week of next month.
> 직원: That time is already fully booked. The second and third Mondays of next month are available.
> 선생님: That works. Let's arrange the tour for the second Monday, please.

① What is the purpose of the tour?
② Is it possible to plan weekly visits for a month?
③ When are you planning to come?
④ We also give lectures at schools.

015

해석

A: 긴급한 필요 때문에, 저는 제 적금 계좌를 해지해야 할 것 같아요.
B: 신분증과 계좌 번호를 볼 수 있을까요?
A: 여기 있습니다.
B: 고객님의 계좌는 내년에 만기가 되는 것 같네요. 고객님께서는 무료로 1회 인출하실 수 있습니다. 그렇지만 계좌를 해지하실 경우, 고객님은 받으셨던 대부분의 이자를 잃게 되실 거예요.
A: 최대 인출 한도는 얼마인가요?
B: 5백만 원까지 인출하실 수 있습니다.
A: 그러면 계좌는 유지하되 3백만 원을 인출할게요.

① 저는 다른 계좌를 만들고 싶어요.
② 저는 3백만 원을 대출받길 원해요.
③ 얻은 이자가 얼마인가요?
④ 최대 인출 한도는 얼마인가요?

해설 A가 긴급한 필요 때문에 적금 계좌를 해지해야 할 것 같다고 하자 B가 무료로 1회 출금이 가능하다고 하고, 빈칸 뒤에서 B가 다시 You can withdraw up to five million won(5백만 원까지 인출하실 수 있습니다)이라고 알려 주고 있으므로, '최대 인출 한도는 얼마인가요?'라는 의미의 ④ 'What is the maximum withdrawal limit?'가 정답이다.

어휘 **installment account** 적금 계좌 **mature** 만기가 되다, 성숙하다 **withdrawal** 인출, 철회 **interest** 이자, 관심 **loan** 대출; 대출하다

정답 ④

016

해석

선생님: 저희 학급에서는 우체국 견학을 계획하고 있습니다. 학교 단체를 위한 교육 목적의 투어를 제공하시나요?
직원: 물론입니다! 몇 명이 올까요?
선생님: 저를 포함해서 총 서른 명이 될 거예요.
직원: 알겠습니다. 언제 방문할 계획이신가요?
선생님: 저희는 다음 달 첫 주를 목표로 하고 있습니다.
직원: 그때는 이미 예약이 가득 차 있네요. 다음 달은 둘째 주와 셋째 주 월요일이 가능합니다.
선생님: 좋아요. 둘째 주 월요일을 위한 투어를 준비해 주시기를 부탁드립니다.

① 견학 목적은 무엇인가요?
② 한 달 동안 주간 방문을 계획할 수 있을까요?
③ 언제 방문할 계획이신가요?
④ 저희는 또한 학교에 강연을 제공하기도 합니다.

해설 서른여 명의 학생들을 데리고 우체국을 견학할 예정이라는 선생님의 설명에 대해 직원이 말하고, 빈칸 뒤에서 다시 선생님이 We are targeting the first week of next month(저희는 다음 달 첫 주를 목표로 하고 있습니다)라고 대답하고 있으므로, '언제 방문할 계획이신가요?'라는 의미의 ③ 'When are you planning to come?'이 정답이다.

어휘 **field trip** 견학, 현장 학습 **book** 예약하다 **arrange** 준비하다, 정리하다 **lecture** 강연; 강의하다

정답 ③

필수점검문제

017 다음 두 사람의 대화에서 직원이 고객의 택배를 EMS로 보내 주지 못하는 이유는?

> 고객: I'd like to send this package by EMS.
> 직원: Sure. I'll just need to measure it to ensure it meets our size regulations.
> 고객: Here it is. It's a painting.
> 직원: I'm sorry, but this package exceeds our maximum size limit for EMS.
> 고객: Oh, really? I didn't realize there was a size limit. Then how can I send it?
> 직원: You might consider sending it by ship.

① 택배에 취급 제한 품목이 포함되어 있기 때문이다.
② 고객이 접수 불가 지역으로 택배를 보내려고 하기 때문이다.
③ 포장이 제대로 되지 않아 내용물의 파손 가능성이 있기 때문이다.
④ 택배가 고객이 원하는 우편 서비스의 최대 규격 기준을 초과했기 때문이다.

018 다음은 우체국에서 소포를 보내는 상황이다. 빈칸에 들어갈 말로 가장 적절한 것은?

> 고객: Excuse me. I need to send this package to Canada.
> 직원: Sure. You can send it by airmail or surface mail.
> 고객: Airmail is faster, right? If so, I'll go with that.
> 직원: _____
> 고객: Not really. It's a toy for my nephew.
> 직원: All right. And the dimensions and weight are okay. Please fill out the form.
> 고객: I'll let you know when I'm done.

① Can I get the recipient's phone number?
② Are there any fragile items inside the package?
③ May I know the weight of the package?
④ How soon do you need it to be delivered?

017

[해석]
> 고객: 이 소포를 EMS로 보내려고요.
> 직원: 네. 그것이 저희의 크기 규정을 충족시키는지 확인하기 위해 치수를 좀 잴게요.
> 고객: 여기 있어요. 그것은 그림입니다.
> 직원: 죄송하지만 이 소포는 EMS의 최대 크기 제한을 초과합니다.
> 고객: 아, 그래요? 크기 제한이 있는 줄은 몰랐네요. 그럼 그걸 어떻게 보낼 수 있나요?
> 직원: 선편으로 보내는 것을 고려해 보실 수 있습니다.

[해설] 고객이 EMS로 발송하려는 소포의 치수가 EMS의 최대 크기 제한을 초과하기 때문에 선편 배송을 고려해 볼 수 있다고 직원이 설명하고 있으므로, 직원이 고객의 택배를 EMS로 보내 주지 못하는 이유를 '택배가 고객이 원하는 우편 서비스의 최대 규격 기준을 초과했기 때문이다'라고 한 ④번이 정답이다.

[어휘] **measure** 치수를 재다; 측정 **meet** 충족시키다, 만나다 **regulation** 규정 **exceed** 초과하다

정답 ④

018

[해석]
> 고객: 실례합니다. 제가 이 소포를 캐나다로 보내야 하는데요.
> 직원: 물론입니다. 항공 우편 또는 선박 우편으로 보내실 수 있어요.
> 고객: 항공 우편이 더 빠르겠죠? 그렇다면, 그것으로 할게요.
> 직원: 소포 안에 깨지기 쉬운 물건이 있나요?
> 고객: 그렇진 않아요. 그건 제 조카에게 줄 장난감이거든요.
> 직원: 알겠습니다. 그리고 치수와 무게가 괜찮네요. 양식을 작성해 주세요.
> 고객: 제가 다 하면 알려 드릴게요.

① 수취인의 전화번호를 받을 수 있을까요?
② 소포 안에 깨지기 쉬운 물건이 있나요?
③ 제가 소포의 무게를 알 수 있을까요?
④ 그것이 얼마나 빨리 배송되어야 하나요?

[해설] 고객이 캐나다로 항공 우편으로 보내겠다고 하자 직원이 말하고, 빈칸 뒤에서 다시 고객이 Not really. It's a toy for my nephew(그렇진 않아요. 그건 제 조카에게 줄 장난감이거든요)라고 말하고 있으므로, '소포 안에 깨지기 쉬운 물건이 있나요?'라는 의미의 ② 'Are there any fragile items inside the package?'가 정답이다.

[어휘] **surface mail** 선박 우편 **nephew** 조카 **dimension** 치수, 크기 **fill out** ~을 작성하다 **fragile** 깨지기 쉬운

정답 ②

필수점검문제

019 다음은 우체국에서 소포를 보내는 상황이다. 빈칸에 들어갈 말로 가장 적절한 것은?

> 고객: I want to send this package to ensure it arrives tomorrow.
> 직원: In that case, I recommend using the next-day express service. The shipping fee for a three kilogram package is four thousand won.
> 고객: Got it. Do you offer insurance? The item is a bit expensive since it's worth about six hundred thousand won.
> 직원: Yes. For items exceeding five hundred thousand won, we suggest using our Safe Package.
> 고객: _____
> 직원: You have to pay fifteen hundred won in addition to the shipping cost.

① How do I know if the package will arrive safely?
② Could I get a refund if a package I send gets lost?
③ How much is the additional fee?
④ What if the item is worth less than five hundred thousand won?

020 다음 두 사람의 대화에서 A가 환전을 결정한 이유는?

> A: Can I exchange one hundred euros for Korean won?
> B: Of course. That will be 140,000 won according to the current exchange rate.
> A: What's the commission fee for currency exchange?
> B: 1.5 percent of the exchanged amount.
> A: It appears to be more affordable here than other banks.
> B: If you have a savings account with us, you'll receive a further discount on the fee.
> A: Great. I do have one. Can I exchange the money now?

① 원화 대비 유로의 환율이 낮기 때문이다.
② 방문 지점의 환전 수수료가 합리적이기 때문이다.
③ 보유한 계좌로 환전한 돈을 받을 수 있기 때문이다.
④ 유로 사용국으로의 여행을 예정하기 때문이다.

019

[해석]
> 고객: 이 소포를 내일 도착하도록 보내고 싶은데요.
> 직원: 그렇다면, 익일 특급을 추천드려요. 3킬로그램인 소포의 배송료는 4천 원입니다.
> 고객: 알겠습니다. 혹시 보험도 제공하시나요? 물품의 값이 60만 원 정도라, 좀 비싸서요.
> 직원: 네. 50만 원을 초과하는 물품들에 대해, 저희는 안전 소포를 권합니다.
> 고객: 추가 요금은 얼마인가요?
> 직원: 배송비 외에 1,500원을 지불하셔야 합니다.

① 소포가 안전하게 도착할지 어떻게 알 수 있나요?
② 제가 보내는 소포가 분실되면 환불받을 수 있나요?
③ 추가 요금은 얼마인가요?
④ 물품이 50만 원 이하이면 어떻게 하죠?

[해설] 60만 원 정도의 발송 물품에 대한 보험을 제공하는지 묻는 고객의 질문에 대해 직원이 50만 원을 초과하는 물품들의 경우 안전 소포를 권한다고 하고, 빈칸 뒤에서 다시 직원이 You have to pay fifteen hundred won in addition to the shipping cost(배송비 외에 1,500원을 지불하셔야 합니다)라고 대답하고 있으므로, '추가 요금은 얼마인가요?'라는 의미의 ③ 'How much is the additional fee?'가 정답이다.

[어휘] **insurance** 보험 **exceed** 초과하다 **get a refund** 환불받다

정답 ③

020

[해석]
> A: 100유로를 원화로 환전할 수 있을까요?
> B: 물론이에요. 현재 환율에 따른다면 그것은 14만 원이 됩니다.
> A: 환전에 대한 수수료는 어떻게 되나요?
> B: 환전 금액의 1.5퍼센트입니다.
> A: 여기가 다른 은행들보다 더 저렴한 것 같네요.
> B: 저희 쪽에 예금 계좌를 갖고 있으시다면, 요금에 대한 추가 할인을 받으실 수 있어요.
> A: 좋네요. 저는 하나를 갖고 있어요. 제가 지금 환전할 수 있을까요?

[해설] 환전 수수료가 환전 금액의 1.5퍼센트라는 B의 설명에 대해 A가 It appears to be more affordable than other banks(여기가 다른 은행들보다 더 저렴한 것 같네요)라고 대답하고 있으므로, A가 환전을 결정한 이유를 '방문 지점의 환전 수수료가 합리적이기 때문이다'라고 한 ②번이 정답이다.

[어휘] **exchange** 환전하다, 교환하다 **commission** 수수료 **affordable** 저렴한, (가격이) 알맞은 **savings account** 예금 계좌

정답 ②

필수점검문제

021 다음 대화를 읽고, 여성 고객(W)이 할 일로 가장 알맞은 것은?

> W: I need to send this package to Japan by EMS.
> M: Sure thing. Could you please tell me what's inside?
> W: It's some handmade ceramics and a small bottle of nail polish.
> M: I'm afraid the alcohol in nail polish makes it unsuitable for EMS shipping.
> W: But it has a safety symbol that's approved for this postal service.
> M: Oh, I see. In that case, we can send it via EMS. It's twenty five thousand won.
> W: Okay. I'll use my post office rewards card.

① Submitting a complaint to the post office
② Seeing if other delivery options are available
③ Paying the cost to send the package
④ Getting rid of the nail polish in her package

022 다음은 우체국에서 보험 가입에 대해 상담받는 상황이다. 빈칸에 들어갈 말로 가장 적절한 것은?

> 고객: Hi. I'd like to inquire about insurance options offered at the post office.
> 직원: What kind of insurance are you looking for?
> 고객: I'm thinking about life insurance.
> 직원: I see. We have a new insurance policy with a high return.
> 고객: That's great. _____
> 직원: The exact amount depends on your age and health condition.

① How long does the coverage last?
② What are the age restrictions for applying?
③ How much is the monthly payment?
④ Do I need to provide medical records?

021

[해석]
> W: 이 소포를 EMS를 이용해 일본으로 보내야 합니다.
> M: 물론이죠. 안에 뭐가 들어 있는지 말씀해 주시겠어요?
> W: 수제 도자기 몇 개랑 작은 매니큐어 병 하나예요.
> M: 유감스럽게도 매니큐어에 든 알코올이 그것을 EMS 운송에 부적합하게 만듭니다.
> W: 그렇지만 거기에는 이 우편 서비스에 대해 승인을 받은 안전 표식이 있어요.
> M: 오, 그렇군요. 그런 경우에는 EMS로 보내 드릴 수 있습니다. 2만 5천 원입니다.
> W: 네. 저는 우체국 포인트 카드를 사용할게요.

① 우체국에 민원을 제출하기
② 다른 배송 선택지들을 이용 가능한지 확인하기
③ 소포를 보내는 비용을 지불하기
④ 그녀의 소포 안의 매니큐어를 제거하기

[해설] M이 여성 고객(W)의 소포에 든 매니큐어는 EMS 승인을 받았기 때문에 발송 가능하다며 발송 비용을 안내하자, W가 우체국 포인트 카드를 사용하겠다고 대답하고 있다. 따라서 여성 고객(W)이 할 일은 '소포를 보내는 비용을 지불하기'라고 한 ③번이 정답이다.

[어휘] **ceramic** 도자기 **nail polish** 매니큐어 **unsuitable** 부적합한 **approve** 승인하다 **complaint** 민원, 불평 **available** (이용) 가능한 **get rid of** ~을 제거하다

정답 ③

022

[해석]
> 고객: 안녕하세요. 저는 우체국에서 제공하는 보험 선택지들에 대해 문의하고 싶습니다.
> 직원: 어떤 종류의 보험을 찾고 계신가요?
> 고객: 저는 생명 보험을 생각하고 있어요.
> 직원: 알겠습니다. 돌려받는 액수가 큰, 새로 출시된 보험이 있습니다.
> 고객: 좋네요. 월 납입금은 얼마인가요?
> 직원: 정확한 액수는 고객님의 연령과 건강 상태에 따라 다릅니다.

① 보장은 얼마나 오래 지속되나요?
② 신청을 위한 연령 제한은 어떻게 되나요?
③ 월 납입금은 얼마인가요?
④ 제가 진료 기록을 제공해야 하나요?

[해설] 직원이 돌려받는 액수가 큰 새로 출시된 보험을 추천하자 고객이 좋다고 대답하고, 빈칸 뒤에서 다시 직원이 The exact amount depends on your age and health condition(정확한 액수는 고객님의 연령과 건강 상태에 따라 다릅니다)라고 말하고 있으므로, '월 납입금은 얼마인가요?'라는 의미의 ③ 'How much is the monthly payment?'가 정답이다.

[어휘] **inquire** 문의하다 **insurance** 보험 **coverage** 보장, (방송) 보도 **restriction** 제한, 제약 **medical record** 진료 기록

정답 ③

023 다음 대화에서 빈칸에 들어갈 말로 가장 적절한 것은?

> A: Hello. This is the Human Resources Department. How can I help you today?
> B: Hi. I'd like to discuss the possibility of transferring to the Logistics Department.
> A: Is there a problem with your current job?
> B: No. I'm just interested in learning something different.
> A: I see. I'll check if there are any openings there.
> B: Thanks so much. _____
> A: I'll get back to you this afternoon.

① What time does that department close?
② Who is the logistics manager?
③ Where should I go now?
④ How long will I have to wait?

024 다음은 우체국에서 우편물을 보내는 상황이다. 빈칸에 들어갈 말로 가장 적절한 것은?

> 고객: Hi. I need to send this parcel to the U.S. What's the best way?
> 직원: I'd recommend sending it via airmail.
> 고객: How much would it be for a 2-kilogram parcel?
> 직원: It costs forty two thousand won.
> 고객: Got it. _____
> 직원: Transit times to the U.S. are usually 3-5 business days.
> 고객: Perfect. That works for me.

① How can I track a package that I've sent?
② Is there a deadline for sending mail today?
③ How long would it typically take to get there?
④ I'll need some packaging materials like boxes and tape.

023

[해석]

> A: 안녕하세요. 인사과입니다. 오늘 무엇을 도와드릴까요?
> B: 안녕하세요. 저는 물류과로 전임할 가능성에 대해 논의드리고 싶습니다.
> A: 당신의 현재 직무에 어려움이 있으신가요?
> B: 아니오. 저는 그저 다른 무언가를 배우는 데 관심이 있습니다.
> A: 그러시군요. 그곳에 공석이 있는지 확인해 보겠습니다.
> B: 정말 감사합니다. <u>제가 얼마나 기다려야 할까요?</u>
> A: 오늘 오후에 당신께 다시 연락드릴게요.

① 그 부서는 언제 마감되나요?
② 물류 담당 매니저가 누구인가요?
③ 제가 지금 어디로 가면 되나요?
④ 제가 얼마나 기다려야 할까요?

[해설] 다른 무언가를 배우는 데 관심이 있어 물류과로 전임할 가능성을 알고 싶다는 B의 요청에 대해 A가 그곳에 공석이 있는지 확인해 보겠다고 하고, 빈칸 뒤에서 다시 A가 I'll get back to you this afternoon(오늘 오후에 당신께 다시 연락드릴게요)라고 대답하고 있으므로, '제가 얼마나 기다려야 할까요?'라는 의미의 ④ 'How long will I have to wait?'가 정답이다.

[어휘] **human resources department** 인사과 **transfer** 전임하다, 옮기다 **logistics** 물류, 실행 계획 **opening** 공석, 빈자리, 시작 부분

정답 ④

024

[해석]

> 고객: 안녕하세요. 저는 이 소포를 미국으로 보내야 합니다. 가장 좋은 방법이 뭔가요?
> 직원: 저는 항공 우편으로 보내는 것을 추천드리고 싶습니다.
> 고객: 2킬로그램짜리 소포에 대해 그것은 얼마인가요?
> 직원: 42,000원입니다.
> 고객: 알겠습니다. <u>거기에 도착하는 데 보통 얼마나 걸릴까요?</u>
> 직원: 미국까지의 운송 시간은 보통 영업일 기준 3-5일입니다.
> 고객: 완벽해요. 그게 좋겠어요.

① 제가 보낸 소포를 어떻게 추적할 수 있나요?
② 오늘 우편을 발송하기 위한 마감 시간이 있나요?
③ 거기에 도착하는 데 보통 얼마나 걸릴까요?
④ 저는 상자와 테이프와 같은 포장재가 조금 필요할 것 같아요.

[해설] 고객이 2킬로그램짜리 소포를 빠른 항공 우편으로 보내는 데 드는 비용을 묻자 직원이 알려 주고, 빈칸 뒤에서 다시 직원이 Transit times to the U.S. are usually 3-5 business days(미국까지의 운송 시간은 보통 영업일 기준 3-5일입니다)라고 대답하고 있으므로, '거기에 도착하는 데 보통 얼마나 걸릴까요?'라는 의미의 ③ 'How long would it typically take to get there?'가 정답이다.

[어휘] **recommend** 추천하다 **transit** 운송, 수송 **deadline** 마감 시간, 기한

정답 ③

실전완성문제

001 다음 대화에서 빈칸에 들어갈 말로 가장 적절한 것은?

> A: I have a problem. I've been receiving someone else's mail.
> B: Could you tell me more?
> A: I've been getting utility bills that aren't mine.
> B: I see. They might belong to the previous resident.
> A: I think so. _____
> B: You can. But you had better contact the sender and tell them they have the wrong address.

① Until when will they be sent?
② Could you get in touch with the previous resident?
③ Should I just put them in the return box?
④ Can you update my address?

002 다음 대화에서 빈칸에 들어갈 말로 가장 적절한 것은?

> A: Hi. Can I report a voice phishing attempt?
> B: Sure. Could you tell me about the situation?
> A: I got a call saying that my mail was returned, and they asked me to provide my social security number.
> B: That's a typical voice phishing scam. _____
> A: I told them I would contact the post office directly, then immediately hung up the phone.
> B: You handled it well. We never ask for personal information from our customers over the phone.
> A: I'll keep that in mind.

① Did you contact the police?
② How did you manage the situation next?
③ Was it a familiar voice?
④ Did you receive a text message?

001

[해석]
A: 제게 문제가 있습니다. 다른 누군가의 우편물을 받아 오고 있어요.
B: 좀 더 자세히 말씀해 주시겠어요?
A: 제 것이 아닌 공공요금 고지서들을 받고 있어요.
B: 그렇군요. 그것들은 이전 거주자분의 것일지도 모릅니다.
A: 그런 것 같아요. 제가 그것들을 그냥 반송함에 넣으면 되나요?
B: 그러셔도 돼요. 그렇지만 고객님께서 발송인에게 연락하셔서 그들이 잘못된 주소를 갖고 있음을 말씀하시는 게 좋습니다.

① 그것들이 언제까지 발송될까요?
② 이전 거주자분께 연락해 주실 수 있을까요?
③ 제가 그것들을 그냥 반송함에 넣으면 되나요?
④ 제 주소를 갱신해 주실 수 있나요?

[해설] A의 주소로 잘못 발송되고 있는 공공요금 고지서가 이전 거주자의 것일지 모른다는 B의 말에 대해 A가 그런 것 같다고 대답하고, 빈칸 뒤에서 다시 B가 You can. But you had better contact the sender and tell them they have the wrong address(그러셔도 돼요. 그렇지만 고객님께서 발송인에게 연락하셔서 그들이 잘못된 주소를 갖고 있음을 말씀하시는 게 좋습니다.)라고 안내하고 있으므로, '제가 그것들을 그냥 반송함에 넣으면 되나요?'라는 의미의 ③ 'Should I just put them in the return box?'가 정답이다.

[어휘] **utility** 공공요금, 유용성 **bill** 고지서, 청구서 **previous** 이전의 **resident** 거주자 **get in touch with** ~와 연락하다

정답 ③

002

[해석]
A: 안녕하세요. 보이스 피싱 시도에 대해 신고할 수 있을까요?
B: 그럼요. 그 상황에 대해 말씀해 주시겠어요?
A: 제 우편물이 반송되었다는 전화를 받았는데, 그들은 주민등록번호를 알려 줄 것을 요청해 왔어요.
B: 그것은 전형적인 보이스 피싱 사기네요. 그다음에 상황을 어떻게 처리하셨나요?
A: 저는 그들에게 우체국에 직접 연락하겠다고 말했고, 그러고 나서 곧바로 전화를 끊었습니다.
B: 잘 대응하셨네요. 저희는 고객분들께 전화로 개인 정보를 결코 요청하지 않습니다.
A: 명심할게요.

① 경찰에 연락하셨나요?
② 그다음에 상황을 어떻게 처리하셨나요?
③ 아는 목소리였나요?
④ 문자 메시지를 받으셨나요?

[해설] 주민등록번호를 알려 줄 것을 요청하는 전화를 받았다는 A의 신고에 대해 B가 전형적인 보이스 피싱 사기라고 안내하고, 빈칸 뒤에서 다시 A가 I told them I would contact the post office directly, then immediately hung up the phone(저는 그들에게 우체국에 직접 연락하겠다고 말했고, 그러고 나서 곧바로 전화를 끊었습니다)라고 설명하고 있으므로, '그다음에 상황을 어떻게 처리하셨나요?'라는 의미의 ② 'How did you manage the situation next?'가 정답이다.

[어휘] **report** 신고하다, 보고하다 **voice phishing** 보이스 피싱 **social security number** 주민등록번호 **typical** 전형적인 **scam** 사기 **hang up** (전화를) 끊다 **keep in mind** 명심하다, 기억해 두다

정답 ②

실전완성문제

003 다음은 우체국에서 소포를 보내는 상황이다. 빈칸에 들어갈 말로 가장 적절한 것은?

> 고객: Hi. I want to know if I can send this package as a regular parcel. It's quite heavy.
> 직원: Let me weigh it first... Oh. It exceeds our thirty kilograms limit.
> 고객: I didn't know about the weight limit. Is there another way I can send it?
> 직원: _____
> 고객: So, two boxes weighing less than thirty kilograms each, right? That sounds like a good idea.
> 직원: Let me help you with the labels for each package.

① There's no way to send such a heavy package internationally.
② You could split the contents into two separate packages.
③ Sending the package by sea will take longer but is cheaper.
④ You'll need to take some items out.

004 다음 대화를 읽고, 남성 고객(M)이 결정한 일로 가장 알맞은 것은?

> M: While I'm here sending a package, can I also get a new card for my account?
> W: Sure. Would you prefer a debit card or a credit card?
> M: Could you explain the difference?
> W: A debit card deducts money directly from your bank account for purchases. On the other hand, a credit card allows you to pay later.
> M: I see. I've heard credit cards offer more benefits, like points and cashback.
> W: Each has its own advantages. With a debit card, it is easier to manage your finances.
> M: I think I'll go with that because I want to control my spending habits.

① He would compare cards from different banks.
② He would open a bank account first.
③ He would track his spending habits.
④ He would sign up for a debit card for an account.

003

[해설]
> 고객: 안녕하세요. 저는 이 소포를 일반 소포로 보낼 수 있을지 알고 싶어요. 꽤 무거워서요.
> 직원: 먼저 무게를 재 봅시다... 오, 30킬로그램 제한을 초과하네요.
> 고객: 무게 제한에 대해서는 몰랐네요. 제가 그것을 보낼 수 있는 다른 방법이 있을까요?
> 직원: 내용물을 별개의 소포 두 개로 나누실 수 있습니다.
> 고객: 그럼, 각기 30킬로그램 미만인 두 상자로 말이죠? 그거 좋은 생각인 것 같네요.
> 직원: 제가 각 소포의 (배송) 라벨에 대해 고객님을 도와드릴게요.

① 그렇게 무거운 소포를 해외로 보낼 방법은 없습니다.
② 내용물을 별개의 소포 두 개로 나누실 수 있습니다.
③ 소포를 선편으로 보내는 것이 더 오래 걸리지만 더 저렴합니다.
④ 물품 몇 개를 꺼내셔야 할 겁니다.

[해설] 30킬로그램 무게 제한을 초과하는 소포를 보낼 수 있는 다른 방법이 있는지 묻는 고객의 질문에 대해 직원이 말하고, 빈칸 뒤에서 다시 고객이 So, two boxes weighing less than 30 kilograms each, right?(그럼 각기 30킬로그램 미만인 두 상자로 말이죠?)라고 되묻고 있으므로, '내용물을 별개의 소포 두 개로 나누실 수 있습니다'라는 의미의 ② 'You could split the contents into two separate packages'가 정답이다.

[어휘] **regular parcel** 일반 소포 **weigh** 무게를 재다; 무게 **exceed** 초과하다 **split** 나누다, 분리시키다 **separate** 별개의; 분리하다

정답 ②

004

[해설]
> M: 소포를 보내러 여기 온 김에, 제 계좌에 대한 새 카드를 요청할 수 있을까요?
> W: 그럼요. 직불 카드와 신용 카드 중 어느 것을 선호하시나요?
> M: 차이점을 설명해 주시겠어요?
> W: 직불 카드는 구매 시 고객님 은행 계좌에서 바로 돈을 공제합니다. 반면에, 신용 카드는 고객님께서 나중에 지불하실 수 있고요.
> M: 그렇군요. 신용 카드가 포인트나 캐시백 같은 혜택이 더 많다고 들었어요.
> W: (카드) 각각이 장점을 가지고 있습니다. 직불 카드로는, 재정 관리가 더 수월하지요.
> M: 저는 소비 습관을 조절하고 싶으니 그것으로 할게요.

① 그는 서로 다른 은행의 카드들을 비교할 것이다.
② 그는 은행 계좌를 먼저 개설할 것이다.
③ 그는 자신의 소비 습관을 추적할 것이다.
④ 그는 계좌에 대해 직불 카드를 신청할 것이다.

[해설] 남성 고객(M)에게 W가 직불 카드와 신용 카드가 각각의 장점을 가지고 있지만 직불 카드의 경우 재정 관리가 더 수월하다고 설명하자, M이 I think I'll go with that because I want to control my spending habits(저는 소비 습관을 조절하고 싶으니 그것으로 할게요)라고 대답하고 있으므로, 남성 고객(M)이 결정한 일을 '그는 계좌에 대해 직불 카드를 신청할 것이다'라고 한 ④번이 정답이다.

[어휘] **account** 계좌 **debit card** 직불 카드 **credit card** 신용 카드 **deduct** 공제하다, 빼다 **advantage** 장점 **compare** 비교하다 **sign up for** ~을 신청하다, 가입하다

정답 ④

005 다음 두 사람의 대화에서 A가 B에게 연락한 이유는?

> A: Hello. This is the customs office. May I speak with you for a moment?
> B: Yes, of course. What is this about?
> A: We have an issue with the package you'll receive.
> B: Really? What seems to be the issue?
> A: The personal customs code the sender submitted isn't identical to yours.
> B: Oh. The sender is my mom. She must have entered hers. My code is P001234567890.
> A: Your code has now been confirmed. Thank you.

① B가 추가 관세를 납부해야 하기 때문이다.
② 제출된 통관 정보에 오류가 있기 때문이다.
③ 소포의 내용물이 세관에 신고된 것과 다르기 때문이다.
④ B가 관세청에 방문할 필요가 있기 때문이다.

006 다음 두 사람의 대화에서 B가 A에게 우편물을 주지 못하는 이유는?

> A: Hello. I've come to pick up some registered mail I missed.
> B: Okay. Can you give me the mail arrival notice and your ID?
> A: Here they are.
> B: You are not the recipient of the registered mail. We need a certificate to prove your relationship with the recipient.
> A: I'm the recipient's husband. Can't I just pick it up?
> B: For security reasons, we can't give you a package unless the relationship is confirmed.
> A: Then I'll have to tell my wife to pick it up.

① 우편물 수령에 필요한 서류가 구비되지 않았기 때문이다.
② A의 아내가 이미 우편물을 찾아갔기 때문이다.
③ B가 근무하는 지점에 A의 우편물이 보관되어 있지 않기 때문이다.
④ 가족관계증명서의 유효 기간이 만료되었기 때문이다.

005

해석

A: 안녕하세요. 관세청입니다. 잠시 통화할 수 있을까요?
B: 네, 물론이죠. 무슨 일이신가요?
A: 고객님께서 받으실 소포에 문제가 있습니다.
B: 정말이요? 무슨 문제인 걸까요?
A: 발송인이 제출한 개인통관고유부호가 고객님의 것과 일치하지 않습니다.
B: 아. 발송인이 저희 어머니인데요. 어머니 자신의 것을 입력하셨음에 틀림없네요. 제 부호는 P001234567890입니다.
A: 고객님의 부호가 이제 확인되었습니다. 감사합니다.

해설 B가 받을 소포에 대해 발송인이 제출한 개인통관고유부호가 B의 것과 일치하지 않는다는 A의 설명에 대해 B가 자신의 개인통관고유부호를 다시 알려 주고 있으므로, A가 B에게 연락한 이유를 '제출된 통관 정보에 오류가 있기 때문이다'라고 한 ②번이 정답이다.

어휘 **customs** 세관 **identical** 일치하는, 동일한 **confirm** 확인해 주다

정답 ②

006

해석

A: 안녕하세요. 제가 받지 못했던 등기 우편물 몇 개를 찾으러 왔습니다.
B: 알겠습니다. 우편물 도착 안내서와 고객님 신분증을 주시겠어요?
A: 여기요.
B: 고객님은 등기 우편물 수취인이 아니시네요. 수취인과의 관계를 입증할 증명서가 필요합니다.
A: 제가 수취인의 남편인데요. 그냥 제가 그것을 찾아가면 안 될까요?
B: 보안의 이유로, 저희는 관계가 확인되지 않으면 소포를 드릴 수 없어서요.
A: 그러면 아내에게 찾아오라고 해야겠네요.

해설 등기 우편물을 찾으러 온 A에게 B가 수취인 본인이 아닐 경우 수취인과의 관계를 입증할 증명서가 필요하다고 하며 관계가 확인되지 않으면 소포를 줄 수 없다고 안내하고 있으므로, B가 A에게 우편물을 주지 못하는 이유를 '우편물 수령에 필요한 서류가 구비되지 않았기 때문이다'라고 한 ①번이 정답이다.

어휘 **recipient** 수취인 **certificate** 증명서, 자격증 **confirm** 확인해 주다

정답 ①

007 다음은 우체국에서 우편 서비스를 신청하는 상황이다. 빈칸에 들어갈 말로 가장 적절한 것은?

> A: I want to know about a service that redirects mail from an old address to a new one after moving.
> B: That's our mail transfer service. It's designed for your convenience.
> A: That's what I mean. I'm moving next month. _____?
> B: You can apply in advance, but you'll need to provide documents that confirm your address change.
> A: I see. Do I need to bring the documents to the post office in person?
> B: You can come in, or you can just apply through the post office website.

① What's the name of the person in charge
② Is there a way to make my address private
③ Can I choose between the old address and the new one
④ May I submit my application early

008 다음은 우체국에서 출간한 잡지에 대해 문의하는 상황이다. 빈칸에 들어갈 말로 가장 적절한 것은?

> A: I heard that the postal service publishes a magazine.
> B: Yes. It's called The Tiger Express.
> A: Where can I get a copy of it?
> B: It's available at any post office. You can also subscribe and have it delivered to your home.
> A: I see. How much does it cost?
> B: It's free to collect in person. _____
> A: I'll just grab one at the post office.

① The price depends on the size of the ad.
② The nearest post office is on Second Street.
③ You can order it online.
④ A subscription is twenty five dollars per year.

007

[해석]
A: 이사 후에 이전 주소지로 발송된 우편물을 새로운 주소지로 다시 보내 주는 서비스에 대해 알고 싶습니다.
B: 우편물 전송 서비스 말씀이시군요. 고객분들의 편의를 위해 고안된 것입니다.
A: 그게 제가 말씀드린 거예요. 제가 다음 달에 이사를 가요. 신청서를 미리 제출해도 될까요?
B: 미리 신청하는 것 또한 가능하지만, 주소 변경 확인이 가능한 서류가 있어야 합니다.
A: 그렇군요. 서류를 가지고 직접 우체국에 와야 하나요?
B: 오셔도 되고, 아니면 그냥 우체국 웹사이트를 통해 신청하셔도 됩니다.

① 담당하시는 분의 성함이 무엇인가요
② 제 주소를 비공개로 만들 방법이 있을까요
③ 이전 주소와 새 주소 중에 선택할 수 있을까요
④ 신청서를 미리 제출해도 될까요

[해설] 이전 주소지로 발송된 우편물을 새로운 주소지로 다시 보내 주는 우편물 전송 서비스에 대해 B가 설명하자 A가 다음 달에 이사를 간다고 알리고, 빈칸 뒤에서 다시 B가 You can apply in advance, but you'll need to provide documents that confirm your address change(미리 신청하는 것 또한 가능하지만 주소 변경 확인이 가능한 서류가 있어야 합니다)라고 대답하고 있으므로, '신청서를 미리 제출해도 될까요?'라는 의미의 ④ 'May I submit my application early?'가 정답이다.

[어휘] redirect 다시 보내다, 전송하다   convenience 편의   document 서류, 기록; 기록하다   confirm 확인하다   in person 직접   in charge 담당인
application 신청(서), 지원(서)

정답 ④

008

[해석]
A: 우체국에서 잡지를 출간했다고 들었어요.
B: 맞아요. 그것은 <Tiger Express>라고 합니다.
A: 제가 그것 한 부를 어디서 얻을 수 있을까요?
B: 그것은 모든 우체국에서 구할 수 있으세요. 또한 그것을 구독하시고 집으로 배송받으실 수 있습니다.
A: 알겠습니다. 그것은 얼마인가요?
B: 직접 가져가시는 것은 무료입니다. 구독은 1년에 25달러이고요.
A: 저는 그냥 우체국에서 하나만 가져가야 겠네요.

① 가격은 광고 규모에 따라 다릅니다.
② 가장 가까운 우체국은 2가에 있고요.
③ 당신은 그것을 온라인으로 주문할 수 있습니다.
④ 구독은 1년에 25달러이고요.

[해설] B가 우체국에서 출간한 잡지는 우체국에서 구하거나 구독 배송받을 수 있다고 하자 A가 그 잡지의 가격을 묻고, 우체국에서 직접 가져가는 경우에 무료라는 B의 안내에 대해 빈칸 뒤에서 다시 A가 I'll just grab one at the post office(저는 그냥 우체국에서 하나만 가져가야겠네요)라고 대답하고 있다. 따라서 '구독은 1년에 25달러이고요'라는 의미의 ④ 'A subscription is twenty five dollars per year'가 정답이다.

[어휘] publish 출간하다, 발표하다   available 구할 수 있는, 이용 가능한   subscribe 구독하다   in person 직접

정답 ④

실전완성문제

009 다음은 우편물이 도착하지 않은 상황이다. 빈칸에 들어갈 말로 가장 적절한 것은?

> 고객: I received a message that the delivery of my package was completed, but it hasn't arrived.
> 직원: Let me check if your mail has been lost. Could you show me the message?
> 고객: Yes. The tracking number is also in the message.
> 직원: It shows that the package has already been delivered. _____
> 고객: I've looked all around my house, and it's not there.
> 직원: In that case, you'll need to file a claim for lost mail. We will conduct an investigation and determine how to compensate you.

① This receipt does not come from our post office.
② Have you checked around your property?
③ Do you know what is in the package?
④ How long ago did you send the package?

고난도

010 다음 대화를 읽고, 여성 고객(W)이 결정한 일로 가장 알맞은 것은?

> W: I'm interested in the Easy-Packet service.
> M: It is suitable for items under two kilograms. If you plan to send a high volume of packages with this service, it is advisable to sign a contract with us.
> W: What documents do I need for the contract?
> M: Your ID, business registration certificate, and a copy of a payment card.
> W: My business registration certificate hasn't been issued yet, but I need to start sending items soon.
> M: It may be challenging to sign the contract, then.
> W: Well, maybe I will have to send items using another service first.
> M: You can proceed with the Easy-Packet service contract later when you are ready.
> W: Okay. I'll prepare the certificate and come back.

① She will delay the delivery of packages.
② She will cancel the Easy-Packet service contract.
③ She is going to prepare the documents for the contract.
④ She is going to submit the required certificate online.

009

해석

> 고객: 제 소포 배송이 완료되었다는 메시지를 받았는데, 그것이 도착하지 않고 있어서요.
> 직원: 고객님의 우편물이 분실되었는지 확인해 볼게요. 메시지를 보여 주실 수 있을까요?
> 고객: 네. 추적 번호도 그 메시지에 있어요.
> 직원: 그 소포는 이미 배송 완료된 것으로 보이네요. 건물 주변을 확인해 보셨을까요?
> 고객: 집 주변을 다 찾아봤지만, 그곳에는 없어요.
> 직원: 그렇다면, 분실 우편물 청구서를 제출하셔야 하겠어요. 저희가 조사를 진행하고 고객님께 보상할 방법을 결정하게 될 겁니다.

① 이 영수증은 저희 우체국 것이 아닙니다.
② 건물 주변을 확인해 보셨을까요?
③ 소포에 무엇이 들어 있는지 아시나요?
④ 소포를 발송한 지 얼마나 되었나요?

해설 고객이 도착하지 않은 소포에 대한 배송 완료 메시지를 직원에게 보여 주자, 직원이 그 소포가 이미 배송 완료된 것으로 보인다고 알려 주고, 빈칸 뒤에서 다시 고객이 I've looked all around my house, and it's not there(집 주변을 다 찾아봤지만, 그곳에는 없어요)라고 말하고 있으므로, '건물 주변을 확인해 보셨을까요?'라는 의미의 ② 'Have you checked around your property'가 정답이다.

어휘 **complete** 완료하다, 기입하다; 완벽한 **file a claim** 청구서를 제출하다 **conduct** (활동을) 하다, 수행하다 **investigation** 조사 **compensate** 보상하다 **property** 건물, 재산, 부동산

정답 ②

010

해석

> W: 저는 Easy-Packet 서비스에 관심이 있어요.
> M: 그것은 2킬로그램 미만의 물품들에 적합합니다. 이 서비스로 많은 물량을 보내려고 하시는 경우에는, 저희와 계약을 맺으시는 것을 권해 드려요.
> W: 계약을 위해서는 어떤 서류들이 필요한가요?
> M: 신분증, 사업자 등록증, 그리고 결제 카드 사본입니다.
> W: 아직 제 사업자 등록증이 발급되지 않은 상황인데, 저는 곧 물건을 보내기 시작해야 해요.
> M: 그렇다면, 계약을 맺으시기가 힘들 수도 있습니다.
> W: 음, 어쩌면 먼저 다른 서비스를 이용해서 물건을 보내야 하겠네요.
> M: Easy-Packet 서비스 계약은 나중에 준비가 되셨을 때 진행하실 수 있어요.
> W: 알겠습니다. 등록증을 준비해서 다시 올게요.

① 그녀는 소포의 배송을 미룰 것이다.
② 그녀는 Easy-Packet 서비스 계약을 취소할 것이다.
③ 그녀는 계약을 위한 서류를 준비할 것이다.
④ 그녀는 필요한 등록증을 온라인으로 제출할 것이다.

해설 M이 여성 고객(W)에게 사업자 등록증이 발급되지 않은 경우 계약을 맺기 힘들 수 있으므로 나중에 준비된 후 계약을 진행하도록 안내하자, W가 Okay. I'll prepare the certificate and come back(알겠습니다. 등록증을 준비해서 다시 올게요)이라고 대답하고 있다. 따라서 여성 고객(W)이 결정한 일을 '그녀는 계약을 위한 서류를 준비할 것이다'라고 한 ③번이 정답이다.

어휘 **suitable** 적합한 **volume** 물량, 음량, 부피 **advisable** 권할 만한, 타당한 **contract** 계약하다; 계약 **registration** 등록 **issue** 발급하다, 발표하다

정답 ③

실전완성문제

011 다음 대화에서 빈칸에 들어갈 말로 가장 적절한 것은?

> A: I want to send this parcel to Ulleungdo.
> B: Can you weigh it first?
> A: Okay. It's three kilograms.
> B: The fee for parcels under five kilograms is eight thousand won, but there's an extra charge for island areas like Ulleungdo.
> A: That makes sense. _____?
> B: It might take up to 7 days for delivery to Ulleungdo, depending on the ferry schedule.

① Does the cost increase with the weight
② Is shipping by sea cheaper
③ Will it arrive within a week
④ Where are the other island areas

012 다음 대화에서 빈칸에 들어갈 말로 가장 적절한 것은?

> A: I'm interested in taking out health insurance for my child. He is 7.
> B: Then I recommend Plan C, which is suitable for children aged 0 to 15.
> A: What does the insurance coverage include?
> B: All illnesses and injuries, as well as routine checkups.
> A: _____
> B: Based on health conditions, it's possible. So, you will need to submit a health certificate issued by a doctor.

① What is the process for filing a claim?
② Will enrollment be restricted in some cases?
③ Could you provide details about the terms and conditions?
④ What happens when my child reaches the maximum age?

011

해석

A: 저는 이 소포를 울릉도로 보내고 싶어요.
B: 먼저 무게를 재 주시겠어요?
A: 알겠습니다. 3킬로그램이네요.
B: 5킬로그램 미만의 소포의 경우 8천 원의 비용이 들지만, 울릉도와 같은 도서 지역에 대해서는 추가 요금이 있습니다.
A: 일리가 있네요. <u>그것은 이번 주 이내로 도착할까요?</u>
B: 울릉도까지의 배송에는 최대 7일까지 걸릴 수 있는데, 배편 일정에 따라 다릅니다.

① 무게에 따라 가격이 올라가나요
② 해상으로 운송하는 것이 더 싼가요
③ 그것은 이번 주 이내로 도착할까요
④ 다른 도서 지역에는 어디가 있나요

해설 B가 울릉도와 같은 도서 지역에 소포를 보낼 때에는 추가 요금이 붙는다고 설명하자 A가 추가로 질문하고, 빈칸 뒤에서 다시 B가 It might take up to 7 days for delivery to Ulleungdo, depending on the ferry schedule(울릉도까지의 배송에는 최대 7일까지 걸릴 수 있는데, 배편 일정에 따라 다릅니다)이라고 대답하고 있다. 따라서 '그것은 이번 주 이내로 도착할까요?'라는 의미의 ③ 'Will it arrive within a week?'가 정답이다.

어휘 weigh 무게를 재다; 무게 charge 요금; 청구하다

정답 ③

012

해석

A: 저는 아이를 위해 건강 보험을 드는 것에 관심이 있어요. 아이는 일곱 살입니다.
B: 그렇다면 0세에서 15세 아이에게 적합한 플랜 C를 추천드립니다.
A: 그 보험의 보장 범위는 무엇을 포함하나요?
B: 모든 질병과 상해와, 뿐만 아니라 정기 검진까지 포함합니다.
A: <u>가입이 어떤 경우에는 제한되기도 하나요?</u>
B: 건강 상태에 따라, 그럴 수 있습니다. 그래서, 의사에 의해 발급된 건강 진단서를 제출하셔야 해요.

① 청구하는 절차는 무엇인가요?
② 가입이 어떤 경우에는 제한되기도 하나요?
③ 약관에 대한 세부 정보를 제공해 주시겠어요?
④ 제 아이가 최대 연령에 이르면 어떻게 되나요?

해설 아이들을 대상으로 하는 플랜 C 보험의 보장 범위는 질병·상해 및 정기 검진까지 포함한다는 B의 안내에 대해 A가 말하고, 빈칸 뒤에서 다시 A가 Based on health conditions, it's possible. So, you will need to submit a health certificate issued by a doctor(건강 상태에 따라, 그럴 수 있습니다. 그래서, 의사에 의해 발급된 건강 진단서를 제출하셔야 해요)라고 말하고 있으므로, '가입이 어떤 경우에는 제한되기도 하나요?'라는 의미의 ② 'Will enrollment be restricted in some cases?'가 정답이다.

어휘 take out insurance 보험을 들다 suitable 적합한 coverage 보장 범위, 보도 checkup 검진 health certificate 건강 진단서
issue 발급하다; 발행물, 논점 file a claim 청구하다 enrollment 가입, 등록 terms and conditions 약관, (계약) 조건

정답 ②

013 다음 대화에서 빈칸에 들어갈 말로 가장 적절한 것은?

> A: Hello. I need to send this package as quickly as possible.
> B: What's inside the package?
> A: It contains documents. They have to be delivered by tomorrow.
> B: I'm sorry, but the deadline for next-day express mail has already passed. We stop accepting shipments at 3:30 p.m.
> A: It's too late? Is there another way to send this package?
> B: _____
> A: Okay. I'll head there. Could you let me know the address?

① The kiosk registration has also closed.
② There is a branch nearby that accepts packages up to 5 p.m.
③ Private courier services are more expensive.
④ Please visit again early tomorrow morning.

014 다음 두 사람의 대화에서 B가 A의 돈을 바로 돌려주지 못하는 이유는?

> A: I have a problem with money I transferred to another account.
> B: Could you please explain the issue in detail?
> A: I intended to send money to my friend, but it ended up being transferred to someone else.
> B: Was the account number you entered correct?
> A: Actually, I didn't check the recipient's name carefully. Can I retrieve my money now?
> B: According to regulations, we can't return the money without the recipient's consent.
> A: I guess I'll need to contact the recipient and ask for agreement.

① A의 계좌가 정지되어서
② 이체는 한번 완료되면 정정될 수 없어서
③ 이체금 반환에는 수취인의 동의가 필요해서
④ 수취인이 이체금 반환에 동의하지 않아서

013

[해석]

A: 안녕하세요. 이 소포를 최대한 빨리 보내야 하는데요.
B: 소포 안에는 무엇이 있나요?
A: 서류들이 들어 있어요. 그것들은 내일까지 배송되어야 합니다.
B: 죄송하지만, 익일 특급 우편에 대한 마감이 이미 지나서요. 저희는 배송물 접수를 세 시 반에 마칩니다.
A: 너무 늦은 건가요? 이 소포를 보낼 다른 방법이 있을까요?
B: 다섯 시까지 소포를 접수하는 지점 하나가 근처에 있습니다.
A: 네. 거기로 가 봐야겠네요. 주소를 알려 주시겠어요?

① 키오스크 접수도 마감되었습니다.
② 다섯 시까지 소포를 접수하는 지점 하나가 근처에 있습니다.
③ 사설 택배 회사의 운송료가 더 비쌉니다.
④ 내일 아침 일찍 다시 방문해 주세요.

[해설] 익일 특급 우편의 접수가 세 시 반에 이미 마감되었다는 B의 안내에 대해 A가 내일까지 배송되어야 하는 소포를 보낼 다른 방법이 있는지 묻고, 빈칸 뒤에서 다시 A가 Okay. I'll head there. Could you let me know the address?(네. 거기로 가 봐야겠네요. 주소를 알려 주시겠어요?)라고 말하고 있으므로, '다섯 시까지 소포를 접수하는 지점 하나가 근처에 있습니다'라는 의미의 ② 'There is a branch nearby that accepts packages up to 5 p.m.'이 정답이다.

[어휘] **head** 가다, 이끌다; 머리 **registration** 접수, 등록 **branch** 지점 **courier** 택배 회사, 운송 업체

정답 ②

014

[해석]

A: 제가 다른 계좌로 이체한 돈에 문제가 있습니다.
B: 그 문제에 대해 자세히 설명해 주시겠습니까?
A: 저는 친구에게 돈을 보내려고 했는데, 다른 누군가에게 이체되어 버렸어요.
B: 입력하신 계좌번호가 정확한 것이었나요?
A: 사실, 제가 수취인의 이름을 주의 깊게 확인하지 못했습니다. 지금 제 돈을 회수할 수 있을까요?
B: 규정에 따르면, 수취인의 동의 없이는 돈을 돌려드릴 수가 없습니다.
A: 제가 수취인에게 연락해서 동의를 요청해야 할 것 같네요.

[해설] 잘못된 계좌로 이체한 돈을 회수할 수 있는지 묻는 A의 질문에 대해 B가 규정에 따르면 수취인의 동의 없이는 돈을 돌려줄 수 없다고 안내하고 있으므로, B가 A의 돈을 바로 돌려주지 못하는 이유를 '이체금 반환에는 수취인의 동의가 필요해서'라고 한 ③번이 정답이다. ④번은 '이체금 반환'과 '(수취인) 동의'와 같은 키워드가 등장하여 정답 가능성이 있어 보이지만, 지문을 통해서는 수취인에게 동의를 요청한 결과에 대해 알 수 없으므로 정답이 될 수 없다.

[어휘] **transfer** 이체하다, 이동하다 **retrieve** 회수하다 **consent** 동의; 동의하다 **agreement** 동의

정답 ③

실전완성문제

015 다음은 우체국에서 배송 상황에 대해 문의하는 상황이다. 빈칸에 들어갈 말로 가장 적절한 것은?

직원: Hello. How may I help you?
고객: My package hasn't arrived in over a month, so I'm here to find out what happened.
직원: Can you give me the invoice number?
고객: Yes. I have it right here.
직원: Let me see. I'm not sure, but it may have been lost in transit.
고객: Oh, no. It's a gift from my cousin. _____
직원: We'll begin tracking its location right now. You'll hear from us within 10 days.

① Is there a faster way to resolve this?
② I really need to find it.
③ I'll come back next week to check.
④ Can I get a refund now?

016 다음 두 사람의 대화에서 A가 특급 우편을 이용하지 못하는 이유는?

A: I'm unable to send express mail to Busan via the kiosk.
B: Regrettably, express mail service to Busan is currently suspended due to heavy rain across the region.
A: I understand. There's nothing you can do about the weather.
B: That's true. Maybe you could check with another carrier. But they might be facing the same issues.
A: Can I still send it as regular mail?
B: Yes. The kiosk should be able to process regular mail.

① 특급 우편을 처리하는 키오스크가 고장 났기 때문에
② 부산 전역에 특급 우편 관련 민원이 쇄도하기 때문에
③ 특급 우편을 담당하는 택배 회사가 바뀌었기 때문에
④ 부산의 기상 상황이 좋지 않기 때문에

015

> 직원: 안녕하세요. 무엇을 도와드릴까요?
> 고객: 제 택배가 한 달이 넘도록 도착하지 않아서요, 무슨 일인지 알아보려고 여기 왔습니다.
> 직원: 송장 번호를 주시겠어요?
> 고객: 네. 그건 바로 여기 있어요.
> 직원: 잠시 보겠습니다. 확실하지는 않지만, 그것이 운송 중에 분실된 것 같습니다.
> 고객: 오, 안 돼요. 제 사촌이 준 선물인걸요. 저는 정말로 그걸 찾아야 해요.
> 직원: 저희가 그것의 위치를 추적하는 일을 지금 바로 시작하겠습니다. 고객님은 열흘 이내로 저희로부터 연락을 받으실 거예요.

① 이것을 해결할 더 빠른 방법이 있나요?
② 저는 정말로 그걸 찾아야 해요.
③ 제가 다음 주에 확인하러 다시 올게요.
④ 지금 환불을 받을 수 있나요?

고객의 택배가 운송 중 분실된 것 같다는 직원의 말에 대해 고객이 그것은 선물 받은 것이라고 하고, 빈칸 뒤에서 직원이 We'll begin tracking its location right now. You'll hear from us within 10 days(저희가 그것의 위치를 추적하는 일을 지금 바로 시작하겠습니다. 고객님은 열흘 이내로 저희로부터 연락을 받으실 거예요)라고 말하고 있으므로, '저는 정말로 그걸 찾아야 해요'라는 의미의 ② 'I really need to find it'이 정답이다.

invoice 송장 **transit** 운송, 환승 **resolve** 해결하다 **refund** 환불; 환불하다

정답 ②

016

> A: 키오스크를 통해 부산으로 특급 우편을 보낼 수가 없는데요.
> B: 유감스럽게도, 그 지역 전역에 내리는 폭우로 인해 부산으로의 특급 우편 서비스가 현재 중단되었습니다.
> A: 그렇군요. 날씨에 관한 것이라면 어쩔 수 없겠네요.
> B: 그렇습니다. 아마 다른 운송 회사에 확인해 보실 수 있을 겁니다. 그렇지만 그들도 같은 문제를 맞닥뜨리고 있을 겁니다.
> A: 통상 우편은 아직 보낼 수 있는 거죠?
> B: 네. 키오스크에서 통상 우편을 처리하실 수 있습니다.

A가 키오스크를 통해 부산으로 특급 우편을 보낼 수 없다고 하자 B가 부산 지역에 내리는 폭우로 인해 그 지역으로의 특급 우편 서비스가 현재 중단되었다고 안내하고 있으므로, A가 특급 우편을 이용하지 못하는 이유를 '부산의 기상 상황이 좋지 않기 때문에'라고 한 ④번이 정답이다.

regrettably 유감스럽게도 **suspend** 중단하다, 연기하다 **carrier** 운송 회사, 우편집배원 **regular mail** 통상 우편

정답 ④

실전완성문제

017 다음 대화를 읽고, 남성 고객(M)이 결정한 일로 가장 알맞은 것은?

> M: Hello. I'd like to order some customized postcards.
> W: Great. Did you bring an image for the postcards?
> M: Yes. Here it is. How much is it per card?
> W: It's five hundred fifty won for the basic design. You have to order at least 400 pieces.
> M: 400? I only need 300.
> W: For cards that are printed on both sides, the minimum order quantity is 100 pieces. Would you like to proceed with that?
> M: Okay. Then I'll go with the design you suggested.

① To ask for a sample of the special design before confirming the order
② To order 400 customized postcards with the basic design
③ To negotiate a lower minimum order quantity for the basic design
④ To order 300 customized postcards with two-sided printing

018 다음 두 사람의 대화에서 A가 EMS를 발송하지 못하는 이유는?

> A: Is it possible to send some kimchi to Canada via EMS?
> B: We can't send that to Canada right now.
> A: Really? I sent it to my daughter before. Has something changed?
> B: It's not due to regulation changes. But the airlines we use have temporarily halted kimchi deliveries during the summer season.
> A: In that case, I'll need to look for an alternative.
> B: A private courier service might be available.
> A: I'll have to think of using one. Thank you for your help.

① EMS 규정이 개정되어 식품 배송이 불가능하기 때문이다.
② 캐나다에서 김치 반입을 금지하기 때문이다.
③ 일부 항공사가 잠정적으로 김치 배송을 중단했기 때문이다.
④ 김치 배송에 대해서는 민간 택배 회사가 독점하고 있기 때문이다.

017

해석
> M: 안녕하세요. 고객 맞춤형 엽서를 좀 주문하고 싶어요.
> W: 좋습니다. 엽서에 쓸 이미지를 가져오셨나요?
> M: 네. 여기 있어요. 엽서 한 장에 얼마인가요?
> W: 기본 디자인은 550원입니다. 최소 400장 이상 주문하셔야 하구요.
> M: 400장이요? 저는 300장만 있으면 돼요.
> W: 양면에 인쇄되는 엽서의 경우, 최소 주문 수량이 100장입니다. 그걸로 진행하시겠어요?
> M: 알겠어요. 그러면 제안하신 디자인으로 할게요.

① 주문을 확정하기 전 특별 디자인의 샘플을 요청하기
② 기본 디자인의 고객 맞춤형 엽서 400장을 주문하기
③ 기본 디자인에 대해 더 적은 최소 주문 수량을 협상하기
④ 양면 인쇄인 고객 맞춤형 엽서 300장을 주문하기

해설 맞춤형 엽서 기본 디자인의 최소 주문 수량이 400장이라는 W의 안내에 대해 남성 고객(M)이 300장만 필요하다고 말하고, 최소 주문 수량이 100장인 양면 인쇄 엽서로 진행할지 묻는 W에게 M이 I'll go with the design you suggested(제안하신 디자인으로 할게요)라고 말하고 있다. 따라서 남성 고객(M)이 결정한 일을 '양면 인쇄인 고객 맞춤형 엽서 300장을 주문하기'라고 한 ④번이 정답이다.

어휘 **customized** (고객) 맞춤형의 **minimum** 최소의 **quantity** 수량 **proceed** 진행하다 **confirm** 확정하다, 확인해 주다 **negotiate** 협상하다

정답 ④

018

해석
> A: EMS를 통해 캐나다로 김치를 좀 보낼 수 있을까요?
> B: 저희는 지금 그것을 캐나다로 보내 드릴 수 없습니다.
> A: 정말요? 전에는 그것을 딸에게 보냈는데요. 무언가 바뀌었나요?
> B: 규정 변경 때문은 아닙니다. 그렇지만 저희가 이용하는 항공사들이 여름철 동안 김치 배송을 임시 중단했습니다.
> A: 그런 경우라면, 저는 대안을 찾아야 하겠네요.
> B: 민간 택배 회사 서비스는 가능할 수도 있습니다.
> A: 그것을 사용하는 것을 생각해 봐야겠네요. 도움 주셔서 감사합니다.

해설 A가 EMS를 통해 캐나다로 김치를 보낼 수 없는 이유를 묻자 B가 담당 항공사들이 여름철 김치 배송을 임시 중단했다고 설명하고 있으므로, A가 EMS를 발송하지 못하는 이유를 '일부 항공사가 잠정적으로 김치 배송을 중단했기 때문이다'라고 한 ③번이 정답이다.

어휘 **regulation** 규정 **airline** 항공사 **temporarily** 임시적으로 **halt** 중단하다 **alternative** 대안; 대체의 **private** 민간의, 개인의 **courier** 택배 회사

정답 ③

실전완성문제

019 다음은 우체국에서 우편물을 발송하는 상황이다. 빈칸에 들어갈 말로 가장 적절한 것은?

> 고객: Hello. Do you offer bulk mail services? I need to send out about 200 invitations.
> 직원: We can help you with that. Do you have some samples? I need to check the size.
> 고객: Here you go. Will I need to address each envelope individually?
> 직원: _____
> 고객: That sounds convenient. What should I do then?
> 직원: You have to fill out a bulk mail delivery form and upload the delivery addresses on our website.

① Yes. Each envelope should have its own address written on it.
② No. There is a special discount for bulk mail.
③ Yes. We can offer invitation template samples.
④ No. We can print labels for you.

020 다음 대화에서 빈칸에 들어갈 말로 가장 적절한 것은?

> A: Hi. I received a damaged package. I'd like to file a claim for compensation.
> B: Let me take a look. It seems the packaging wasn't adequate to protect the contents during transit.
> A: But I didn't pack it myself. Can I still get compensation for the damage?
> B: _____
> A: That's disappointing. Then who's going to compensate me?
> B: I'm afraid that you have to talk to the sender about it.

① I'll guide you through compensation process.
② Compensation for damage requires proper packaging.
③ Do you have photos of the package you received?
④ We'll investigate more and get back to you.

019

[해석]

고객: 안녕하세요. 대량 우편 발송 서비스를 제공하시나요? 저는 초대장 200장을 보내야 합니다.
직원: 저희가 도와드릴 수 있습니다. 견본을 몇 장 갖고 계신가요? 규격을 확인해야 해서요.
고객: 여기 있습니다. 각 봉투에 개별적으로 주소를 적어야 하나요?
직원: 아니요. 저희가 라벨을 인쇄해 드릴 수 있습니다.
고객: 그거 편리할 것 같네요. 그럼 제가 무엇을 하면 되나요?
직원: 저희 웹사이트에 있는 대량 우편 배송 양식을 작성하시고 배송 주소들을 업로드하셔야 합니다.

① 네. 각 봉투는 그것에 쓰인 고유의 주소를 가지고 있어야 합니다.
② 아니요. 대량 우편에 특별 할인이 있습니다.
③ 네. 저희는 초대장 템플릿 견본을 제공해 드릴 수 있습니다.
④ 아니요. 저희가 라벨을 인쇄해 드릴 수 있습니다.

[해설] 고객이 대량 우편 발송 서비스로 보낼 봉투에 개별적으로 주소를 적어야 하는지 묻자 직원이 대답하고, 빈칸 뒤에서 다시 고객이 That sounds convenient(그거 편리할 것 같네요)라고 반응하고 있으므로, '아니요. 저희가 라벨을 인쇄해 드릴 수 있습니다'라는 의미의 ④ 'No. We can print labels for you'가 정답이다.

[어휘] **bulk** 대량 **invitation** 초대(장) **address** 주소를 적다; 주소 **envelope** 봉투 **individually** 개별적으로 **convenient** 편리한 **fill out** ~을 작성하다

정답 ④

020

[해석]

A: 안녕하세요. 제가 손상된 소포를 받았습니다. 보상에 대한 청구를 제기하고 싶어요.
B: 제가 한번 보겠습니다. 포장이 운송 중에 내용물을 보호하기에 충분하지 않았던 것 같네요.
A: 그렇지만 제가 그것을 포장하지는 않았잖아요. 여전히 손상에 대한 보상을 받을 수 있는 거죠?
B: 손상에 대한 보상은 제대로 된 포장을 필요로 합니다.
A: 그거 실망스럽네요. 그러면 누가 제게 보상하게 되나요?
B: 죄송합니다만 보내신 분과 그것에 대해 얘기해 보셔야 합니다.

① 보상 절차를 안내해 드리겠습니다.
② 손상에 대한 보상은 제대로 된 포장을 필요로 합니다.
③ 받으신 소포의 사진을 갖고 있으신가요?
④ 저희가 더 조사해 보고 다시 연락드리겠습니다.

[해설] 소포의 손상이 포장이 충분하지 않았기 때문인 것 같다는 B의 말에 대해 A가 자신이 포장한 것이 아니므로 보상을 받을 수 있는지 여부를 묻고, 빈칸 뒤에서 다시 A가 That's disappointing. Then who's going to compensate me?(그거 실망스럽네요. 그러면 누가 제게 보상하게 되나요?)라고 말하고 있으므로, '손상에 대한 보상은 제대로 된 포장을 필요로 합니다'라는 의미의 ② 'Compensation for damage requires proper packaging'이 정답이다.

[어휘] **file a claim** 청구를 제기하다 **compensation** 보상 **adequate** 충분한, 적절한 **transit** 운송, 이동 **proper** 제대로 된, 적절한 **investigate** 조사하다 **get back to** ~에게 다시 연락하다

정답 ②

021 다음은 우체국에서 주소 이전을 문의하는 상황이다. 빈칸에 들어갈 말로 가장 적절한 것은?

> 고객: I have moved to a new place. What will happen to the mail sent to my old address?
> 직원: If you apply for a change of address, mail sent to the old address will be forwarded to the new address.
> 고객: _____
> 직원: It's as straightforward as registering your details on the post office's online form.
> 고객: I've been moving frequently, so a service like this seems really useful.
> 직원: This service not only prevents your mail from going to an old address but also safeguards your personal information.

① How do I apply for a change of address?
② How long can I use the change of address service?
③ My old place is quite far from here.
④ Not all of my moving boxes have arrived yet.

022 다음 대화를 읽고, 고객(A)이 결정한 일로 가장 알맞은 것은?

> A: Hello. I want to open a savings account.
> B: Of course. Do you have a specific option in mind?
> A: I'd prefer an account with a higher interest rate than a regular savings account.
> B: If you are under 35, you can take advantage of our special youth account.
> A: What is the interest rate for that?
> B: It's 1.15 percent for 12 months. You can deposit up to a maximum of thirty million won.
> A: That sounds great. The deposit limit also suits me perfectly.

① Comparing interest rates for several savings accounts
② Opening a savings account recommended by the teller
③ Learning more about savings accounts of other banks
④ Checking the balance of an existing savings account

021

해석

고객: 제가 새로 이사를 왔는데요. 제 예전 주소로 보내진 우편물들은 어떻게 되나요?
직원: 주소 이전 신청을 하신다면, 예전 주소로 보내진 우편물이 새 주소로 전송될 것입니다.
고객: <u>주소 이전은 어떻게 신청하는데요?</u>
직원: 그것은 고객님의 세부 사항을 우체국 온라인 양식에 등록하기만 하면 될 만큼 간단합니다.
고객: 저는 자주 이사를 다녀 왔어서, 이것과 같은 서비스는 매우 유용해 보이네요.
직원: 이 서비스는 고객님의 우편물이 예전 주소로 가는 것을 막을 뿐만 아니라 고객님의 개인 정보 또한 보호합니다.

① 주소 이전은 어떻게 신청하는데요?
② 주소 이전 서비스는 얼마나 오래 사용할 수 있나요?
③ 제가 예전에 살던 곳은 이곳과 꽤 멀어요.
④ 제 이삿짐이 아직 전부 도착하지는 않았어요.

해설 예전 주소로 보내진 우편물이 새 주소로 전송되게 하는 주소 이전 신청에 대해 우체국 직원이 설명하고, 빈칸 뒤에서 다시 우체국 직원이 It's as straightforward as registering your details on the post office's online form(그것은 고객님의 세부 사항을 우체국 온라인 양식에 등록하기만 하면 될 만큼 간단합니다)라고 대답하고 있으므로, '주소 이전은 어떻게 신청하는데요?'라는 의미의 ① 'How do I apply for a change of address?'가 정답이다.

어휘 **apply for** ~을 신청하다, 지원하다   **forward** 전송하다, 발송하다   **straightforward** 간단한

정답 ①

022

해석

A: 안녕하세요. 예금 계좌를 하나 개설하고 싶은데요
B: 물론입니다. 혹시 생각해 보신 특정한 선택지가 있으실까요?
A: 저는 일반 예금보다는 더 높은 금리가 있는 계좌를 선호합니다.
B: 고객님이 35세 미만이시라면, 특별 청년 계좌를 이용하실 수 있습니다.
A: 그것의 금리는 어떻게 되나요?
B: 12개월에 1.15퍼센트입니다. 최대 3천만 원까지만 예치하실 수 있고요.
A: 그거 좋은 것 같네요. 예치 한도도 제게 딱 맞습니다.

① 여러 예금 계좌들의 금리를 비교하기
② 창구 직원에게 추천받은 예금 계좌를 개설하기
③ 다른 은행의 예금 계좌들에 대해 더 알아보기
④ 기존 예금 계좌의 잔액을 확인하기

해설 일반 예금보다 더 높은 금리의 계좌를 선호한다는 고객(A)에게 B가 35세 미만이라면 12개월 기준 금리가 1.15퍼센트인 특별 청년 계좌를 이용할 수 있다고 추천하자, A가 That sounds great. The deposit limit also suits me perfectly(그거 좋은 것 같네요. 예치 한도도 제게 딱 맞습니다)라고 말하고 있으므로, 고객(A)이 결정한 일을 '창구 직원에게 추천받은 예금 계좌를 개설하기'라고 한 ②번이 정답이다.

어휘 **savings account** (보통) 예금 계좌   **interest rate** 금리, 이율   **take advantage of** ~을 이용하다, 활용하다   **deposit** 예치하다, 입금하다; 보증금   **compare** 비교하다   **teller** 창구 직원   **balance** 잔액, 잔고

정답 ②

실전완성문제

고난도

023 다음 대화에서 빈칸에 들어갈 말로 가장 적절한 것은?

> A: I would like a consultation regarding life insurance options.
> B: Sure. Which insurance type do you need, term life or whole life?
> A: What's the difference between the two?
> B: Term life covers you for a specific period, while whole life pays out premiums at any point upon death.
> A: I see. Which one would you recommend?
> B: If you're looking for lower premiums and temporary coverage, term life is a good choice. For more comprehensive coverage and cash value, whole life is better.
> A: _____ I prefer a policy with a longer duration.

① What are the coverage limits for each insurance plan?
② Which one has a more expensive premium?
③ The latter sounds like the right option for me.
④ I need to pay premiums at least for three years.

024 다음 두 사람의 대화에서 B가 A의 우편물을 일반 우편으로 보내 줄 수 없는 이유는?

> A: Hi. Can I send this document to the UK via ordinary mail?
> B: What kind of document is it?
> A: It's a legal document.
> B: Unfortunately, we can't send legal papers via ordinary mail.
> A: Why not?
> B: It's a regulation to ensure secure handling. You'll need to use registered mail.
> A: Okay. I'll go with registered mail then.

① 영국은 일반 우편 서비스 대상 국가가 아니기 때문이다.
② 일반 우편의 경우 별도의 법률 증명서를 필요로 하기 때문이다.
③ 법률 문서는 등기 우편으로 발송한다는 규정이 있기 때문이다.
④ 분실 가능성에 대한 동의 서류가 요구되기 때문이다.

023

[해석]

> A: 생명 보험 선택지들에 관한 상담을 받고 싶습니다.
> B: 물론입니다. 정기 보험과 종신 보험 중 어떤 종류의 보험이 필요하세요?
> A: 둘의 차이점은 무엇인가요?
> B: 정기 보험은 특정 기간 동안 보장하는 반면, 종신 보험은 어느 시점에든 사망에 대해 보험료를 지급합니다.
> A: 그렇군요. 어떤 것을 추천하시나요?
> B: 더 낮은 보험료와 일시적인 보장을 찾으신다면, 정기 보험이 좋은 선택입니다. 더 포괄적인 보장과 현금 가치를 위해서는, 종신 보험이 더 낫습니다.
> A: 후자가 제게 맞는 선택지인 것 같네요. 저는 더 긴 기간이 있는 (보험) 정책을 선호합니다.

① 각 보험의 보장 한도(액)는 얼마인가요?
② 어느 것의 보험료가 더 비싼가요?
③ 후자가 제게 맞는 선택지인 것 같네요.
④ 저는 최소한 3년 동안 보험료를 내야 합니다.

[해설] 추천하는 생명 보험 선택지가 있는지 묻는 A의 질문에 대해 B가 더 낮은 보험료와 일시 보장을 찾는다면 정기 보험이, 더 포괄적인 보장과 현금 가치를 위한다면 종신 보험이 더 낫다고 설명하자, 빈칸 뒤에서 다시 A가 I prefer a policy with a longer duration(저는 더 긴 기간이 있는 (보험) 정책을 선호합니다)이라고 대답하고 있으므로, '후자가 제게 맞는 선택지인 것 같네요'라는 의미의 ③ 'The latter sounds like the right option for me'가 정답이다.

[어휘] **consultation** 상담 **term life** 정기 (생명) 보험 **whole life** 종신 (생명) 보험 **specific** 특정한 **premium** 보험료 **temporary** 일시적인 **coverage** 보장 (범위), 보도 **comprehensive** 포괄적인, 종합적인 **duration** 기간 **latter** 후자

정답 ③

024

[해석]

> A: 안녕하세요. 이 문서를 일반 우편으로 영국까지 보낼 수 있을까요?
> B: 그게 어떤 종류의 문서인가요?
> A: 그것은 법률 관련 문서예요.
> B: 유감스럽게도, 저희는 법률과 관련된 서류들을 일반 우편으로 보내 드릴 수 없습니다.
> A: 왜 안 되나요?
> B: 안전한 취급을 보장하기 위한 규정입니다. 등기 우편을 이용하셔야 해요.
> A: 알겠습니다. 그러면 등기 우편으로 할게요.

[해설] 법률 문서를 일반 우편으로 영국까지 보내고 싶다는 A의 요청에 대해 B가 법률 서류는 안전한 취급을 보장하기 위해 규정에 따라 등기 우편을 이용해야 한다고 안내하고 있으므로, B가 A의 우편물을 일반 우편으로 보내 줄 수 없는 이유를 '법률 문서는 등기 우편으로 발송한다는 규정이 있기 때문이다'라고 한 ③번이 정답이다.

[어휘] **document** 문서, 서류 **ordinary mail** 일반 우편 **legal** 법률과 관련된 **regulation** 규정 **handling** 취급 **registered mail** 등기 우편

정답 ③

실전완성문제

025 다음은 우체국에서 우편물에 대해 문의하는 상황이다. 빈칸에 들어갈 말로 가장 적절한 것은?

> 고객: Hello. I'm here because the international express mail I sent hasn't arrived yet.
> 직원: Do you remember which country you sent it to?
> 고객: Canada. I sent it two weeks ago.
> 직원: The weather seems to be causing the delay. There's been a lot of snowfall in Toronto, Canada, this week.
> 고객: Oh, I see. _____
> 직원: Fortunately, it shouldn't be too severe. We expect service to return to normal within the next 2-3 days.
> 고객: I'm worried. Can I track my mail?
> 직원: Certainly. You can check the status online with the tracking number.

① Is there a way to contact the delivery service in Canada?
② Can I still send a package today?
③ Would you provide packaging materials for bad weather?
④ Do you think it will be significantly delayed?

026 다음 대화에서 빈칸에 들어갈 말로 가장 적절한 것은?

> A: Pardon me. I think I was overcharged for my order from the Postal Shopping Mall.
> B: Oh, I'm sorry. Did you post an inquiry on the CS bulletin board yesterday?
> A: Yes. That was me.
> B: Thank you for bringing this to our attention. Let me check your order. I see that you ordered two ginseng packages.
> A: Yes. They should have been on sale for Chuseok.
> B: You're right. It appears to have been an error. _____
> A: I'd prefer to just get a refund for the overcharged portion.

① How much did you pay for it?
② Do you want to return the order?
③ Have you opened the package?
④ What's the number of your order?

025

> 고객: 안녕하세요. 제가 보낸 국제 특급 우편이 아직 도착하지 않아서 왔습니다.
> 직원: 어느 나라로 보내셨는지 기억하시나요?
> 고객: 캐나다요. 2주 전에 보냈어요.
> 직원: 날씨가 지연을 초래하고 있는 것으로 보입니다. 캐나다 토론토에 이번 주에 폭설이 내렸거든요.
> 고객: 아, 그렇군요. 크게 지연될 것 같나요?
> 직원: 다행히도, 너무 심하지는 않을 겁니다. 저희는 앞으로 2-3일 이내에 서비스가 정상으로 돌아올 것으로 예상합니다.
> 고객: 걱정이네요. 제 우편물을 추적할 수 있을까요?
> 직원: 물론입니다. 추적 번호를 가지고 온라인으로 상태를 확인하실 수 있습니다.

① 캐나다 배송 서비스에 연락할 방법이 있나요?
② 제가 오늘 아직 소포를 보낼 수 있나요?
③ 악천후에 대비한 포장재를 제공하시나요?
④ 크게 지연될 것 같나요?

[해설] 폭설로 인해 캐나다 토론토까지의 배송에 지연이 있다는 직원의 말에 대해 고객이 대답하고, 빈칸 뒤에서 다시 직원이 Fortunately, it shouldn't be too severe. We expect service to return to normal within the next 2-3 days(다행히도, 너무 심하지는 않을 겁니다. 저희는 앞으로 2-3일 이내에 서비스가 정상으로 돌아올 것으로 예상합니다)라고 안내하고 있으므로, '크게 지연될 것 같나요?'라는 의미의 ④ 'Do you think it will be significantly delayed?'가 정답이다.

[어휘] delay 지연; 지연시키다   snowfall 강설   severe 심한, 가혹한   status 상태, 지위   significantly 크게, 상당히

정답 ④

026

> A: 실례하겠습니다. 우체국 쇼핑몰에서의 제 주문에 대해 금액이 과다 청구된 것 같아서요.
> B: 오, 죄송합니다. 어제 CS 게시판에 문의 글을 게시하셨죠?
> A: 네. 그게 저예요.
> B: 이 건에 대해 저희가 관심 갖게 해 주셔서 감사합니다. 고객님의 주문을 확인해 볼게요. 고객님께서는 인삼 세트 두 개를 주문하신 것으로 보이네요.
> A: 네. 그것들은 추석 세일 중이었어야 했어요.
> B: 맞습니다. 오류가 있었던 것 같네요. 그 주문을 반품하기를 원하시나요?
> A: 과다 청구된 부분에 대해서만 환불받는 편을 선호해요.

① 그것에 대해 얼마를 결제하셨나요?
② 그 주문을 반품하기를 원하시나요?
③ 그 세트를 개봉하셨나요?
④ 주문 번호가 무엇인가요?

[해설] 추석 세일이 적용되었어야 하는 홍삼 세트에 대해 금액이 과다 청구된 것 같다는 A의 설명에 대해 B가 오류가 있었던 것 같다고 사과하고, 빈칸 뒤에서 다시 A가 I'd prefer to just get a refund for the overcharged portion(과다 청구된 부분에 대해서만 환불받는 편을 선호해요)이라고 대답하고 있으므로, '그 주문을 반품하기를 원하시나요?'라는 의미의 ② 'Do you want to return the order?'가 정답이다.

[어휘] overcharge 과다 청구하다   inquiry 문의, 조사   bulletin board 게시판   ginseng 인삼   refund 환불

정답 ②

실전완성문제

027 다음 대화에서 빈칸에 들어갈 말로 가장 적절한 것은?

> 고객: Hi. I'm planning a vacation abroad soon. Could you keep my mail at the post office for two weeks?
> 직원: Yes. We can hold your mail for that period. Could you fill out this form first?
> 고객: Okay. _____
> 직원: You can do that, or you can just request delivery on a designated date.
> 고객: Good. Could you please arrange the delivery for my return date? I'd like it to be on May 31.
> 직원: Sure. I can arrange that.

① Do I have to come pick up the held mail myself?
② Can I check the status with the post office app?
③ May I receive a copy of the form I completed?
④ Do I need to pay upfront for the service?

028 다음 대화에서 빈칸에 들어갈 말로 가장 적절한 것은?

> A: Can I change the address of the package I sent this morning?
> B: I need to see where the package is right now. Please let me know the invoice number.
> A: Here you go. Has the package been collected yet?
> B: Yes. It's now on its way to the recipient's area.
> A: _____
> B: You can do it by contacting the courier in charge. However, it may not be possible depending on the circumstances.
> A: Okay. Can I get the contact information for the courier?

① Is the recipient's address correctly written?
② Then can I change the address?
③ I've lost the invoice number for that package.
④ When was the tracking information last updated?

027

[해석]

> 고객: 안녕하세요. 제가 곧 해외로 휴가를 갈 계획인데요. 2주간 제 우편물을 우체국에 맡아 주실 수 있나요?
> 직원: 네. 저희가 그 기간 동안 고객님의 우편물을 보관해 드릴 수 있어요. 이 양식을 먼저 작성해 주시겠어요?
> 고객: 알겠습니다. <u>보관된 우편물은 제가 직접 찾으러 와야 하나요?</u>
> 직원: 그렇게 하셔도 되고, 아니면 지정된 날짜에 배송을 요청하셔도 됩니다.
> 고객: 좋네요. 제가 돌아오는 날짜에 배송을 준비해 주시겠어요? 저는 그것을 5월 31일로 설정하고 싶습니다.
> 직원: 물론입니다. 그렇게 준비해 드릴게요.

① 보관된 우편물은 제가 직접 찾으러 와야 하나요?
② 제 우편물 상태를 우체국 앱으로 확인할 수 있나요?
③ 제가 기입한 양식의 사본을 받을 수 있을까요?
④ 우편물 보관 서비스는 선불로 지불해야 하나요?

[해설] 우편물 보관 서비스를 위한 양식을 작성해 달라는 직원의 요청에 대해 고객이 대답하고, 빈칸 뒤에서 다시 직원이 You can do that, or you can just request delivery on the designated date(그렇게 하셔도 되고, 아니면 지정된 날짜에 배송을 요청하셔도 됩니다)라고 설명하고 있으므로, '보관된 우편물은 제가 직접 찾으러 와야 하나요?'라는 의미의 ① 'Do I have to come pick up the held mail myself?'가 정답이다.

[어휘] **fill out** ~을 작성하다 **designate** 지정하다, 지명하다 **arrange** 준비하다, 배열하다 **upfront** 선불로

정답 ①

028

[해석]

> A: 제가 오늘 아침에 보낸 소포의 주소를 바꿀 수 있을까요?
> B: 그 소포가 지금 어디 있는지 알아봐야 하겠어요. 송장 번호를 알려 주세요.
> A: 여기 있습니다. 소포가 벌써 수거된 건가요?
> B: 네. 지금 수취인의 지역으로 가고 있네요.
> A: <u>그러면 주소를 바꿀 수 있나요?</u>
> B: 고객님께서 담당 배송원에게 연락함으로써 그렇게 하실 수 있습니다. 하지만, 상황에 따라서는 가능하지 않을지도 몰라요.
> A: 알겠습니다. 배송원의 연락처를 알 수 있을까요?

① 수취인의 주소가 정확히 기재되었나요?
② 그러면 주소를 바꿀 수 있나요?
③ 그 소포에 대한 송장 번호를 잃어 버렸어요.
④ 배송 추적 정보는 언제 마지막으로 업데이트되었나요?

[해설] 발송한 소포의 주소를 바꾸고 싶다는 A에게 B가 그것이 지금 수취인의 지역으로 가고 있다고 알려 주고, 빈칸 뒤에서 다시 B가 You can do it by contacting the courier in charge(고객님께서 담당 배송원에게 연락함으로써 그렇게 하실 수 있습니다)라고 말하고 있으므로, '그러면 주소를 바꿀 수 있나요?'라는 의미의 ② 'Then can I change the address?'가 정답이다.

[어휘] **invoice** 송장, 청구서 **recipient** 수취인 **courier** 배송원, 택배 회사 **in charge** 담당하는

정답 ②

실전완성문제

029 다음 대화를 읽고, 고객(A)이 결정한 일로 가장 알맞은 것은?

> A: I have a quick question. Does the installment account I signed up for online allow for partial withdrawals?
> B: If it was opened online, partial withdrawals aren't allowed.
> A: Does that mean I can only cancel the whole account?
> B: Yes. That's correct.
> A: Can I get the balance right away after closing it?
> B: Sure. It will be deposited into your account right away.
> A: Then I think I have to close it.

① To bring the documents required for partial withdrawal
② To close an installment account
③ To increase the daily withdrawal limit
④ To deposit the account closure fee

030 다음 대화를 읽고, 고객(A)이 결정한 일로 가장 알맞은 것은?

> A: I came here to pick up a passport.
> B: Okay. Can you show me the filing receipt and ID?
> A: Here you go. But it's not my passport. It's my brother's.
> B: To pick it up as a proxy, you'll need additional documents, including a power of attorney and a copy of the applicant's ID.
> A: I see. I need some time to prepare the documents.
> B: That's fine. You have up to six months to pick up the passport.
> A: Great. I'll make sure to come back soon.

① Telling the applicant to come to pick up the passport
② Revisiting the counter with the required documents
③ Requesting the documents required for receipt online
④ Having the passport sent to the applicant's address

029

해석
A: 말씀 좀 물을게요. 제가 온라인으로 가입한 적금 계좌가 부분 인출이 허용되나요?
B: 만약 그 적금 계좌가 온라인으로 개설된 것이라면, 부분 인출은 허용되지 않습니다.
A: 전체 계좌 해지만이 가능하다는 말씀이시죠?
B: 네. 맞습니다.
A: 그것을 해지한 후에는 바로 잔고를 받을 수 있나요?
B: 물론입니다. 고객님의 계좌로 바로 입금될 것입니다.
A: 그러면 해지해야 할 것 같네요.

① 부분 인출을 위해 필요한 서류 가져오기
② 적금 계좌를 해지하기
③ 일일 인출 한도를 늘리기
④ 계좌 해지 수수료 입금하기

해설 온라인으로 가입한 적금 계좌의 경우 전체 계좌 해지만이 가능하다는 B의 설명에 대해 고객(A)이 Then I think I have to close it(그러면 해지해야 할 것 같네요)라고 말하고 있으므로, 고객(A)이 결정한 일을 '적금 계좌를 해지하기'라고 한 ②번이 정답이다.

어휘 **installment account** 적금 계좌 **sign up for** ~에 가입하다, 신청하다 **partial** 부분의 **withdrawal** 인출, 취소 **cancel** 해지하다, 취소하다 **balance** 잔고, 잔액, 균형 **deposit** 입금하다, 두다; 착수금

정답 ②

030

해석
A: 저는 여권을 찾아가려고 왔습니다.
B: 알겠습니다. 접수증과 신분증을 보여 주시겠어요?
A: 여기요. 그런데 그건 제 여권이 아닙니다. 제 남동생 여권이에요.
B: 대리인이 그것을 찾아가시려면, 고객님은 위임장과 신청인의 신분증 사본을 포함한 추가 서류들이 필요하세요.
A: 그렇군요. 저는 서류 준비 시간이 필요하겠는데요.
B: 괜찮아요. 고객님께서 여권을 찾아가시는 데에는 최대 6개월의 기간이 있습니다.
A: 좋네요. 제가 조만간 꼭 다시 올게요.

① 신청인에게 여권을 수령하러 오라고 하기
② 필요한 서류를 지참하여 창구에 재방문하기
③ 수령에 필요한 서류를 온라인으로 요청하기
④ 여권을 신청인의 주소로 발송시키기

해설 남동생의 여권을 대신 찾아가기 위해서는 위임장과 신청인의 신분증 사본이 필요하다는 B의 안내에 대해 고객(A)이 서류 준비 기간이 필요하겠다고 하고, B가 최대 6개월 이내로 여권을 찾아갈 수 있다고 안내하자 A가 Great. I'll make sure to come back soon(좋네요. 제가 조만간 꼭 다시 올게요)라고 대답하고 있으므로, 고객(A)이 결정한 일을 '필요한 서류를 지참하여 창구에 재방문하기'라고 한 ②번이 정답이다.

어휘 **passport** 여권 **filing receipt** 접수증 **proxy** 대리인, 위임권 **power of attorney** 위임(장) **applicant** 신청인

정답 ②

실전완성문제

031 다음은 우체국에서 서비스를 신청하는 상황이다. 빈칸에 들어갈 말로 가장 적절한 것은?

> 고객: Is it correct that the post office offers a cash delivery service?
> 직원: Yes. We do. How much would you like to send?
> 고객: Two hundred thousand won.
> 직원: All right. The delivery will take 3-4 days, excluding weekends and public holidays.
> 고객: Okay. _____
> 직원: You can use a credit card or an instant postal account transfer.
> 고객: I'll go with the former one.

① How can I make the payment?
② Do you have any faster delivery options?
③ I don't need to pay any extra fees, right?
④ How do I deposit cash into my account?

032 다음 대화를 읽고, 고객(A)이 결정한 일로 가장 알맞은 것은?

> A: I want to inquire about sending a mobile postcard.
> B: You can apply for it through the post office website. Do you have your cell phone with you?
> A: Of course! Can I do it right now?
> B: Yes. After entering our website, click the "Mobile Postcard" button.
> A: I clicked on it, and it says to log in.
> B: It will be more convenient if you make an ID. You can also use it for other postal services.
> A: I guess it won't take long, so I'll create an account.

① Downloading a mobile postcard app
② Making an ID on the website
③ Sending a physical postcard
④ Accessing a website without an ID

031

해석

> 고객: 우체국이 현금 배달 서비스를 제공한다는 데 맞나요?
> 직원: 네, 저희가 제공해요. 얼마를 보내고 싶으신가요?
> 고객: 20만 원이요.
> 직원: 좋습니다. 배달은 주말과 공휴일을 제외하고 3일에서 4일이 걸릴 예정입니다.
> 고객: 알겠습니다. 그 결제는 어떻게 하나요?
> 직원: 신용 카드 또는 우체국 즉시계좌이체를 이용하실 수 있습니다.
> 고객: 저는 전자로 해볼게요.

① 그 결제는 어떻게 하나요?
② 더 빠른 배달 선택지가 있나요?
③ 추가 요금은 지불하지 않아도 되죠?
④ 제 계좌에 현금을 어떻게 입금하나요?

해설 현금 배달 서비스의 예상 소요 시간을 알려 주는 직원의 안내에 대해 고객이 대답하고, 빈칸 뒤에서 다시 직원이 You can use a credit card or an instant postal account transfer(신용카드 또는 우체국 즉시계좌이체를 이용하실 수 있습니다)라고 말하고 있으므로, '그 결제는 어떻게 하나요?'라는 의미의 ① 'How can I make the payment?'가 정답이다.

어휘 exclude 제외하다 public holiday 공휴일 credit card 신용 카드 transfer 이체, 이동 deposit 입금하다; 보증금 former 전자의

정답 ①

032

해석

> A: 저는 모바일 엽서를 보내는 것에 대해 문의하고 싶어요.
> B: 우체국 웹사이트를 통해 그것을 신청하실 수 있습니다. 휴대폰을 가지고 있으신가요?
> A: 물론이죠! 제가 그것을 바로 할 수 있나요?
> B: 네. 저희 웹사이트에 들어가셔서, '모바일 엽서' 버튼을 클릭하세요.
> A: 클릭했더니, 로그인을 하라고 하네요.
> B: ID를 만드시면 더 편하실 겁니다. 고객님은 그것을 다른 우편 서비스에도 이용하실 수 있어요.
> A: 시간이 얼마 안 걸릴 테니, 계정을 하나 만들게요.

① 모바일 엽서 앱을 다운로드하기
② 웹사이트에서 ID를 만들기
③ 실물 엽서를 보내기
④ ID 없이 웹사이트에 접속하기

해설 우체국 웹사이트에서 '모바일 엽서' 버튼을 클릭하니 로그인이 필요하다는 고객(A)에게 B가 ID를 만드는 편이 편할 것이라고 권하자, B가 it won't take long, so I'll create an account(시간이 얼마 안 걸릴 테니, 계정을 하나 만들게요)라고 대답하고 있으므로, 고객(A)이 결정한 일을 '웹사이트에서 ID를 만들기'라고 한 ②번이 정답이다.

어휘 inquire 문의하다 apply for ~을 신청하다, 지원하다 account 계정, 계좌; 간주하다 access 접속하다, 접근하다

정답 ②

실전완성문제

033 다음 대화에서 빈칸에 들어갈 말로 가장 적절한 것은?

> A: Could you check this notice saying that my package is being returned? I don't fully understand the reason.
> B: I'll find out what happened. The item is being returned because the recipient refused to pay the tariff.
> A: But I've sent items there before without tariffs.
> B: With China's customs procedures becoming stricter, tariffs are now imposed on certain items.
> A: _____
> B: They're posted on the customs office website.

① Can I pay the customs duties on behalf of the recipient?
② Where can I check the items subject to tariffs?
③ Do I have to pay the return shipping cost?
④ I would like to file a complaint with customs.

고난도

034 다음은 우체국에서 금융 상품에 대해 문의하는 상황이다. 빈칸에 들어갈 말로 가장 적절한 것은?

> 고객: Hi. I'm considering an annuity insurance plan. Can you give me more information about my options?
> 직원: Sure. There are three types depending on the enrollment period and payment method.
> 고객: I'd like to learn more about annuity savings as well. What's the difference between them?
> 직원: You can get tax-free benefits when receiving insurance premiums with annuity insurance. For savings, tax deductions are applied to the payment of the premium.
> 고객: _____?
> 직원: Annuity insurance is 10 years earlier, at the age of 45.
> 고객: The option with an earlier payout seems like the better choice for me.

① Can I deposit additional funds to my annuity
② When could I start receiving the insurance money
③ How long is the minimum payment period
④ Can the payments be set up to increase over time

033

[해석]

> A: 제 소포가 반송되고 있다는 알림을 확인해 주시겠어요? 그 이유를 잘 모르겠네요.
> B: 무슨 일이 생겼는지 알아볼게요. 수취인이 관세 납부를 거절해서 물품이 반송 처리 중이네요.
> A: 그렇지만 저는 이전에 관세 없이 그곳으로 물품을 보낸 적이 있는데요.
> B: 중국의 세관 절차가 더 엄격해짐에 따라, 현재 특정 물품들에 관세가 부과되고 있습니다.
> A: 관세 적용 대상인 물품들은 어디서 확인할 수 있나요?
> B: 그것들은 관세청 웹사이트에 게재되어 있습니다.

① 제가 수취인 대신 관세를 납부할 수 있나요?
② 관세 적용 대상인 물품들은 어디서 확인할 수 있나요?
③ 반송비는 제가 지불해야 하나요?
④ 세관에 항의를 제기하고 싶습니다.

[해설] 중국의 더 엄격해진 세관 절차에 따라 A의 소포에 부과된 관세를 수취인이 납부하지 않아 반송되었다는 B의 설명에 대해 A가 말하고, 빈칸 뒤에서 다시 B가 They're posted on the customs office website(그것들은 관세청 웹사이트에 게재되어 있습니다)라고 안내하고 있으므로, '관세 적용 대상인 물품들은 어디서 확인할 수 있나요?'라는 의미의 ② 'Where can I check the items subject to tariffs?'가 정답이다.

[어휘] **tariff** 관세 **customs** 세관 **strict** 엄격한 **impose** 부과하다 **post** 게재하다 **customs duty** 관세 **on behalf of** ~ 대신 **be subject to** ~의 (적용) 대상이다 **file a complaint** 항의를 제기하다

정답 ②

034

[해석]

> 고객: 안녕하세요. 저는 연금 보험을 생각하고 있습니다. 제 선택지들에 대해 더 많은 정보를 주실 수 있나요?
> 직원: 물론입니다. 가입 기간과 납부 방식에 따라 세 가지 종류가 있습니다.
> 고객: 저는 연금 저축에 대해서도 더 알고 싶은데요. 그것들(연금 보험과 연금 저축)의 차이점은 무엇인가요?
> 직원: 연금 보험으로는 보험금을 수령할 때 비과세 혜택을 받으실 수 있습니다. 연금 저축의 경우, 보험금 납입에 대해 세액 공제가 적용됩니다.
> 고객: 보험금은 언제 수령하기 시작할 수 있나요?
> 직원: 연금 보험이 10년 더 빠른, 45세입니다.
> 고객: 더 이른 지불이 제게는 더 나은 선택지인 것 같네요.

① 연금에 추가 자금을 입금할 수 있나요
② 보험금은 언제 수령하기 시작할 수 있나요
③ 최소 (보험금) 납입 기간이 얼마인가요
④ 납입금이 시간이 지남에 따라 증가하도록 설정될 수 있나요

[해설] 직원이 연금 보험과 연금 저축의 혜택 차이를 알려 주자 고객이 말하고, 빈칸 뒤에서 다시 고객이 Annuity insurance is 10 years earlier, at the age of 45(연금 보험이 10년 더 빠른, 45세입니다)라고 말하고 있으므로, '보험금은 언제 수령하기 시작할 수 있나요?'라는 의미의 ② 'When could I start receiving the insurance money?'가 정답이다.

[어휘] **annuity** 연금 **insurance** 보험 **enrollment** 가입, 등록 **premium** 보험금 **deduction** 공제 **payment** 납입, 지불 **payout** 지불 **deposit** 입금하다, 맡기다; 예금

정답 ②

실전완성문제

035 다음 대화에서 빈칸에 들어갈 말로 가장 적절한 것은?

> A: I've heard that the new Time Post Office is being built to revitalize the downtown area.
> B: That's right. The building's going to host various events.
> A: What sort of events will there be?
> B: We're planning to have musical performances, art exhibitions, and even interactive experiences.
> A: That sounds exciting! _____
> B: If all goes according to plan, it should be open by the second half of next year.

① Will mail services still be available?
② Who will be performing?
③ How much are they costing?
④ When will it be completed?

036 다음 대화를 읽고, 고객(A)이 결정한 일로 가장 알맞은 것은?

> A: Hi. Can I exchange two million Korean won for US dollars.
> B: Sure. But there's a limit of one million Korean won per transaction.
> A: Oh. I didn't know that.
> B: No problem. You can make the exchange in two transactions.
> A: Do I have to come back to the post office for the second exchange?
> B: Not necessarily. We offer a foreign currency delivery service for a fee of ten thousand won.
> A: Okay. Then today I'll exchange one million won here and arrange for the rest to be delivered.

① To return to the post office
② To exchange money at another branch
③ To file a complaint about the inconvenient transaction
④ To receive exchanged money in a different place

035

해석
A: 새로운 시간 우체국이 도심 지역을 재활성화시키기 위해 지어지고 있다고 들었어요.
B: 맞습니다. 그 건물은 여러 행사들을 주최하게 될 거예요.
A: 어떤 종류의 행사가 있을까요?
B: 저희는 음악 행사, 미술품 전시, 그리고 쌍방향 체험들을 열려고 계획하고 있습니다.
A: 재미있겠네요! 그것은 언제 완공되나요?
B: 모든 일이 계획대로 된다면, 그것은 내년 하반기에 문을 열 것입니다.

① 아직 우편물 서비스가 이용 가능할까요?
② 누가 공연하게 되나요?
③ 그것들의 가격은 얼마인가요?
④ 그것은 언제 완공되나요?

해설 새로운 시간 우체국에서 다양한 종류의 행사가 열릴 예정이라는 B의 설명에 대해 A가 재미있겠다고 반응하고, 빈칸 뒤에서 다시 B가 If all goes according to plan, it should be open by the second half of next year(모든 일이 계획대로 된다면, 그것은 내년 하반기에 문을 열 것입니다)라고 대답하고 있으므로, '그것은 언제 완공되나요?'라는 의미의 ④ 'When will it be completed?'가 정답이다.

어휘 revitalize 재활성화시키다 host 주최하다, 진행하다; 주인 exhibition 전시(회) interactive 쌍방향의, 상호적인 available 이용 가능한, 구할 수 있는

정답 ④

036

해석
A: 안녕하세요. 200만 원을 미국 달러로 환전할 수 있을까요?
B: 그래요. 그렇지만 한 번 거래하실 때 100만 원의 한도가 있습니다.
A: 아. 그건 몰랐네요.
B: 문제없어요. 고객님은 두 번의 거래로 환전하실 수 있습니다.
A: 두 번째 환전을 위해 제가 우체국에 다시 와야 하나요?
B: 꼭 그러실 필요는 없습니다. 저희는 만 원의 수수료로 외화 배달 서비스를 제공해 드려요.
A: 알겠습니다. 그러면 오늘 여기서 100만 원을 환전하고 나머지는 배송되게 하는 것으로 정리할게요.

① 우체국에 다시 오기
② 다른 지점에서 환전하기
③ 불편한 거래에 대해 항의하기
④ 환전된 돈을 다른 장소에서 받기

해설 200만 원을 두 번의 거래로 달러로 환전 가능하다는 B의 말에 대해 고객(A)이 두 번째 환전을 위해 우체국에 다시 와야 하는지 묻고, B가 그럴 필요 없이 외화 배달 서비스를 이용할 수 있다고 하자 A가 Okay. Then today I'll exchange one million won here and arrange for the rest to be delivered(알겠습니다. 그러면 오늘 여기서 100만 원을 환전하고 나머지는 배송되게 하는 것으로 정리할게요)라고 말하고 있으므로, 고객(A)이 결정한 일을 '환전된 돈을 다른 장소에서 받기'라고 한 ④번이 정답이다.

어휘 exchange 환전하다; 환전, 교환 transaction 거래 branch 지점, 나뭇가지 complaint 항의, 불평 inconvenient 불편한

정답 ④

실전완성문제

037 다음은 우체국에서 국제 소포를 보내는 상황이다. 빈칸에 들어갈 말로 가장 적절한 것은?

> 고객: Hello. I need to send this package to Australia.
> 직원: Do you want to ship it via air mail or sea mail?
> 고객: I'd like to use air mail for faster delivery.
> 직원: Understood. Can I have the package? Oh, _____.
> 고객: Really? I thought it would be okay as it is.
> 직원: Please repack it using a stronger box and bubble wrap.
> 고객: All right. If that's necessary, I'll do that.

① it looks like it needs a special permit for shipping
② it exceeds the weight limit for air mail
③ it seems that the packaging isn't quite secure
④ this item is prohibited from being imported into Australia

038 다음 두 사람의 대화에서 A가 원하는 금액을 한 번에 이체하지 못하는 이유는?

> A: I'm having trouble transferring money from my account to my mother's account.
> B: I will check if there is an issue with your account. Could you provide me with your ID and account number?
> A: Here is my ID. My account number is 124123-24-567891.
> B: I've located your account. There seems to be no issue. How much would you like to transfer?
> A: 2 million Korean won.
> B: Your account has a daily transfer limit of 1 million Korean won.
> A: Is there any way to transfer the money all at once?
> B: If you submit your paystub for the last 3 months, we can increase the transfer limit.

① 신분증 확인이 추가로 필요해서
② 이체하려는 계좌 번호가 존재하지 않아서
③ A가 지난 3개월간 계좌를 이용하지 않아서
④ 일일 이체 한도를 초과하여 이체할 수 없어서

037

[해석]

고객: 안녕하세요. 저는 이 소포를 호주로 보내야 해요.
직원: 그것을 항공 우편으로 운송하실 건가요, 아니면 선편 우편으로 운송하실 건가요?
고객: 더 빠른 배송을 위해 항공 우편을 이용하고 싶습니다.
직원: 알겠습니다. 제게 소포를 주시겠어요? 오, 포장이 그다지 안전하지 않아 보이네요.
고객: 정말요? 저는 이대로 괜찮을 거라고 생각했어요.
직원: 더 튼튼한 박스와 에어캡을 사용하여 다시 포장해 주세요.
고객: 알겠습니다. 필요하다면 그렇게 하죠.

① 운송을 위해 특별 허가가 필요한 것 같네요
② 항공 우편의 무게 제한을 초과하네요
③ 포장이 그다지 안전하지 않아 보이네요
④ 이 물품은 호주에 반입이 금지되어 있습니다

[해설] 고객이 항공 우편을 이용하고 싶다고 하자 직원이 소포를 저울에 올려 달라고 요청하고, 빈칸 뒤에서 다시 직원이 Please repack it using a stronger box and bubble wrap(더 튼튼한 박스와 에어캡을 사용하여 다시 포장해 주세요)이라고 말하고 있으므로, '포장이 그다지 안전하지 않아 보이네요'라는 의미의 ③ 'it seems that the packaging isn't quite secure'가 정답이다.

[어휘] **repack** 다시 포장하다 **bubble wrap** (포장용) 에어캡 **permit** 허가; 허용하다 **exceed** 초과하다 **prohibit** 금지하다 **import** 반입하다, 수입하다

정답 ③

038

[해석]

A: 저는 제 계좌에서 어머니 계좌로 돈을 이체하는 데 어려움을 겪고 있어요.
B: 계좌에 문제가 있는지 확인해 보겠습니다. 신분증과 계좌 번호를 제시해 주시겠습니까?
A: 제 신분증은 여기 있어요. 제 계좌 번호는 124123-24-567891이고요.
B: 고객님의 계좌를 찾았습니다. (계좌에) 문제는 없어 보이는데요. 얼마를 이체하시겠어요?
A: 200만 원이요.
B: 고객님의 계좌는 일일 이체 한도가 100만 원입니다.
A: 그 돈을 한 번에 이체할 수 있는 어떤 방법이 없나요?
B: 지난 3개월간의 급여 명세서를 제출하시면, 이체 한도를 증액해 드릴 수 있습니다.

[해설] 자신의 계좌에서 다른 계좌로 200만 원을 이체하는 데 어려움이 있다는 A의 말에 대해 B가 해당 계좌의 일일 이체 한도가 100만 원이기 때문이라고 설명하고 있으므로, A가 원하는 금액을 한 번에 이체하지 못하는 이유를 '일일 이체 한도 금액을 초과하여 이체할 수 없어서'라고 한 ④번이 정답이다.

[어휘] **transfer** 이체하다; 이체 **account** 계좌, 계정 **locate** (위치를) 찾다 **limit** 한도, 제한; 제한하다 **submit** 제출하다 **paystub** 급여 명세서

정답 ④

실전완성문제

고난도

039 다음 대화를 읽고, 여성 고객(W)이 결정한 일로 가장 알맞은 것은?

> W: I would like to send a package by international mail. What is the fee?
> M: Fees vary depending on the type, weight, and destination country of the mail.
> W: I'm planning to mail some clothing to the U.S.
> M: If the volume of mail you wish to send is large, sending it via International Parcel Service may be more appropriate than using EMS.
> W: Is it because of the price?
> M: Yes. EMS is the fastest way to send smaller packages overseas, while International Parcel Service allows you to send larger packages at a lower cost.
> W: Since the recipient needs the clothing for an event soon, EMS would be better. The package size isn't that large.

① Receiving a parcel on behalf of someone
② Comparing international mail service fees by country
③ Choosing the shipping method with the lower cost
④ Sending some clothes via the quickest option

040 다음 대화를 읽고, 여성 고객(W)이 결정한 일로 가장 알맞은 것은?

> W: Do you have the recently issued commemorative stamp featuring Korean musicals?
> M: I'm sorry, but that stamp is sold out at all branches.
> W: That's unfortunate. Is there a service that sends a notification when a new commemorative stamp is issued?
> M: We don't have one as of now, but you might be interested in our online reservation service.
> W: Could you tell me more about it?
> M: It automatically orders new commemorative stamps when they are issued.
> W: That sounds great. I'll sign up for the service today.

① To visit the nearest branches to get the stamp
② To use an automatic notification service
③ To try an automatic online ordering service
④ To look around other commemorative stamps

039

해석
W: 소포를 국제 우편으로 보내고 싶습니다. 요금이 어떻게 되나요?
M: 요금은 우편물의 종류, 무게, 그리고 도착지 국가에 따라 달라집니다.
W: 저는 미국으로 옷을 좀 보내려고 하고 있어요.
M: 보내시려는 우편물의 부피가 큰 경우에는, EMS를 사용하는 것보다 국제 소포 서비스를 통해 그것을 보내는 것이 더 적절할 수 있습니다.
W: 가격 때문인가요?
M: 네. EMS는 보다 작은 소포를 해외로 보내는 가장 빠른 방법인 반면, 국제 소포 서비스는 보다 큰 소포를 더욱 저렴한 요금으로 보내도록 합니다.
W: 수취인이 행사를 위해 그 옷들을 곧 필요로 해서요, EMS가 더 낫겠네요. 소포 크기가 그렇게 크지는 않아요.

① 누군가를 대신하여 소포를 받기
② 국가별 국제 우편 서비스 요금 비교하기
③ 더욱 저렴한 가격의 운송 방법 선택하기
④ 의류를 가장 신속한 선택지로 발송하기

해설 미국으로 옷을 보내려고 한다는 여성 고객(W)에게 M이 EMS가 보다 작은 소포를 해외로 보내는 가장 빠른 방법인 반면 국제 소포는 더 큰 소포를 더 저렴하게 보내는 방법이라고 알려 주자, W가 EMS would be better(EMS가 더 낫겠네요)라고 대답하고 있으므로, 여성 고객(W)이 결정한 일을 '의류를 가장 신속한 선택지로 발송하기'라고 한 ④번이 정답이다.

어휘 **vary** 달라지다, 서로 다르다 **weight** 무게 **volume** 부피, 양, 음량 **parcel** 소포, 꾸러미 **appropriate** 적절한 **recipient** 수취인, 받는 사람 **on behalf of** ~을 대신하여, 대표하여 **compare** 비교하다

정답 ④

040

해석
W: 한국 뮤지컬을 특징으로 하는 최근에 발행된 기념우표가 있나요?
M: 죄송하지만, 그 우표는 모든 지점에서 품절되었습니다.
W: 안타깝네요. 혹시 새 기념우표가 발행되면 알림을 보내 주는 서비스가 있나요?
M: 현재로서는 없지만, 저희의 온라인 예약 서비스에 관심이 있으실지도 모르겠어요.
W: 그것에 대해 자세히 말씀해 주시겠어요?
M: 그것은 새 기념우표가 발행되면 자동으로 그것들을 주문해 줍니다.
W: 좋은 것 같네요. 오늘 그 서비스에 가입할게요.

① 우표를 구하기 위해 가장 가까운 지점들을 방문하기
② 자동 알림 서비스를 사용하기
③ 자동 온라인 주문 서비스를 사용해 보기
④ 다른 기념우표 둘러보기

해설 새 기념우표 발행에 대한 알림 서비스가 있는지 묻는 여성 고객(W)에게 M이 해당 서비스는 없지만 새 기념우표가 발행되면 자동으로 주문해 주는 온라인 예약 서비스가 있다고 안내하자 W가 That sounds great. I'll sign up for the service today(좋은 것 같네요. 오늘 그 서비스에 가입할게요)라고 말하고 있다. 따라서 여성 고객(W)이 결정한 일을 '자동 온라인 주문 서비스를 사용해 보기'라고 한 ③번이 정답이다.

어휘 **issue** 발행하다, 발표하다 **commemorative** 기념의 **sold out** 품절인 **branch** 지점, 나뭇가지 **notification** 알림 **as of now** 현재로서는

정답 ③

실전완성문제

041 다음 대화를 읽고, 고객(A)이 결정한 일로 가장 알맞은 것은?

> A: Hi. I'm calling to ask about sending dried medicinal herbs to the U.S. through EMS.
> B: I see. Please be aware that shipping those items might cause issues with customs clearance.
> A: Oh, really? What do you recommend I do?
> B: I suggest that you send a list of the herbs to the U.S. customs office to check if they're allowed.
> A: That sounds a bit complicated.
> B: It can be. But it's better to verify first to avoid any problems.
> A: All right. I'll prepare the list and check with them.

① 우체국 고객센터에 미국 관세청 전화번호 문의하기
② EMS 대신 이용 가능한 다른 발송 방법을 알아보기
③ 보내는 물품의 목록을 미국 관세청에 확인 요청하기
④ 통관 지연 문제 해결을 위해 미국 관세청에 연락하기

042 다음 두 사람의 대화에서 A가 우편 사서함을 바꾸려는 이유는?

> A: Can I renew my P.O. Box here?
> B: Of course. Could you provide your P.O. Box number?
> A: It's B17950.
> B: Well, your P.O. Box rental will expire in four months. Would you like to register for next year by paying fifteen dollars in advance?
> A: Actually, I was thinking about changing the size of the P.O. Box for the next year.
> B: I see. As shown in this chart, there are 5 different sizes of P.O. Boxes, each with its own price.
> A: I think Type 4 would be the best fit for me.

① 직원으로부터 제안받았기 때문이다.
② 사서함의 규격을 변경하고 싶기 때문이다.
③ 사서함 신규 등록 수수료가 할인 중이기 때문이다.
④ 며칠 후면 사용 기한이 만료되기 때문이다.

041

해석
A: 안녕하세요. 저는 EMS를 통해 미국으로 말린 약초를 보내는 것에 대해 문의하려고 전화드렸어요.
B: 그러시군요. 그와 같은 물품을 운송하시는 것은 통관에서 문제를 일으킬 수 있음에 유의해 주시기 바랍니다.
A: 오, 정말요? 제가 어떻게 해야 할까요?
B: 고객님께서 미국 관세청에 약초의 목록을 보내 그것들이 허용되는지를 확인하시기를 제안드려요.
A: 좀 복잡하게 들리기는 하네요.
B: 그럴 수도 있습니다. 그렇지만 어떠한 문제도 피하기 위해서는 우선 확인하는 것이 더 낫습니다.
A: 그래요. 그 목록을 준비하고 그것들을 확인할게요.

해설 B가 EMS를 통해 미국으로 말린 약초를 보내기에 앞서 미국 관세청에 그것의 목록을 보내 반입 허용 여부를 확인하기를 제안하자 고객(A)이 All right. I'll prepare the list and check with them(그래요. 그 목록을 준비하고 그것들을 확인할게요)이라고 대답하고 있으므로, 고객(A)이 결정한 일을 '보내는 물품의 목록을 미국 관세청에 확인 요청하기'라 한 ③번이 정답이다.

어휘 medicinal herb 약초 customs clearance 통관 customs office 관세청 complicated 복잡한 verify 확인하다

정답 ③

042

해석
A: 사서함을 새것으로 바꾸어야 하는데요. 여기서 할 수 있나요?
B: 물론이죠. 사서함 번호를 알려 주시겠어요?
A: B17950이에요.
B: 음, 고객님의 사서함 대여는 4개월 후에 만료됩니다. 미리 15달러를 내시고 내년에 대해서도 등록을 원하시나요?
A: 사실 저는 내년에는 사서함 크기를 바꾸려고 생각하고 있었어요.
B: 그러시군요. 이 표에 나온 것처럼 사서함은 다섯 가지 크기가 있고 가격도 각기 다릅니다.
A: 저에겐 Type 4가 맞을 것 같네요.

해설 사서함을 새것으로 바꾸고 싶다는 A에게 B가 4개월 후 만료되는 사서함 대여를 내년까지 연장하기 원하는지 묻자 A가 Actually, I was thinking about changing the size of the P.O. Box for the next year(사실 저는 내년에는 사서함 크기를 바꾸려고 생각하고 있었어요)라고 말하고 있으므로, A가 우편 사서함을 바꾸려는 이유를 '사서함의 규격을 변경하고 싶기 때문이다'라고 한 ②번이 정답이다.

어휘 renew 새것으로 바꾸다, 갱신하다 P.O. Box (우편) 사서함 expire 만료되다, 기한이 지나다 register 등록하다

정답 ②

실전완성문제

043 다음 대화를 읽고, 남성 고객(M)이 결정한 일로 가장 알맞은 것은?

> M: I'm looking to send three thousand dollars to the U.S.
> W: Okay. That's possible. However, you might want to consider using the online banking method.
> M: Could you tell me the fees for each method?
> W: Using a teller to send it starts at seven thousand won and increases depending on the amount. Online banking is free of charge.
> M: But is it possible to withdraw immediately?
> W: Only the counter deposit method allows for immediate withdrawal.
> M: This transfer is urgent, so I need to choose the method that allows for immediate withdrawal.

① M will withdraw the transferred money immediately.
② M will request a transfer with a teller at the counter.
③ M will send an urgent transfer notification to the recipient.
④ M will pay the transfer fee for online banking.

044 다음 두 사람의 대화에서 A가 세관 신고서를 작성해야 하는 이유는?

> A: I need to send a package to Japan via EMS. Can you help me with that?
> B: Sure. What is the weight and how much is the item worth?
> A: It weighs two kilograms and I guess it's worth roughly two hundred dollars.
> B: I see. Please fill out this customs declaration form.
> A: Is that mandatory?
> B: With EMS, the value of a package must be reported to customs if it exceeds one hundred fifty dollars.

① EMS 관련 국제 규정이 변경되었기 때문이다.
② 소포의 무게가 일정 기준을 넘어서기 때문이다.
③ A의 세관 신고서가 이전 양식을 따르기 때문이다.
④ 보내려는 물품이 일정 금액을 초과하기 때문이다.

043

해석

M: 저는 미국으로 3,000달러를 보내려고요.
W: 네. 가능합니다. 하지만, 고객님께서 온라인 뱅킹 방법을 사용하는 것을 고려해 보실 수도 있습니다.
M: 각각의 방법에 대한 수수료를 알려 주실 수 있나요?
W: 창구 직원을 통해 그것을 송금하는 것은 7,000원부터 시작하고, 그 금액에 따라 증가합니다. 온라인 뱅킹은 무료고요.
M: 그렇지만 그것이 바로 인출하는 게 가능한가요?
W: 창구 납입 방법만이 즉시 인출을 허용합니다.
M: 이 송금은 좀 급해서요, 저는 즉시 인출을 허용하는 방법을 선택해야 하겠어요.

① M은 송금된 돈을 즉시 인출할 것이다.
② M은 창구에서 직원에게 송금을 요청할 것이다.
③ M은 수취인에게 긴급 송금 알림을 보낼 것이다.
④ M은 온라인 뱅킹에 대한 송금 수수료 지불할 것이다.

해설 해외 송금 시 창구 직원을 통해 할 경우 수수료는 7,000원부터 시작하는 반면 온라인 뱅킹은 무료라는 W의 설명에 대해 남성 고객(M)이 온라인 뱅킹으로 바로 인출이 가능한지 추가 질문하고, W가 창구 납입에 한해 즉시 인출이 허용된다고 하자 M이 즉시 인출을 허용하는 방법을 선택하겠다고 대답하고 있다. 따라서 남성 고객(M)이 결정한 일을 'M은 창구에서 직원에게 송금을 요청할 것이다'라고 한 ②번이 정답이다.

어휘 **teller** (창구) 직원 **free of charge** 무료로 **withdraw** 인출하다, 취소하다 **counter** 창구, 계산대 **transfer** 송금, 이동; 송금하다, 옮기다 **urgent** 급한

정답 ②

044

해석

A: EMS를 통해 일본으로 소포 하나를 보내야 해서요. 좀 도와주실 수 있나요?
B: 그럼요. 무게와 물품의 값이 얼마일까요?
A: 그것의 무게는 2킬로그램이고 대략 200달러일 것 같네요.
B: 알겠습니다. 이 세관 신고서를 작성해 주시기 바랍니다.
A: 이게 의무인가요?
B: 네. EMS의 경우, 소포 가격이 미화 150달러를 초과하면 반드시 세관에 신고되어야 합니다.

해설 EMS로 보내려는 물품의 값이 대략 200달러일 것 같다는 A의 말에 대해 B가 세관 신고서 작성을 요청하고, A가 세관 신고서의 작성이 의무인지 묻자 B가 EMS 소포 가격이 미화 150달러를 초과하면 세관에 신고되어야 한다고 알려 주고 있다. 따라서 A가 세관 신고서를 작성해야 하는 이유를 '보내려는 물품이 일정 금액을 초과하기 때문이다'라고 한 ④번이 정답이다.

어휘 **weight** 무게; 무게가 나가다 **roughly** 대략, 거의 **fill out** (서류 양식을) 작성하다 **customs declaration form** 세관 신고서 **mandatory** 의무적인 **exceed** 초과하다, 넘다

정답 ④

실전완성문제

045 다음은 우체국 쇼핑몰에 대해 문의하는 상황이다. 빈칸에 들어갈 말로 가장 적절한 것은?

고객: Hi. I'm contacting you I cannot find strawberries on the post office online shopping mall anymore.
직원: Hello. They might not be available anymore because they're out of season.
고객: In that case, I'll pick a fruit that's in season. Peaches caught my eyes. How will they be packaged?
직원: Each item is individually packed and placed in a larger box.
고객: _____ I am concerned because I want to send it as a gift.
직원: It will only be shown on the invoice for EMS service, which is just for international shipments.
고객: I would use domestic delivery, so I don't need to worry about that.

① Can I choose another customized wrapping?
② Will the price be displayed on the box?
③ How long will it take for my order to arrive?
④ Do you offer discounts for larger orders?

046 다음 두 사람의 대화에서 A가 연금을 받지 못하는 이유는?

A: I want to start receiving my annuity insurance money next month.
B: May I see your ID, please?
A: Sure. Here it is.
B: Hm…It looks like you can't start receiving your payment until next year.
A: Is it because of insufficient payments?
B: No. It's because this insurance requires at least five years of payments before you can start receiving the benefits.
A: I see. I guess I'll just have to wait.

① 직장에 5년 이상 재직하지 않았기 때문이다.
② 보험 약정에 조기 수령 조건이 포함되지 않기 때문이다.
③ 연금 보험의 전체 납입 금액이 부족하기 때문이다.
④ 최소 납입 기간을 충족하지 못했기 때문이다.

045

[해석]
고객: 안녕하세요. 우체국 온라인 쇼핑몰에서 더 이상 딸기를 찾을 수가 없어서 연락드려요.
직원: 안녕하세요. 그것들은 제철이 아니라서 더 이상 구매하실 수 없을 거예요.
고객: 그런 경우라면, 제철인 과일을 골라야겠네요. 복숭아가 눈에 띄던데요. 그것들은 어떻게 포장되나요?
직원: 각각의 제품이 개별적으로 포장된 후 더 큰 상자에 들어갑니다.
고객: 상자에 가격이 표시되나요? 그것을 선물로 보내고 싶어서 우려되네요.
직원: 그것은 국제 수송 건에 한해 해당되는 EMS 서비스 송장에만 보입니다.
고객: 저는 국내 배송을 이용할 테니, 그건 걱정할 필요가 없겠네요.

① 다른 맞춤 포장을 선택할 수 있나요?
② 상자에 가격이 표시되나요?
③ 주문이 도착하는 데 얼마나 걸릴까요?
④ 더 많은 주문에 대해 할인을 제공하나요?

[해설] 빈칸 뒤에서 고객이 복숭아를 선물로 보내고 싶기 때문에 우려된다고 하자, 직원이 It will only be shown on the invoice for EMS service, which is just for international shipments(그것은 국제 수송 건에 한해 해당되는 EMS 서비스 송장에만 보입니다)라고 안내하고 있으므로, '상자에 가격이 표시되나요?'라는 의미의 ② 'Will the price be displayed on the box?'가 정답이다.

[어휘] **out of season** 제철이 아닌, 비수기의 **individually** 개별적으로 **pack** 포장하다 **invoice** 송장 **domestic** 국내의 **customized** 맞춤의 **display** 표시하다, 전시하다

정답 ②

046

[해석]
A: 다음 달에 제 연금 보험금을 받기 시작하고 싶습니다.
B: 신분증을 보여 주시겠습니까?
A: 그럼요. 여기 있습니다.
B: 흠... 고객님께서는 내년이 되어야 지불금을 받기 시작하실 수 있는 것 같습니다.
A: 납입이 불충분해서 그런 건가요?
B: 아닙니다. 이 보험은 보험금을 받기 전 최소 5년의 납입이 필요해서 그렇습니다.
A: 그렇군요. 어쩔 수 없이 기다려야겠네요.

[해설] 다음 달부터 연금 보험금을 받고 싶다는 A의 말에 대해 B가 해당 보험은 보험금을 받기 전 최소 5년의 납입이 필요하므로 내년부터 받을 수 있다고 설명하고 있다. 따라서 A가 연금을 받지 못하는 이유를 '최소 납입 기간을 충족하지 못했기 때문이다'라고 한 ④번이 정답이다.

[어휘] **annuity** 연금 **insurance** 보험 **insufficient** 불충분한 **payment** 납입(금)

정답 ④

실전완성문제

047 다음 대화에서 빈칸에 들어갈 말로 가장 적절한 것은?

> A: I'm interested in learning about Lucky Insurance. How much is the premium?
> B: You can choose a one-year plan for ten thousand won or a three-year plan for thirty thousand won.
> A: _____
> B: It's a one-time payment for both options.
> A: Great! I'd like to sign up for the second one.
> B: We'll verify your income and inform you of the enrollment status within two days. Then you can pay the fee by credit card or account transfer.

① Is it possible to enroll in both plans with my income level?
② Is there an insurance plan with a longer coverage period?
③ Can I take out the insurance only once in a lifetime?
④ How often are the insurance premium payments?

048 다음 대화에서 빈칸에 들어갈 말로 가장 적절한 것은?

> A: Have you heard about the new appointments in the distribution department?
> B: I just checked the notice. Hana got promoted, right?
> A: Yeah. She's the new head of operations now.
> B: That's a big deal. She's going to have a lot more work.
> A: _____
> B: I think they're bringing in someone from another branch.

① Will this affect us?
② Were you promoted, too?
③ What will she be responsible for?
④ Who is taking over her old job?

047

[해석]

> A: 저는 행운 보험에 대해 알아보는 데 관심이 있어요. 보험료는 얼마인가요?
> B: 1만 원인 1년 플랜과 3만 원인 3년 플랜 중에 선택하실 수 있습니다.
> A: 보험료 납입이 얼마나 자주 있나요?
> B: 두 가지 선택지 모두 일 회 납입니다.
> A: 좋네요! 저는 두 번째 플랜에 가입하고 싶습니다.
> B: 고객님 소득을 확인하고 나서 가입 상태에 대해 2일 이내로 알려 드리겠습니다. 그 후 신용 카드나 계좌 이체로 요금을 납입하실 수 있습니다.

① 제 소득 수준으로 두 가지 플랜 모두에 가입할 수 있나요?
② 더 긴 보장 기간이 있는 보험이 있나요?
③ 그 보험은 평생 동안 한 번만 들 수 있나요?
④ 보험료 납입이 얼마나 자주 있나요?

[해설] 행운 보험의 보험료를 묻는 A의 질문에 대해 B가 두 가지 플랜과 각각의 가격을 알려 주고, 빈칸 뒤에서 다시 B가 It's a one-time payment for both options(두 가지 선택지 모두 일 회 납입입니다)라고 말하고 있으므로, '보험료 납입이 얼마나 자주 있나요?'라는 의미의 ④ 'How often are the insurance premium payments?'가 정답이다.

[어휘] **insurance** 보험 **premium** 보험료 **sign up for** ~에 가입하다, ~을 신청하다 **verify** 확인하다 **income** 소득, 수입 **enrollment** 가입, 등록 **status** 상태, 지위 **account transfer** 계좌 이체 **coverage** 보장 (범위), 보도

정답 ④

048

[해석]

> A: 유통 부서에서의 새로운 발령에 대해 들었나요?
> B: 방금 공지를 확인했어요. Hana 씨가 승진한 게 맞죠?
> A: 네. 그녀가 이제 새로운 사업 본부장이에요.
> B: 대단하네요. 그녀는 정말 많은 일을 하겠어요.
> A: 그녀의 이전 자리는 누가 인계받죠?
> B: 다른 지점에서 누군가를 데려올 것 같아요.

① 이 일이 우리에게 영향을 미칠까요?
② 당신도 승진했나요?
③ 그녀가 무엇을 책임 지게 될까요?
④ 그녀의 이전 자리는 누가 인계받죠?

[해설] 새로운 사업 본부장으로 승진한 Hana가 많은 일을 하게 되겠다는 B의 말에 대해 A가 되묻고, 빈칸 뒤에서 B가 I think they're bringing in someone from another branch(다른 지점에서 누군가를 데려올 것 같아요)라고 대답하고 있으므로, '그녀의 이전 자리는 누가 인계받죠?'라는 의미의 ④ 'Who is taking over her old job?'이 정답이다.

[어휘] **appointment** 발령, 약속 **distribution** 유통, 분배 **promote** 승진시키다, 촉진하다 **head of operations** 사업 본부장

정답 ④

실전완성문제

049 다음 대화를 읽고, 고객(A)이 결정한 일로 가장 알맞은 것은?

> A: I want to change the policyholder of my post office insurance.
> B: To whom do you want to change it?
> A: To my daughter. I was the policyholder, but since she got a job recently, I want to switch it to her.
> B: That's possible. However, both of you need to visit the post office with your ID cards.
> A: She lives far away, so that might be difficult.
> B: Then she can provide a document with her official signature to show her agreement.
> A: Okay. I'll come again with the necessary documents.

① To visit the post office with the daughter
② To send the necessary documents to the daughter
③ To revisit the post office with the required documents
④ To keep the status of the policyholder

고난도

050 다음 대화에서 빈칸에 들어갈 말로 가장 적절한 것은?

> A: As you know, we're interested in selling our beauty and skincare products through the post office's online shopping platform.
> B: Great. It could help you grow your business.
> A: That's exactly what we're aiming for. Are you familiar with our products?
> B: We are, and we think they'd be a good fit. Would you be able to handle large order volumes?
> A: Yes. We can increase production if necessary.
> B: Okay. _____
> A: Thank you. I'll go over the terms and get back to you.

① I will send you a contract.
② It would last for one year.
③ We can conduct a trial first.
④ There is a minimum order quantity.

049

해석

A: 제 우체국 보험의 계약자를 변경하고 싶습니다.
B: 어느 분으로 바꾸고 싶으신가요?
A: 제 딸로요. 제가 보험 계약자였는데, 그녀가 최근에 취직을 해서, 그녀로 전환하고 싶어요.
B: 가능합니다. 하지만, 두 분 다 신분증을 지참하시고 우체국에 방문해 주셔야 합니다.
A: 그녀는 멀리 살고 있어서요, 그래서 그건 어려울 수도 있어요.
B: 그렇다면 그녀의 동의를 보여 주는 정식 서명이 있는 서류를 제공하시면 됩니다.
A: 알겠습니다. 제가 필요한 서류들을 가지고 다시 올게요.

① 딸과 함께 우체국에 방문하기
② 딸에게 필요한 서류들을 보내기
③ 필요한 서류들을 가지고 우체국에 다시 방문하기
④ 보험 계약자의 자격을 유지하기

해설 B가 보험 계약자를 자녀로 바꾸려면 자녀와 함께 우체국에 방문하거나 자녀의 정식 서명이 있는 서류를 제공해야 한다고 고객(A)에게 안내하자 A가 Okay. I'll come again with the necessary documents(알겠습니다. 제가 필요한 서류들을 가지고 다시 올게요)라고 말하고 있으므로, 고객(A)이 결정한 일을 '필요한 서류들을 가지고 우체국에 다시 방문하기'라고 한 ③번이 정답이다.

어휘 **policyholder** (보험) 계약자 **insurance** 보험 **signature** 서명 **agreement** 동의, 협정 **status** 자격, 신분, 상태

정답 ③

050

해석

A: 아시다시피, 저희는 저희의 뷰티 및 스킨케어 상품을 우체국 온라인 쇼핑몰 플랫폼을 통해 판매하는 데 관심이 있습니다.
B: 좋습니다. 그것은 당신의 사업이 성장하도록 도울 거예요.
A: 그게 바로 저희가 목표하는 바입니다. 혹시 저희 상품에 대해 잘 아시나요?
B: 잘 알아요, 그리고 저희는 그것들이 잘 맞을 것이라고 생각합니다. 대량 주문에 대해 처리할 수 있나요?
A: 네. 저희는 필요하다면 생산을 늘릴 수 있어요.
B: 알겠습니다. 계약서를 보내 드릴게요.
A: 감사해요. 조건들을 검토하고 다시 연락드리겠습니다.

① 계약서를 보내 드릴게요.
② 그것은 일 년 동안 지속될 거예요.
③ 저희는 먼저 시험을 해볼 수 있어요.
④ 최소 주문 수량이 있어요.

해설 필요하다면 대량 주문을 위해 생산을 늘릴 수 있다는 A의 설명에 대해 B가 알겠다고 말하고, 빈칸 뒤에서 다시 A가 Thank you. I'll go over the terms and get back to you(감사해요. 조건들을 검토하고 다시 연락드리겠습니다)라고 대답하고 있으므로, '계약서를 보내 드릴게요'라는 의미의 ① 'I will send you a contract'가 정답이다.

어휘 **aim for** ~을 목표로 하다 **familiar** 잘 아는, 익숙한 **volume** 양, 음량 **go over** ~을 검토하다 **terms** (계약 등의) 조건 **get back to** ~에게 다시 연락하다 **contract** 계약(서); 줄어들다 **trial** 시험, 실험 **quantity** 수량

정답 ①

실전완성문제

051 다음은 키오스크에 대해 문의하는 상황이다. 빈칸에 들어갈 말로 가장 적절한 것은?

> 고객: I'd like to learn more about the automatic postal kiosk.
> 직원: Sure. What do you want to know?
> 고객: Can I use it any time?
> 직원: It operates every day, typically from 7 a.m. to 10 p.m. But the hours of operation can vary by machine, so please confirm the exact time first.
> 고객: Got it. _____
> 직원: Ordinary mail, registered mail, and international mail are available.

① Where can I confirm the operating hours of the kiosk?
② Are there any additional services available besides mailing?
③ What kind of mailing services does it offer?
④ Would there be restrictions on the size and weight of packages?

052 다음 두 사람의 대화에서 A의 우편물이 반송된 이유는?

> A: I'm here because my mail was returned.
> B: Let's take a look. Ah, it appears that you used an insufficient number of stamps.
> A: I see. How much more do I need to pay?
> B: It will be one thousand won.
> A: Since the return was unexpected, I'm in a bit of a hurry now. I'd like to send it as express mail this time.
> B: In that case, the extra fee will be two thousand won.

① 추가 요금 납부에 동의하지 않았기 때문이다.
② 받는 사람의 주소가 잘못 기재되었기 때문이다.
③ 특급 우편으로 접수할 수 없는 물품이기 때문이다.
④ 우편물에 부착된 우표 금액이 충분하지 않았기 때문이다.

051

> 고객: 자동 우편 키오스크에 대해 알고 싶습니다.
> 직원: 그럼요. 무엇이 궁금하신가요?
> 고객: 제가 그것을 언제든지 사용할 수 있나요?
> 직원: 그것은 보통 오전 7시부터 오후 10시까지 매일 운영됩니다. 그렇지만 기계별로 운영 시간이 다를 수 있으니, 정확한 시간을 먼저 확인 부탁드릴게요.
> 고객: 알겠습니다. <u>그것은 어떤 종류의 우편 서비스를 제공하나요?</u>
> 직원: 일반 우편, 등기 우편, 그리고 국제 우편을 이용 가능합니다.

① 키오스크 운영 시간은 어디서 확인할 수 있나요?
② 우편 발송 외에 이용 가능한 추가 서비스가 있나요?
③ 그것은 어떤 종류의 우편 서비스를 제공하나요?
④ 소포의 크기와 무게에 제한이 있을까요?

해설 직원이 자동 우편 키오스크의 운영 시간이 기계별로 다를 수 있다고 안내한 뒤, 빈칸 뒤에서 다시 Ordinary mail, registered mail, and international mail are available(일반 우편, 등기 우편, 그리고 국제 우편을 이용 가능합니다)라고 알려 주고 있으므로, '그것은 어떤 종류의 우편 서비스를 제공하나요?'라는 의미의 ③ 'What kind of mailing services does it offer?'가 정답이다.

어휘 operate 운영되다, 작동되다 typically 보통, 전형적으로 vary 다르다, 다양하다 ordinary mail 일반 우편 registered mail 등기 우편

정답 ③

052

> A: 제 우편물이 반송되어서 왔습니다.
> B: 확인해 보겠습니다. 아, 고객님께서는 불충분한 개수의 우표를 사용하셨던 것으로 보입니다.
> A: 그렇군요. 제가 얼마를 더 지불해야 하나요?
> B: 1,000원입니다.
> A: 반송이 예상되지 못했던 것이었기 때문에, 저는 좀 서둘러야 합니다. 이번에는 특급 우편으로 보내고 싶어요.
> B: 그 경우에, 추가 요금은 2,000원입니다.

해설 A가 반송된 우편물에 대해 문의하자 B가 불충분한 개수의 우표를 사용했기 때문이라고 안내하고 있으므로, A의 우편물이 반송된 이유를 '우편물에 부착된 우표 금액이 충분하지 않기 때문이다'라고 한 ④번이 정답이다.

어휘 insufficient 불충분한

정답 ④

실전완성문제

053 다음은 Q-Packet 서비스에 대해 문의하는 상황이다. 빈칸에 들어갈 말로 가장 적절한 것은?

고객: Could you tell me the difference between EMS and Q-Packet?
직원: EMS is faster, but Q-Packet is more cost-effective and more suitable if you send items regularly.
고객: Q-Packet sounds good for me. _____
직원: Items weighing two kilograms or more are not eligible.
고객: Perfect. I usually send small items.

① How much does it cost to use Q-packet?
② Should I fill out the customs forms for international shipments?
③ Will there be any schedule changes for the service?
④ Are there limitations on the items I can send?

054 다음은 우체국에서 환전하는 상황이다. 빈칸에 들어갈 말로 가장 적절한 것은?

직원: Hello. What can I assist you with?
고객: Hi. I'd like to exchange some U.S. dollars for Korean won.
직원: Certainly. I can help with that. How much would you like to exchange?
고객: I have five hundred dollars. _____?
직원: It is 1,370 won per dollar. Do you want to proceed?
고객: Yes, please. How much is the fee?
직원: The fee is 2 percent of the amount you exchange. I'll deduct it from the total amount of Korean won you receive.

① What is the maximum amount I can exchange
② What's the current exchange rate
③ How often do the exchange rates change
④ Which currencies are accepted here

053

[해석]

> 고객: EMS와 Q-Packet의 차이점을 제게 알려 주시겠어요?
> 직원: EMS가 더 빠르지만, Q-Packet은 보다 비용 효율적이고 상품을 주기적으로 보내신다면 더 적합합니다.
> 고객: 제게는 Q-Packet이 좋은 것 같네요. <u>제가 보낼 수 있는 물품에 제한이 있나요?</u>
> 직원: 무게가 2킬로그램 이상인 물품들은 가능하지 않습니다.
> 고객: 완벽하네요. 저는 보통 작은 물품을 보내거든요.

① Q-Packet을 이용하는 데 비용이 얼마나 드나요?
② 국제 배송에 대한 세관 양식을 작성해야 하나요?
③ 그 서비스에 대한 어떤 일정 변경이라도 있을까요?
④ 제가 보낼 수 있는 물품에 제한이 있나요?

[해설] 고객이 자신에게 Q-Packet이 좋은 것 같다고 하고, 빈칸 뒤에서 직원이 Items weighing two kilograms or more are eligible(무게가 2킬로그램 이상인 물품들은 가능하지 않습니다)이라고 안내하고 있으므로, '제가 보낼 수 있는 물품에 제한이 있나요?'라는 의미의 ④ 'Are there limitations on the items I can send?'가 정답이다.

[어휘] cost-effective 비용 효율적인 suitable 적합한 eligible 가능한, 자격이 있는 customs 세관, 관세

정답 ④

054

[해석]

> 직원: 안녕하세요. 어떻게 도와드릴까요?
> 고객: 안녕하세요. 저는 미국 달러를 한국 원화로 환전하고 싶습니다.
> 직원: 그럼요. 제가 도와드리겠습니다. 얼마를 환전하고 싶으신가요?
> 고객: 저는 500달러를 가지고 있어요. <u>현재 환율이 어떻게 되나요?</u>
> 직원: 달러당 1,370원입니다. 진행하시겠어요?
> 고객: 네, 부탁드리겠습니다. 수수료는 얼마인가요?
> 직원: 수수료는 환전하시는 금액의 2퍼센트입니다. 받으실 원화 전체 금액에서 제가 그것을 공제할게요.

① 제가 환전할 수 있는 최대 금액은 얼마인가요
② 현재 환율이 어떻게 되나요
③ 환율은 얼마나 자주 바뀌나요
④ 어떤 통화를 여기서 받으시나요

[해설] 얼마를 환전하고 싶은지 묻는 직원의 질문에 대해 고객이 500달러를 가지고 있다고 알려 주고, 고객의 질문에 대해 빈칸 뒤에서 다시 직원이 It is 1,370 won per dollar(달러당 1,370원입니다)라고 대답하고 있으므로, '현재 환율이 어떻게 되나요'라는 의미의 ② 'What's the current exchange rate'가 정답이다.

[어휘] exchange 환전하다, 교환하다 proceed 진행하다 fee 수수료, 요금 deduct 공제하다 currency 통화, 화폐

정답 ②

실전완성문제

055 다음 대화에서 빈칸에 들어갈 말로 가장 적절한 것은?

> 고객: I need to send out 1,000 pieces of mail to my customers every month. Can I get a discount on postage?
> 직원: Could you tell me what the contents are?
> 고객: They are A4-sized periodicals. I brought a sample.
> 직원: The size and weight are fine. If you sign a contract with us, you can receive a discount on postage of 30 percent to 60 percent.
> 고객: _____
> 직원: It depends on whether the periodical is officially registered and how frequently you send it.
> 고객: My periodical is registered. Could you provide me with the contract details?

① Is there a minimum number of times I need to send?
② Why is there such a significant difference in the discount rate?
③ Are there additional discounts for registered periodicals?
④ Would you like me to show you the supplements I'll be including?

고난도

056 다음은 우체국에서 송금하는 상황이다. 빈칸에 들어갈 말로 가장 적절한 것은?

> 고객: Hello. I need to transfer some money to my son in Canada.
> 직원: Okay. With our Quick Banking Service, you can take advantage of a special exchange rate.
> 고객: How much is it?
> 직원: I mean the exchange rate is 60 percent more favorable than with other services.
> 고객: Great. _____ My son is still a teenager, so I wonder if I can send money to his account.
> 직원: The recipient's age does not matter. The money will be credited directly to the recipient's account.
> 고객: I see. Then I want to make the transfer now.

① Can you provide information about any extra fees?
② How will the recipient receive the money?
③ Is there a maximum amount I can transfer?
④ Are underage people allowed to transfer money?

055

[해석]

고객: 저는 고객들에게 매달 1,000부의 우편물을 발송해야 해요. 우편 요금을 할인받을 수 있을까요?
직원: 어떤 내용물인지 알려 주실 수 있나요?
고객: A4 사이즈의 정기 간행물입니다. 제가 견본을 가지고 왔어요.
직원: 크기와 무게가 괜찮네요. 저희와 계약을 체결하시면, 고객님께서는 30퍼센트에서 60퍼센트 우편 요금 할인을 받으실 수 있습니다.
고객: 할인율에 상당한 차이가 있는 이유가 있나요?
직원: 그 정기 간행물이 정식으로 등록되었는지 여부와 그것을 얼마나 자주 발송하는지에 따라 달라집니다.
고객: 제 정기 간행물은 등록되어 있습니다. 계약 세부 사항을 안내해 주실 수 있을까요?

① 발송해야 하는 최소한의 횟수가 있나요?
② 할인율에 상당한 차이가 있는 이유가 있나요?
③ 등록된 정기 간행물을 위한 추가 할인이 있나요?
④ 포함할 부록도 보여 드릴까요?

[해설] 매달 1,000부의 정기 간행물 발송에 대한 우편 요금 할인을 받을 수 있는지 묻는 고객의 질문에 대해 직원이 계약을 체결하면 30퍼센트에서 60퍼센트 할인을 받을 수 있다고 안내하고, 빈칸 뒤에서 다시 직원이 It depends on whether the periodical is officially registered and how frequently you send it(그 정기 간행물이 정식으로 등록되었는지 여부와 그것을 얼마나 자주 발송하는지에 따라 달라집니다)이라고 말하고 있으므로, '할인율에 상당한 차이가 있는 이유가 있나요?'라는 의미의 ② 'Why is there such a significant difference in the discount rate?'가 정답이다.

[어휘] **postage** 우편 요금   **periodical** 정기 간행물   **contract** 계약(서); 계약하다, 줄어들다   **register** 등록하다   **supplement** 부록, 보충물

정답 ②

056

[해석]

고객: 안녕하세요. 저는 캐나다에 있는 아들에게 돈을 조금 송금하려 합니다.
직원: 알겠습니다. 저희 Quick Banking 서비스를 이용하시면, 특별 우대 환율의 장점을 얻으실 수 있습니다.
고객: 그게 얼마인가요?
직원: 환율이 다른 서비스보다 60퍼센트 더 유리할 것이라는 뜻입니다.
고객: 좋네요. 수취인이 어떻게 돈을 받나요? 제 아들은 아직 십 대여서 그의 계좌로 돈을 부칠 수 있을지 궁금하네요.
직원: 수취인의 연령은 상관이 없습니다. 돈은 수취인의 계좌로 바로 입금될 것이고요.
고객: 그렇군요. 그럼 지금 송금을 하고 싶습니다.

① 추가 수수료에 대한 정보를 주실 수 있나요?
② 수취인이 어떻게 돈을 받나요?
③ 제가 송금할 수 있는 최대 금액이 있나요?
④ 미성년인 사람들도 돈을 송금하는 것이 허용되나요?

[해설] 직원이 Quick Banking 서비스를 이용하면 60퍼센트 더 유리한 우대 환율을 얻을 수 있다고 설명하자 고객이 십 대인 아들의 계좌로 직접 부칠 수 있는지 질문하고, 빈칸 뒤에서 다시 직원이 The recipient's age does not matter. The money will be credited directly to the recipient's account(수취인의 연령은 상관이 없습니다. 돈은 수취인의 계좌로 바로 입금될 것이고요)라고 말하고 있으므로, '수취인이 어떻게 돈을 받나요?'라는 의미의 ② 'How will the recipient receive the money?'가 정답이다.

[어휘] **transfer** 송금하다; 송금   **take advantage of** ~의 장점을 얻다, (혜택 등을) 이용하다   **exchange rate** 환율   **favorable** 유리한, 우호적인   **credit** 입금하다; 신용   **underage** 미성년의

정답 ②

실전완성문제

057 다음 대화에서 빈칸에 들어갈 말로 가장 적절한 것은?

> A: Can I ship a package to Hong Kong for delivery by tomorrow?
> B: You can use the EMS Time Certain Service. Before I ship it, may I inspect the contents and invoice?
> A: Sure. There are just some tickets and brochures.
> B: All the items can be shipped. _____
> A: You mean unit price? Hmm... I don't remember exactly.
> B: It's okay to write down approximate values. We need it for compensation in case of loss.

① Would you like to pay by credit card or cash?
② The weight limit is thirty kilograms.
③ This service costs more than EMS.
④ Could you fill in the incomplete section on the invoice?

058 다음은 우체국 서비스에 대해 문의하는 상황이다. 빈칸에 들어갈 말로 가장 적절한 것은?

> 고객: I just moved, but some mail was delivered to my old address.
> 직원: For mail that has already been delivered, you would need to pick it up yourself. However, you can have all future mail sent directly to your new address.
> 고객: How does that work exactly?
> 직원: We offer a service that forwards any new mail from your old address to your new one.
> 고객: _____
> 직원: It is free for the first three months.
> 고객: That's good. I think I'll need it only for three months. I want to apply for the service today.

① Would the service include packages, too?
② Is it a paid service?
③ How can I renew the forwarding service?
④ I haven't reported the move yet.

057

해석
A: 제가 홍콩까지 익일 배송을 통해 소포 하나를 운송할 수 있나요?
B: 고객님께서는 EMS 국제 초특급 우편서비스를 이용하실 수 있습니다. 운송 전에, 제가 내용물과 송장을 점검할 수 있을까요?
A: 물론입니다. 그냥 표와 책자 몇 부예요.
B: 모두 운송 가능한 품목입니다. <u>송장에 기재하지 않은 칸을 적어 주시겠어요?</u>
A: 품목 단가 말인가요? 흠... 정확히 기억나지 않네요.
B: 대략적인 값만 쓰셔도 됩니다. 분실 시 보상을 위해서 필요합니다.

① 신용 카드로 결제하시겠어요, 아니면 현금으로 하시겠어요?
② 무게 제한은 30킬로그램입니다.
③ 이 서비스는 EMS보다 비용이 더 듭니다.
④ 송장에 기재하지 않은 칸을 적어 주시겠어요?

해설 표와 책자를 홍콩까지 익일 배송을 통해 운송하고 싶다는 A의 말에 대해 B가 모두 운송 가능하다고 알려 주고, 빈칸 뒤에서 A가 정확한 품목 단가가 기억나지 않는다고 하자 B가 It's okay to write down approximate values(대략적인 값만 쓰셔도 됩니다)라고 말하고 있으므로, '송장에 기재하지 않은 칸을 적어 주시겠어요?'라는 의미의 ④ 'Could you fill in the incomplete section on the invoice?'가 정답이다.

어휘 **inspect** 점검하다 **invoice** 송장, 청구서 **exactly** 정확히 **approximate** 대략적인 **compensation** 보상 **credit card** 신용 카드 **fill in** ~을 적다, 채우다

정답 ④

058

해석
고객: 제가 막 이사를 했는데, 우편물 몇 개가 예전 주소로 배송되었어요.
직원: 이미 배송되어 버린 우편물에 대해서는, 고객님께서 직접 찾아오셔야 합니다. 하지만, 앞으로의 모든 우편물들을 고객님의 새로운 주소로 바로 보내지게 할 수 있습니다.
고객: 그게 정확하게 어떻게 가능한가요?
직원: 저희는 고객님의 예전 주소로 보내지는 모든 새로운 우편물을 새로운 주소로 전송해 드리는 서비스를 제공합니다.
고객: <u>그건 유료 서비스인가요?</u>
직원: 처음 3개월 동안은 무료입니다.
고객: 잘됐네요. 저는 그 서비스가 3개월 동안만 필요할 것 같아요. 오늘 그 서비스를 신청하고 싶네요.

① 서비스에 소포도 포함되나요?
② 그건 유료 서비스인가요?
③ 전송 서비스를 갱신하려면 어떻게 해야 하나요?
④ 제가 아직 전입 신고를 하지 않았어요.

해설 일부 우편물이 이사하기 전의 주소로 배송되었다는 고객의 설명에 대해 직원이 예전 주소로 보내지는 새로운 우편물을 새로운 주소로 전송하는 서비스를 제공받을 수 있다고 안내하고, 빈칸 뒤에서 다시 직원이 It is free for the first three months(처음 3개월 동안은 무료입니다)라고 말하고 있으므로, '그건 유료 서비스인가요?'라는 의미의 ② 'Is it a paid service?'가 정답이다.

어휘 **exactly** 정확하게 **forward** 전송하다, 진척시키다; 앞으로 **renew** 갱신하다

정답 ②

실전완성문제

059 다음 두 사람의 대화에서 A가 소포를 받지 못하고 있는 이유는?

> A: I was expecting a package from overseas, but it has been over a week and it hasn't been delivered.
> B: Could you provide the invoice number of the package?
> A: Certainly. Here you go.
> B: Ah, I see. This says there are sausages in the package. That might be the reason for the delay. Importation of livestock products is strictly restricted due to the risk of pests.
> A: Then what will happen to my parcel?
> B: Usually, those items will be destroyed by inspectors in the customs office.

① B가 관세청의 요청에 응하지 않았기 때문이다.
② 소포 내용물에 대한 세관 증명서가 미비했기 때문이다.
③ 소포에 수입이 제한된 물품이 포함되어 있었기 때문이다.
④ 세관 검사에는 평균 일주일이 소요되기 때문이다.

060 다음 대화에서 빈칸에 들어갈 말로 가장 적절한 것은?

> 고객: Excuse me. I'm trying to use the post office mobile banking app, and it's asking me for an OTP. What is that?
> 직원: The OTP, or One-Time Password, is an extra layer of security used alongside your password to enhance the security of users.
> 고객: I see. Could you help me set it up?
> 직원: Sure. It's quite easy to set up through the app. Would you like me to guide you through the process?
> 고객: Yes, please. But is the OTP valid at any bank?
> 직원: _____
> 고객: I see. I usually use post office banking anyway.

① Issuing an OTP is free of charge.
② You can change the transfer limit through the mobile app.
③ An OTP is more secure than a security card.
④ It can only be used for transactions at post offices.

059

해석

A: 해외에서의 소포를 기다리고 있었는데, 일주일이 넘었고 배송되지 않았어요.
B: 소포 송장 번호를 제공해 주시겠어요?
A: 그럼요. 여기 있어요.
B: 아, 알겠네요. 여기 소시지가 있다고 나오네요. 그것이 지연되는 이유일 수도 있습니다. 축산물의 수입은 해충의 위험으로 인해 엄격히 제한됩니다.
A: 그럼 제 소포는 어떻게 되나요?
B: 일반적으로, 그 물품들은 관세청에서 검사원들에 의해 파기됩니다.

해설 해외로부터의 소포가 일주일이 넘게 배송되지 않았다는 A의 말에 대해 B가 지연되는 이유가 소포에 포함된 소시지일 수 있으며, 축산물의 수입은 해충의 위험으로 인해 엄격히 제한된다고 알려 주고 있다. 따라서 A가 소포를 받지 못하고 있는 이유를 '소포에 수입이 제한된 물품이 포함되어 있었기 때문이다'라고 한 ③번이 정답이다.

어휘 invoice 송장 importation 수입 livestock product 축산물 strictly 엄격히 restrict 제한하다 pest (병)해충 inspector 검사원 customs office 관세청

정답 ③

060

해석

고객: 실례합니다. 우체국 모바일 뱅킹 앱을 사용하려고 하는데, 그것이 제게 OTP를 요구해서요. 그게 무엇인가요?
직원: 일회성 비밀번호인 OTP는 사용자의 보안을 강화하기 위해 고객님의 비밀번호와 함께 사용되는, 추가 보안 단계입니다.
고객: 그렇군요. 제가 그것을 설치하도록 도와주실 수 있나요?
직원: 물론이지요. 앱을 통한다면 그것은 설치하기 꽤 쉽습니다. 제가 그 과정을 통해 안내드려도 괜찮을까요?
고객: 네, 부탁드려요. 그런데 그 OTP는 어느 은행에서나 유효한가요?
직원: <u>그것은 우체국에서의 거래에 대해서만 사용될 수 있습니다.</u>
고객: 알겠습니다. 저는 어쨌든 우체국 은행을 주로 이용하니까요.

① OTP를 발급하는 비용은 무료입니다.
② 고객님께서는 이체 한도를 모바일 앱으로 바꾸실 수 있습니다.
③ OTP는 보안 카드보다 더 안전합니다.
④ 그것은 우체국에서의 거래에 대해서만 사용될 수 있습니다.

해설 고객이 우체국 모바일 뱅킹 앱을 사용하기 위해 OTP를 설치하는 과정 안내를 부탁하면서 빈칸 앞에서 But is the OTP valid at any bank? (그런데 그 OTP는 어느 은행에서나 유효한가요?)라고 묻고 있으므로, '그것은 우체국에서의 거래에 대해서만 사용될 수 있습니다'라는 의미의 ④ 'It can only be used for transactions at post offices'가 정답이다.

어휘 enhance 강화하다, 향상시키다 set up ~을 설치하다, 준비하다 confirm 확인하다 valid 유효한 issue 발급하다, 발표하다 free of charge 무료인 transfer 이체; 송금하다 transaction 거래

정답 ④

실전완성문제

061 다음 대화에서 빈칸에 들어갈 말로 가장 적절한 것은?

> A: Excuse me. I heard that the delivery schedule will be different next week. Is that right?
> B: Yes. There will be no deliveries on August 14 and 15.
> A: I know that August 15 is a holiday, but what about August 14? It falls on a Wednesday, doesn't it?
> B: It does. But it's a special "Parcel-Free Holiday."
> A: Really? I've never heard of that before.
> B: It has only been around since 2020. _____
> A: I guess they deserve it. They work very hard.

① Business customers can receive a discount.
② It gives delivery drivers a chance to rest.
③ Some logistics companies will still deliver.
④ Don't send anything that will spoil in two days.

062 다음 대화를 읽고, 여성 고객(W)이 결정한 일로 가장 알맞은 것은?

> W: I received a message saying that delivery of my package is pending at the customs office. Could you check this?
> M: Sure. Let me see... Are you trying to send fertilizer to Canada?
> W: That's correct. What seems to be the issue?
> M: The fertilizer you're sending is a chemical one, so we can't send it. You have to cancel the delivery or provide certification to the customs office.
> W: I'll obtain the certification within a week. Can I turn in the document then?
> M: That's possible. But you'll need to contact the customs office directly.

① Requesting documents from the customs office
② Cancelling the delivery to Canada
③ Filing a claim with the customs office
④ Submitting the certification to the customs office

061

해석

A: 실례합니다. 다음 주 배송 일정이 다를 것이라고 들었는데요. 그게 맞나요?
B: 네. 8월 14일과 15일에는 배송이 없을 예정입니다.
A: 8월 15일이 공휴일인 것은 알겠는데, 8월 14일은 왜죠? 그날은 수요일 아닌가요?
B: 수요일이긴 합니다. 그렇지만 그날은 특별하게도 '택배 없는 공휴일'이어서요.
A: 정말이요? 저는 그것에 대해 들어 본 적이 없어요.
B: 그날은 2020년부터 있어 왔습니다. <u>그날은 배송 기사들에게 쉴 수 있는 기회를 주어요.</u>
A: 그들은 그럴 만한 자격이 있다고 생각됩니다. 정말 힘들게 일하시잖아요.

① 사업자 고객은 할인을 받을 수 있습니다.
② 그날은 배송 기사들에게 쉴 수 있는 기회를 주어요.
③ 몇몇 물류 회사들은 여전히 배송합니다.
④ 2일 내로 상할 수 있는 어떤 것도 발송하지 마세요.

해설 '택배 없는 공휴일'에 대해 들어 본 적 없다는 A에게 B가 그날이 2020년부터 있어 왔다고 알려 주고, 빈칸 뒤에서 다시 A가 I guess they deserve it. They work very hard(그들은 그럴 만한 자격이 있다고 생각됩니다. 정말 힘들게 일하시잖아요)라고 대답하고 있으므로, '그날은 배송 기사들에게 쉴 수 있는 기회를 주어요'라는 의미의 ② 'It gives delivery drivers a chance to rest'가 정답이다.

어휘 **fall on** (어떤 날이) ~에 해당되다, ~ 위에 떨어지다 **deserve** ~할 자격이 있다, ~을 받을 만하다 **logistics** 물류 **spoil** 상하다

정답 ②

062

해석

W: 제 소포가 관세청에 계류 중이라는 메시지를 받았습니다. 이것을 확인해 주시겠어요?
M: 물론입니다. 잠시 보겠습니다... 캐나다로 비료를 보내려고 하시는 건가요?
W: 맞습니다. 무엇이 문제인 것 같나요?
M: 보내시는 비료가 화학 비료라, 발송할 수가 없습니다. 배송을 취소하시거나 관세청에 인증서를 제공하셔야 합니다.
W: 일주일 안에 인증서를 입수해 볼게요. 그때 그 서류를 제출해도 되나요?
M: 가능합니다. 그렇지만 관세청에 직접 연락하셔야 합니다.

① 관세청에 서류를 요청하기
② 캐나다로의 배송을 취소하기
③ 관세청에 항의를 제기하기
④ 관세청에 인증서 제출하기

해설 캐나다로 보내려는 화학 비료의 경우 인증서를 제출해야 한다는 M의 말에 대해 여성 고객(W)이 I'll obtain the certification within a week(일주일 안에 인증서를 입수해 볼게요)라고 말하고 있으므로, 여성 고객(W)이 결정한 일을 '관세청에 인증서 제출하기'라고 한 ④번이 정답이다.

어휘 **pending** 계류 중인, 미결정의 **customs office** 관세청 **fertilizer** 비료 **chemical** 화학의 **certification** 인증서 **obtain** 입수하다, 얻다 **turn in** ~을 제출하다 **file a claim** 항의를 제기하다

정답 ④

실전완성문제

063 다음은 우체국에서 휴대폰 개통에 대해 문의하는 상황이다. 빈칸에 들어갈 말로 가장 적절한 것은?

> 고객: I'd like to subscribe to a cell phone service.
> 직원: Certainly! Could you please show me your ID? I will check if we can open an account for you.
> 고객: _____
> 직원: We access your bill payments history using the details from your identification card.
> 고객: I believe there shouldn't be any issues there.
> 직원: Okay. Now everything is in order! What is your preferred payment method for the monthly fee?
> 고객: I'll use my credit card.

① I'd like to know if there are any rate plans for seniors.
② Can you tell me what the process involves?
③ Would the regulations for opening a mobile phone change?
④ How soon can the service be activated?

064 다음 두 사람의 대화에서 A의 소포에 보험이 제한적으로 적용되는 이유는?

> A: Hi. I want to see if my parcel can be insured in case of damage during shipping.
> B: For domestic shipments, we offer insurance coverage of up to five hundred thousand won for no additional fee.
> A: That's good. Then can I send this vase?
> B: For fragile items like vases, our insurance covers the full value only if it's confirmed that the item is packed in an appropriate box.
> A: Why is that?
> B: It's because we can't ensure safety if the sender doesn't pack items properly.
> A: I see. That makes sense.

① A의 소포가 보험 처리 가능 금액보다 비싸기 때문이다.
② 국내 운송은 배송 중 파손에 대해서는 보장하지 않기 때문이다.
③ 배송 중 파손에 물품의 포장 상태가 영향을 미칠 수 있기 때문이다.
④ 전액 보상의 경우 추가 수수료 납입이 필요하기 때문이다.

063

[해석]

고객: 휴대폰 서비스를 신청하고 싶습니다.
직원: 물론입니다! 신분증을 보여 주시겠어요? 저희가 고객님의 계정을 개통해 드릴 수 있는지 확인해 보겠습니다.
고객: 그 절차가 무엇을 포함하는지 알려주실 수 있나요?
직원: 저희는 고객님의 신분 증명서의 세부 사항을 사용해서 고객님의 청구서 지불 내역에 접근합니다.
고객: 거기엔 어떠한 문제도 없을 거라고 생각합니다.
직원: 알겠습니다. 이제 모든 것이 준비되었습니다! 월별 요금에 대해 선호하시는 지불 방법은 무엇인가요?
고객: 신용 카드를 사용하겠습니다.

① 연장자들을 위한 요금제가 있는지 알고 싶어요.
② 그 절차가 무엇을 포함하는지 알려주실 수 있나요?
③ 휴대폰 개통 규정이 변경되나요?
④ 서비스는 얼마나 빨리 활성화될 수 있나요?

[해설] 직원이 고객의 휴대폰 계정을 개통할 수 있는지 확인하겠다고 하고, 빈칸 뒤에서 다시 We access your bill payments history using the details from your identification card(저희는 고객님의 신분 증명서의 세부 사항을 사용해서 고객님의 청구서 지불 내역에 접근합니다)라고 대답하고 있으므로, '그 절차가 무엇을 포함하는지 알려주실 수 있나요?'라는 의미의 ② 'Can you tell me what the process involves?'가 정답이다.

[어휘] subscribe to ~을 신청하다 access 접근하다; 접근 bill 청구서 rate plan 요금제 activate 활성화하다

정답 ②

064

[해석]

A: 안녕하세요. 운송 중 파손될 경우를 대비하여 제 소포에 보험을 들 수 있는지 확인하고 싶습니다.
B: 국내 운송이라면, 최대 50만 원까지 추가 수수료 없이 보험 보장을 제공합니다.
A: 잘됐네요. 그럼 제가 이 꽃병을 보낼 수 있을까요?
B: 꽃병과 같은 깨지기 쉬운 품목이라면, 저희 보험은 물품이 적절한 박스에 포장되었음이 확인되는 경우에만 전액을 보장합니다.
A: 왜 그런 건가요?
B: 보내는 분이 물품을 제대로 포장하지 않는 경우 안전을 보장할 수 없기 때문입니다.
A: 그렇군요. 일리가 있네요.

[해설] 국내 운송으로 보내려는 꽃병에 대해 파손 대비 보험을 들 수 있는지 묻는 A의 질문에 대해 B가 물품이 적절한 박스에 포장되는 경우에 한해 전액이 보장되는데, 이는 보내는 사람이 물품을 제대로 포장하지 않으면 그것의 안전을 보장할 수 없기 때문이라고 대답하고 있다. 따라서 A의 소포에 보험이 제한적으로 적용되는 이유를 ③ '배송 중 파손에 물품의 포장 상태가 영향을 미칠 수 있기 때문이다'라고 한 ③번이 정답이다.

[어휘] insure 보험에 들다 domestic 국내의 coverage 보장 vase 꽃병 fragile 깨지기 쉬운 confirm 확인해 주다 appropriate 적절한 make sense 일리가 있다

정답 ③

실전완성문제

065 다음은 우체국에서 우편물을 보내는 상황이다. 빈칸에 들어갈 말로 가장 적절한 것은?

> 고객: Hi. Could you help me fill out the EMS invoice?
> 직원: Of course. Is there a specific part you need help with?
> 고객: What should I write in the "To" section?
> 직원: You'll need to provide the recipient's full name and address, including the zip code.
> 고객: And how about the "Description of Contents" section? Wait, _____
> 직원: Absolutely. Let me print one out for you.
> 고객: Thank you. So, I just need to follow the format.

① what if I'm not sure about the value of the contents?
② do I need to list all the items separately?
③ can I get a copy of my invoice, please?
④ could I just see a sample invoice for reference?

066 다음 대화를 읽고, 고객(A)이 결정한 일로 가장 알맞은 것은?

> A: I want to know when my parcel will be sent. I've heard the rail strike may cause delays.
> B: We don't know when exactly, but it is said railways will resume 30 percent of operations next week.
> A: Oh, that's concerning. Can I still track the status of my package?
> B: In most cases, yes.
> A: Are there any exceptions?
> B: If the recipient's address is in an area severely affected by the strike, it might not be possible.
> A: Could you check if my recipient's address is affected?
> B: Please provide me with the address, and I'll see.
> A: Okay. Let me write it down.

① To request continuous tracking for the package
② To provide the recipient's address
③ To file a complaint with railway companies
④ To check if the recipient's address is correct

065

해석

고객: 안녕하세요. EMS 송장을 작성하는 것을 도와주시겠어요?
직원: 물론이죠. 특별히 도움이 필요하신 부분이 있으신가요?
고객: 제가 '발신인' 란에 무엇을 적어야 하나요?
직원: 우편 번호를 포함해서, 수취인의 전체 이름과 주소를 제공해 주셔야 됩니다.
고객: '내용물 설명' 란은요? 잠시만요, <u>그냥 참고용 견본 송장을 볼 수 있을까요?</u>
직원: 물론이죠. 제가 하나 출력해 드릴게요.
고객: 감사합니다. 그럼, 제가 그 형식을 따르기만 하면 되겠네요.

① 제가 내용물의 가격에 대해 잘 모르면 어떻게 하죠?
② 제가 모든 품목을 따로 열거해야 하나요?
③ 제 송장 사본을 받을 수 있을까요?
④ 그냥 참고용 견본 송장을 볼 수 있을까요?

해설 EMS 송장의 '내용물 설명' 란에 무엇을 적어야 하는지 질문하는 고객에게 빈칸 뒤에서 직원이 하나 출력해 주겠다고 하자 다시 고객이 So, I just need to follow the format(그럼, 제가 그 형식을 따르기만 하면 되겠네요)라고 말하고 있으므로, '그냥 참고용 견본 송장을 볼 수 있을까요?'라는 의미의 ④ 'could I just see a sample invoice for reference?'가 정답이다.

어휘 fill out ~을 작성하다 invoice 송장 recipient 수취인 zip code 우편 번호 description 설명 format 형식 value 가격, 가치 reference 참고

정답 ④

066

해석

A: 제 소포가 언제 발송되는지 알고 싶어요. 철도 파업이 지연을 초래할 수 있다고 들었거든요.
B: 정확히 언제가 될지는 모르지만, 다음 주에 철도가 운행의 30퍼센트를 재개한다고 합니다.
A: 아, 걱정이네요. 제가 여전히 소포 상태를 추적할 수 있나요?
B: 대부분의 경우 그렇습니다.
A: 예외도 있나요?
B: 수취인의 주소지가 파업으로 심하게 영향받은 지역이라면, 불가능할 수도 있습니다.
A: 제 수취인의 주소가 영향받는 곳인지 확인해 주시겠어요?
B: 제게 주소를 제공해 주시면, 봐 드리겠습니다.
A: 알겠습니다. 적어 드릴게요.

① 소포에 대한 지속적인 추적을 요청하기
② 수취인의 주소를 제공하기
③ 철도 회사에 항의를 제기하기
④ 수취인의 주소가 정확한지 확인하기

해설 파업으로 인해 발송이 늦어지고 있는 소포의 상태를 추적할 수 있는지 묻는 고객(A)의 질문에 대해 B가 대부분의 경우 그렇지만 수취인의 주소지가 파업으로 심하게 영향받은 지역일 경우 불가능할 수 있다고 안내하자, A가 소포의 수취인의 주소가 영향받는 곳인지 확인해 줄 것을 요청하며 주소를 적고 있다. 따라서 고객(A)이 결정한 일을 '수취인의 주소를 제공하기'라고 한 ②번이 정답이다.

어휘 strike 파업; 치다 resume 재개하다 status 상태, 지위 exception 예외 severely 심하게 affect 영향을 주다 file a complaint 항의를 제기하다

정답 ②

공무원시험전문 해커스공무원
gosi.Hackers.com

 1분 만에 파악하는 **계리직 영어 기출 트렌드**

○ 유형별 기출 트렌드

- 빈칸에 들어갈 적절한 또는 적절하지 않은 어휘 및 표현을 고르는 유형이 주로 출제된다.
- 우체국 업무와 관련된 짧은 안내문 또는 공지 형태의 지문이 출제되는 경우가 많다.
- 구동사의 의미를 파악해야 하는 문제의 출제 가능성이 높다.

최근 출제율

숙어형 28%

*2024년 계리직

Part 2
숙어형

필수점검문제
실전완성문제

필수점검문제

001 빈칸에 들어갈 말로 적절하지 <u>않은</u> 것은?

> We are pleased to share that our upcoming podcast will _____ the remarkable achievements of postal workers in Korea.

① focus on
② put emphasis on
③ stay away from
④ provide information about

002 빈칸에 들어갈 말로 가장 적절한 것은?

> Each ZIP code _____ a specific area, allowing postal workers and automated systems to precisely identify and route mail.

① brings down
② leaves off
③ stands for
④ emerges from

003 빈칸에 들어갈 말로 적절하지 <u>않은</u> 것은?

> You have to _____ the recipient's address on the invoice to follow the new guidelines.

① correct
② wipe out
③ amend
④ put right

001

해석   저희는 곧 공개될 팟캐스트가 한국의 우체국 직원들의 주목할 만한 성과에 초점을 둘/을 강조할/에 대한 정보를 제공할 것임을 공유하게 되어 기쁩니다.

① ~에 초점을 두다
② ~을 강조하다
③ ~을 가까이하지 않다
④ ~에 대한 정보를 제공하다

어휘   pleased 기쁜   upcoming 곧 공개될, 다가오는   remarkable 주목할 만한, 놀랄 만한   achievement 성과, 업적   focus on ~에 초점을 두다   put emphasis on ~을 강조하다   stay away from ~을 가까이하지 않다

정답 ③

002

해석   각각의 우편 번호는 특정 지역을 나타내는데, 이는 우체국 직원들과 자동화 시스템이 우편물을 정확하게 식별하고 발송하게 한다.

① ~을 낮춘다
② ~을 제외한다
③ ~을 나타낸다
④ ~에서 벗어난다

어휘   ZIP code 우편 번호   specific 특정한, 구체적인   automate 자동화하다   precisely 정확하게   identify 식별하다, 확인하다   route 발송하다; 경로   bring down ~을 낮추다, 떨어뜨리다   leave off ~을 제외하다   stand for ~을 나타내다, 상징하다, 의미하다   emerge from ~에서 벗어나다, 나오다

정답 ③

003

해석   새 지침에 따르기 위해 송장에 작성하신 수취인의 주소를 수정하셔야/바로잡으셔야 합니다.

① 수정하다
② ~을 완전히 파괴하다
③ 수정하다
④ ~을 바로잡다

어휘   recipient 수취인   invoice 송장   correct 수정하다; 정확한   wipe out ~을 완전히 파괴하다, 없애다   amend 수정하다   put right ~을 바로잡다, 고치다

정답 ②

필수점검문제

004 빈칸에 들어갈 말로 적절하지 않은 것은?

> I'd like to announce that there will be an extra _____ for our expanded banking services starting next month, to support new features and personalized service.

① cost
② charge
③ loss
④ fee

005 빈칸에 들어갈 말로 적절하지 않은 것은?

> Could you _____ these packages in the collection box at the back so that they can be collected later?

① place
② scatter
③ drop
④ insert

006 빈칸에 들어갈 말로 가장 적절한 것은?

> When documents for extending insurance are submitted, a postal officer will _____ them to see if all information is included.

① explain
② send off
③ inspect
④ lay out

004

[해석] 새로운 기능들과 개인화된 서비스를 지원하기 위해, 다음 달부터 시작하는 저희의 확장된 뱅킹 서비스에 추가 비용/요금이 있을 것임을 알려 드리고자 합니다.

① 비용
② 요금
③ 손실
④ 요금

[어휘] expand 확장하다 cost 비용; 비용이 들다 charge 요금; 청구하다 loss 손실, 상실 fee 요금, 수수료

정답 ③

005

[해석] 추후 수거될 수 있도록 이 소포들을 뒤편 택배 수거함에 놓아/넣어 주시겠습니까?

① 놓다
② 흩뿌리다
③ 넣다
④ 넣다

[어휘] collect 수거하다, 모으다 place 놓다; 장소 scatter 흩뿌리다, 확산시키다 drop 넣다, 떨어뜨리다 insert 넣다, 삽입하다

정답 ②

006

[해석] 보험 연장을 위한 서류가 제출되면, 우체국 직원은 모든 정보가 포함되었는지 확인하기 위해 그것들을 검사할 것입니다.

① 설명하다
② ~을 발송하다
③ 검사하다
④ ~을 배치하다

[어휘] extend 연장하다 explain 설명하다 send off ~을 발송하다 inspect 검사하다 lay out ~을 배치하다, 계획하다

정답 ③

필수점검문제

007 빈칸에 들어갈 말로 가장 적절한 것은?

> Make sure not to _____ the package with too many items since it may burst open.

① direct
② stuff
③ label
④ secure

008 빈칸에 들어갈 말로 적절하지 <u>않은</u> 것은?

> For smooth processing, customers should _____ that the recipient's information has no discrepancies.

① make certain
② validate
③ fill in
④ confirm

009 다음 괄호에 적절한 단어를 고르시오.

> 저희는 모든 환전 거래에 대해 영수증을 제공한다는 것을 알려 드리고자 합니다.
> We'd like to let you know that we provide ( ) for all currency exchange transactions.

① receipts
② notices
③ vouchers
④ guides

007

해석 소포가 벌컥 열릴 수 있기 때문에 그것을 너무 많은 물품들로 채우지 않도록 하세요.

① 향하다
② 채우다
③ 라벨을 붙이다
④ 고정시키다

어휘 burst open 벌컥 열리다 direct 향하다, 지도하다 stuff 채우다; 물건 label 라벨을 붙이다; 표 secure 고정시키다; 안심하는

정답 ②

008

해석 원활한 처리를 위해, 고객들은 수취인 정보에 불일치하는 부분이 없음을 확인해야 한다.

① ~을 확인하다
② 확인하다
③ ~을 작성하다
④ 확인해 주다

어휘 recipient 수취인 discrepancy 불일치, 차이 make certain ~을 확인하다 validate 확인하다, 입증하다 fill in ~을 작성하다 confirm 확인해 주다

정답 ③

009

해석 저희는 모든 환전 거래에 대해 영수증을 제공한다는 것을 알려 드리고자 합니다.

① 영수증
② 안내문
③ 상품권
④ 안내

어휘 currency exchange 환전 transaction 거래 receipt 영수증 notice 안내문; 알아차리다 voucher 상품권

정답 ①

필수점검문제

010 빈칸에 들어갈 말로 적절하지 않은 것은?

> Let me _____ the list of prohibited items to see if I may be carrying any in my baggage.

① go through
② skip
③ review
④ look over

011 다음 괄호에 적절한 단어 혹은 숙어를 고르시오.

> 직원이 고객님의 보험 신청 건에 대해 조회 번호를 할당할 것입니다.
> The staff will ( ) a reference number for your insurance application.

① tab in
② search for
③ record
④ assign

012 빈칸에 들어갈 말로 가장 적절한 것은?

> This address seems _____ because the street name you entered cannot be found. Could you fix it?

① accurate
② proper
③ authentic
④ incorrect

010

해석 제 수하물에 어떤 금지 품목이라도 들어 있는지 확인하기 위해 그것(목록)을 살펴보겠습니다/검토하겠습니다/훑어보겠습니다.

① ~을 살펴보다
② 건너뛰다
③ 검토하다
④ ~을 훑어보다

어휘 prohibit 금지하다　go through ~을 살펴보다, 겪다　skip 건너뛰다　review 검토하다; 검토　look over ~을 훑어보다

정답 ②

011

해석 직원이 고객님의 보험 신청 건에 대해 조회 번호를 할당할 것입니다.

① 입력하다
② ~을 찾다
③ 기록하다
④ 할당하다

어휘 reference 조회, 참조　insurance 보험　application 신청, 지원　tab in ~을 입력하다　search for ~을 찾다　record 기록하다　assign 할당하다, 배정하다

정답 ④

012

해석 입력하신 도로명을 찾을 수 없는 것으로 보아 이 주소가 잘못된 것 같습니다. 그것을 수정해 주시겠어요?

① 정확한
② 적절한
③ 진짜인
④ 잘못된

어휘 fix 수정하다, 고치다　accurate 정확한　proper 적절한　authentic 진짜인　incorrect 잘못된

정답 ④

필수점검문제

013 다음 괄호에 들어갈 말로 적절하지 않은 단어를 고르시오.

> 이 봉투에 우표를 붙여 주시겠습니까?
> Can you (　　　　) a stamp on this envelope?

① attach
② paste
③ position
④ stick

014 빈칸에 들어갈 말로 가장 적절한 것은?

> Please _____ your ID to me so I can verify your identity.

① hand over
② turn to
③ set down
④ pick up

015 빈칸에 들어갈 말로 가장 적절한 것은?

> Should your insurance documents require _____ proof, we will contact you once again.

① private
② transient
③ stable
④ further

013

[해석] 이 봉투에 우표를 붙여 주시겠습니까?

① 붙이다
② 붙이다
③ 두다
④ 붙이다

[어휘] envelope 봉투 attach 붙이다, 들러붙다 paste 붙이다 position 두다, 위치를 정하다; 위치 stick 붙이다, 찌르다

정답 ③

014

[해석] 제가 당신의 신원을 확인할 수 있도록 신분증을 저에게 넘겨주세요.

① ~을 넘겨주다
② ~에 의지하다
③ ~을 적어 두다
④ ~을 찾아오다

[어휘] verify 확인하다 hand over ~을 넘겨주다 turn to ~에 의지하다 set down ~을 적어 두다 pick up ~을 찾아오다, ~를 태우러 가다

정답 ①

015

[해석] 만약 고객님의 보험 서류가 추가 증명서를 필요로 한다면, 저희가 한 번 더 연락드리겠습니다.

① 사적인
② 일시적인
③ 안정된
④ 추가의

[어휘] proof 증명(서), 증거 private 사적인, 개인적인 transient 일시적인 stable 안정된 further 추가의

정답 ④

필수점검문제

016 빈칸에 들어갈 말로 적절하지 않은 것은?

> Beginning this month, customers can _____ eco-friendly packaging materials provided by the post office.

① make use of
② utilize
③ look up to
④ employ

017 빈칸에 들어갈 말로 적절하지 않은 것은?

> There is a(n) _____ given to those who report postal fraud.

① fine
② payment
③ reward
④ incentive

018 빈칸에 들어갈 말로 적절하지 않은 것은?

> Do you want to _____ the pickup schedule to a later date?

① push back
② transmit
③ postpone
④ hold off

016

해석 이번 달부터, 고객 여러분께서는 우체국에서 제공되는 친환경 포장 재료를 이용하실 수 있습니다.

① ~을 이용하다
② 이용하다
③ ~를 존경하다
④ 이용하다

어휘 eco-friendly 친환경의   material 재료, 자료   make use of ~을 이용하다   utilize 이용하다   look up to ~를 존경하다   employ 이용하다, 고용하다

정답 ③

017

해석 우편 사기를 신고하는 사람들에게 주어지는 보상/보답이 있다.

① 벌금
② 보답
③ 보상
④ 보상

어휘 fraud 사기   fine 벌금; 좋은, 미세한   payment 보답, 지불   reward 보상, 상금; 상을 주다   incentive 보상(물)

정답 ①

018

해석 수령 일정을 더 이후의 날짜로 미루시/연기하시겠습니까?

① ~을 미루다
② 전송하다
③ 연기하다
④ ~을 미루다

어휘 push back ~을 미루다   transmit 전송하다   postpone 연기하다   hold off ~을 미루다

정답 ②

필수점검문제

019 다음 괄호에 적절한 단어를 고르시오.

> 고객님의 소포에 든 모든 액체가 단단히 밀봉되었는지 확인해 주세요.
> Please make sure all (　　　) are securely sealed in your package.

① containers
② liquids
③ materials
④ contents

020 빈칸에 들어갈 말로 가장 적절한 것은?

> If you want to _____ your package for a refund or exchange, you need to request the service online or at the counter.

① subscribe to
② send back
③ dispense with
④ apply for

021 빈칸에 들어갈 말로 적절하지 않은 것은?

> No matter the circumstances, international mail handling should _____ global postal regulations.

① adhere to
② observe
③ comply with
④ conceal

019

해석 고객님 소포에 든 모든 액체가 단단히 밀봉되었는지 확인해 주세요.

① 용기
② 액체
③ 물질
④ 내용물

어휘 securely 단단히 seal 밀봉하다 container 용기, 그릇 liquid 액체; 액체 형태의 material 물질, 재료 content 내용물, 목차

정답 ②

020

해석 환불이나 교환을 위해 소포를 되돌려 보내기를 원하신다면, 고객님께서는 온라인으로 또는 창구에서 그 서비스를 요청하셔야 합니다.

① ~을 구독하다
② ~을 되돌려 보내다
③ ~을 없애다
④ ~을 지원하다

어휘 refund 환불; 환불하다 subscribe to ~을 구독하다 send back ~을 되돌려 보내다 dispense with ~을 없애다 apply for ~을 지원하다

정답 ②

021

해석 어떤 상황에서도, 국제 우편물 취급은 국제 우편 규정을 고수해야/준수해야/지켜야 합니다.

① ~을 고수하다
② 지키다
③ ~을 준수하다
④ 숨기다

어휘 circumstance 상황 regulation 규정 adhere to ~을 고수하다 observe 지키다, 관찰하다 comply with ~을 준수하다 conceal 숨기다

정답 ④

필수점검문제

022 빈칸에 들어갈 말로 적절하지 <u>않은</u> 것은?

> Please weigh your packages precisely to _____ the postage.

① calculate
② estimate
③ determine
④ remind

023 빈칸에 들어갈 말로 가장 적절한 것은?

> To _____ counterfeiting, fine patterns and color changes can be printed to the surface of stamps.

① prevent
② contribute to
③ bring about
④ maintain

024 다음 괄호에 적절한 단어를 고르시오.

> 고객님께서는 추적 번호를 이용해서 배송 상태를 알아내실 수 있습니다.
> You can find out the delivery ( ) using the tracking number.

① status
② notification
③ route
④ term

022

해석 우편 요금을 <u>계산하기/견적을 내기/알아내기</u> 위해 고객님 소포의 무게를 정확하게 재 주세요.

① 계산하다
② 견적을 내다
③ 알아내다
④ 상기시키다

어휘 **weigh** 무게를 재다 **precisely** 정확하게 **postage** 우편 요금 **calculate** 계산하다 **estimate** 견적을 내다, 추정하다 **determine** 알아내다 **remind** 상기시키다

정답 ④

023

해석 위조를 <u>방지하</u>기 위해, 미세한 패턴과 색상 변화가 우표의 표면에 인쇄될 수 있다.

① 방지하다
② ~에 기여하다
③ ~을 유발하다
④ 유지하다

어휘 **counterfeit** 위조하다 **fine** 미세한, 괜찮은 **surface** 표면 **prevent** 방지하다 **contribute to** ~에 기여하다 **bring about** ~을 유발하다 **maintain** 유지하다

정답 ①

024

해석 고객님께서는 추적 번호를 이용해서 배송 <u>상태</u>를 알아내실 수 있습니다.

① 상태
② 알림
③ 경로
④ 기간

어휘 **find out** ~을 알아내다 **status** 상태, 지위 **notification** 알림 **route** 경로 **term** 기간, 용어, 학기

정답 ①

실전완성문제

001 빈칸에 들어갈 말로 적절하지 <u>않은</u> 것은?

> I'm happy to reveal that we are funding a research project to _____ the innovations in Korean postal communications.

① shore up
② cover up
③ firm up
④ beef up

002 빈칸에 들어갈 말로 가장 적절한 것은?

> The inception of airmail services transformed long-distance communication by significantly expediting the process. Pilots played a crucial role in pioneering air routes and aviation technology by guaranteeing the timely delivery of mail. As the aviation industry _____, airmail services expanded correspondingly, improving reliability and widening the scope of postal deliveries.

① died down
② melted away
③ looked out
④ leaped forward

003 빈칸에 들어갈 말로 가장 적절한 것은?

> If you file a claim, we will _____ the details to ensure your insurance coverage is applied correctly.

① make up for
② inquire into
③ get away from
④ give up

001

해석) 저는 우리가 한국 우편 통신의 혁신을 강화하는 연구 프로젝트에 자금을 제공할 것임을 밝히게 되어 기쁩니다.

① ~을 강화하다
② ~을 은폐하다
③ ~을 강화하다
④ ~을 강화하다

어휘) reveal 밝히다, 폭로하다 fund 자금을 제공하다; 자금 innovation 혁신 shore up ~을 강화하다, 지지하다 cover up ~을 은폐하다, 감추다 firm up ~을 강화하다, 확정하다 beef up ~을 강화하다, 보강하다

정답 ②

002

해석) 항공 우편 서비스의 시작은 (장거리 통신) 과정을 상당히 더 신속하게 처리함으로써 장거리 통신을 바꿔 놓았다. 비행사들은 우편물의 시기적절한 배송을 보장함으로써 항로와 항공술을 개척하는 데 중요한 역할을 했다. 항공 산업이 도약하면서, 항공 우편 서비스는 그에 상응하여 확장되었고, 이는 우편물 배송의 신뢰성을 향상시키고 범위를 확장시켰다.

① (기세가) 가라앉았다
② 차츰 사라졌다
③ 경계했다
④ 도약했다

어휘) inception 시작 transform 바꿔 놓다, 변형시키다 significantly 상당히 expedite 더 신속하게 처리하다 pioneer 개척하다; 선구자 aviation 항공(술) guarantee 보장하다 expand 확장되다, 확대되다 correspondingly 그에 상응하여 reliability 신뢰성 scope 범위 die down (기세가) 가라앉다 melt away 차츰 사라지다 look out 경계하다, 주의하다 leap forward 도약하다

정답 ④

003

해석) 청구서를 제출해 주시면, 저희가 고객님의 보험 보장이 올바르게 적용될 수 있도록 세부 사항을 조사하겠습니다.

① ~을 보상하다
② ~을 조사하다
③ ~로부터 벗어나다
④ ~을 포기하다

어휘) file a claim 청구서를 제출하다 coverage (보험) 보장, 보도, 보상 범위 correctly 올바르게, 정확하게 make up for ~을 보상하다 inquire into ~을 조사하다 get away from ~로부터 벗어나다 give up ~을 포기하다

정답 ②

실전완성문제

고난도

004 빈칸에 들어갈 말로 적절하지 <u>않은</u> 것은?

> As this service only gives assurance of next-day delivery for all orders placed before 3 p.m., you need to _____ the deadline if you want your items to arrive tomorrow.

① be mindful of
② watch over
③ go through with
④ stay on top of

005 빈칸에 들어갈 말로 가장 적절한 것은?

> I'm afraid to say that the number of stamps you have requested _____ our current stock.

① hands out
② exceeds
③ keeps up
④ expands

고난도

006 빈칸에 들어갈 말로 적절하지 <u>않은</u> 것은?

> If you suddenly withdraw a large amount of cash, the post office might _____ you to prevent cases of voice phishing scams.

① reach out to
② check in with
③ stand up for
④ get hold of

004

해석

이 서비스는 오후 3시 전의 모든 주문에 한해 익일 배송을 보증하므로, 고객님께서 물품이 내일 도착하기를 원하신다면 마감 시간을 유념하셔야/을 지키셔야/에 대해 잘 알고 있으셔야 합니다.

① ~을 유념하다
② ~을 지키다
③ ~을 거치다
④ ~에 대해 잘 알고 있다

어휘 give assurance of ~을 보증하다 be mindful of ~을 유념하다 watch over ~을 지키다, 감시하다 go through with ~을 거치다, 감행하다 stay on top of ~에 대해 잘 알고 있다

정답 ③

005

해석

고객님이 요청하신 우표의 수량이 현재 저희의 재고를 초과한다고 말씀 드리게 되어 유감입니다.

① ~을 나누어 준다
② 초과한다
③ ~을 계속한다
④ 확대한다

어휘 stock 재고 hand out ~을 나누어 주다 exceed 초과하다 keep up ~을 계속하다 expand 확대하다

정답 ②

006

해석

갑자기 고액의 현금을 인출하시는 경우, 보이스 피싱 사기를 방지하기 위해 우체국에서 고객님에게 연락드릴/과 접촉할 수 있습니다.

① ~에게 연락하다
② ~에게 연락하다
③ ~을 옹호하다
④ ~와 접촉하다

어휘 withdraw 인출하다, 철수하다 scam 사기 reach out to ~에게 연락하다 check in with ~에게 연락하다 stand up for ~을 옹호하다 get hold of ~와 접촉하다, ~을 찾다

정답 ③

실전완성문제

007 빈칸에 들어갈 말로 적절하지 않은 것은?

> We will _____ the cost of shipping from your refund in a couple of days if you choose to return the item.

① take away
② subtract
③ put up
④ deduct

008 빈칸에 들어갈 말로 가장 적절한 것은?

> We'd like to inform you that the smartphone financial system failure has been normalized _____ through an emergency update.

① at times
② right away
③ by nature
④ without consideration

009 빈칸에 들어갈 말로 적절하지 않은 것은?

> Parcels without proper packaging are _____ to damage during transit, which may lead to delays in delivery.

① prone
② susceptible
③ vulnerable
④ irrelevant

007

[해석] 반품하기로 선택하시면 저희가 며칠 내로 환불금에서 배송 비용을 빼/공제해 드릴 것입니다.

① ~을 빼다
② 빼다
③ ~을 게시하다
④ 공제하다

[어휘] **take away** ~을 빼다 **subtract** 빼다, 차감하다 **put up** ~을 게시하다, 내세우다 **deduct** 공제하다

정답 ③

008

[해석] 스마트폰 금융 시스템 장애는 긴급 업데이트를 통해 즉시 정상화되었음을 알려 드립니다.

① 때때로
② 즉시
③ 본래
④ 무상으로

[어휘] **inform** 알리다 **failure** 장애, 고장, 실패 **normalize** 정상화하다 **at times** 때때로 **right away** 즉시, 바로 **by nature** 본래, 천성적으로 **without consideration** 무상으로

정답 ②

009

[해석] 적절하게 포장되지 않은 소포들은 이동 중에 손상을 입기 쉬우며/의 영향을 받기 쉬우며/에 취약하며, 이는 배송 지연으로 이어질 수도 있습니다.

① ~하기 쉬운
② ~의 영향을 받기 쉬운
③ ~에 취약한
④ 관련이 없는

[어휘] **proper** 적절한, 제대로 된 **transit** 이동, 운송 **prone** ~하기 쉬운 **susceptible** ~의 영향을 받기 쉬운 **vulnerable** ~에 취약한, 상처 입기 쉬운 **irrelevant** 관련이 없는

정답 ④

실전완성문제

010 빈칸에 들어갈 말로 적절하지 않은 것은?

> The post office is not obliged to pay out insurance benefits or cover bodily injury costs caused _____ by the beneficiary.

① by intent
② on purpose
③ deliberately
④ incidentally

011 빈칸에 들어갈 말로 가장 적절한 것은?

> It's a joy to announce that we are launching a new express delivery service, allowing you to _____ faster shipping times.

① turn away from
② look down on
③ take advantage of
④ come up with

012 빈칸에 들어갈 말로 적절하지 않은 것은?

> Please _____ a delivery location for your package from the options provided to direct it to an appropriate delivery point.

① appoint
② select
③ designate
④ adjust

010

해석 우체국은 보험 수익자에 의해 의도적으로/일부러/고의로 발생된 보험 혜택이나 신체 상해 비용을 지급할 의무가 없습니다.

① 의도적으로
② 일부러
③ 고의로
④ 우연히

어휘 insurance 보험 beneficiary 수익자 by intent 의도적으로 on purpose 일부러 deliberately 고의로 incidentally 우연히, 부수적으로

정답 ④

011

해석 저희가 더 빠른 배송 시간을 이용하게 할, 새로운 특급 배송 서비스를 시작할 예정임을 알려 드리게 되어 기쁩니다.

① ~에게서 등을 돌리다
② ~을 경시하다
③ ~을 이용하다
④ ~을 생각해내다

어휘 launch 시작하다, 출시하다 turn away from ~에게서 등을 돌리다 look down on ~을 경시하다 take advantage of ~을 이용하다
come up with ~을 생각해내다

정답 ③

012

해석 고객님의 소포가 적절한 배송 지점으로 향하도록 그것을 위한 배송 장소를 제공된 선택지 중에서 정해/선택해/지정해 주세요.

① 정하다
② 선택하다
③ 지정하다
④ 조절하다

어휘 appropriate 적절한 appoint 정하다, 임명하다 select 선택하다 designate 지정하다, 지명하다 adjust 조절하다

정답 ④

실전완성문제

013 빈칸에 들어갈 말로 적절하지 않은 것은?

> Before I give you more details about the insurance services you asked about, I will first check if you _____ it.

① qualify for
② are eligible for
③ meet the criteria for
④ go in for

014 빈칸에 들어갈 말로 가장 적절한 것은?

> The Universal Postal Union Convention establishes standardized international postal rates and service conditions to maintain a(n) _____ global postal system.

① approximate
② variable
③ sporadic
④ consistent

015 빈칸에 들어갈 말로 가장 적절한 것은?

> Dead mail items that are at risk of being lost or that could _____ others due to their contents may be promptly disposed of, even if one year has not passed since the storage notification date.

① set up
② fit into
③ come down with
④ do harm to

013

해석

> 문의하신 보험 서비스에 대한 더 많은 세부 정보를 드리기 전에 고객님께서 그 보험의 <u>자격을 얻으셨는지/대상이 되시는지/기준을 충족시키는지</u>, 먼저 확인해 드리겠습니다.

① ~의 자격을 얻다
② ~의 대상이 되다
③ ~의 기준을 충족시키다
④ ~을 즐기다

어휘 qualify for ~의 자격을 얻다 be eligible for ~의 대상이 되다, ~할 자격이 있다 meet the criteria for ~의 기준을 충족시키다 go in for ~을 즐기다

정답 ④

014

해석

> 만국우편연합 협약은 <u>일관된</u> 국제 우편 시스템을 유지하기 위해 표준화된 국제 우편 요금 및 서비스 조건을 설정한다.

① 대략의
② 변동이 심한
③ 산발적인
④ 일관된

어휘 convention 협약 establish 설정하다, 확립하다 standardize 표준화하다 rate 요금, 비율 approximate 대략의 variable 변동이 심한 sporadic 산발적인 consistent 일관된

정답 ④

015

해석

> 분실 우려가 있거나 내용물이 다른 것들을 <u>손상시킬</u> 수 있는 반송 불능 우편물은 보관 공고일 이후 1년이 지나지 않아도, 지체 없이 폐기될 수 있다.

① ~을 설립하다
② ~에 들어맞다
③ (병에) 걸리다
④ ~을 손상시키다

어휘 dead mail 반송 불능 우편물 promptly 지체 없이 dispose of ~을 폐기하다 storage 보관 notification 공고, 통지 set up ~을 설립하다, 준비하다 fit into ~에 들어맞다 come down with (병에) 걸리다 do harm to ~을 손상시키다

정답 ④

실전완성문제

016 빈칸에 들어갈 말로 가장 적절한 것은?

> Unfortunately, I have to inform you that the mail carrier strike may _____ mail services this week, affecting the timely delivery of registered and express mail.

① resume
② disrupt
③ amount to
④ speed up

017 빈칸에 들어갈 말로 가장 적절한 것은?

> The basic payment for health insurance varies according to the income level of the policyholder, and additional amounts _____ his or her age and health status.

① tie up
② hold up
③ sound out
④ depend on

018 빈칸에 들어갈 말로 적절하지 않은 것은?

> Post office employees _____ the accurate sorting, handling, and delivery of letters and packages, guaranteeing compliance with all relevant postal regulations and standards.

① engage in
② take care of
③ stand up to
④ participate in

016

해석
> 유감스럽게도, 저는 고객님께 집배원 파업이 이번 주 우편물 서비스에 지장을 줄 수 있으며, 이것이 등기 우편물과 특급 우편물의 때맞춘 배송에 영향을 미칠 수 있음을 알려 드려야 합니다.

① 재개하다
② 지장을 주다
③ ~에 이르다
④ ~을 활성화하다

어휘 strike 파업, 타격; 치다   resume 재개하다   disrupt 지장을 주다   amount to ~에 이르다   speed up ~을 활성화하다

정답 ②

017

해석
> 건강 보험의 기본 납입금은 보험 가입자의 소득 수준에 따라 다르며, 추가 금액은 가입자의 연령과 건강 상태에 따라 결정됩니다.

① ~을 마무리 짓는다
② ~을 지연시킨다
③ ~을 측정한다
④ ~에 따라 결정된다

어휘 vary 다르다, 달라지다   tie up ~을 마무리 짓다   hold up ~을 지연시키다   sound out ~을 측정하다   depend on ~에 따라 결정되다, 의존하다

정답 ④

018

해석
> 우체국 직원은 편지 및 소포의 정확한 분류, 취급 및 배송에 관여하며/을 처리하며/에 참여하며, 모든 관련 우편 규정 및 기준의 준수를 보장합니다.

① ~에 관여한다
② ~을 처리한다
③ ~에 맞선다
④ ~에 참여한다

어휘 accurate 정확한   sorting 분류   handling 취급   guarantee 보장하다   compliance 준수   engage in ~에 관여하다, 종사하다   take care of ~을 처리하다   stand up to ~에 맞서다   participate in ~에 참여하다

정답 ③

실전완성문제

019 빈칸에 들어갈 말로 적절하지 않은 것은?

> Please see if all _____ fields are completed accurately before submitting your EMS form to avoid having to rewrite it.

① compulsory
② alternative
③ essential
④ mandatory

020 빈칸에 들어갈 말로 가장 적절한 것은?

> To continue providing _____ service, the Stamp Museum is scheduled to reopen on March 5 following renovations to the exhibition halls and convenience facilities.

① reliable
② erratic
③ intermittent
④ unstable

021 빈칸에 들어갈 말로 적절하지 않은 것은?

> Don't _____ the receipt as it may be required for future reference if there are any issues that warrant a potential refund or compensation.

① abolish
② discard
③ throw away
④ get rid of

019

[해석] 다시 작성해야 하는 일을 방지하기 위해 EMS 신청 용지를 제출하기 전 모든 필수 항목이 정확하게 작성되었는지 확인하세요.

① 필수의
② 대체의
③ 필수적인
④ 필수의

[어휘] complete 작성하다, 완료하다 compulsory 필수의, 강제적인 alternative 대체의; 대안 essential 필수적인 mandatory 필수의, 의무적인

정답 ②

020

[해석] 믿을 수 있는 서비스를 제공하기 위해 우표 박물관은 전시장과 편의 시설 보수 공사 후 3월 5일에 재개장할 예정입니다.

① 믿을 수 있는
② 불규칙한
③ 간헐적인
④ 불안정한

[어휘] renovation 보수 공사 reliable 믿을 수 있는 erratic 불규칙한 intermittent 간헐적인 unstable 불안정한

정답 ①

021

[해석] 잠재적인 환불이나 보상을 정당화할 어떤 문제라도 있을 경우 추후 참고 자료로 필요해질 수도 있기 때문에 영수증을 버리지/없애지 말아 주세요.

① 폐지하다
② 버리다
③ ~을 버리다
④ ~을 없애다

[어휘] reference 참고 자료, 조회 compensation 보상 abolish 폐지하다 discard 버리다 throw away ~을 버리다 get rid of ~을 없애다

정답 ①

실전완성문제

고난도

022 빈칸에 들어갈 말로 가장 적절한 것은?

> Post offices involved in international mail exchanges _____ multilingual staff trained in customs declarations and international shipping regulations, facilitating the correct processing of documents and parcels.

① are taken aback at
② set off
③ cut down on
④ are manned by

023 빈칸에 들어갈 말로 적절하지 않은 것은?

> Kindly review the new insurance agreement to understand the improved terms and coverage details _____ within it.

① disregarded
② spelled out
③ outlined
④ presented

024 빈칸에 들어갈 말로 가장 적절한 것은?

> The parcels are going to _____ this afternoon as planned unless there are unexpected problems.

① drop out
② fall out
③ set out
④ blow out

022

해석 국제 우편물 교환에 참여하는 우체국에는 세관 신고 및 국제배송규정에 대해 교육받은, 다국어를 구사하는 직원들이 배치되는데, 이는 문서 및 소포의 정확한 처리를 가능하게 합니다.

① ~에 깜짝 놀란다
② ~을 터뜨린다
③ ~을 줄인다
④ (인원이) 배치된다

어휘 multilingual 다국어를 구사하는 customs declaration 세관 신고 take aback ~을 깜짝 놀라게 하다 set off ~을 유발하다, 터뜨리다 cut down on ~을 줄이다 man (인원을) 배치하다; 남자

정답 ④

023

해석 새 보험 약관에서 설명되고 있는/서술되고 있는/제시되고 있는 개선된 조건과 보장 세부 사항을 파악하셔서 그것을 검토해 주시기 바랍니다.

① 무시된
② 설명된
③ 서술된
④ 제시된

어휘 agreement 약관, 계약, 동의 terms 조건 coverage 보장 (범위), 보도 disregard 무시하다 spell out ~을 설명하다 outline 서술하다 present 제시하다; 현재의

정답 ①

024

해석 예상치 못한 문제가 있는 게 아니라면 소포들은 계획대로 오늘 오후에 출발할 것입니다.

① 빠지다
② 사이가 틀어지다
③ 출발하다
④ 꺼지다

어휘 drop out (참여하던 것에서) 빠지다, 탈퇴하다 fall out 사이가 틀어지다, 헐거워지다 set out 출발하다, 착수하다 blow out (바람 등에) 꺼지다

정답 ③

실전완성문제

025 빈칸에 들어갈 말로 가장 적절한 것은?

> The post office is supporting MVNO, or the "silsok phone" service, to _____ the difficulty of opening mobile phone accounts for foreign workers.

① get around
② resort to
③ leave out
④ dwell on

고난도

026 빈칸에 들어갈 말로 적절하지 않은 것은?

> According to EMS regulations, nickel-metal batteries with insulated terminals are accepted only if the battery type is visually identifiable or _____ documentation proving it is non-hazardous material.

① supplemented by
② accompanied by
③ coordinated with
④ provided with

027 빈칸에 들어갈 말로 가장 적절한 것은?

> Given the high demand, managing the _____ of holiday mail takes priority over all other tasks now. To this end, the post office is deploying additional staff and implementing extended sorting hours.

① waste
② approval
③ decline
④ influx

025

[해석]

> 우체국은 외국인 근로자들이 휴대전화 계정 개통에 어려움을 겪는 것을 해결하기 위해, MVNO, 즉 실속폰 서비스를 지원하고 있습니다.

① ~을 해결하다
② ~에 의존하다
③ ~을 무시하다
④ ~을 숙고하다

[어휘] **get around** ~을 해결하다, 처리하다 **resort to** ~에 의존하다 **leave out** ~을 무시하다, 생략하다 **dwell on** ~을 숙고하다

정답 ①

026

[해석]

> EMS 규정에 따르면, 절연 처리된 단자가 있는 니켈-금속류 배터리는 배터리 유형을 육안으로 식별할 수 있거나 위험하지 않은 물질임을 증명하는 문서가 추가된/가 수반된/와 함께 제공된 경우에만 허용됩니다.

① ~가 추가된
② ~가 수반된
③ ~로 조직화된
④ ~와 함께 제공된

[어휘] **insulate** 절연 처리하다 **terminal** 단자, 맨 끝; 말기의 **identifiable** 식별할 수 있는 **non-hazardous** 위험하지 않은 **supplement** 추가하다, 보완하다 **accompany** 수반하다, 동반하다 **coordinate** 조직화하다, 편성하다 **provide** 제공하다

정답 ③

027

[해석]

> 높은 수요를 고려했을 때, 연휴 우편물의 쇄도를 처리하는 것이 현재 다른 모든 과제보다 우선합니다. 이것을 위하여, 우체국은 추가적인 인력을 배치하고 연장된 분류 (작업) 시간을 시행할 것입니다.

① 낭비
② 승인
③ 감소
④ 쇄도

[어휘] **take priority over** ~보다 우선하다 **deploy** 배치하다 **implement** 시행하다 **waste** 낭비; 낭비하다 **approval** 승인 **decline** 감소; 줄어들다 **influx** 쇄도, 유입

정답 ④

실전완성문제

028 빈칸에 들어갈 말로 가장 적절한 것은?

> It's highly recommended that customers use bubble wrap to cushion _____ items for safe handling.

① waterproof
② delicate
③ outdated
④ durable

029 빈칸에 들어갈 말로 적절하지 <u>않은</u> 것은?

> Would you like to _____ the post office in person to complete your request?

① stop by
② stand by
③ swing by
④ come by

고난도

030 빈칸에 들어갈 말로 적절하지 <u>않은</u> 것은?

> Without life insurance, certain life circumstances could _____ a threat to your family's financial security. Through our life insurance plan, the post office provides crucial support for your loved ones in case of unforeseen events.

① give rise to
② pose
③ rectify
④ serve as

028

해석 안전한 취급을 위해 고객님들께서 포장용 에어캡을 사용하셔서 부서지기 쉬운 물품의 충격을 완화할 것이 강력히 권장됩니다.

① 방수의
② 부서지기 쉬운
③ 구식인
④ 내구성이 있는

어휘 cushion 충격을 완화하다 waterproof 방수의 delicate 부서지기 쉬운, 연약한 outdated 구식인 durable 내구성이 있는

정답 ②

029

해석 고객님의 요청을 완료하기 위해 직접 우체국에 잠시 들러/잠깐 들러/들러 주시겠습니까?

① ~에 잠시 들르다
② ~을 고수하다
③ ~에 잠깐 들르다
④ ~에 들르다

어휘 in person 직접 complete 완료하다 stop by ~에 잠시 들르다 stand by ~을 고수하다 swing by ~에 잠깐 들르다 come by ~에 들르다

정답 ②

030

해석 생명 보험이 없으면, 인생의 어떤 상황들이 가족의 재정적 안정성에 위협을 일으킬/제기할/의 역할을 할 수 있습니다. 생명 보험 설계를 통해, 우체국은 예기치 않은 사건에 대비하여 고객님이 사랑하는 사람들을 위한 중대한 지원을 제공합니다.

① ~을 일으키다
② 제기하다
③ 바로잡다
④ ~의 역할을 하다

어휘 threat 위협 crucial 중대한 unforeseen 예기치 않은 give rise to ~을 일으키다 pose 제기하다 rectify 바로잡다 serve as ~의 역할을 하다

정답 ③

실전완성문제

031 빈칸에 들어갈 말로 가장 적절한 것은?

> The new policy stipulates that during heatwaves, mail delivery by motorcycle will be suspended from 2 p.m. to 5 p.m., and outdoor work will be reduced. These measures help mail carriers perform their duties without _____ their health.

① boosting
② sizing up
③ compromising
④ balancing out

032 빈칸에 들어갈 말로 적절하지 않은 것은?

> If your package exceeds the _____ for either actual weight or volume for small packets, it will be shipped using a higher shipping class.

① allowance
② frequency
③ limit
④ maximum

● 고난도

033 빈칸에 들어갈 말로 가장 적절한 것은?

> The previously announced extension of the hours of operation of some mountain post offices has been _____ due to unforeseen circumstances.

① rolled out
② pulled back
③ kept up with
④ gotten away with

031

해석

> 새로운 방침은 혹서기에 오후 2시부터 5시까지 이륜차를 이용한 우편물 배송을 중단하고, 옥외 작업을 줄일 것을 규정한다. 이러한 조치들은 집배원들이 건강을 <u>손상시키지</u> 않고 업무를 수행하도록 돕는다.

① 북돋우는 것
② ~을 평가하는 것
③ 손상시키는 것
④ ~을 상쇄시키는 것

어휘 **stipulate** 규정하다, 명기하다 **heatwave** 혹서, 무더위 **suspend** 중단하다, 보류하다 **measure** 조치, 측정; 측정하다 **mail carrier** 집배원 **boost** 북돋우다, 신장시키다 **size up** ~을 평가하다, 점검하다 **compromise** 손상시키다, 타협시키다 **balance out** ~을 상쇄시키다

정답 ③

032

해석

> 고객님의 소포가 실제 무게와 부피 중 하나가 소형 포장물의 <u>허용치/한도/최대치</u>를 초과하는 경우, 그것은 더 높은 운송 등급으로 운송될 것입니다.

① 허용치
② 빈도
③ 한도
④ 최대치

어휘 **exceed** 초과하다 **volume** 부피, 양, 음량 **allowance** 허용치, 수당 **frequency** 빈도 **limit** 한도, 한계; 제한하다 **maximum** 최대치; 최대의

정답 ②

033

해석

> 앞서 공지되었던, 일부 산간 (지역) 우체국의 운영 시간 연장이 예기치 못한 상황으로 인해 <u>취소되</u>었습니다.

① 출시된
② 취소된
③ 정통한
④ 잘 해낸

어휘 **previously** 앞서, 이전에 **operation** 운영 **unforeseen** 예기치 못한 **roll out** ~을 출시하다 **pull back** ~을 취소하다, 후퇴하다 **keep up with** ~에 정통하다, ~에 뒤지지 않다 **get away with** ~을 잘 해내다

정답 ②

실전완성문제

고난도

034 빈칸에 들어갈 말로 적절하지 않은 것은?

> The Universal Postal Union guarantees the free exchange of mail in a unified, interconnected postal domain. With its establishment on October 9, 1874, participating countries agreed to send mail for a _____ rate in almost every region of the world.

① fixed
② flat
③ seasonal
④ single

035 빈칸에 들어갈 말로 가장 적절한 것은?

> For enhanced monitoring, use our app to _____ your mail from anywhere, anytime with real-time notifications.

① put aside
② keep an eye on
③ head off
④ look forward to

036 빈칸에 들어갈 말로 적절하지 않은 것은?

> We are pleased to showcase the design of a new commemorative stamp _____ a large number of small dots that create an image of the country's flag.

① encompassing
② involving
③ omitting
④ containing

034

[해석] 만국우편연합은 상호 연결된, 통합된 우편 영역에서 우편물의 자유로운 교환을 보장한다. 1874년 10월 9일에 그것이 설립되면서, 참여 국들은 지구상의 거의 모든 지역에서 고정된/균일한/단일한 요금으로 우편물을 보내는 데 동의했다.

① 고정된
② 균일한
③ 계절적인
④ 단일한

[어휘] guarantee 보장하다 unify 통합시키다, 통일하다 domain 영역, 범위 establishment 설립 fixed 고정된 flat 균일한, 평평한 seasonal 계절적인 single 단일한

정답 ③

035

[해석] 향상된 추적을 위해, 저희 앱을 사용하여 언제 어디서나 실시간 알림으로 고객님의 우편물을 주시하세요.

① ~을 제쳐 두다
② ~을 주시하다
③ ~을 막다
④ ~을 기대하다

[어휘] real-time 실시간의 notification 알림 put aside ~을 제쳐 두다 keep an eye on ~을 주시하다, 계속 지켜보다 head off ~을 막다, 방해하다 look forward to ~을 기대하다

정답 ②

036

[해석] 국기의 이미지를 만들어내는 수많은 작은 점들을 포함한 새 기념 우표의 디자인을 선보이게 되어 기쁩니다.

① 포함한
② 포함한
③ 제외시킨
④ 포함한

[어휘] commemorative 기념의 dot 점 encompass 포함하다, 에워싸다 involve 포함하다, 수반하다 omit 제외시키다, 생략하다 contain 포함하다, 함유하다

정답 ③

실전완성문제

037 빈칸에 들어갈 말로 적절하지 않은 것은?

> We'll _____ you as soon as we know the location of your lost parcel and explain your options.

① make light of
② touch base with
③ get back to
④ send word to

038 빈칸에 들어갈 말로 가장 적절한 것은?

> According to the Post Office Deposit Insurance Act, the policyholder may terminate the insurance _____ at any time before an accident occurs.

① interpretation
② premium
③ settlement
④ contract

039 빈칸에 들어갈 말로 적절하지 않은 것은?

> We are _____ resolving the delivery delays caused by the typhoon by prioritizing the delivery of time-sensitive items and focusing on delivering mail to areas where conditions permit.

① committed to
② bent on
③ striving for
④ brushing aside

037

해석
> 고객님의 분실 소포 위치를 알게 되는 대로 저희가 고객님께 연락하고/알려 드리고/보고하고 고객님의 선택지들을 설명드리겠습니다.

① ~을 경시하다
② ~와 연락하다
③ ~을 (나중에) 알리다
④ ~에게 보고하다

어휘 make light of ~을 경시하다 touch base with ~와 연락하다 get back to ~을 (나중에) 알리다, ~으로 돌아가다 send word 보고하다

정답 ①

038

해석
> 우체국예금보험법에 따라, 보험 계약자는 사고가 발생하기 전에는 언제든지 보험 계약을 종료할 수 있습니다.

① 해석
② 보험료
③ 정착
④ 계약

어휘 policyholder 보험 계약자 terminate 종료하다, 끝내다 interpretation 해석 premium 보험료, 할증료 settlement 정착, 해결 contract 계약; 계약히다, 줄어들다

정답 ④

039

해석
> 저희는 시간에 민감한 물품들을 우선시하고 여건이 허락하는 지역으로 우편물을 배송하는 데 집중함으로써 태풍으로 인해 야기된 배송 지연을 해결하는 데 전념합니다/하기 위해 열중하고 있습니다/하기 위해 노력하고 있습니다.

① ~하는 데 전념하는
② ~하기 위해 열중하는
③ ~하기 위해 노력하는
④ ~을 무시하는

어휘 resolve 해결하다 typhoon 태풍 prioritize 우선시하다 permit 허락하다, 허용하다 be committed to ~에 전념하다 bent on 열중하고 있는 strive for ~을 위해 노력하다 brush aside ~을 무시하다

정답 ④

실전완성문제

040 빈칸에 들어갈 말로 적절하지 않은 것은?

> Considering the unpredictability of shipping, it is advisable to add insurance for _____ items to safeguard their value.

① priceless
② valuable
③ trivial
④ precious

041 빈칸에 들어갈 말로 가장 적절한 것은?

> You must fill out the form for _____ before shipping your package to foreign countries as this document will be utilized for inspection purposes by the destination country.

① refunds
② withdrawals
③ customs
④ imports

042 빈칸에 들어갈 말로 적절하지 않은 것은?

> Unlike registered parcels, general parcels are not tracked, so the postal service is not _____ for damages in case of loss.

① responsible
② accountable
③ liable
④ sustainable

040

해석
> 배송의 예측 불가능성을 고려해 볼 때, 대단히 귀중한/귀중한 물품들은 그것들의 가치를 보호하기 위해 보험을 추가하는 것이 바람직합니다.

① 대단히 귀중한
② 귀중한
③ 사소한
④ 귀중한

어휘 unpredictability 예측 불가능성 advisable 바람직한 safeguard 보호하다 priceless 대단히 귀중한 valuable 귀중한 trivial 사소한, 하찮은 precious 귀중한

정답 ③

041

해석
> 고객님의 소포를 외국으로 배송하기 전에 세관 양식을 작성하셔야 하는데 이 서류가 도착지 국가에 의해 검사 목적으로 사용될 것이기 때문입니다.

① 환불
② 취소
③ 세관
④ 수입

어휘 fill out ~을 작성하다 refund 환불; 환불하다 withdrawal 취소, 인출 customs 세관 import 수입(품); 수입하다

정답 ③

042

해석
> 등기 소포와 달리, 일반 소포는 추적되지 않으므로, 우편국은 분실 시 손해에 대해 책임지지/책임이 있지 않습니다.

① 책임지는
② 책임이 있는
③ 책임이 있는
④ 지속할 수 있는

어휘 responsible 책임지는 accountable 책임이 있는 liable 책임이 있는, ~하기 쉬운 sustainable 지속할 수 있는

정답 ④

실전완성문제

043 빈칸에 들어갈 말로 적절하지 <u>않은</u> 것은?

> It brings me joy to inform you that the latest update to the post office website introduces new tools to offer greater _____ for all online transactions.

① security
② functionality
③ convenience
④ deficiency

044 빈칸에 들어갈 말로 가장 적절한 것은?

> Please _____ your prepaid packages on the counter over there to avoid mixing them with the returned packages.

① lay off
② cut back
③ drop by
④ set aside

045 빈칸에 들어갈 말로 적절하지 <u>않은</u> 것은?

> Our express service normally _____ delivery within 1-2 business days, based on the destination, and provides compensation for delays if insured.

① assures
② defers
③ guarantees
④ promises

043

해석 | 저는 우체국 웹사이트에 대한 최신 업데이트가 모든 온라인 거래에 더 큰 보안/기능성/편의를 제공하는 새로운 도구를 도입한다는 것을 고객 여러분께 알리게 되어 기쁩니다.

① 보안
② 기능성
③ 편의
④ 결함

어휘 | transaction 거래 security 보안, 경비 functionality 기능성 convenience 편의 deficiency 결함

정답 ④

044

해석 | 반송된 소포들과 섞이는 것을 피하기 위해 고객님의 선불 소포를 저쪽에 있는 카운터 위에 따로 두시기 바랍니다.

① ~를 해고하다
② ~을 축소하다
③ ~에 잠시 들르다
④ ~을 따로 두다

어휘 | prepaid 선불의 lay off ~를 해고하다 cut back ~을 축소하다 drop by ~에 잠시 들르다 set aside ~을 따로 두다

정답 ④

045

해석 | 저희의 특급 (배송) 서비스는 도착지에 따라 보통 영업일 기준 1-2일 이내 배송을 장담하며/보장하며/약속하며, 보험에 든 경우 지연에 대해 보상합니다.

① 장담한다
② 연기한다
③ 보장한다
④ 약속한다

어휘 | compensation 보상(금) insure 보험에 들다 assure 장담하다, 확인하다 defer 연기하다, 미루다 guarantee 보장하다 promise 약속하다

정답 ②

실전완성문제

고난도

046 빈칸에 들어갈 말로 가장 적절한 것은?

> Korea Post Shopping only provides an online trading place for transactions between users and does not _____ users who want to sell or purchase goods.

① give in to
② act on behalf of
③ get up against
④ pull out of

047 빈칸에 들어갈 말로 적절하지 <u>않은</u> 것은?

> Please be aware that items shipped _____ may take longer to arrive than shipments within the country.

① internationally
② domestically
③ overseas
④ abroad

048 빈칸에 들어갈 말로 가장 적절한 것은?

> The post office provides a mail storage service that puts your mail _____ while you are out of town.

① on hold
② in the red
③ at ease
④ into action

046

해석 우체국 쇼핑은 이용자 간의 거래를 위한 온라인 거래 장소를 제공할 뿐 상품을 판매하거나 구매하고자 하는 이용자를 <u>대행하지</u> 않습니다.

① ~에 굴복하다
② ~을 대행하다
③ ~와 사이가 나쁘다
④ ~에서 떠나다

어휘 transaction 거래 give in to ~에 굴복하다 act on behalf of ~을 대행하다 get up against ~와 사이가 나쁘다 pull out of ~에서 떠나다, 철수하다

정답 ②

047

해석 <u>해외로</u> 운송되는 물품은 국내에서의 운송보다 도착하는 데 시간이 더 오래 걸릴 수 있음에 유의하시기 바랍니다.

① 해외로
② 국내에서
③ 해외로
④ 해외로

어휘 internationally 해외로, 국제적으로 domestically 국내에서, 가정적으로 overseas 해외로 abroad 해외로

정답 ②

048

해석 우체국은 고객님이 도시를 떠나 있는 동안 우편물 배송을 <u>보류</u>해 드리는 우편물 보관 서비스를 제공합니다.

① 보류된
② 적자로
③ 느긋이
④ 실행하여

어휘 storage 보관 on hold 보류된 in the red 적자로 at ease 느긋이 into action 실행하여

정답 ①

실전완성문제

고난도

049 빈칸에 들어갈 말로 가장 적절한 것은?

> Let me _____ the refund loan service we provide for policyholders so that you can get a grasp of it.

① flesh out
② object to
③ pass over
④ compensate for

050 빈칸에 들어갈 말로 적절하지 않은 것은?

> Under the Digital Transactions Act, the post office may withdraw digital transaction fees from the user's account or receive them in cash _____ from the user.

① firsthand
② in person
③ directly
④ for good

051 빈칸에 들어갈 말로 가장 적절한 것은?

> We kindly ask that you fill out a form to _____ your undelivered mail before we can initiate the retrieval process.

① leave off
② reclaim
③ block out
④ enclose

049

해석 환급금 대출 서비스에 대해 이해하실 수 있도록 보험 계약자분들을 위해 저희가 제공하는 그 서비스를 추가 설명해 드리겠습니다.

① ~을 추가 설명하다
② ~에 반대하다
③ ~을 피하다
④ ~을 보상하다

어휘 policyholder 보험 계약자   grasp 이해; 꽉 잡다, 파악하다   flesh out ~을 추가 설명하다   object to ~에 반대하다   pass over ~을 피하다, 제외시키다   compensate for ~을 보상하다

정답 ①

050

해석 디지털거래법에 따라, 우체국은 디지털 거래 수수료를 이용자의 계좌에서 출금하거나 이용자로부터 직접 현금으로 받을 수 있습니다.

① 직접
② 직접
③ 직접
④ 영원히

어휘 transaction 거래   withdraw 출금하다, 철수하다   account 계정 계좌   firsthand 직접, 바로   in person 직접   directly 직접   for good 영원히

정답 ④

051

해석 고객님의 배송되지 않은 우편물을 되찾기 위해서는 저희가 회수 과정을 시작하기 전에 신청 용지를 작성해 주시기를 부탁드립니다.

① ~을 중단하다
② 되찾다
③ ~을 차단하다
④ 동봉하다

어휘 fill out ~을 작성하다   leave off ~을 중단하다, 제외하다   reclaim 되찾다, 매립하다   block out ~을 차단하다   enclose 동봉하다, 둘러싸다

정답 ②

실전완성문제

052 빈칸에 들어갈 말로 적절하지 않은 것은?

> Could you _____ organizing the mail and addressing any urgent matters while I attend a meeting this afternoon?

① take away from
② take charge of
③ take on
④ take over

053 빈칸에 들어갈 말로 가장 적절한 것은?

> Highly trained customer service staff working for the post office can help customers _____ any confusion they have with the various postal forms.

① mark off
② pore over
③ put forth
④ iron out

054 빈칸에 들어갈 말로 가장 적절한 것은?

> AeroParcel Express is a _____ between GlobalPost Network and Velocity Couriers, two global carriers, specializing in swift and trustworthy mail deliveries.

① merger
② partnership
③ suspension
④ mediation

052

[해석] 제가 오늘 오후에 회의에 참석하는 동안 우편물을 정리하고 급한 일들을 해결하는 것의 책임을 떠맡아/맡아/인계받아 줄 수 있나요?

① ~로부터 벗어나다
② ~의 책임을 떠맡다
③ ~을 맡다
④ ~을 인계받다

[어휘] organize 정리하다, 준비하다 address 해결하다, 연설하다; 주소 urgent 급한 take away from ~로부터 벗어나다 take charge of ~의 책임을 떠맡다 take on ~을 맡다 take over ~을 인계받다, 장악하다

정답 ①

053

[해석] 우체국에서 일하는 고도로 숙련된 고객 서비스 직원은 고객들이 각종 우편 관련 서식에 대해 가지는 모든 혼란을 해결하도록 도울 수 있습니다.

① ~을 구별하다
② ~을 자세히 조사하다
③ ~을 발휘하다
④ ~을 해결하다

[어휘] confusion 혼란 application 신청 mark off ~을 구별하다, 표시하다 pore over ~을 자세히 조사하다 put forth ~을 발휘하다, 제시하다 iron out ~을 해결하다, 제거하다

정답 ④

054

[해석] AeroParcel 특급 (우편)은 신속하고 신뢰할 수 있는 우편물 배송을 전문으로 다루는, 세계적인 두 수송 회사인 GlobalPost 네트워크와 Velocity 택배 회사 간의 제휴입니다.

① 합병
② 제휴
③ 연기
④ 중재

[어휘] carrier 수송 회사, 항공사 specialize 전문적으로 다루다 swift 신속한 trustworthy 신뢰할 수 있는 merger 합병; 합병하다 partnership 제휴 suspension 연기, 정직 mediation (분쟁) 중재, 화해

정답 ②

실전완성문제

055 빈칸에 들어갈 말로 적절하지 않은 것은?

> You have to keep in mind that false _____ on the contents of packages or the value of goods may lead to the opening of the shipment and delays in customs clearance.

① declarations
② statements
③ reports
④ sanctions

056 빈칸에 들어갈 말로 가장 적절한 것은?

> In order to _____ your missing package, we're going to analyze the delivery timeline, cross-check all scanned entries, and confirm the package's last recorded status.

① stack up
② track down
③ count on
④ abide by

057 빈칸에 들어갈 말로 적절하지 않은 것은?

> I'm delighted to let you know that a stamp commemorating the upcoming World Cup will be _____ next month.

① making its debut
② getting left behind
③ coming to market
④ hitting the shelves

055

해석 | 소포의 내용물과 상품의 가격에 대해 허위로 신고/보고하는 것은 배송물 개봉과 통관 지연을 초래할 수 있다는 것을 유념하셔야 합니다.

① 신고
② 신고
③ 보고
④ 제재

어휘 | keep in mind ~을 유념하다 false 허위의, 가짜의 customs clearance 통관 declaration 신고(서), 선언 statement 신고, 진술 report 보고(서); 알리다 sanction 제재, 인가

정답 ④

056

해석 | 고객님의 분실 소포를 찾기 위해서, 저희는 배송 시각표를 분석하고, 모든 조사된 출입을 대조 검토하며, 그 소포의 마지막 기록된 상태를 확인할 것입니다.

① ~을 쌓다
② ~을 찾다
③ ~을 믿다
④ ~을 준수하다

어휘 | analyze 분석하다 timeline 시각표, 연대표 cross-check 대조 검토하다 scan 조사하다, 훑어보다 confirm 확인하다 status 상태, 상황 stack up ~을 쌓다 track down ~을 찾다, 추적하다 count on ~을 믿다 abide by ~을 준수하다

정답 ②

057

해석 | 다가오는 월드컵을 기념하는 우표가 다음 달에 처음 등장할/시판될/판매될 예정임을 알려 드리게 되어 기쁩니다.

① 처음 등장할
② 뒤처질
③ 시판될
④ 판매될

어휘 | commemorate 기념하다 upcoming 다가오는 make one's debut 처음 등장하다, 데뷔하다 get left behind 뒤처지다 come to market 시판되다 hit the shelves 판매되다

정답 ②

실전완성문제

058 빈칸에 들어갈 말로 가장 적절한 것은?

> For non-returnable mail stored in our post office, the legitimate recipient is asked to _____ pickup within the specified period.

① wind up
② specialize in
③ get through
④ arrange for

059 빈칸에 들어갈 말로 적절하지 <u>않은</u> 것은?

> Would you mind _____ for a moment while I weigh your parcel to determine the correct shipping cost?

① stepping aside
② making way
③ standing out
④ moving back

060 빈칸에 들어갈 말로 가장 적절한 것은?

> After the post office's business hours, simple services can be _____ through the self-service kiosk.

① refrained from
② gotten at
③ scaled down
④ disposed of

058

해석 우리 우체국에 보관된 반송불능우편물에 대하여, 정당한 수취인은 명시된 기간 내에 수령을 준비할 것을 요청받습니다.

① ~을 그만두다
② ~을 전문화하다
③ ~을 합격하다
④ ~을 준비하다

어휘 returnable 반송되어야 할, 환불받을 수 있는 legitimate 정당한, 합법적인 recipient 수취인 specify 명시하다 wind up ~을 그만두다 specialize in ~을 전문화하다, 전공하다 get through ~을 합격하다, 통과시키다 arrange for ~을 준비하다

정답 ④

059

해석 제가 정확한 운송비를 알아내기 위해 고객님의 소포 무게를 재는 동안 잠깐만 옆으로 비켜/비켜서/물러서 주시겠어요?

① 옆으로 비키는 것
② 비켜 주는 것
③ 눈에 띄는 것
④ 물러서는 것

어휘 weigh 무게를 재다 parcel 소포 step aside 옆으로 비키다 make way 비켜 주다 stand out 눈에 띄다 move back 물러서다

정답 ③

060

해석 우체국의 영업시간 이후에는, 셀프서비스 키오스크를 통해 간단한 서비스가 처리될 수 있습니다.

① ~을 삼가게 되는
② ~을 알게 되는
③ ~가 축소되는
④ ~가 처리되는

어휘 refrain from ~을 삼가다 get at ~을 알게 되다, ~에 도달하다 scale down ~을 축소하다 dispose of (문제·질문을 성공적으로) 처리하다, ~을 없애다

정답 ④

실전완성문제

061 빈칸에 들어갈 말로 적절하지 않은 것은?

> The letters and packages have been _____ based on their destinations for quicker dispatch at the central logistics center.

① sorted out
② taken apart
③ categorized
④ classified

062 빈칸에 들어갈 말로 가장 적절한 것은?

> The Post Office Deposit service is backed by the Post Office Deposit Insurance Act, so customers can use it _____ when making investments.

① in a row
② by accident
③ with confidence
④ out of the blue

063 빈칸에 들어갈 말로 적절하지 않은 것은?

> We respectfully ask that you _____ the mailbox regularly so as to prevent it from becoming excessively full.

① clear out
② empty
③ fill up
④ vacate

061

해석 | 편지와 소포는 보다 빠른 발송을 위해 중앙물류센터에서 도착지에 기반해 분류되어 왔습니다.

① 분류되다
② 분해되다
③ 분류되다
④ 분류되다

어휘 | dispatch 발송; 발송하다   logistics 물류, 실행 계획   sort out ~을 분류하다   take apart ~을 분해하다   categorize 분류하다   classify 분류하다

정답 ②

062

해석 | 우체국 예금 서비스는 우체국예금보험법에 의해 뒷받침되므로, 고객 여러분께서는 투자하실 때 안심하고 이용하실 수 있습니다.

① 연달아
② 우연히
③ 안심하고
④ 갑자기

어휘 | deposit 예금, 보증금; 입금하다   investment 투자(금)   in a row 연달아   by accident 우연히   with confidence 안심하고
out of the blue 갑자기

정답 ③

063

해석 | 우편함이 지나치게 꽉 차는 것을 방지하기 위해 그것을 정기적으로 비워 주실 것을 정중히 요청드립니다.

① ~을 비우다
② 비우다
③ ~을 가득 채우다
④ 비우다

어휘 | regularly 정기적으로, 자주   excessively 지나치게   clear out ~을 비우다   empty 비우다; 비어 있는   fill up ~을 가득 채우다   vacate 비우다

정답 ③

실전완성문제

064 빈칸에 들어갈 말로 가장 적절한 것은?

> International mail that is returned from abroad and is subject to customs will only be _____ for 30 days. Therefore, the rightful owner of the mail must apply for customs clearance within the notice period.

① gone into
② held on to
③ broken down
④ carried out

065 빈칸에 들어갈 말로 적절하지 <u>않은</u> 것은?

> For the most basic type of mail damage insurance, coverage does not _____ mail loss, theft, or damage due to unavoidable events such as fire or natural disasters.

① provide for
② shield from
③ extend to
④ fall for

고난도

066 빈칸에 들어갈 말로 가장 적절한 것은?

> For those seeking convenient financial solutions, our postal banking services _____ a range of options to help you manage your money, including the ability to check out new financial products while taking care of your postal needs.

① give back
② point out
③ come with
④ hold back

064

해석 | 해외에서 반송되어 온, 세관의 대상이 되는 국제 우편물은 우체국에 단 30일 동안 계속 보관될 것이다. 따라서, 우편물의 정당한 소유자는 공고 기간 내에 통관을 신청해야 한다.

① 들어온
② 계속 보관된
③ 분해된
④ 수행된

어휘 | be subject to ~의 대상이다 customs clearance 통관 go into ~에 들어가다, (어떤 상태가) 되다 hold on to ~을 계속 보관하다, 꽉 붙잡다 break down ~을 분해하다 carry out ~을 수행하다

정답 ②

065

해석 | 가장 기본형의 우편물 보험의 경우, 보상 범위가 우편물 분실, 도난, 또는 화재나 자연재해 같은 불가피한 사건으로 인한 손해에 대해 대비하지/로부터 보호하지/까지 미치지 않습니다.

① ~에 대해 대비하다
② ~로부터 보호하다
③ ~까지 미치다
④ ~에 속다

어휘 | coverage 보상 (범위), 보도 (방송) theft 도난 unavoidable 불가피한 provide for ~에 대해 대비하다, 준비하다 shield from ~로부터 보호하다 extend to ~까지 미치다, ~로 늘리다 fall for ~에 속다, 사기당하다

정답 ④

066

해석 | 편리한 금융 해결책을 찾고 있는 분들을 위해, 저희 우체국 뱅킹 서비스에는 고객님들의 우편 관련 요구를 처리하는 동시에 새로운 금융 상품을 확인하는 기능을 포함하여, 고객님들께서 돈을 관리하는 데 도움이 되는 다양한 선택지들이 딸려 있습니다.

① ~을 돌려준다
② ~을 지적하다
③ ~이 딸려 있다
④ ~을 저지한다

어휘 | seek 찾다, 구하다 give back ~을 돌려주다 point out ~을 지적하다, 가리키다 come with ~이 딸려 있다 hold back ~을 저지하다

정답 ③

공무원시험전문 해커스공무원
gosi.Hackers.com

1분 만에 파악하는 **계리직 영어 기출 트렌드**

● 유형별 기출 트렌드

- 두 개의 빈칸을 완성하는 유형이 꾸준히 출제되며, 내용 일치·불일치 파악 유형도 자주 출제된다.
- 우체국 관련 정책 및 업무와 밀접하게 관련된 소재의 지문이 출제된다.
- 고객을 대상으로 하는 안내문 등 실용문 형태의 글이 등장한다.

최근 출제율

독해형 28%

*2024년 계리직

Part 3
독해형

필수점검문제
실전완성문제

필수점검문제

001 다음 글의 목적으로 가장 적절한 것은?

> Dear Customers,
>
> We would like to inform you of a change to our delivery schedule for the Ferndale neighborhood starting on July 1. Due to scheduled road repairs, mail carriers will not be able to follow their routes between 9 a.m. and 11 a.m. As a result, deliveries in the neighborhood will be made in the evening after the road crews have finished for the day. For most Ferndale addresses, mail delivery will occur between 5 p.m. and 7 p.m. However, it may be later in some cases. This new schedule will last until the roadwork is completed, which should take two weeks.
>
> We apologize for any inconvenience that this may cause and thank you for your understanding.
>
> Respectfully,
> Wallace James, Postal Commissioner

① 새로운 배송 일정을 알리려고
② 배송 불가 지역을 공유하려고
③ 도로 공사가 종료되었음을 안내하려고
④ 오후 배송 서비스를 홍보하려고

002 밑줄 친 (A), (B)에 들어갈 말로 가장 적절한 것은?

> To address the environmental impact of its activities, the postal service has ___(A)___ many of its vehicles with electric versions that are charged using solar panels and are, therefore, not reliant upon fossil fuels. This transition will greatly reduce the amount of greenhouse gases produced by normal mail delivery. In addition, AI-based route optimization algorithms are now being used to minimize the distances covered by these vehicles each day. These measures, combined with an effort to reduce the use of non-recycled or non-biodegradable packaging materials, show the service's commitment to ___(B)___ environmental damage. Investing in these green technologies and practices allows business and residential customers who depend on the postal service to continue utilizing it without worrying about their actions' impact on the environment.

	(A)	(B)
①	substituted	mitigating
②	implemented	magnifying
③	substituted	emphasizing
④	implemented	overlooking

001

해석

고객 여러분께,

7월 1일부터 시작되는 Ferndale 지역 배송 일정 변경을 알려 드리려고 합니다. 예정된 도로 수리로 인해, 우편 집배원들은 오전 9시부터 11시 사이에 그들의 경로를 따라갈 수 없을 것입니다. 그 결과, 해당 지역에서의 배송은 도로 작업반이 그날 일을 마친 후인 저녁에 이루어질 것입니다. 대부분의 Ferndale 지역 주소들에 대해, 우편물 배송은 오후 5시에서 7시 사이에 있을 것입니다. 하지만, 경우에 따라 그것은 더 늦어질 수도 있습니다. 이 새로운 (배송) 일정은 도로 공사가 완료될 때까지 지속될 예정인데, 이것은 2주가 소요될 것입니다. 이것이 초래할지 모르는 모든 불편함에 대해 사과드리며 여러분의 양해에 감사드립니다.

삼가,
Wallace James 우편국장

해설 지문 앞부분에서 도로 수리로 인해 Ferndale 지역 배송 일정에 변경이 있음을 알린다고 하고, 지문 뒷부분에서 새로운 배송 시간과 이 새로운 배송 일정이 지속될 기간에 대해 설명하고 있다. 따라서 ① '새로운 배송 일정을 알리려고'가 이 글의 목적이다.

어휘 **neighborhood** 지역, 동네 **carrier** 우편 집배원, 항공사 **crew** 작업반, 승무원 **last** 지속되다; 최후의, 최근의 **commissioner** 국장, 위원

정답 ①

002

해석

그것의 활동이 환경에 미치는 영향을 해결하기 위해, 우편 서비스는 많은 차량을 태양 전지판을 사용하여 충전되고, 따라서 화석 연료에 의존하지 않는 전기 형태로 (A) 대체해 왔다. 이러한 전환은 일반 우편 배송에 의해 생성되는 온실가스의 양을 크게 줄일 것이다. 게다가, 인공 지능 기반의 경로 최적화 알고리즘이 이제 이러한 차량들에 의해 매일 주행되는 거리를 최소화하기 위해 사용되고 있다. 재활용되지 않거나 생분해되지 않는 포장 재료의 사용을 줄이려는 노력과 결합되면서, 이러한 조치들은 환경 피해를 (B) 완화하는 것에 대한 (우체국) 서비스의 헌신을 보여 준다. 이러한 친환경 기술과 실행에 투자하는 것은 우편 서비스에 의존하는 기업 고객 및 가정 고객들이 환경에 미치는 자신들의 영향에 대해 걱정하지 않고 그것(우편 서비스)을 계속해서 활용할 수 있게 한다.

	(A)	(B)
①	대체했다	완화하는 것
②	시행했다	확대하는 것
③	대체했다	강조하는 것
④	시행했다	간과하는 것

해설 (A) 빈칸이 있는 문장에 우편 서비스는 그것의 활동이 환경에 미치는 영향을 해결하려고 한다는 내용이 있고, 빈칸 뒤 문장에서 이러한 전환이 우편 배달에 의해 생성되는 온실가스의 양을 줄일 것이라고 했으므로, 빈칸에는 우편 서비스가 많은 차량을 화석 연료에 의존하지 않는 전기 형태로 '대체해' 왔다는 내용이 들어가야 적절하다.
(B) 빈칸이 있는 문장에서 재활용되지 않거나 생분해되지 않는 포장 재료의 사용을 줄이려는 노력에 대해 언급하고 있으므로, 빈칸에는 이러한 조치들이 환경 피해를 '완화하는 것'에 대한 우체국 서비스의 헌신을 보여 준다는 내용이 들어가야 적절하다.
따라서 ① (A) substituted(대체했다) - (B) mitigating(완화하는 것)이 정답이다.

어휘 **address** 해결하다, 주소를 적다 **solar panel** 태양 전지판 **fossil fuel** 화석 연료 **transition** 전환, 이행 **optimization** 최적화 **minimize** 최소화하다 **measure** 조치, 측정; 측정하다 **biodegradable** 생분해성의 **commitment** 헌신, 약속 **substitute** 대체하다 **mitigate** 완화하다 **implement** 시행하다 **magnify** 확대하다 **emphasize** 강조하다 **overlook** 간과하다

정답 ①

필수점검문제

003 안내문에 따라 다음 중 옳은 것은?

> Dear Patrons,
>
> We continually seek ways to improve our services.
>
> We are announcing a new holding mail service, available starting next month. This service is for customers who will be away from their main residence for an extended period due to travel or business. During your absence, mail will be held at a post office of your choice for up to 30 days at no charge. When you are ready to collect your mail, you can either pick it up directly from your designated post office or pay a small fee to have it delivered to your home. To register for this service, please visit a post office with a photo ID.
>
> We hope you find this new service useful. Thank you for your ongoing patronage.

① 우편물 보관 서비스는 성공적으로 운영되고 있다.
② 우편물 보관 서비스는 최소 30일부터 이용 가능하다.
③ 우편물 보관 서비스는 보관된 우편물의 무료 배송을 포함한다.
④ 우편물 보관 서비스에 가입하려면 사진이 있는 신분증이 필요하다.

004 다음 글의 빈칸에 들어갈 말로 가장 적절한 것은?

> For the majority of people, the post office is primarily associated with mailing letters and packages. However, post offices around the world also offer various financial services to the public, including money transfers, prepaid cards for secure online shopping, and even savings accounts. Being able to access financial services through a post office is _____, especially for those in rural areas or regions with limited banking infrastructure. It allows people who might otherwise be excluded from the traditional banking system to save money and participate in financial activities.

① superior   ② convenient   ③ outdated   ④ challenging

003

해석

고객 여러분께,

저희는 지속적으로 서비스를 개선할 방법을 찾고 있습니다.

저희는 다음 달부터 이용 가능한 우편물 보관 신규 서비스를 발표하려 합니다. 이 서비스는 여행이나 사업으로 인해 장기간 주된 거주지에서 떠나 있을 고객 분들을 위한 것입니다. 부재중에, 우편물은 최대 30일까지 무료로 여러분이 선택한 우체국에 보관될 것입니다. 고객님께서 우편물을 수거할 준비가 되시면, 지정하신 우체국에서 그것을 직접 수령하거나 적은 비용을 지불하여 그것을 댁으로 배송되게 할 수 있습니다. 이 서비스에 등록하시려면, 사진이 부착된 신분증을 가지고 우체국을 방문하십시오.

저희는 이 새로운 서비스가 유용하기를 바랍니다. 여러분의 계속되는 후원에 감사드립니다.

해설 ④번의 키워드인 '사진이 있는 신분증'을 바꾸어 표현한 지문의 a photo ID(사진이 부착된 신분증) 주변의 내용에서 우편물 보관 서비스에 등록하려면 사진이 부착된 신분증을 가지고 우체국에 방문해야 한다고 했으므로, ④ '우편물 보관 서비스에 가입하려면 사진이 부착된 신분증이 필요하다'가 지문의 내용과 일치한다. ① 우편물 보관 서비스는 다음 달부터 이용 가능하다고 했으므로, 우편물 보관 서비스가 성공적으로 운영되고 있다는 것은 지문의 내용과 다르다. ② 우편물은 최대 30일까지 보관될 것이라고 했으므로, 우편물 보관 서비스가 최소 30일부터 이용 가능하다는 것은 지문의 내용과 다르다. ③ 적은 비용을 지불하여 우편물을 집으로 배송받을 수 있다고 했으므로, 우편물 보관 서비스가 우편물 무료 배송을 포함한다는 것은 지문의 내용과 다르다.

어휘 **patron** 고객 **announce** 발표하다, 알리다 **available** 이용 가능한 **residence** 거주지 **extended** 장기간에 걸친 **at no charge** 무료로 **designate** 지정하다 **register** 등록하다 **patronage** 후원

정답 ④

004

해석

대다수의 사람들에게, 우체국은 주로 편지와 택배를 보내는 것과 연관 있다. 하지만, 전 세계의 우체국들은 또한 대중에게 송금, 안전한 온라인 쇼핑을 위한 선불 카드, 그리고 심지어 저축 계좌를 포함한 다양한 금융 서비스를 제공한다. 우체국을 통해 금융 서비스에 접근할 수 있다는 것은 편리한데, 시골 지역이나 한정된 은행 시설이 있는 지역에 사는 사람들에게는 특히 그렇다. 그것은 그렇지 않다면 전통적인 은행 시스템으로부터 배제되었을지도 모르는 사람들로 하여금 돈을 저축하고 금융 활동에 참여하는 것을 가능하게 한다.

① 우월한 ② 편리한 ③ 구식의 ④ 어려운

해설 빈칸 뒷부분에서 우체국을 통한 금융 서비스는 시골 지역이나 한정된 은행 시설이 있는 지역에 사는 사람들이 전통적인 은행 시스템에서 배제되지 않고 돈을 저축하면서 금융 활동에 참여하게 한다고 했으므로, 우체국을 통해 금융 서비스에 접근할 수 있다는 것이 '편리'하다고 한 ②번이 정답이다.

어휘 **majority** 대다수 **primarily** 주로 **associate** 연관시키다 **financial** 금융의 **money transfer** 송금 **prepaid card** 선불카드 **account** 계좌, 계정 **rural** 시골의 **infrastructure** (기반) 시설 **otherwise** 그렇지 않으면 **exclude** 배제하다, 제외하다 **participate in** ~에 참여하다 **superior** 우월한 **convenient** 편리한 **outdated** 구식의 **challenging** 어려운

정답 ②

필수점검문제

005 Post Office Open House에 대한 다음 안내문의 내용과 일치하지 않는 것은?

> **Explore the Inner Workings of the Post Office!**
>
> Halton Hills Postal Service is delighted to invite you to its first-ever Post Office Open House, where you'll have the opportunity to get a behind-the-scenes look at how the post office works.
>
> **Details**
> - **Date:** Saturday, July 15
> - **Time:** 10:00 a.m. - 2:00 p.m.
> - **Location:** Halton Hills Central Post Office, 845 Franklin Avenue
>
> **Highlights**
> - **Guided Tour**
>   Take a guided tour of our sorting facilities and see how your mail is sorted and prepared for delivery.
> - **Interactive Demonstrations**
>   Learn about the latest postal technologies we use to process and deliver mail efficiently with hands-on activities.
> - **Meet Postal Workers**
>   Ask our passionate employees questions about a typical day in the life of a postal worker.
>
> For more information, please visit www.hhcentralpost.org. We look forward to seeing you!

① 이번에 처음 개최되는 행사이다.
② 행사는 총 4시간 동안 진행된다.
③ 소포 분류 작업 시연을 볼 수 있다.
④ 우체국 직원들을 직접 만날 수 있다.

006 문맥을 고려할 때, 빈칸 ⓐ에 들어갈 알맞은 단어는?

> The Korean postal service now offers, in addition to its other services, a convenient service known as "PostConnect." This unique service includes door-to-door pickup across the country for parcels. The service is only permitted for packages that Korea Post ships through its standard methods, so the same restrictions on goods apply. To use this service, customers can simply call the post office or log on to the website to arrange for pickup. Payments can be made in cash to the postal worker, or via credit card on the phone or website. This service is limited to business hours, so customers should (ⓐ) the handing over of their parcels, ensuring that they will be present for the pickup if cash payment is needed.

① protest   ② realize
③ plan   ④ delegate

005

해석

우체국의 내부 작업을 탐색해 보세요!

Halton Hills 우체국은 사상 최초의 우체국 일반 공개일에 여러분을 초대하게 되어 기쁘며, 이 행사에서 여러분은 우체국이 어떻게 운영되는지에 대한 이면의 모습을 볼 기회를 갖게 될 것입니다.

세부 사항
- 날짜: 7월 15일 토요일
- 시간: 오전 10시 - 오후 2시
- 장소: Franklin가 845번지 Halton Hills 중앙 우체국

하이라이트
- 가이드 투어
  저희의 분류 시설을 가이드와 둘러보시고 여러분의 우편물이 배송을 위해 어떻게 분류되고 준비되는지 확인하세요.
- 대화형 시연
  직접 해 보는 활동과 함께 우편물을 효율적으로 처리하고 배송하기 위해 저희가 사용하는 최신 우편 기술에 대해 알아보세요.
- 우체국 직원을 만나다
  저희의 열정적인 직원들에게 우체국 직원의 삶 속 전형적인 하루에 대해 질문하세요.

더 많은 정보를 원하시면, www.hhcentralpost.org를 방문하세요. 저희는 여러분을 만나 뵙기를 기대합니다!

해설 ③번의 키워드인 '분류'가 그대로 언급된 지문의 sorting(분류) 주변 내용에서 분류 시설을 가이드와 둘러보면서 우편물이 배송을 위해 어떻게 분류되고 준비되는지 확인할 수 있다고는 했지만, ③ '소포 분류 작업 시연을 볼 수 있'는지는 알 수 없다.

어휘 first-ever 사상 최초의 behind-the-scene 이면의, 비밀의 sort 분류하다 facility 시설 prepare 준비하다 interactive 대화형의, 상호적인 demonstration 시연, 설명, 시위 efficiently 효율적으로 hands-on 직접 해 보는 passionate 열정적인

정답 ③

006

해석
한국 우편 서비스는 현재 그것의 다른 서비스와 함께, 'PostConnect'라고 알려진 편리한 서비스를 제공한다. 이 독특한 서비스는 전국의 소포에 대해 집집마다의 수거를 포함한다. 그 서비스는 우정사업본부가 그것의 표준적인 방법들을 통해 운송하는 소포에만 허용되므로, 물품에 대해 동일한 제한이 적용된다. 이 서비스를 사용하기 위해서는, 고객은 간단히 우체국에 전화하거나 수거를 예약하기 위해 웹사이트에 로그인할 수 있다. 결제는 우체국 직원에게 현금으로, 또는 전화나 웹사이트에서 신용 카드를 통해 가능하다. 이 서비스는 영업 시간 동안으로 한정되기 때문에, 고객은 현금 결제가 필요한 경우 수거를 위해 자신들이 (수거 장소에) 있을 것임을 확실하게 하면서, 소포의 인도를 ⓐ계획해야 한다.

① 반대하다   ② 깨닫다
③ 계획하다   ④ 위임하다

해설 빈칸 앞 문장에서 PostConnect 서비스에 대한 요금 결제는 우체국 직원에게 현금으로 가능하다고 하고, 빈칸이 있는 문장에서 고객은 현금 결제가 필요한 경우 소포 수거를 위해 자신들이 수거 장소에 있을 것임을 확실하게 해야 한다고 했으므로, 그들의 소포의 인도를 '계획해'야 한다고 한 ③번이 정답이다.

어휘 convenient 편리한 door-to-door 집집마다 pickup 수거, 집배 permit 허용하다 restriction 제한 arrange for ~을 예약하다, 준비하다 payment 결제, 지불 business hour 영업 시간 hand over ~을 인도하다, 넘겨 주다 protest 반대하다 delegate 위임하다

정답 ③

필수점검문제

007 다음 글의 목적으로 가장 적절한 것은?

TO	562 Mulford Drive Post Office
FROM	Tanya Harrison
DATE	February 7
SUBJECT	Issue Regarding Package Pickup Notification System

Dear Postmaster,

I am writing to express my dissatisfaction with the post office's notification system for package pickups.

As someone who is not usually home during regular mail delivery hours, I often have to pick up any packages sent to me at the post office. I therefore expect notifications announcing the arrival of packages to be reliable. However, I recently received a text message saying that the post office was holding a package for me and that if I didn't pick it up in the next five days, it would be returned to the sender. Apparently, the package had been at the post office for about two weeks, but I was never even informed of its arrival.

I urge you to improve the notification system to make certain that customers receive timely alerts regarding their packages. I look forward to your swift action to prevent this matter from occurring again.

Tanya Harrison

① 우체국의 소포 보관 기간의 연장을 요청하려고
② 사전 고지 없이 반송된 소포에 대해 항의하려고
③ 우체국의 소포 수거 알림 시스템 개선을 촉구하려고
④ 문자 메시지 이외의 소포 도착 알림 수단을 제안하려고

008 다음 글의 내용과 일치하지 않는 것은?

Quick Response (QR) codes have been incorporated into most business operations, and the postal service is no exception. These codes, each of which is unique, are very handy for customers as they make it possible for them to track parcels in real time. They allow them to generate their own postage labels as well, reducing wait times at the post office. Postal workers also benefit from these codes. Since scanning a QR code can immediately provide the information needed to get an item to its destination, postal workers make fewer errors. Furthermore, they can focus more on other tasks that require greater attention because QR codes give customers more self-service options.

① QR 코드는 소포의 상태를 즉시 확인할 수 있다.
② QR 코드는 고객이 우체국에서 대기하는 시간을 최소화한다.
③ QR 코드는 우체국 직원들이 정보 오류를 손쉽게 정정하도록 돕는다.
④ QR 코드는 고객이 직접 처리할 수 있는 서비스들을 제공한다.

007

해석

수신: 562 Mulford 거리 우체국
발신: Tanya Harrison
일시: 2월 7일
제목: 소포 수거 알림 시스템에 관한 문제

우체국장님께,

저는 우체국의 소포 수거 알림 시스템에 대한 불만을 표하기 위해 이 글을 씁니다.

일반적인 우편물 배송 시간 동안에는 대개 집에 없는 사람으로서, 저는 종종 제게 온 소포를 우체국에서 찾아가야 합니다. 그래서 저는 소포 도착을 알리는 알림이 신뢰할 수 있기를 기대합니다. 하지만, 저는 최근에 우체국에서 제 소포를 보관하고 있고 제가 그것을 앞으로 5일 안에 찾아가지 않으면, 그것이 발송인에게 반송될 것이라는 문자 메시지를 받았습니다. 듣자 하니, 소포가 우체국에 있은 지 2주 정도 되었지만, 저는 그것의 도착에 대해 결코 알지 못했습니다.

저는 귀하께 고객이 자신의 소포에 대한 알림을 적시에 받는 것을 확실하게 하기 위해 알림 시스템을 개선시킬 것을 촉구합니다. 저는 이런 문제가 다시는 발생하지 않도록 할 신속한 조치를 기대합니다.

Tanya Harrison

해설 지문 처음에서 우체국의 소포 수거 알림 시스템에 대한 불만을 표하기 위해 이메일을 쓴다고 하고, 지문 뒷부분에서 소포 관련 알림을 적시에 받을 수 있도록 알림 시스템 개선을 촉구한다고 강조하고 있다. 따라서 ③ '우체국의 소포 수거 알림 시스템 개선을 촉구하려고'가 이 글의 목적이다.

어휘 notification 알림, 통지 dissatisfaction 불만(족) announce 알리다, 발표하다 reliable 신뢰할 수 있는 hold 보관하다, 유지하다 apparently 듣자 하니, 보아 하니 urge 촉구하다 timely 적시에; 시기적절한 alert 알림; 경계하는 swift 신속한 encounter 접하다, 마주치다 respectfully 삼가(편지의 맺음말), 공손히

정답 ③

008

해석 빠른 응답(QR) 코드는 대부분의 사업 운영에 통합되었으며, 우편 서비스도 예외가 아니다. 각각이 고유한 이 코드들은 고객이 실시간으로 소포를 추적하는 것을 가능하게 만들기 때문에 그들에게 매우 편리하다. 그것들(QR 코드들)은 그들(고객들)이 자신만의 우편 요금 라벨 역시 생성하게 해서, 우체국에서 기다리는 시간을 줄인다. 우체국 직원들 또한 이 코드로부터 혜택을 얻는다. QR 코드를 스캔하는 것은 물품이 목적지까지 가는 데 필요한 정보를 즉시 제공할 수 있어서, 우체국 직원들은 더 적은 오류를 발생시킨다. 뿐만 아니라, QR 코드는 고객들에게 더 많은 셀프 서비스 선택지를 제공하기 때문에 그들은 더 많은 주의를 요하는 다른 일들에 더욱 집중할 수 있다.

해설 ③번의 키워드인 '오류'가 그대로 언급된 지문의 errors(오류) 주변 내용에서 QR 코드 스캔으로 배송 과정에서 필요한 정보를 제공받을 수 있기 때문에 우체국 직원들은 더 적은 오류를 발생시킨다고 했지만, ③ 'QR 코드는 우체국 직원들이 정보 오류를 손쉽게 정정하도록 돕는'지는 알 수 없다.

어휘 incorporate 통합하다 operation 운영, 작동, 수술 exception 예외 convenient 편리한 in real time 실시간으로 generate 생성하다, 발생시키다 postage 우편 요금

정답 ③

009 (A)에 들어갈 글의 제목으로 가장 적절한 것은?

(A)

Join us for a display of the winning entries from this year's Stamp Design Contest, centered on the theme of "National Heroes." Come view the artwork of the 12 regional winners, whose work will be featured on a special series of commemorative stamps.

Details
- Dates & Time: Monday, September 14 - Friday, September 18 (9:00 a.m. - 6:00 p.m.)
- Location: Central Post Office, Floor 2, 7352 Miller Street
- Admission: $5 per person (Free for children under 12 and seniors over 65)

Highlights
- **Exhibition of Winning Entries**
  Explore the top 12 designs from the region, selected from more than 25,000 submissions.
- **Immersive History with National Heroes**
  Learn the historical significance of the national heroes featured in the designs through interactive displays installed alongside each piece.
- **Purchase Commemorative Stamps**
  Don't miss your chance to purchase the newly minted stamps. Supplies are limited.

For more information or to place an advance order for these stamps, please download the event-related Stamp Design Contest app from the app store.

---

① Design Your Own Stamps
② View Winning Stamp Designs
③ Look Back on Our History
④ Show Off Your Stamp Collection

010 다음 글의 내용과 일치하지 않는 것은?

Many post offices are adopting advanced sorting systems to enhance their operational efficiency. These automated systems streamline the sorting of letters and packages, categorizing them based on destination and size with precision. This allows postal employees to focus more on customer service rather than manual sorting tasks. By significantly reducing processing times, the new technology helps mail reach its recipients promptly. Customers benefit from improved delivery accuracy and faster service. This makes the post office more reliable and efficient in handling large mail volumes.

---

① Some post offices still use manual sorting systems.
② The automated systems classify parcels by size and date of receipt.
③ Employees can focus on customer service thanks to the automated systems.
④ The automated systems enhance the reliability of postal services.

009

해석

> **(A) 우표 디자인 수상작들을 둘러보세요**
>
> '국민 영웅'이라는 주제에 초점을 맞춘, 올해의 우표 디자인 공모전의 수상작 전시에 함께하세요. 기념 우표의 특별 시리즈에 작품이 포함될, 12명의 지역 수상자들의 작품을 보러 오세요.
>
> **세부 사항**
> - 날짜와 시간: 9월 14일 월요일 - 9월 18일 금요일 (오전 9시 - 오후 6시)
> - 장소: Miller가 7352번지 중앙 우체국 2층
> - 입장료: 1인당 5달러 (12세 이하 어린이 및 65세 이상 노인 무료)
>
> **하이라이트**
> - 수상작 전시
>   25,000개 이상의 제출물 중에서 선택된, 그 지역의 상위 12개의 디자인을 살펴보세요.
> - 국민 영웅들에 대한 실감 나는 역사
>   각각의 작품과 나란히 설치된 대화형 디스플레이를 통해 디자인이 포함하는 국민 영웅의 역사적 의미를 알아보세요.
> - 기념 우표를 구입하세요
>   이 새로 생산된 우표를 구입할 기회를 놓치지 마세요. 공급량은 한정되어 있습니다.
>
> 더 많은 정보를 원하시거나 이 우표들을 미리 주문하시려면, 앱스토어에서 우표 디자인 공모전 앱을 다운로드하세요.

① 여러분만의 우표를 디자인하세요
② 우표 디자인 수상작들을 둘러보세요
③ 우리의 역사를 되돌아보세요
④ 여러분의 우표 컬렉션을 자랑하세요

해설 지문 앞부분에 지역 수상자들의 우표 디자인 작품을 보러 오라는 내용이 있고, 지문 뒷부분에서 공모전 수상작 관람부터 수상작 디자인이 포함된 기념 우표 구매까지 가능하다고 알려 주고 있으므로, ② '우표 디자인 수상작들을 둘러보세요'가 이 글의 제목이다.

어휘 **commemorative** 기념의 **submission** 제출(물) **immersive** 실감 나는; 몰입형의 **minted** 최근에 생산된, 박하맛이 나는 **show off** ~을 자랑하다

정답 ②

010

해석

> 많은 우체국들은 운영 효율성을 향상시키기 위해 선진 분류 시스템을 채택하고 있다. 이 자동화된 시스템은 편지와 소포를 도착지와 크기에 근거하여 정확하게 분류하면서, 그것들의 분류를 간소화한다. 이는 우체국 직원들이 수작업 분류 업무보다 고객 서비스에 더 집중하게 한다. 처리 시간을 상당히 줄임으로써, 그 새로운 기술은 우편물이 그것의 수취인에게 지체 없이 도착하도록 돕는다. 고객들은 개선된 배송 정확성과 더 빠른 서비스로부터 혜택을 받는다. 이는 우체국이 많은 우편 물량을 처리하는 것에 있어 보다 신뢰할 수 있고 효율적이게 만든다.

① 일부 우체국은 여전히 수작업 분류 시스템을 사용한다.
② 자동화된 시스템은 소포를 크기 및 접수일별로 분류한다.
③ 직원들은 자동화된 시스템 덕분에 고객 서비스에 집중할 수 있다.
④ 자동화된 시스템은 우체국 서비스의 신뢰성을 향상시킨다.

해설 ②번의 키워드인 classify(분류한다)를 바꾸어 표현한 지문의 categorizing(분류하는) 주변의 내용에서 자동화된 시스템이 편지와 소포를 도착지와 크기에 근거하여 정확하게 분류한다고 했으므로, ② '자동화된 시스템은 소포를 크기 및 접수일별로 분류한다'는 지문의 내용과 다르다.

어휘 **streamline** 간소화하다 **with precision** 정확하게 **promptly** 지체 없이, 즉시 **accuracy** 정확성 **reliable** 신뢰할 수 있는 **classify** 분류하다

정답 ②

필수점검문제

011 안내문에 따라 다음 중 옳은 것은?

> Dear Valued Customers,
>
> We are constantly collecting user feedback to find ways to better serve our customers.
>
> After receiving many requests for flat-rate boxes with different proportions, we are introducing new flat-rate boxes with greater height dimensions to ship taller items. Like other flat-rate boxes, anything that fits inside will be shipped for a flat rate of 11 dollars. This cost includes tracking and insurance with a maximum coverage of 100 dollars. The same weight limit applies to the flat-rate boxes, so the package contents should not exceed 30 kilograms. The box must be able to close naturally and be secured. All flat-rate boxes can only be shipped domestically.
>
> We hope our customers find this new shipping option useful. Visit your local post office to find the flat-rate box to meet your shipping needs. Thank you.

① 새 고정 요금 박스는 부피가 작은 물품을 운송하기 위해 도입되었다.
② 고정 요금 박스에 적용되는 보험의 최대 보장 범위는 물품에 따라 다르다.
③ 새 고정 요금 박스로는 30킬로그램 이상을 발송할 수 없다.
④ 고정 요금 박스는 국제 배송이 가능하다.

012 다음 글의 내용과 일치하지 않는 것은?

> The post office has implemented an eco-friendly initiative to operate more sustainably. This includes adopting clean-energy practices, such as replacing gas-powered mail trucks with electric vehicles to decrease carbon emissions. Solar panels have also been installed at several office locations to access a source of renewable energy. For better green waste management, the post office has replaced single-use packaging with biodegradable and recycled materials. To further support these efforts, the post office offers discounts to customers who choose green shipping options. Ultimately, this initiative aims to inspire customers with a sense of pride and satisfaction in supporting the post office.

① The initiative seeks to improve the conditions of our planet.
② The initiative provides access to a source of renewable energy.
③ The initiative maintains the use of single-use packaging.
④ The initiative employs trucks that reduce carbon emissions.

011

> 해석
>
> 소중한 고객 여러분께,
>
> 저희는 고객 여러분을 더 잘 모실 방법을 찾고자 사용자 피드백을 지속적으로 수집하고 있습니다.
>
> (가로세로) 비율이 다른 고정 요금 박스에 대한 많은 요청을 받고 나서, 저희는 높이가 더 높은 물품을 운송하기 위해 높이 치수가 더 큰 새로운 고정 요금 박스들을 도입할 예정입니다. 다른 고정 요금 박스들과 마찬가지로, 그 안에 들어맞는 어떤 것이든지 간에 11달러의 고정 요금으로 운송될 것입니다. 이 비용은 (운송) 추적 및 최대 100달러까지 보상하는 보험을 포함합니다. 동일한 중량 제한이 그 고정 요금 박스에 적용되므로, 소포의 내용물은 30킬로그램을 초과할 수 없습니다. 박스는 자연스럽게 닫히고 고정되어야 합니다. 모든 고정 요금 박스는 국내에 한해 운송될 수 있습니다.
>
> 저희는 고객 여러분이 이 새로운 운송 옵션을 유용하다고 생각하기를 바랍니다. 여러분의 운송 필요를 충족시키는 고정 요금 박스를 찾기 위해 현지 우체국을 방문해 보세요. 감사합니다.

해설 ③번의 키워드인 '30킬로그램'이 그대로 언급된 지문의 30 kilograms(30킬로그램) 주변 내용에서 새 고정 요금 박스에는 중량 제한이 적용되어 소포의 내용물이 30킬로그램을 초과할 수 없다고 했으므로, ③ '새 고정 요금 박스로는 30킬로그램 이상을 발송할 수 없다'가 지문의 내용과 일치한다. ① 높이가 더 높은 물품 운송을 위해 높이 치수가 더 큰 새로운 고정 요금 박스를 도입할 예정이라고 했으므로, 새 고정 요금 상자가 부피가 작은 물품을 운송하기 위해 도입되었다는 것은 지문의 내용과 다르다. ② 11달러의 고정 요금은 최대 100달러까지 보상하는 보험을 포함한다고 했으므로, 고정 요금 박스에 적용되는 보험의 최대 보장 범위가 물품에 따라 다르다는 것은 지문의 내용과 다르다. ④ 모든 고정 요금 박스는 국내에 한해 운송될 수 있다고 했으므로, 고정 요금 박스가 국제 배송이 가능하다는 것은 지문의 내용과 다르다.

어휘 flat-rate 고정 요금의 proportion 비율 height 높이, 키 dimension 치수, 차원 insurance 보험 exceed 초과하다 secure 고정시키다, 획득하다; 안심하는 domestically 국내에서, 가정적으로

정답 ③

012

> 해석
>
> 우체국은 더욱 지속 가능하게 운영하기 위해 친환경적인 계획을 시행해 왔다. 이것은 탄소 배출을 줄이기 위해 가스로 작동하는 우편 트럭을 전기 차량으로 대체하는 것과 같이, 청정 에너지 관행을 채택하는 것을 포함한다. 재생 가능한 에너지 공급원에 접근하기 위해 태양 전지판 또한 여러 우체국 부지에 설치되어 왔다. 더 나은 환경 친화적인 폐기물 관리를 위해, 우체국은 일회용 포장재를 생분해성 및 재활용 재료로 대체해 왔다. 이러한 노력을 더욱 뒷받침하기 위해, 우체국은 환경 친화적인 운송 옵션을 선택하는 고객들에게 할인을 제공한다. 궁극적으로, 이 계획은 고객들이 우체국을 지지하는 데 자부심과 만족감을 갖도록 고무시키는 것을 목적으로 한다.

① 그 계획은 지구의 상태를 개선시키고자 한다.
② 그 계획은 재생 가능한 에너지 공급원에 대한 접근을 제공한다.
③ 그 계획은 일회용 포장재의 사용을 유지한다.
④ 그 계획은 탄소 배출을 줄이는 트럭을 이용한다.

해설 ③번의 키워드인 single-use packaging(일회용 포장재)이 그대로 언급된 지문 주변의 내용에서 우체국은 일회용 포장재를 생분해성 및 재활용 재료로 대체해 왔다고 했으므로, ③ '그 계획은 일회용 포장재의 사용을 유지한다'는 지문의 내용과 다르다.

어휘 implement 시행하다 eco-friendly 친환경적인 initiative 계획 sustainably 지속 가능하게 adopt 채택하다, 입양하다 carbon emission 탄소 배출 solar panel 태양 전지판 renewable 재생 가능한 single-use 일회용의 biodegradable 생분해성의 ultimately 궁극적으로 inspire 고무시키다 satisfaction 만족감 employ 이용하다, 고용하다

정답 ③

필수점검문제

013 다음 글의 목적으로 가장 적절한 것은?

To: Pinebrook Plaza Post Center
From: Rachel Evans
Date: August 10
Subject: Automatic Kiosk

Dear Sir/Madam,

I hope this message finds you well. I'm writing to address recent frustrations with your automatic kiosk service.

During my first visit to a kiosk, I relied on the posted operation hours from your online resources, only to find upon arrival that the kiosk was closed. As a consequence, I couldn't send the package that I really had to.

I think honoring designated service hours is really important as it's a promise to customers. To prevent future issues like this, please post accurate kiosk operating hours on your website.

I appreciate your attention to this matter and look forward to your prompt response.

Best regards,
Rachel Evans

① 우체국에 키오스크의 추가 설치를 요청하려고
② 키오스크 운영 시간 정보가 정정되어야 함을 알리려고
③ 키오스크를 통한 소포 접수 방법을 문의하려고
④ 키오스크의 24시간 운영을 제안하려고

014 다음 글의 내용과 일치하지 않는 것은?

A new initiative is underway in a collaborative effort between district offices and local post offices to provide essential welfare services through postal mailing to vulnerable households. As part of this initiative, mail carriers are visiting households identified as being in welfare blind spots and delivering registered mail containing vital welfare program information. Additionally, these carriers assess the living conditions of these households and report back to the district offices. The targeted recipients include households at risk of housing insecurity and elderly individuals living alone. Support for young, single-person households is also being considered.

① Mail carriers deliver crucial welfare information to targeted households.
② Local post offices are currently collaborating with district offices.
③ Mail carriers investigate the recipients' living conditions.
④ Young, single-person households are targeted recipients.

013

해석	수신: Pinebrook 광장 우체국 발신: Rachel Evans 날짜: 8월 10일 제목: 자동 키오스크 담당자분께, 이 메시지가 귀하에게 잘 닿길 바랍니다. 저는 자동 키오스크 서비스에 대한 최근의 불만을 제기하기 위해 이 글을 씁니다. 제가 키오스크에 처음 방문했을 때, 저는 온라인 자료에 게시된 운영 시간에 의존했지만, 도착했을 때에는 키오스크가 마감했음을 알게 될 뿐이었습니다. 이로 인해, 저는 꼭 보내야 했던 소포를 보내지 못했습니다. 저는 지정된 서비스 운영 시간을 지키는 것은 고객들에 대한 약속이기 때문에 매우 중요하다고 생각합니다. 이와 같은 추후의 문제를 방지하기 위해, 정확한 키오스크 운영 시간을 웹사이트에 게시해 주시기 바랍니다. 이 문제에 관심을 가져 주셔서 감사드리며 귀하의 신속한 답변을 기다리겠습니다. 안부를 전하며, Rachel Evans

해설	지문 전반에 걸쳐 온라인 자료에 게시된 키오스크 운영 시간과 실제 운영 시간이 달라 소포를 보내지 못했던 것에 대해 언급하며 정확한 키오스크 운영 시간의 게시를 요청하고 있다. 따라서 ② '키오스크 운영 시간 정보가 정정되어야 함을 알리려고'가 이 글의 목적이다.
어휘	**address** 제기하다, 다루다, 주소를 쓰다 **frustration** 불만 **operation** 운영 **honor** 지키다, 기리다 **designate** 지정하다 **prevent** 방지하다 **accurate** 정확한 **prompt** 신속한

정답 ②

014

해석	우편물 발송을 통해 취약 계층 가구에 필수적인 복지 서비스를 제공하기 위해, 구청과 지역 우체국 간의 협업으로 새로운 계획이 진행 중이다. 이 계획의 일환으로, 우편 집배원들은 복지 사각지대에 있는 것으로 식별되는 가구들을 방문하고 중요한 복지 프로그램 정보가 포함된 등기 우편을 배달하고 있다. 게다가, 이 집배원들은 이러한 가구들의 생활 상태를 평가하고 구청에 다시 보고한다. 대상 수혜자들은 주거 불안정의 위험에 처한 가구와 혼자 사는 노인들을 포함한다. 젊은 1인 가구에 대한 지원도 고려되고 있다.

① 우편 집배원들은 대상 가구에 중요한 복지 정보를 전달한다.
② 지역 우체국들은 현재 구청과 협업하고 있다.
③ 우편 집배원들은 수혜자의 생활 상태를 조사한다.
④ 젊은 1인 가구는 대상 수혜자이다.

해설	④번의 키워드인 Young, single-person households(젊은 1인 가구)가 그대로 언급된 지문 주변의 내용에서 젊은 1인 가구에 대한 지원은 고려 중에 있다고 했으므로, ④ '젊은 1인 가구는 대상 수혜자이다'는 지문의 내용과 다르다.
어휘	**initiative** 계획 **underway** 진행 중인 **collaborative** 협력적인 **district office** 구청 **welfare** 복지 **vulnerable** 취약 계층의, 취약한 **carrier** 집배원, 항공사 **identify** 식별하다 **blind spot** 사각지대, 맹점 **vital** 중요한 **assess** 평가하다 **insecurity** 불안정 **crucial** 중요한

정답 ④

필수점검문제

015 다음 글의 빈칸 (A), (B)에 들어갈 말로 가장 적절한 것은?

> Improving postal services involves balancing digital platforms with traditional in-person services. While post offices appreciate the convenience of digital options like mobile tracking apps and virtual support, which can also reduce operational costs, this approach may ___(A)___ elderly customers or those without reliable Internet access. A more balanced strategy is to offer robust digital services while maintaining high-quality in-person support for those who need it. In this way, postal services can cater to all segments of the population as well as meet modern expectations, regardless of their technological ___(B)___.

	(A)	(B)
①	isolate	alternatives
②	isolate	proficiency
③	unite	alternatives
④	unite	proficiency

016 안내문에 따라 다음 중 옳지 않은 것은?

> Dear Patrons,
>
> We'd like to let you know that as of May 31, the ability to start "EconoPhone" services online has been resumed.
>
> We paused the opening of EconoPhone accounts online last month to strengthen the self-certification system of EconoPhone companies. The government carried out extensive system work, and Korea Post also improved the process of identity verification.
>
> In addition, Korea Post formed a task force, in order to alleviate the increased burden of work from strengthening the self-certification process.
>
> Now, you can open a budget mobile phone account through the post office with ease!

① Econo폰의 온라인 개통은 5월 31일에 재개되었다.
② Econo폰 개통은 한때 본인 인증 시스템의 오류로 중단되었다.
③ 정부는 대대적인 시스템 점검을 수행했다.
④ 우정사업본부는 늘어난 업무량을 관리하기 위해 전담 부서를 개설했다.

015

[해석]
> 우편 서비스를 개선하는 것은 디지털 플랫폼과 전통적인 대면 서비스의 균형을 맞추는 것을 포함한다. 우체국들은 운영 비용도 줄일 수 있는 모바일 추적 앱과 가상 지원 같은 디지털 선택지의 편리함을 높이 평가하지만, 이 접근 방식은 고령의 고객들이나 믿을 만한 인터넷 접속 수단이 없는 고객들을 (A) <u>소외시킬</u> 수도 있다. 보다 균형 잡힌 전략은 강력한 디지털 서비스를 제공하는 동시에 필요한 사람들을 위한 고품질의 대면 지원을 유지하는 것이다. 이러한 방식으로, 우편 서비스는 기술적 (B) <u>숙련도</u>에 관계없이, 현대의 기대를 충족시킬 뿐만 아니라 모든 계층의 사람들의 구미에 맞출 수 있다.

　　　　(A)　　　　(B)
① 소외시키다　　대안
② 소외시키다　　숙련도
③ 통합하다　　　대안
④ 통합하다　　　숙련도

[해설] (A) 빈칸이 있는 문장에서 디지털 선택지와 고령의 고객들 및 인터넷 접속 수단이 없는 고객들을 연관 짓고, 빈칸 뒤 문장에서 디지털 서비스를 제공하면서 대면 지원 서비스를 유지하는 전략을 제시하고 있으므로, 빈칸에는 디지털 선택지가 그들을 '소외시킬' 수도 있다는 내용이 나와야 적절하다.
(B) 빈칸이 있는 문장에서 우편 서비스가 현대의 기대를 충족시킬 뿐만 아니라 모든 계층의 사람들의 구미에 맞출 수 있다고 했으므로, 빈칸에는 디지털 서비스를 제공하며 대면 지원을 유지하는 우편 서비스는 기술적 '숙련도'에 관계없다는 내용이 나와야 적절하다.
따라서 ② (A) isolate(소외시키다) - (B) proficiency(숙련도)가 정답이다.

[어휘] **appreciate** 높이 평가하다, 고마워하다　**virtual** 가상의　**operational** 운영의　**elderly** 고령의　**reliable** 믿을 만한　**robust** 강력한, 튼튼한　**cater to** ~의 구미에 맞추다　**isolate** 소외시키다　**alternative** 대안; 대체의　**proficiency** 숙련도, 능숙　**unite** 통합하다, 연합하다

정답 ②

016

[해석]
> 고객 여러분께,
> 5월 31일부로, 'Econo폰'의 온라인 서비스를 시작하는 기능이 재개되었음을 알려 드리고자 합니다.
> Econo폰 사업자의 본인 인증 시스템을 강화하기 위해 저희는 지난달에 Econo폰의 온라인 계정 생성을 중단했습니다. 정부가 대규모의 시스템 작업을 수행했고, 우정사업본부 역시 신원 확인 절차를 개선했습니다.
> 뿐만 아니라, 우정사업본부는 본인 인증 절차 강화에 따라 늘어난 업무 부담을 완화하기 위해 전담 부서를 구성했습니다.
> 이제, 여러분은 우체국을 통해 손쉽게 저렴한 휴대폰 계정을 생성하실 수 있습니다!

[해설] ②번의 키워드인 '중단되었다'를 바꾸어 표현한 지문의 paused(중단했었다) 주변의 내용에서 Econo폰 사업자의 본인 인증 시스템 강화를 위해 Econo폰 온라인 계정의 생성이 중단되었다고 했으므로, ② 'Econo폰 개통이 한때 본인 인증 시스템의 오류로 중단되었다'는 것은 지문의 내용과 다르다.

[어휘] **resume** 재개하다　**pause** 중단하다, 잠시 멈추다　**strengthen** 강화하다　**self-certification** 본인 인증　**carry out** ~을 수행하다　**extensive** 대규모의, 광범위한　**verification** 확인　**task force** 전담 부서　**alleviate** 완화하다　**burden** 부담, 짐

정답 ②

필수점검문제

017 안내문에 따라 다음 중 옳지 않은 것은?

> For the Safety of Our Customers:
>
> In light of increasing reports of suspicious international parcels containing hazardous chemicals, we would like to provide guidance on how to respond if you encounter such mail.
>
> If you notice any unusual characteristics such as strange odors, leaking substances, or unexpected packages from unfamiliar sources, treat the parcel with extreme caution. Do not attempt to handle or manipulate the package.
>
> What you have to do is evacuate immediately and report the situation to the nearest police station and post office.
>
> Your safety and security are of the utmost importance to us. Thank you for your attention.

① 의심스러운 우편물에 대한 신고가 최근 증가하고 있다.
② 내용물이 새는 것은 의심스러운 소포의 특징 중 하나이다.
③ 의심스러운 소포를 직접 처리하는 것은 위험할 수 있다.
④ 의심되는 유해 우편물은 경찰서로 가져가야 한다.

018 Customer Service Survey에 관한 다음 글의 내용과 일치하는 것은?

> **POST OFFICE CUSTOMER SERVICE SURVEY**
>
> We value your feedback! Take part in our customer service survey to help us improve.
>
> - Survey Period: June 1 - June 30
> - Subjects: All post office customers
>
> An online survey link will be provided on your receipt, so don't throw it away.
>
> Those who participate in the survey will be entered into a draw to win free coffee coupons.
>
> Please note: In order to engage in this survey, you have to complete identity verification first. Your feedback will be entirely confidential.

① 우체국을 이용하지 않아도 참여할 수 있다.
② 설문조사는 6월 중 평일에만 진행된다.
③ 설문 참가자 전원에게 경품이 수여될 예정이다.
④ 설문조사에 참여하려면 본인 인증을 해야 한다.

017

해석

고객 여러분의 안전을 위해,

유해한 화학 물질이 들어 있는 의심스러운 국제 소포를 받았다는 신고가 증가하고 있는 점에 비추어, 이러한 우편물을 접한 경우 대응 방법에 대해 안내해 드리고자 합니다.

만약 여러분이 이상한 냄새, 새는 물질 또는 낯선 출처로부터의 예상치 못한 소포 등 어떤 이상한 특징이라도 발견하신다면, 극도로 주의하여 소포를 다루세요. 소포를 처리하거나 조작하려고 시도하시면 안 됩니다.

여러분이 하셔야 할 일은 즉시 대피하여 가까운 경찰서와 우체국에 상황을 신고하는 것입니다.

저희에게는 여러분의 안전과 보안이 최고로 중요합니다. 관심을 가져주셔서 감사합니다.

해설 ④번의 키워드인 '경찰서'가 그대로 언급된 지문의 police station(경찰서) 주변의 내용에서 의심스러운 우편물을 접한 경우 즉시 대피하여 가까운 경찰서와 우체국에 신고해야 한다고 했으므로, ④ '의심되는 유해 우편물은 경찰서로 가져가야 한다'는 지문의 내용과 다르다.

어휘 in light of ~에 비추어 suspicious 의심스러운 contain ~이 들어 있다 hazardous 유해한 chemicals 화학 물질 encounter 접하다, 맞닥뜨리다 unusual 이상한 characteristic 특성 odor 냄새, 악취 caution 주의 manipulate 조작하다 evacuate 대피하다 immediately 즉시 utmost 최고의

정답 ④

018

해석

우체국 고객 서비스 설문 조사

저희는 여러분의 의견을 소중하게 생각합니다! 저희 고객 서비스 설문 조사에 참여하시어 저희가 개선되도록 도움을 주세요.

• 설문조사 기간: 6월 1일 - 6월 30일
• 대상: 모든 우체국 고객 여러분

온라인 설문 조사 링크가 여러분의 영수증에 제공될 것이니, 버리지 마세요.

설문에 참여하시는 분들은 무료 커피 쿠폰을 받기 위한 추첨에 응모하시게 됩니다.

유의해 주세요: 이 설문 조사에 참여하기 위해서는, 먼저 본인 인증을 완료하셔야 합니다. 여러분의 의견은 전적으로 비밀로 유지될 것입니다.

해설 ④번의 키워드인 '본인 인증'이 그대로 언급된 지문의 identity verification(본인 인증) 주변의 내용에서 설문 조사에 참여하기 위해서는 먼저 본인 인증을 완료해야 한다고 했으므로, ④ '설문 조사에 참여하려면 본인 인증을 해야 한다'가 지문의 내용과 일치한다. ① 설문 조사 대상은 모든 우체국 고객이라고 했으므로, 우체국을 이용하지 않아도 참여할 수 있다는 것은 지문의 내용과 다르다. ② 설문조사 기간이 6월 1일부터 6월 30일까지라고는 했지만, 설문조사가 6월 중 평일에만 진행하는지는 알 수 없다. ③ 설문에 참여한 사람들은 무료 커피 쿠폰을 받기 위한 추첨에 응모된다고 했으므로, 설문 참가자 전원에게 경품이 수여될 예정이라는 것은 지문의 내용과 다르다.

어휘 take part in ~에 참여하다 subject 대상, 주제, 과목 receipt 영수증 throw away ~을 버리다 draw 추첨; 당기다 engage in ~에 참여하다 verification 인증, 확인 entirely 전적으로 confidential 비밀의, 기밀의

정답 ④

필수점검문제

019 안내문에 따라 다음 중 옳은 것은?

> To Our Valued Customers:
>
> We sincerely appreciate your continued support of our postal services.
>
> Due to ongoing strikes by the courier union, we regret to inform you that certain postal services will be suspended temporarily starting from June 20 in areas including Seoul, Gyeonggi, and Incheon.
>
> Services that will be affected include EMS, package pickup services, and deliveries of pre-contracted frozen and refrigerated foods within these regions. However, please note that regular mail services and package returns will continue unaffected.
>
> We understand the inconvenience this may cause and kindly ask for your understanding during this period of disruption. Rest assured, we will notify you promptly once the affected services resume.

① 우체국은 6월 20일까지 일부 우편 서비스를 중단할 것이다.
② 냉동·냉장 식품의 배송은 파업의 영향을 받지 않을 것이다.
③ 서울 시민들은 일정 기간 소포 수거 서비스를 이용할 수 없을 것이다.
④ 소포 반송은 파업 기간 동안 중단될 것이다.

020 다음 글의 빈칸에 들어갈 말로 가장 적절한 것은?

> In the modern postal service, _____ has become a critical factor in meeting customer expectations. From next-day delivery promises to real-time tracking updates, the pressure to move mail and packages quickly has never been higher. This emphasis on rapid processing and transportation has transformed every aspect of postal operations. Sorting centers now utilize advanced automation to process thousands of items per hour, and delivery routes are constantly optimized using GPS technology. However, this relentless pursuit of efficiency comes with challenges. Workers face increased stress, and there's a risk of errors when pushing the limits of processing capacity. In addition, the environmental impact of expedited shipping, such as increased carbon emissions from frequent deliveries, poses a significant problem. Despite these concerns, postal services continue to invest in technologies and strategies to reduce delivery times, recognizing that in today's fast-paced world, customers value swift service above almost all else.

① accuracy   ② cost
③ volume   ④ speed

019

해석

저희의 귀중한 고객 여러분께,

저희 우편 서비스에 대한 여러분의 지속적인 지원에 진심으로 감사드립니다.

계속되는 택배 노조 파업으로 인해, 유감스럽게도 6월 20일부터 서울, 경기 및 인천을 포함한 지역에서 일부 우편 서비스가 일시적으로 중단될 것임을 알려 드립니다.

영향을 받을 서비스는 EMS, 소포 수거 서비스 및 이 지역들에서 사전 계약된 냉동·냉장 식품의 배송을 포함합니다. 하지만, 일반 우편 서비스 및 소포 반송은 영향을 받지 않고 계속될 예정입니다.

저희는 이것이 일으킬 불편함에 대해 이해하며 지장을 받는 이 기간 동안 여러분의 양해를 정중히 구합니다. 영향을 받는 서비스들이 재개하면 즉시 알려 드릴 것이니 안심하셔도 됩니다.

해설 ③번의 키워드인 '서울'이 그대로 언급된 지문의 Seoul(서울) 주변의 내용에서 서울, 경기 및 인천 등의 지역에서 소포 수거 서비스를 포함하는 일부 우편 서비스가 일시적으로 중단될 것이라고 했으므로, ③ '서울 시민들은 일정 기간 소포 수거 서비스를 이용할 수 없을 것이다'가 지문의 내용과 일치한다. ① 6월 20일부터 일부 우편 서비스를 중단한다고 했으므로, 우체국이 6월 20일까지 일부 우편 서비스를 중단한다는 것은 지문의 내용과 다르다. ② 파업의 영향을 받을 서비스에 사전 계약된 냉동·냉장 식품의 배송이 포함된다고 했으므로, 냉동·냉장 식품의 배송이 파업의 영향을 받지 않을 것이라는 것은 지문의 내용과 다르다. ④ 소포 반송은 파업의 영향을 받지 않고 계속될 예정이라고 했으므로, 소포 반송이 파업 기간 동안 중단될 것이라는 것은 지문의 내용과 다르다.

어휘 strike 파업; 치다 suspend 중단하다 temporarily 일시적으로 contract 계약하다 frozen 냉동된 refrigerated 냉장된 disruption 지장, 혼란 notify 알리다 promptly 즉시 resume 재개하다

정답 ③

020

해석

현대의 우편 서비스에서, 속도는 고객의 기대를 충족시키는 것에 있어 대단히 중요한 요소기 되었다. 익일 배송 약속부터 실시간 추적 업데이트까지, 우편물과 소포를 신속하게 이동시켜야 한다는 압박이 그 어느 때보다 높다. 신속한 처리와 운송에 대한 이러한 강조는 우편 운영의 모든 측면을 완전히 바꾸어 놓았다. 이제 분류 센터는 선진 자동화를 활용하여 시간당 수천 개의 물품을 처리하며, 배송 경로는 GPS 기술을 사용하여 끊임없이 최적화된다. 하지만, 이러한 효율성에 대한 끊임없는 추구에는 어려움이 따른다. 작업자들은 늘어난 스트레스에 직면하며, 처리 능력의 한계를 밀어붙일 때 오류가 발생할 위험이 있다. 게다가, 잦은 배송으로 인한 증가된 탄소 배출과 같이, 신속한 배송이 환경에 미치는 영향은 중대한 문제를 제기한다. 이러한 우려에도 불구하고, 오늘날의 빠르게 돌아가는 세상에서 고객들이 신속한 서비스를 그 무엇보다도 중요하게 생각한다는 점을 인식하여, 우편 서비스는 배송 시간을 줄이기 위한 기술과 전략에 계속해서 투자하고 있다.

① 정확도 ② 비용
③ 용량 ④ 속도

해설 지문 전반에 걸쳐 현대의 우편 서비스에서는 우편물을 신속하게 이동시켜야 하는 압박이 높은데, 이러한 강조가 분류 과정 자동화 및 배송 경로 최적화와 같은 효율성을 추구한 반면 작업자들의 스트레스와 탄소 배출 증가와 같은 문제 또한 불러일으켰다고 설명하고 있다. 따라서 '속도'가 대단히 중요한 요소가 되었다고 한 ④번이 정답이다.

어휘 critical 대단히 중요한 factor 요소 real-time 실시간 emphasis 강조 rapid 신속한 transportation 운송, 수송 transform 완전히 바꿔 놓다 sort 분류하다 utilize 활용하다 optimize 최적화하다 relentless 끊임없는, 가차 없는 pursuit 추구 capacity 능력 expedite 신속히 처리하다 carbon emission 탄소 배출 swift 신속한 accuracy 정확(도) volume 용량, 음량

정답 ④

필수점검문제

021 안내문에 따라 다음 중 옳은 것은?

> Dear Customers,
>
> With this summer expected to be hotter than usual, we will designate a special management period until September to protect the safety and health of postal workers.
>
> During this period, we aim to reduce the number of safety accidents by 10% compared to last year. Hence, we will implement revised guidelines by the end of this month, which include specific criteria for suspending postal delivery in extreme heat conditions and regularly monitoring the health of employees with cardiovascular diseases and hypertension.
>
> We ask for your generous understanding of any delays in delivery that may occur due to this. Thank you.

① The initiative aims to hire more postal workers for the summer.
② The incident rate of safety accidents involving postal workers was 10% last year.
③ There may be delivery delays due to the implementation of safety measures.
④ Some post offices will be closed during September.

022 다음 글의 내용과 일치하지 않는 것은?

> Among Korea's post offices with over 100 years of history, some have been recognized as cultural properties due to their historical significance. The Jinhae Post Office in Gyeongnam, completed in 1912, is a single-story wooden building with a design reminiscent of Russian architecture. It handled postal money orders and telecommunications after its completion. In Gokseong, Jeonnam, the Samgi Post Office, built in 1948, was officially registered as cultural property in December 2005 and has since operated as a private post office. A private post office is run by individuals for the convenience of residents in regions without a dedicated post office. The Jungdong Post Office in Incheon, constructed in 1923, is another example of this, but it is no longer operational.

① 생긴 지 100년이 넘은 몇몇 우체국들은 문화재로 지정되었다.
② 진해 우체국 건물에는 러시아 건축 양식이 반영되어 있다.
③ 개인에 의해 운영되는 우체국이 있다.
④ 인천 중동 우체국은 서비스 재개를 준비 중이다.

021

해석
친애하는 고객 여러분께,

올 여름이 여느 때보다 더 더울 것으로 예상되어, 저희는 9월까지 특별관리기간을 지정하여 우체국 직원들의 안전과 건강을 보호하고자 합니다.

이 기간 동안, 저희는 안전사고 발생 건수를 지난해 대비 10퍼센트 줄이는 것을 목표로 하고 있습니다. 이런 이유로, 저희는 폭염 시 우편 배달을 중단하고 심혈관 질환 및 고혈압이 있는 직원들의 건강을 정기적으로 추적 관찰하기 위한 구체적 기준을 포함하는 개정 지침을 이달 말 무렵에 시행할 예정입니다.

이로 인해 발생할 수 있는 배송 지연에 대한 여러분의 너그러운 양해를 부탁드립니다. 감사합니다.

① 그 계획은 하절기 동안 더 많은 우체국 직원을 고용하는 것을 목표로 한다.
② 지난해 우체국 직원과 관련된 안전사고 발생률은 10퍼센트였다.
③ 안전 조치 시행으로 인한 배송 지연이 있을 수 있다.
④ 일부 우체국은 9월 동안 휴업할 것이다.

해설 ③번의 키워드인 delays(지연)가 그대로 언급된 지문 주변의 내용에서 개정 지침 시행에 따른 배송 지연에 대해 양해를 부탁한다고 했으므로, ③ '안전 조치 시행으로 인한 배송 지연이 있을 수 있다'가 지문의 내용과 일치한다. ① 올 여름 무더위가 예상되어 9월까지 특별관리기간을 지정해 우체국 직원들의 안전과 건강을 보호하고자 한다고는 했지만, 특별관리계획이 하절기 동안 더 많은 우체국 직원을 고용하는 것을 목표로 하는지는 알 수 없다. ② 안전사고 발생 건수를 지난해 대비 10퍼센트 줄이는 것이 목표라고는 했지만, 지난해 우체국 직원과 관련된 안전사고 발생률이 10퍼센트인지는 알 수 없다. ④ 폭염 시 우편 배달을 중단할 예정이라고는 했지만, 일부 우체국이 9월 동안 휴업할 것인지는 알 수 없다.

어휘 **designate** 지정하다 **implement** 시행하다 **criteria** 기준 **suspend** 중단하다, 유예하다 **extreme heat** 폭염 **monitor** 추적 관찰하다 **cardiovascular** 심혈관의 **hypertension** 고혈압 **generous** 너그러운, 관대한 **initiative** 계획 **measure** 조치; 측정하다

정답 ③

022

해석
100년 이상의 역사를 가진 한국의 우체국 중에서, 몇 곳은 역사적인 중요성 때문에 문화재로 인정받았다. 1912년에 완공된 경남 진해 우체국은 러시아 건축물을 연상시키는 디자인의 단층으로 된 목조 건물이다. 그것은 완공 후에 우편환 주문과 우체국 통신을 처리했다. 전남 곡성에는 1948년에 지어진 삼기 우체국이 2005년 12월에 문화재로 정식 등록되어 별정 민간 우체국으로 운영되어 왔다. 별정 민간 우체국은 전담하는 우체국이 없는 지역의 주민 편의를 위해 개인에 의해 운영된다. 1923년에 지어진 인천 중동 우체국도 이것의 또 다른 예이지만, 그것은 더 이상 운영되지 않는다.

해설 ④번의 키워드인 '인천 중동 우체국'이 그대로 언급된 지문의 The Jungdong Post Office in Incheon(인천 중동 우체국) 주변 내용에서 인천 중동 우체국이 더 이상 운영되고 있지 않다고는 했지만, ④ '인천 중동 우체국이 서비스 재개를 준비 중인'지는 알 수 없다.

어휘 **cultural property** 문화재 **significance** 중요성, 의미 **complete** 완공하다, 완성하다 **reminiscent** 연상시키는 **register** 등록하다 **convenience** 편의 **dedicated** 전담하는, 헌신적인 **construct** 짓다, 건설하다

정답 ④

필수점검문제

023 안내문에 따라 다음 중 옳은 것은?

> Dear Customers,
>
> We are excited to share an important update regarding our continued commitment to reducing carbon emissions.
>
> Recently, we have begun transitioning our delivery trucks to electric vehicles, focusing on the vehicles we use in densely populated cities, where the air quality is the most compromised. By the end of this year, we anticipate that 20 percent of our trucks in major metropolitan areas will be electric, moving us closer to our goal of achieving a fully electric fleet, serving both urban and rural areas, within the next five years.
>
> While we believe that the benefits of adopting electric delivery vehicles will be substantial, we acknowledge that there may be periods of adjustment as we integrate the new vehicles into our existing fleets. During this time, we value your understanding and ongoing support.

① 전기 차량으로의 전환은 비용 절감의 필요성에서 기인한다.
② 새로운 차량으로 전환되기 전까지 시골 지역 배송이 중단된다.
③ 현재 전기 차량이 배송 트럭의 20퍼센트를 차지한다.
④ 5년 안에 가스로 움직이는 배송 차량이 없도록 하는 것이 목표이다.

024 다음 글의 내용과 일치하는 것은?

> As the number of parcels increases because of the rise of online shopping, the post office is seeking new technologies to provide quick and environmentally friendly delivery. In urban areas, electric vehicles are beginning to replace motorcycles. Electric vehicles are not only non-polluting but they also offer more storage. They hold up to 200 kilograms, compared to 35 kilograms for motorcycles. This allows postal workers to deliver more parcels without having to return to the post office for additional loads. In rural and mountainous regions, as well as nearby islands, emission-free drones have been introduced as part of a pilot program. These drones can carry a 10-kilogram parcel and deliver five times faster than traditional services. With the program becoming more efficient, it is expected to be implemented throughout the country.

① 전기 자동차는 오토바이보다 더 많은 거리를 주행할 수 있다.
② 산간 지역은 전기 자동차가 운전하기 더 용이하다.
③ 우체국 배송에 사용되는 드론은 배기가스가 없다.
④ 기존의 드론 배송은 2킬로그램까지 운반이 가능했다.

023

해석

고객 여러분께,

저희는 탄소 배출량을 줄이기 위한 지속적인 약속에 관한 중요한 최신 정보를 공유하게 되어 기쁩니다.

최근, 대기의 질이 가장 위태로운 인구 밀집 도시에서 사용하는 차량을 중심으로, 저희는 배송 트럭을 전기 차량으로 전환하기 시작했습니다. 올해 말까지, 주요 대도시 지역에 있는 트럭의 20퍼센트가 전기 차량이 될 것으로 예상하고 있는데, 이는 향후 5년 이내에 도시와 시골 지역 모두에 서비스를 제공하는, 모든 차량이 전기 차량인 집단을 달성하겠다는 저희의 목표에 더욱 가까워지게 합니다.

전기 배송 차량을 채택하는 것의 이점이 상당하리라고 생각하지만, 새로운 차량을 기존 차량 집단에 통합시킴에 따라 조정 기간이 있을 수 있음을 인정합니다. 이 기간 동안, 저희는 여러분의 이해와 지속적인 지지를 소중히 여깁니다.

해설 ④번의 키워드인 '5년'이 그대로 언급된 지문의 five years(5년) 주변 내용에서 5년 이내에 모든 차량이 전기 차량인 집단을 달성하는 것이 목표라고 했으므로, ④ '5년 안에 가스로 움직이는 배달 차량이 없도록 하는 것이 목표이다'가 지문의 내용과 일치한다. ① 탄소 배출량을 줄이기 위해 인구 밀집 도시에서 사용하는 차량을 중심으로 배송 트럭을 전기 차량으로 전환하기 시작했다고 했으므로, 전기 차량으로의 전환이 비용 절감의 필요성에서 기인한다는 것은 지문의 내용과 다르다. ② 새로운 차량을 기존 차량 집단에 통합시킴에 따라 조정 기간이 있을 수 있음을 인정한다고는 했지만, 새로운 차량으로 전환하기 전까지 시골 지역 배송이 중단되는지는 알 수 없다. ③ 올해 말까지 주요 대도시 지역에 있는 트럭의 20퍼센트가 전기 차량이 될 것으로 예상한다고 했으므로, 현재 전기 차량이 배송 트럭의 20퍼센트를 차지한다는 것은 지문의 내용과 다르다.

어휘 commitment 약속, 헌신 carbon 탄소 emission 배출(량) transition 전환하다; 이행 densely 밀집하여, 빽빽이 compromise 위태롭게 하다, 타협하다 anticipate 예상하다 metropolitan 대도시의 fleet (자동차 등의) 집단 urban 도시의 rural 시골의, 지방의 adopt 채택하다, 입양하다 substantial 상당한 acknowledge 인정하다 adjustment 조정, 적응 integrate 통합하다 ongoing 지속적인, 진행 중인

정답 ④

024

해석

온라인 쇼핑의 증가 때문에 소포의 수가 증가함에 따라, 우체국은 빠르고 환경 친화적인 배송을 제공하기 위해 새로운 기술을 찾고 있다. 도시 지역에서는, 전기 자동차가 오토바이를 대체하기 시작하고 있다. 전기 자동차는 공해가 없을 뿐만 아니라 더 많은 수용력을 제공하기도 한다. 오토바이의 경우 35킬로그램을 견딜 수 있는 데 비해, 그것(전기 자동차)은 200킬로그램까지 견딜 수 있다. 이것은 우체국 직원들이 추가 화물을 (싣기) 위해 우체국으로 돌아가지 않고도 더 많은 소포를 배송하게 한다. 시골과 산간 지역, 뿐만 아니라 인근 섬에서는, 시범 프로그램의 일부로 배기가스가 없는 드론이 도입되었다. 이 드론들은 10킬로그램의 소포를 운반할 수 있고 종래의 서비스보다 다섯 배는 더 빠르게 배송할 수 있다. 그 프로그램이 더욱 효율적이게 되면서, 그것은 전국적으로 시행될 것으로 기대된다.

해설 ③번의 키워드인 '드론'을 그대로 언급한 지문의 drones(드론) 주변의 내용에서 우체국 시범 프로그램의 일부로 배기가스가 없는 드론이 도입되었다고 했으므로, ③ '우체국 배송에 사용되는 드론은 배기가스가 없다'가 지문의 내용과 일치한다. ① 오토바이는 35킬로그램을 견디는 데 비해 전기 자동차는 200킬로그램까지 견딘다고는 했지만, 전기 자동차가 오토바이보다 더 많은 거리를 주행할 수 있는지는 알 수 없다. ② 산간 지역에 배기가스가 없는 드론이 도입되었다고는 했지만, 산간 지역이 전기 자동차가 운전하기 더 용이한지는 알 수 없다. ④ 드론들은 10킬로그램의 소포를 운반할 수 있고 종래의 서비스보다 다섯 배는 더 빠르게 배송할 수 있다고는 했지만, 기존의 드론 배송이 2킬로그램까지 운반 가능했는지는 알 수 없다.

어휘 environmentally friendly 환경 친화적인 non-polluting 공해가 없는 storage 수용력, 저장(고) load 화물, 짐 rural 시골의 mountainous 산간의 emission-free 배기가스가 없는 pilot program 시범 프로그램(개편에 앞선 시험용 프로그램) traditional 종래의, 전통적인 efficient 효율적인 implement 시행하다

정답 ③

실전완성문제

001 다음 글의 목적으로 가장 적절한 것은?

> Dear Esteemed Customers,
>
> We are pleased to announce that a new series of stamps honoring legends from the country's musical scene will be released on July 1. The first stamps in the series will feature images of six traditional instruments including the *ajaeng*, the *geomungo*, and the *buk*. The new stamps will be available for one month, after which time they will be replaced by a new set of six stamps showcasing various eras of the country's music. Although all stamps can be obtained at any post office, collector's editions should be ordered directly from the national post office website at www.korpost.gov/collections.
>
> We hope that you enjoy the new collection and thank you for your patronage.
>
> Regards,
> Eric Kim, Customer Service Director

① 우표 수집 취미를 장려하려고
② 새 우표 시리즈의 출시를 알리려고
③ 시대별 우표의 변천사를 소개하려고
④ 수집가용 우표의 구매 제한을 공지하려고

002 밑줄 친 (A), (B)에 들어갈 말로 가장 적절한 것은?

> To strengthen its logistics and transportation networks, the postal service's tracking software has been ___(A)___ with artificial intelligence (AI) capabilities. Adding this new technology allows the system to give more accurate predictions of where packages are at all times and when they will reach their final destination. However, AI has other potential benefits for the postal service, including customer service and fraud detection. By implementing AI-based chatbots, the postal service can offer customers 24-hour assistance without hiring additional staff. In addition, AI software that ___(B)___ customer activity can identify unnatural patterns that point to fraudulent or illegal mail activity. This will improve the security of the national postal service and increase safety for employees and customers alike.

	(A)	(B)
①	supplemented	analyzes
②	exchanged	impersonates
③	supplemented	institutes
④	exchanged	chronicles

001

해석

> 존경하는 고객 여러분께,
>
> 저희는 우리나라 음악계의 전설을 기리는 새로운 우표 시리즈가 7월 1일에 출시될 것임을 발표하게 되어 기쁩니다. 시리즈의 첫 번째 우표는 아쟁, 거문고 및 북을 포함하는 여섯 개의 전통 악기들의 이미지를 특징으로 할 것입니다. 새로운 우표는 한 달 동안 구입 가능하며, 이 시점 이후로 그것들은 우리나라 음악의 서로 다른 시대를 보여 주는 여섯 장의 우표 세트로 바뀔 것입니다. 비록 모든 우표를 어떤 우체국에서든 구할 수 있지만, 수집가 판은 전국 우체국 웹사이트인 www.korpost.gov/collections에서 직접 주문하셔야 합니다.
>
> 여러분이 새로운 컬렉션을 즐기시기를 바라며 후원에 감사드립니다.
>
> 안부를 전하며,
> Eric Kim, 고객 서비스 책임자

해설 지문 전반에 걸쳐 우리나라 전통 악기 이미지를 특징으로 하는 새로운 우표 시리즈가 출시될 것이라고 하며 구매 가능 기간과 구매 방법에 대해 설명하고 있으므로, ② '새 우표 시리즈의 출시를 알리려고'가 이 글의 목적이다.

어휘 esteemed 존경하는 announce 발표하다 honor 기리다, 존경하다 release 출시하다, 개봉하다, 발표하다 feature 특징으로 하다; 특징
traditional 전통적인 instrument 악기, 도구 available 구입 가능한, 이용 가능한 replace 바꾸다, 대신하다 showcase 보여 주다, 전시하다
era 시대 directly 직접 patronage 후원, 지원

정답 ②

002

해석

> 우체국 서비스의 물류와 운송망을 강화하기 위해, 그것의 추적 소프트웨어는 인공 지능(AI) 기능으로 (A) 보완되어 왔다. 이 새로운 기술을 추가하는 것은 그 시스템이 어디에 항상 소포가 있는지, 그리고 언제 그것이 최종 목적지에 도착할지에 대해 정확한 예측을 제공하게 한다. 하지만, 인공 지능은 고객 서비스 및 사기 행위 발견을 포함하여, 우편 서비스에서 다른 잠재적인 이점들을 가지고 있다. 인공 지능 기반의 챗봇을 실행함으로써, 우체국 서비스는 추가 직원을 고용하지 않고 고객들에게 24시간 지원을 제공할 수 있다. 게다가, 고객 활동을 (B) 분석하는 인공 지능 소프트웨어는 사기 또는 불법 우편물 활동을 암시하는 부자연스러운 패턴을 식별할 수 있다. 이것은 국가 우체국 서비스의 보안을 향상시키고 직원과 고객 모두를 위한 안전을 증대시킬 것이다.

	(A)	(B)
①	보완된	분석한다
②	교환된	가장한다
③	보완된	도입한다
④	교환된	연대순으로 기록한다

해설 (A) 빈칸 뒤 문장에서 인공 지능 기술을 추가하는 것은 우편 시스템이 소포의 실시간 위치와 도착 예정 시간에 대해 정확한 예측을 제공하게 한다고 했으므로, 빈칸에는 우체국의 추적 소프트웨어가 인공 지능(AI) 기능으로 '보완되'어 왔다는 내용이 나와야 적절하다.
(B) 빈칸이 있는 문장에서 인공 지능 소프트웨어가 사기 또는 불법 우편물 활동을 암시하는 부자연스러운 패턴을 식별할 수 있다고 했으므로, 고객 활동을 '분석하는' 인공 지능 소프트웨어라는 내용이 나와야 적절하다.
따라서 ① (A) supplemented(보완된) - (B) analyzes(분석한다)가 정답이다.

어휘 logistics 물류 transportation 운송 artificial intelligence 인공 지능 capability 기능, 능력 accurate 정확한 prediction 예측
potential 잠재적인 fraud 사기(죄) detection 발견, 탐지 identify 식별하다 point to ~을 암시하다 supplement 보완하다 analyze 분석하다
impersonate (남을 속이기 위해 다른 사람인 척) 가장하다 institute 도입하다, 시작하다 chronicle 연대순으로 기록하다; 연대기

정답 ①

실전완성문제

003 안내문에 따라 다음 중 옳은 것은?

> Dear Patrons,
>
> We are committed to protecting your personal information.
>
> We have seen a sharp increase lately in reports of suspicious text messages claiming to be from the Postal Service Office. These messages prompt users to click a link to track their packages. These links are then used to steal important account and financial information from customers. Please be aware that official text messages from the Postal Service Office will not include a link. Likewise, the Postal Service Office will never request payment or personal information via text message. To protect yourself, do not click any links or respond to any messages from phone numbers you don't recognize. We also encourage customers to report suspicious messages to our Inspection Service by email.
>
> Thank you for your attention to this matter. With your cooperation, we hope to swiftly identify and strictly punish the offenders.

① 우편 관련 안내 문자의 미발송이 불편을 야기해 왔다.
② 우체국은 안전한 전화번호를 통해서만 링크를 보낸다.
③ 우편 서비스에 대한 결제 요청은 문자 메시지를 통해 이뤄지지 않는다.
④ 고객들은 검사 서비스에 전화로 연락할 수 있다.

004 밑줄 친 (A), (B)에 들어갈 말로 가장 적절한 것은?

> As widely recognized, mentality is a crucial aspect of ___(A)___ physical limits. During a difficult challenge, especially at the beginning of a journey when tasks feel daunting, it will most likely be the mind that quits before the body does. Developing a mindset and attitude that pushes the body past its limits is what will help handle the burden of intense physical activity, even when faced with obstacles or doubts. This principle also applies to postal workers who face repetitive and physically demanding tasks. Their job requires not only physical strength but also mental resilience to ___(B)___ heavy loads, adverse weather, and a surge of customer inquiries. Just as training strengthens the body through exercise, postal workers need training that enables them to maintain mental balance and stability, allowing them to overcome the physical challenges of their work.

	(A)	(B)
①	transcending	suspect
②	modifying	monopolize
③	transcending	withstand
④	modifying	neglect

003

해석

고객 여러분께,

저희는 여러분의 개인 정보를 보호하는 데 전념합니다.

저희는 최근 들어 우체국에서 온 것이라고 주장하는 의심스러운 문자 메시지에 대한 신고가 급격히 증가하는 것을 보아 왔습니다. 이러한 메시지들은 사용자가 소포를 추적하기 위해 링크를 클릭하게 합니다. 그러고 나서 이 링크들은 고객분들로부터 중요한 계좌 및 금융 정보를 훔치는 데 사용됩니다. 우체국의 공식 문자 메시지는 링크를 포함하지 않는다는 것에 유의하시기 바랍니다. 마찬가지로, 우체국은 절대 문자 메시지를 통해 결제 또는 개인 정보를 요청하지 않습니다. 스스로를 보호하기 위해, 여러분이 알지 못하는 전화번호로부터 온 어떠한 링크도 클릭하거나 어떠한 메시지에도 응답하지 마십시오. 저희는 또한 고객 여러분이 의심스러운 메시지를 저희의 검사 서비스에 이메일로 신고할 것을 권장합니다.

이 문제에 대한 여러분의 관심에 감사드립니다. 여러분의 협조와 함께, 저희는 범죄자들을 신속하게 확인하고 처벌하기를 바랍니다.

해설 ③번의 키워드인 '결제'가 그대로 언급된 지문의 payment(결제) 주변의 내용에서 우체국은 문자 메시지를 통해 결제를 요청하지 않는다고 했으므로, ③ '우편 서비스에 대한 결제 요청은 문자 메시지를 통해 이뤄지지 않는다'가 지문의 내용과 일치한다. ① 의심스러운 문자 메시지에 대한 신고가 급증한다고는 했지만, 우편 관련 안내 문자의 미발송이 불편을 야기해 왔는지는 알 수 없다. ② 우체국의 공식 문자 메시지는 링크를 포함하지 않는다고 했으므로, 우체국이 안전한 전화번호를 통해서만 링크를 보낸다는 것은 지문의 내용과 다르다. ④ 의심스러운 메시지는 우체국 검사 서비스에 이메일로 신고할 것이 권장된다고는 했지만, 고객들이 검사 서비스에 전화로 연락할 수 있는지는 알 수 없다.

어휘 suspicious 의심스러운 prompt ~하게 하다, 유도하다; 즉각적인 account 계좌, 설명; 간주하다 inspection 검사, 점검 offender 범죄자

정답 ③

004

해석

널리 알려진 것처럼, 정신은 신체적인 한계를 (A) 초월하는 중요한 요소이다. 어려운 도전 중에, 특히 일들이 벅차게 느껴지는 일정의 시작 단계에서, 몸이 그만두기 전에 그만두는 것은 아마도 마음일 것이다. 신체를 그것의 한계 너머로 밀어붙이는 마음가짐과 태도를 발달시키는 것은 심지어 장애물이나 의심에 직면했을 때일지라도, 극심한 신체적인 활동의 부담을 감당하는 데 도움이 될 것이다. 이 원리는 반복적이고 신체적으로 부담이 큰 일들에 직면하는 우체국 직원들에게도 적용된다. 그들의 일은 신체적인 힘뿐만 아니라 무거운 짐, 악천후, 그리고 급증하는 고객 문의를 (B) 견뎌낼 정신적 회복력 또한 필요로 한다. 훈련이 운동을 통해 몸을 강화시키는 것과 같이, 우체국 직원들은 정신적 균형 및 안정을 유지하여 그들로 하여금 업무의 신체적 어려움을 극복하게 할 훈련이 필요하다.

　　　(A)　　　　　(B)
① 초월하는 것　　의심하다
② 수정하는 것　　독점하다
③ 초월하는 것　　견뎌내다
④ 수정하는 것　　방치하다

해설 (A) 빈칸 뒷부분에 몸보다 먼저 그만두는 것은 마음일 것이며, 신체의 한계를 넘어서는 마음가짐을 발달시킴으로써 신체적 부담을 감당할 수 있다는 내용이 있으므로, 빈칸에는 정신은 신체적인 한계를 '초월하는' 중요한 요소라는 내용이 나와야 적절하다.
(B) 빈칸 뒤 문장에서 우체국 직원들은 업무의 신체적 어려움을 극복하게 할 정신적 훈련이 필요하다고 했으므로, 빈칸에는 악천후, 급증하는 고객 문의 등을 '견뎌낼' 정신적 회복력이라는 내용이 나와야 적절하다.
따라서 ③ (A) transcending(초월하는 것) - (B) withstand(견뎌내다)가 정답이다.

어휘 daunting 벅찬 quit 그만두다 intense 극심한, 치열한 demanding 부담이 큰, 요구가 많은 resilience 회복력 surge 급증; 밀려들다 inquiry 문의 transcend 초월하다 suspect 의심하다 modify 수정하다 monopolize 독점하다 withstand 견뎌내다 neglect 방치하다

정답 ③

실전완성문제

005 안내문에 따라 다음 중 옳지 않은 것은?

> Esteemed Customers,
>
> It is with great excitement that we announce the launch of a new recycling program aimed at reducing the environmental impact of packaging materials. Effective immediately, you can drop off clean and reusable cardboard boxes, bubble wrap, and Styrofoam at any participating post office location. We recommend removing any labels as they can contain sensitive personal information such as names, home addresses, telephone numbers, and email addresses. However, we acknowledge that this is not always possible. Therefore, to ensure that your information remains private, our recycling containers are locked and have narrow openings. They are only accessible to trusted postal service employees, who will carefully handle and sort the materials before transporting them to specialized facilities.
>
> We are focused on doing our part to protect the environment and are grateful for your participation in our latest initiative.

① Customers have to clean recyclable packaging before dropping it off.
② It is recommended to remove shipping labels from the packaging materials.
③ Recycling bins at post offices are designed to prevent unauthorized access.
④ Recyclable materials will be sorted at specialized facilities.

• 고난도

006 다음에 제시된 문장이 <보기>에 들어갈 위치로 가장 알맞은 것은?

> This journey, marked by diplomatic efforts, political turbulence, and eventual recognition, underscores Korea's persistent pursuit of its rightful place in the international postal community.

───── <보기> ─────

The path of Korea to become a member state of the Universal Postal Union (UPU) was filled with numerous challenges. In April 1884, King Gojong instructed the establishment of the Postal Administration and expressed his intention to join the UPU to foreign envoys in Seoul, seeking their mediation. (①) After failing to secure a postal treaty with the U.S. due to its passive stance, Joseon submitted an application to the Swiss Foreign Minister directly, but Japan, which had won the Chinese-Japanese War at the time, discouraged this effort when they began interfering in Joseon's internal affairs. (②) When King Gojong proclaimed the Korean Empire in 1897, he renewed efforts to join the UPU. In 1900, Korea could implement international postal operations and become a complete member of the UPU. However, after 1905, Japan's takeover of Korea resulted in the loss of its UPU membership. (③) In 1947, at the 12th UPU Congress, Korea, despite being liberated from Japanese rule, was under U.S. military administration and could not participate as a full member. But at that meeting, the UPU agreed to recognize Korea's prior membership rights. (④)

005

[해석]

> 존경하는 고객 여러분께,
>
> 저희는 포장재가 환경에 미치는 영향을 줄이는 것을 목표로 하는 새로운 재활용 프로그램의 개시를 발표하게 되어 기쁩니다. 지금부터, 여러분은 깨끗하고 재사용 가능한 판지 상자, 포장용 에어캡, 그리고 스티로폼을 참여하는 어느 우체국에나 내려다 둘 수 있습니다. 저희는 어떤 라벨이든 제거할 것을 권장하는데, 그것들이 이름, 집 주소, 전화번호, 그리고 이메일 주소와 같은 민감한 개인 정보를 포함할 수 있기 때문입니다. 하지만, 저희는 이 일이 항상 가능하지는 않다는 것을 압니다. 그러므로, 여러분의 정보가 비공개인 상태로 유지됨을 보장하기 위해, 저희의 재활용 컨테이너는 잠겨 있고 입구가 좁습니다. 그것에는 (포장) 재료를 전문 시설로 운반하기 전에 그것들을 신중하게 처리하고 분류할, 신뢰할 수 있는 우체국 직원들만이 접근 가능합니다.
>
> 저희는 환경을 보호하기 위해 본분을 다하는 데 초점을 두며, 저희의 최신 계획에 대한 여러분의 참여에 감사드립니다.

① 고객들은 재활용할 수 있는 포장재를 (우체국에) 두기 전에 그것은 깨끗하게 해야 한다.
② 포장재에서 배송 라벨을 제거하는 것이 권장된다.
③ 우체국의 재활용 (수집) 통은 승인되지 않은 접근을 막기 위해 설계되었다.
④ 재활용할 수 있는 재료들은 전문 시설에서 분류될 것이다.

[해설] ④번의 키워드인 specialized facilities(전문 시설)가 그대로 언급된 지문 주변의 내용에서 포장 재료들은 전문 시설로 운반되기 전에 신중하게 처리되고 분류된다고 했으므로, ④ '재활용할 수 있는 재료들은 전문 시설에서 분류될 것'이라는 것은 지문의 내용과 다르다.

[어휘] effective immediately 지금부터 drop off ~을 내려 주다 reusable 재사용 가능한 cardboard 판지 bubble wrap 포장용 에어캡 sensitive 민감한 transport 운반하다 do one's part 자신의 본분을 다하다 unauthorized 승인되지 않은

정답 ④

006

[해석]

> 외교적 노력, 정치적 혼란, 그리고 최종적인 승인으로 특징지어지는 이 여정은 국제 우편 사회에서 한국의 정당한 위치에 대한 끈질긴 추구를 강조한다.

한국이 만국우편연합(UPU)의 회원국이 되기까지의 길은 수많은 어려움으로 가득 차 있었다. 1884년 4월, 고종은 우정국의 설립을 지시했고, 서울에 있던 외국 사절들의 중재를 구하며 그들에게 만국우편연합에 가입할 의사를 밝혔다. ① 미국의 소극적인 자세로 인해 미국과의 우편 조약을 맺는 데 실패한 후, 조선은 스위스 외무 장관에게 직접 신청서를 제출했지만, 당시 청일 전쟁에서 승리한 일본이 조선의 내정에 간섭하기 시작하면서 이 노력을 좌절시켰다. ② 고종이 1897년에 대한 제국을 선포했을 때, 그는 만국우편연합에 가입하기 위한 노력을 다시 시작했다. 1900년에 대한 제국은 국제 우편 사업을 시행할 수 있었고 만국우편연합의 온전한 회원국이 될 수 있었다. 하지만, 1905년 이후, 일본의 한국 탈취는 한국의 만국우편연합 회원국 자격 상실을 초래했다. ③ 1947년 제12차 만국우편연합 총회에서, 일본의 지배에서 해방되었음에도 불구하고, 한국은 미군정 아래에 있어서 정식 회원국으로 참여할 수 없었다. 그러나 그 회담에서, 만국우편연합은 한국의 이전 회원국 자격을 인정하는 것에 동의했다. ④

[해설] ④번 앞 문장에 한국은 1947년의 만국우편연합 총회에 정식 회원국으로 참여할 수 없었지만 그 회담에서 이전 회원국 자격을 인정받았다고 했으므로, ④번 자리에 최종적인 승인으로 특징지어지는 이 여정(This journey)은 한국이 국제 우편 사회에서 정당한 위치를 추구했음을 강조한다는 내용, 즉 우정국 설립에서부터 만국우편연합에서 최종 회원국 자격을 인정받기까지의 과정이 시사하는 바에 대해 설명하는 주어진 문장이 나와야 지문이 자연스럽게 연결된다.

[어휘] diplomatic 외교적인 turbulence 혼란 eventual 최종적인 recognition 승인, 인정 underscore 강조하다 persistent 끈질긴 pursuit 추구 instruct 지시하다 envoy 사절 mediation 중재 treaty 조약 passive 소극적인, 수동적인 interfere 간섭하다 proclaim 선포하다 implement 시행하다 takeover 탈취, 장악 liberate 해방시키다

정답 ④

007 다음 글의 목적으로 가장 적절한 것은?

TO	Millbrook Post Office
FROM	Carolyn Conner
DATE	June 13
SUBJECT	Wait Times at the Post Office

To Whom It May Concern:

I am writing to bring your attention to an issue I frequently encounter at your branch. Specifically, the amount of time I spend waiting for service is excessive. Last week, I waited in line for over an hour just to mail a package.

This situation is creating a considerable inconvenience for many residents, especially those who can only visit the post office during their lunch break. Since the post office is not open on weekday nights or weekends, this is often the only time they can handle their postal needs.

I ask that you look into the matter and consider implementing solutions such as increasing staffing for peak hours. Thank you for addressing this issue. I hope to see improvements soon.

Regards,
Carolyn Conner

① To request that the operating hours of the post office be extended
② To inquire about the reasons behind wait times
③ To complain about the lack of waiting space in the post office
④ To ask for action to be taken to reduce lengthy wait times

007

해석

수신: Millbrook 우체국
발신: Carolyn Conner
날짜: 6월 13일
제목: 우체국에서의 대기 시간

관계자분들께,

저는 귀하의 지점에서 제가 자주 직면하는 문제에 대해 귀하의 관심을 얻고자 이 글을 씁니다. 구체적으로 말하면, 서비스를 위해 제가 기다리는 데 쓰는 시간의 양이 과도합니다. 지난주에, 저는 단지 소포 하나를 보내기 위해 한 시간 넘게 줄을 서서 기다렸습니다.

이런 상황은 많은 주민들, 특히 점심 시간 동안에만 우체국을 방문할 수 있는 사람들에게 상당한 불편을 일으키고 있습니다. 우체국은 평일 밤이나 주말에 문을 열지 않기 때문에, 이때(점심 시간)가 주로 그들이 우편과 관련하여 필요한 일을 해결할 수 있는 유일한 시간입니다.

저는 여러분이 그 문제를 주의 깊게 살피고 가장 혼잡한 시간대를 위해 직원 채용을 늘리는 것과 같은 해결책을 시행하는 것을 고려해 주시기를 요청드립니다. 이 문제를 다뤄 주셔서 감사드립니다. 저는 개선 사항을 조만간 볼 수 있기를 바랍니다.

안부를 전하며,
Carolyn Conner

① 우체국 영업 시간을 연장해 줄 것을 부탁하기 위해
② 대기 시간에 대한 이유를 문의하기 위해
③ 우체국의 대기 공간 부족에 대해 항의하기 위해
④ 긴 대기 시간을 줄이기 위한 조치가 취해지기를 요청하기 위해

해설 지문 앞부분에서 우체국 서비스를 이용하기 위해 기다리는 시간이 과도하다고 하고, 지문 뒷부분에 가장 혼잡한 시간대를 위해 직원 채용을 늘리는 것과 같은 해결책의 시행을 고려해 줄 것을 요청한다는 내용이 있으므로, ④ '긴 대기 시간을 줄이기 위한 조치가 취해지기를 요청하기 위해'가 이 글의 목적이다.

어휘 **frequently** 자주 **encounter** 직면하다 **branch** 지점 **specifically** 구체적으로 말하면, 특히 **excessive** 과도한 **considerable** 상당한 **look into** ~을 주의 깊게 살피다 **implement** 시행하다 **staffing** 직원 채용 **address** 다루다, 해결하다, 연설하다; 주소 **operating hour** 영업 시간 **extend** 연장하다 **inquire** 문의하다 **complain** 항의하다, 불평하다 **take action** 조치를 취하다

정답 ④

실전완성문제

008 밑줄 친 (A), (B)에 들어갈 말로 가장 적절한 것은?

> With delivery standards rising due to online commerce and customer requirements, Korea Post (KP) is ___(A)___ to keep improving its benchmark. For instance, people using KP's express mail services can expect a document or letter to arrive by the next business day. While this is fast for some, others seek same-day delivery times or need a document to be somewhere within an hour or two. This option, called on-demand delivery, is something that KP does not yet offer. Typically used for food orders, motorbike or van service satisfies the customer demand for getting something somewhere with utmost ___(B)___.

	(A)	(B)
①	keen	versatility
②	keen	rapidity
③	reluctant	versatility
④	reluctant	rapidity

009 안내문에 따라 다음 중 옳지 않은 것은?

> Valued Clients,
>
> Thank you for choosing us as your preferred service provider.
>
> As the Lunar New Year approaches, we expect an increased volume of shipments. Additionally, with the holiday, there are forecasts of cold waves and heavy snow, which may cause disruptions to prompt delivery. Our team will work hard to deliver your packages as usual. However, standard delivery times to some destinations may be delayed by up to a week. Thus, we recommend sending your packages as early as possible to guarantee that they arrive on time. For urgent shipments, you might find our next-day express service suitable. Please note that these services cost more than our standard services.
>
> We appreciate your understanding and apologize for any inconvenience this may cause. We look forward to continuing to serve you in the New Year.

① 소포의 기본 배송 기간은 7일이다.
② 연휴 물량 증가로 인한 운송 지연이 예상된다.
③ 다가오는 연휴에 악천후가 예보되었다.
④ 신속 운송을 위한 특급 우편 서비스도 이용 가능하다.

008

해석

온라인 상거래 및 고객의 요구 사항으로 인해 배송 기준이 높아짐에 따라, 우정사업본부는 (우편 배송의) 표준을 계속해서 개선하는 데 (A) 열심이다. 예를 들어, 우정사업본부의 특급 우편 서비스를 사용하는 사람들은 다음 영업일까지 문서나 편지가 도착할 것을 기대할 수 있다. 어떤 이들에게는 이것이 빠른 것인 반면, 다른 이들은 당일 배송 시간을 추구하거나 문서가 한두 시간 이내에 어딘가에 있을 것을 필요로 한다. 요구에 따른 배송이라고 불리는 이 선택지는 우정사업본부가 아직 제공하지 않는 것이다. 일반적으로 음식 주문에 사용되면서, 오토바이 또는 밴 서비스는 무언가를 어딘가에서 최고의 (B) 속도로 받고자 하는 고객의 요구를 충족시킨다.

	(A)	(B)
①	열심인	융통성
②	열심인	속도
③	주저하는	융통성
④	주저하는	속도

해설 (A) 빈칸이 있는 문장에 고객의 요구 등으로 배송 기준이 높아졌다는 내용이 있고, 빈칸 뒤 문장에서 특급 우편 서비스를 사용하는 사람들은 다음 영업일까지 우편물이 배송될 것을 기대할 수 있다고 했으므로, 빈칸에는 우정사업본부가 표준을 개선하는 데 '열심이'라는 내용이 나와야 적절하다.
(B) 빈칸 앞부분에서 당일 또는 한두 시간 이내의 배송은 우정사업본부가 아직 제공하지 않는 것이며 일반적으로 음식 주문에 사용된다고 했으므로, 빈칸에는 오토바이 또는 밴 서비스는 무언가를 최고의 '속도'로 받고자 하는 고객의 요구를 충족시킨다는 내용이 나와야 적절하다.
따라서 ② (A) keen(열심인) - (B) rapidity(속도)가 정답이다.

어휘 commerce 상거래 requirement 요구 (사항) benchmark 표준 typically 일반적으로 satisfy 충족시키다 utmost 최고의 keen 열심인 versatility 융통성, 다재다능 rapidity 속도 reluctant 주저하는

정답 ②

009

해석

소중한 고객 여러분께,

저희를 우선 서비스 제공 업체로 선택해 주신 데 감사드립니다.

설이 다가옴에 따라, 저희는 운송량 증가를 예상합니다. 게다가, 연휴와 함께 한파와 폭설의 예보가 있는데, 이는 신속한 배송에 지장을 초래할 수 있습니다. 저희 팀은 평소처럼 여러분의 소포를 배송하기 위해 열심히 일할 것입니다. 하지만, 몇몇 목적지로의 표준 배송 시간이 최대 일주일까지 지연될 수 있습니다. 그러므로, 여러분의 소포가 제시간에 도착하는 것을 보장하기 위해 가능한 한 빨리 그것들을 보내실 것을 권합니다. 시급한 운송품을 위해서, 익일 특급 서비스가 적절하다고 생각하실 수도 있습니다. 이러한 서비스는 표준 서비스보다 비용이 더 많이 드는 것에 유의하시기 바랍니다.

여러분의 양해에 감사드리며, 이로 인해 일어날 수 있는 모든 불편에 사과드립니다. 저희는 새해에도 계속해서 여러분을 모시기를 고대합니다.

해설 ①번의 키워드인 '7일'을 바꾸어 표현한 지문의 a week(일주일) 주변의 내용에서 연휴 운송량 증가와 예보된 한파 및 폭설로 인해 몇몇 목적지로의 표준 배송 시간이 최대 일주일까지 지연될 수 있다고는 했지만, ① '소포의 기본 배송 기간은 7일'인지는 알 수 없다.

어휘 preferred 우선의, 선호하는 forecast 예보; 예보하다 cold wave 한파 disruption 지장, 혼란 prompt 신속한 as usual 평소처럼 urgent 시급한, 긴급한 suitable 적절한, 적당한 inconvenience 불편

정답 ①

실전완성문제

010 What is indicated in the notice?

> Valued Customers,
>
> We regret to inform you that the post office located at 5682 Crowley Road will be closing permanently on April 30. Unfortunately, a significant decrease in usage has made operations there unsustainable.
>
> If you currently have a P.O. Box at this location, a P.O. Box at the 182 Street office has already been reserved for you. However, you must visit 5682 Crowley Road by April 15 to sign off on the transfer of your box. Failure to take action will result in the automatic closure of your box. Please note that should this happen, the post office will refund any prepaid fees to you. Information regarding your options for receiving a refund will be sent to your last known address, so please update your mailing information if necessary.
>
> We are sorry for any problems this closure may cause. If you have any questions, please do not hesitate to contact us.

① Customers can transfer their P.O. Box to the post office location of their choice.
② P.O. Boxes will be closed unless customers approve of a transfer.
③ Refunds for P.O. Boxes will be automatically deposited.
④ All customers must update their mailing addresses.

010

[해석] 안내문에 따라 다음 중 옳은 것은?

> 소중한 고객 여러분께,
>
> 저희는 Crowley가 5682번지에 위치한 우체국이 4월 30일부로 영구 폐쇄될 것을 알리게 되어 유감입니다. 안타깝게도, 이용량의 상당한 감소가 그곳의 운영을 지속 불가능하게 만들어 왔습니다.
>
> 만약 여러분이 지금 이 위치에 사서함을 가지고 있으시다면, 182번가 우체국에 여러분을 위한 사서함이 이미 마련되어 있습니다. 하지만, 4월 15일까지 5682번지 Crowley가를 방문하여 여러분의 사서함 이전에 대해 승인을 하셔야 합니다. 조치를 취하지 않으시면 여러분의 사서함은 자동 (사용) 종료될 것입니다. 이와 같은 일이 일어날 경우, 우체국은 여러분에게 선납된 수수료를 환불해 드릴 예정입니다. 환불금을 받기 위한 선택지에 대한 정보는 가장 최근에 알려진 여러분의 주소로 발송되므로, 필요한 경우 우편 정보를 갱신해 주십시오.
>
> 이번 폐쇄가 야기할 수 있는 문제에 대해 사과드립니다. 문의 사항이 있으신 경우, 주저하지 않고 연락 주시기 바랍니다.

① 고객들은 사서함을 그들이 선택한 우체국 위치로 이전할 수 있다.
② 고객들이 이전을 승인하지 않는다면 사서함은 (사용) 종료될 것이다.
③ 사서함의 환불금은 자동적으로 입금될 것이다.
④ 모든 고객들은 자신들의 우편 주소를 갱신해야 한다.

[해설] ②번의 키워드인 P.O. Boxes will be closed(사서함은 종료될 것이다)를 바꾸어 표현한 지문의 closure of your box(여러분의 사서함 종료) 주변의 내용에서 고객이 사서함 이전을 승인하지 않으면 사서함은 자동 (사용) 종료될 것이라고 했으므로, ② '고객들이 이전을 승인하지 않는다면 사서함은 (사용) 종료될 것이다'가 지문의 내용과 일치한다. ① 폐쇄될 Crowley가 5682번지 우체국에 사서함이 있다면 182번가 우체국에 사서함이 마련되어 있다고 했으므로, 고객들이 사서함을 그들이 선택한 우체국 위치로 이전할 수 있다는 것은 지문의 내용과 다르다. ③ 사서함 사용 종료 시 우체국은 선납된 수수료를 환불될 것인데, 이때 환불금을 받기 위한 선택지에 대한 정보가 주소로 발송될 것이라고 했으므로, 사서함의 환불금이 자동적으로 입금될 것이라는 것은 지문의 내용과 다르다. ④ 환불 정보를 받기 위해 필요한 경우 우편 정보를 갱신해 달라고 했으므로, 모든 고객들이 자신들의 우편 주소를 갱신해야 한다는 것은 지문의 내용과 다르다.

[어휘] **permanently** 영구적으로　**operation** 운영, 작전, 수술　**unsustainable** 지속 불가능한　**P.O. Box** 사서함　**reserve** 마련하다, 예약하다　**sign off on** ~에 대해 승인하다　**transfer** 이전; 이전하다, 이동하다　**take action** 조치를 취하다　**refund** 환불하다; 환불(금)　**prepaid** 선납된　**deposit** 입금하다, 예금하다; 예금

정답 ②

실전완성문제

011 다음에 제시된 문장이 <보기>에 들어갈 위치로 가장 알맞은 것은?

> These additional resources are allowing the department to greatly enhance its efforts to improve safety, efficiency, and environmental sustainability.

―― <보기> ――

Despite a multiyear period of economic stagnation, the Korean postal service has rebounded considerably in recent years. Though postal revenue only reached 96.1 percent of its target of just over three billion won, this was a considerable improvement over previous years. Additionally, the postal service vastly surpassed expectations in postal savings. (①) These savings accounts, which are managed by and receive interest from the Korean government, have increased dramatically. (②) With a target of 50 billion won, the total balance of postal accounts amounted to more than 400 billion won, nearly eight times the goal. (③) Such growth has driven major government investment in the department. (④) Ongoing efforts include adding AI-driven robotic arms for unloading packages and switching two-wheeled delivery vehicles to electric ones. Korea Post plans to expand these projects with next year's increased budget.

012 다음 글의 내용과 일치하는 것은?

> Although every stage of the stamp production process is carefully controlled, errors can occur, resulting in the finished product not appearing as intended. The main types of errors happen during the design phase of production and can be as minor as a missing letter or as serious as a factually incorrect inscription. However, mistakes can also happen during the printing and cutting processes. In the event of a stamp error, the stamp in question must be disposed of properly so it doesn't reach the public. Considered postal waste, such stamps, if recovered, are not valuable. On the other hand, if an error stamp is legitimately sold to a customer by a post office, it may be worth a significant amount of money to investors and collectors.

① Errors occurring at the design stage of production are often the most minor.
② Stamp production decisions are made at the post office headquarters.
③ The stamps that have been designated for removal no longer hold monetary value.
④ Collectors consider error stamps to be more valuable than investors do.

011

> 이 추가적인 자원들은 그 본부가 안전, 효율성 및 환경적 지속성을 개선하려는 노력을 크게 증진시키게 하고 있다.

수년간의 경기 침체에도 불구하고, 우정사업본부는 최근 몇 년간 상당히 반등했다. 비록 우체국 순이익이 30억 원이 조금 넘는 목표액의 96.1 퍼센트에 그쳤지만, 이것은 이전 몇 년에 걸친 상당한 개선이다. 게다가, 우정사업본부는 우체국 예금에 있어서 기대를 훨씬 뛰어넘었다. ① 한국 정부에 의해 관리되고 한국 정부로부터 이자 지급액을 받는 이 예금액은 극적으로 증가해 왔다. ② 500억 원을 목표로 한 우체국 예금액의 총 잔고는 그 목표의 거의 8배인 4,000억 원 이상에 도달했다. ③ 그러한 성장은 그 본부로의 주요한 정부 투자를 이끌어냈다. ④ 지속 중인 노력은 소포를 내리기 위한 AI 기반의 로봇 팔을 추가하는 것과 이륜 배송 차량을 전기 차량으로 전환하는 것을 포함한다. 우정사업본부는 내년의 늘어난 예산으로 이 프로젝트들을 확장할 계획이다.

④번 앞 문장에서 우체국 예금액에서의 성장이 우정사업본부로의 정부 투자를 이끌어냈다고 하고, 뒤 문장에서 지속 중인 노력은 소포 내리기용 로봇 팔 추가와 전기 차량 도입을 포함한다고 했으므로, ④번 자리에 이 추가적인 자원들(These additional resources)은 그 본부가 안전, 효율성, 환경적 지속성을 개선하려는 노력을 증진시킨다는 내용, 즉 우정사업본부에 정부가 투자한 자원이 어떻게 사용되는지를 보여 주는 주어진 문장이 나와야 지문이 자연스럽게 연결된다.

efficiency 효율성 **environmental sustainability** 환경적 지속성 **stagnation** 침체 **rebound** 반등하다 **considerably** 상당히 **revenue** 순이익, 수익 **vastly** 훨씬 **surpass** 뛰어넘다, 능가하다 **expectation** 기대 **interest** 이자, 흥미 **dramatically** 극적으로 **balance** 잔고, 균형 **account** 예금(액), 계좌 **drive** 이끌어내다, 운전하다 **AI-driven** AI 기반의 **unload** (짐을) 내리다 **budget** 예산

정답 ④

012

> 우표 제작 과정의 모든 단계가 세심하게 통제됨에도 불구하고 오류는 발생할 수 있는데, 이는 완제품이 의도된 대로 나오지 않는 것을 초래할 수 있다. 오류의 주된 유형은 제작 설계 단계 동안에 발생하며 누락한 글자만큼 사소하거나 사실에 비추어 잘못 적힌 글만큼 심각할 수 있다. 하지만, 인쇄 및 재단 과정 동안에도 실수가 발생할 수 있다. 우표 오류가 발생하는 경우, 문제의 우표는 대중들의 (손에) 도달하지 않도록 적절하게 처분되어야 한다. 그러한 우표들은 만약 회수된다면, 우편물 쓰레기로 간주되어 금전적 가치가 없다. 반면에, 만약 오류 우표가 우체국에 의해 합법적으로 고객에게 판매된다면, 그것은 투자자 및 수집가에게 상당한 액수의 금전적 가치가 있을지도 모른다.

① 제작 설계 단계에서 발생하는 오류가 주로 가장 사소하다.
② 우표 제작 결정은 우체국 본부에 의해 이루어진다.
③ 제거하는 것으로 지정된 우표들은 더 이상 금전적 가치가 없다.
④ 수집가들은 투자가들보다 오류 우표를 더욱 가치 있게 여긴다.

③번의 키워드인 removal(제거)를 바꾸어 표현한 지문의 disposed of(처분된) 주변의 내용에서 오류가 난 우표들은 대중의 손에 들어가지 않게 처분되어야 하며, 이로 인해 회수된 우표는 금전적 가치가 없다고 했으므로, ③ '제거하는 것으로 지정된 우표들은 더 이상 금전적 가치가 없다'가 지문의 내용과 일치한다. ① 오류의 주된 유형은 제작 설계 단계에서 발생하며 사소할 수도, 심각할 수도 있다고 했으므로, 제작 설계 단계에서 발생하는 오류가 주로 가장 사소하다는 것은 지문의 내용과 다르다. ② 우표 제작 결정이 우체국 본부에 의해 이루어지는지는 언급되지 않았다. ④ 합법적으로 판매되는 오류 우표는 투자자 및 수집가에게 상당한 금전적 가치가 있을지도 모른다고 했지만, 수집가들이 투자가들보다 오류 우표를 더욱 가치 있게 여기는지는 알 수 없다.

phase 단계 **factually** 사실에 비추어 **inscription** (책에 적힌) 글 **dispose of** ~을 처분하다, 없애다 **properly** 적절하게 **recover** 회수하다, 회복하다 **legitimately** 합법적으로 **headquarter** 본부

정답 ③

013 (A)에 들어갈 다음 글의 제목으로 가장 적절한 것은?

(A)

We invite you to engage in our upcoming event dedicated to providing assistance to low-income households before the winter season. This initiative is part of our commitment to fostering solidarity among our neighbors.

Details
- **Date**: Friday, November 1 - Sunday, November 3
- **Times**: 9:00 a.m. - 5:00 p.m. (Friday & Saturday)
  9:00 a.m. - 4:00 p.m. (Sunday)
- **Meeting point**: Central Post Office, Riverside Street 84

Activities
- **Repairing houses**: Volunteers will help fix and improve homes by landscaping, removing unwanted items, and painting walls.
- **Donating winter items**: Participants will distribute necessary winter supplies such as hot packs, food, and coal briquettes.

Individuals aged 15 to 65 can apply online by October 25. For more details and to register, visit our website at www.poevent.org or contact (033) 123-4567.

① Foster Solidarity with Local Post Office Staff
② Participate in a City Renovation Project
③ Make a Difference to People in Need
④ Provide Winter Assistance to Elders

013

해석

> (A) 도움이 필요한 사람들에게 변화를 만들어 주세요
>
> 저희는 여러분이 동절기 전에 저소득 가구를 지원하는 것에 전념하는, 다가오는 행사에 참여하시기를 청합니다. 이 계획은 이웃들 간의 연대를 강화하기 위한 저희의 헌신의 일부입니다.
>
> **세부 사항**
> - **날짜**: 11월 1일 금요일 - 11월 3일 일요일
> - **시간**: 오전 9시 - 오후 5시 (금요일 및 토요일)
>   오전 9시 - 오후 4시 (일요일)
> - **모임 장소**: Riverside가 84번지 중앙 우체국
>
> **활동**
> - **집 수리**: 자원봉사자들은 조경하기, 필요 없는 물품 없애기, 그리고 벽 채색하기를 통해 집을 수리 및 개선하는 데 도움을 줄 것입니다.
> - **동절기 물품 기부**: 참가자들은 핫팩, 음식 및 연탄과 같은 필수 동절기 물품을 나누어 줄 것입니다.
>
> 15세부터 65세의 개인은 10월 25일까지 온라인으로 신청할 수 있습니다. 추가적인 세부 사항 및 등록을 위해서는 저희 웹사이트 www.poevent.org를 방문하시거나 (033) 123-4567로 문의하십시오.

① 지역 우체국 직원들과의 연대를 강화하세요
② 도시 보수 프로젝트에 참여하세요
③ 도움이 필요한 사람들에게 변화를 만들어 주세요
④ 어르신들에게 동절기 도움을 제공하세요

해설 지문 앞부분에서 행사가 동절기 전 저소득 가구를 지원하는 것에 전념한다고 하고, 지문 중간에서 저소득 가구를 위한 집 수리 및 동절기 물품 기부 활동이 예정되어 있음을 알려 주고 있다. 따라서 ③ '도움이 필요한 사람들에게 변화를 만들어 주세요'가 이 글의 제목이다.

어휘 **low-income** 저소득의 **initiative** 계획 **commitment** 헌신, 약속 **foster** 강화하다, 조성하다 **solidarity** 연대 **landscape** 조경을 하다; 조경, 풍경 **donate** 기부하다 **distribute** 나누어 주다 **in need** 도움이 필요한

정답 ③

실전완성문제

고난도

014 밑줄 친 (A), (B)에 들어갈 말로 가장 적절한 것은?

> Korea Post offers a variety of options for shipping packages and documents internationally, with different services available depending on the destination country. The most commonly used option is the EMS Premium service, which is operated via a collaboration between Korea Post and UPS, a private U.S. courier, and supplies service to 210 countries. Shippers can be provided ___(A)___, as UPS covers the costs in the case of loss or damage. EMS Premium facilitates a unified method of shipping goods, whether those parcels consist of merchandise or a single document. ___(B)___ items weighing up to 30 kilograms and individual documents that are permitted to be shipped to the destination country, the EMS Premium service presents customers a convenient method of ensuring rapid and safe delivery for their goods.

	(A)	(B)
①	assurance	Attesting
②	assurance	Accepting
③	allegiance	Attesting
④	allegiance	Accepting

015 다음 글의 내용과 일치하지 않는 것은?

> Starting in 2024, a mobile driver's license verification system was introduced at post office financial counters nationwide. This service applies to all tasks that require identity verification. The mobile driver's license can be obtained by visiting a nearby driver's license examination center or police station for in-person identity verification. The mobile driver's license is considered beneficial for protecting personal information, as it uses secure blockchain technology. It is also expected to deter crime by preventing license loss and reduce reissuance costs. In the future, notification features related to driver's license notices could be added. The Korea Post plans to expand the mobile driver's license verification system to its smartphone banking service.

① 모바일 운전 면허증 확인 제도가 전국 우체국에 도입되었다.
② 모바일 운전 면허증에 사용되는 기술은 데이터 보호에 도움이 된다.
③ 모바일 운전 면허증 확인 제도는 스마트폰 뱅킹 서비스로 확대될 예정이다.
④ 모바일 운전 면허증은 온라인으로 발급받을 수 있다.

014

[해석]

우정사업본부는 소포와 서류를 국제적으로 운송하는 다양한 선택지를 제공하는데, 목적지 국가에 따라 서로 다른 서비스가 이용 가능하다. 가장 일반적으로 사용되는 선택지는 우정사업본부와 미국 민간 택배 회사인 UPS 간의 협력을 통해 운영되며, 210개국에 서비스를 공급하는 EMS 프리미엄 서비스이다. UPS가 분실 또는 손상의 경우에 비용을 보상하기 때문에, 발송인은 (A) 보험을 제공받을 수 있다. EMS 프리미엄은 소포가 상품으로 구성되어 있든 단일 서류로 구성되어 있든 간에, 상품을 운송하는 통합된 방법을 가능하게 한다. 최대 30킬로그램의 무게가 나가는 물품들과 목적지 국가로의 운송이 허용된 개별 서류들을 (B) 수용하면서, EMS 프리미엄 서비스는 고객에게 그들의 상품을 위한 신속하고 안전한 배송을 보장하는 편리한 방법을 제시한다.

(A)　　　(B)
① 보험　　증명하는 것
② 보험　　수용하는 것
③ 충성　　증명하는 것
④ 충성　　수용하는 것

[해설] (A) 빈칸이 있는 문장에서 우정사업본부와 협력하여 EMS 프리미엄 서비스를 운영하는 UPS가 분실 또는 손상 비용을 보상한다고 했으므로, 빈칸에는 발송인은 '보험'을 제공받을 수 있다는 내용이 나와야 적절하다.
(B) 빈칸 앞 문장에서 EMS 프리미엄 서비스는 소포가 상품이든 서류든 간에 통합된 운송 방법을 가능하게 한다고 했으므로, 빈칸에는 최대 30킬로그램의 무게가 나가는 물품 및 개별 서류들을 '수용한'다는 내용이 나와야 적절하다.
따라서 ② (A) assurance(보험) - Accepting(수용하는 것)이 정답이다.

[어휘] internationally 국제적으로　collaboration 협력　courier 택배 회사　cover 보상하다, 덮다　facilitate 가능하게 하다
unify 통합시키다　consist of ~으로 구성되다　merchandise 상품, 물품　assurance 보험, 확인　attest 증명하다　allegiance 충성

정답 ②

015

[해석]

2024년부터, 전국 우체국 금융 창구에서 모바일 운전 면허증 확인 제도가 도입되었다. 이 서비스는 신원 확인이 필요한 모든 업무에 적용된다. 모바일 운전 면허증은 대면 신원 확인을 위해 가까운 운전면허시험장이나 경찰서를 방문함으로써 발급받을 수 있다. 모바일 운전 면허증은 블록체인 기술을 이용하기 때문에 개인 정보 보호에 유리한 것으로 여겨진다. 그것은 또한 면허증 분실을 방지함으로써 범죄를 억제하고 재발급 비용을 감소시킬 것으로 기대된다. 향후에는, 운전 면허증 공지와 관련된 알림 기능이 추가될 수 있다. 우정사업본부는 모바일 운전 면허증 확인 제도를 스마트폰 뱅킹 서비스까지 확대할 계획이다.

[해설] ④번의 키워드인 '발급받을 수 있다'가 그대로 언급된 지문의 can be obtained(발급받을 수 있다) 주변의 내용에서 모바일 운전 면허증은 대면 신원 확인을 위해 운전면허시험장이나 경찰서를 방문하여 발급받을 수 있다고 했으므로, ④ '모바일 운전 면허증은 온라인으로 발급받을 수 있다'는 지문의 내용과 다르다.

[어휘] verification 확인, 인증　financial 금융의　identity 신원, 정체성　obtain 발급하다, 얻다　in-person 대면의　beneficial 유리한　deter 억제하다
reissuance 재발급, 재발행　notification 알림, 통지　feature 기능, 특징; 특징으로 하다　expand 확대하다

정답 ④

실전완성문제

016 Darae Post Office 행사에 관한 다음 글의 내용과 일치하지 않는 것은?

> **Celebrate 80 Years of the Darae Post Office!**
>
> We are excited to invite you to the Darae Post Office 80-year anniversary event. This event is intended to strengthen the bond with our local residents and is open to everyone. You will have the opportunity to learn about the role of the local post office and the fascinating world of stamps.
>
> **Details**
> - **Date**: Saturday, April 15 - Sunday, April 16
> - **Time**: 10:00 a.m. - 5:00 p.m. (Saturday)
>   　　　　 10:00 a.m. - 4:00 p.m. (Sunday)
> - **Location**: Darae Central Park
>
> **Main Events**
> - **Drawing Competition**
>   - Topic: Memories of the Postal Service
>   - 10 winners will receive a set of commemorative stamps and a 30,000 won voucher for local use.
> - **Exhibition**
>   Explore the rich history of the Darae Post Office, and view an impressive collection of 100 different kinds of stamps.
>
> For more information, please visit the notice board on our website at www.daerae.koreapost.go.kr.

① 지역 우체국의 80주년을 기념하는 행사이다.
② 일요일에는 한 시간 일찍 종료된다.
③ 그리기 대회 수상자들의 작품이 전시될 것이다.
④ 100여 가지 종류의 우표를 감상할 수 있다.

017 문맥을 고려할 때, 빈칸 ⓐ에 들어갈 알맞은 단어는?

> In today's environmentally conscious landscape, businesses can no longer treat sustainability as an afterthought. Prioritizing eco-friendly practices is not only an ethical imperative but also a strategic business decision. Consumers are increasingly favoring brands that demonstrate a genuine commitment to change by reducing their environmental impact. Forward-thinking enterprises understand that sustainability (ⓐ) being a mere slogan—it's a comprehensive approach that permeates every facet of their operations. Those that fail to adapt, however, risk being left behind as conscious consumerism continues to gather momentum.

① overlooks
② gives in
③ surpasses
④ supports

016

해석

> **다래 우체국의 80주년을 기념하세요!**
>
> 여러분을 다래 우체국 80주년 기념 행사에 초대하게 되어 기쁩니다. 이 행사는 우리 지역 주민들과의 유대를 강화하기 위해 의도되었으며 모두에게 열려 있습니다. 여러분은 지역 우체국의 역할과 매혹적인 우표의 세계에 대해 배울 기회를 가질 것입니다.
>
> **세부 정보**
> - **날짜**: 4월 15일 토요일 – 4월 16일 일요일
> - **시간**: 오전 10시 – 오후 5시 (토요일)
>   오전 10시 – 오후 4시 (일요일)
> - **장소**: 다래 중앙 공원
>
> **주요 행사**
> - 그리기 대회
>   - 주제: 우편 서비스에 대한 추억
>   - 우승자 10명은 기념 우표 1세트와 지역 사용이 가능한 상품권 3만원 권을 받을 것입니다.
> - 전시회
>   다래 우체국의 풍부한 역사를 탐험하고 100가지 다른 종류의 인상적인 우표 컬렉션을 감상해 보세요.
>
> 더 많은 정보를 위해서는 저희 웹사이트 www.daerae.koreapost.go.kr 게시판을 방문하세요.

해설 ③번의 키워드인 '수상자들'을 바꾸어 표현한 지문의 10 winners(우승자 10명) 주변의 내용에서 그리기 대회 우승자 10명은 기념 우표 1세트와 지역 상품권 3만원 권을 받을 것이라고는 했지만, ③ '그리기 대회 수상자들의 작품이 전시될 것'인지는 알 수 없다.

어휘 bond 유대 fascinating 매혹적인 competition 대회, 경쟁 commemorative 기념하는 voucher 상품권 impressive 인상적인

정답 ③

017

해석

> 오늘날의 환경을 의식하는 상황에서, 기업들은 더 이상 지속 가능성을 나중에 생각하는 것으로 취급할 수 없다. 친환경적인 관행을 우선시하는 것은 윤리적인 의무일 뿐만 아니라 전략적인 사업 결정이기도 하다. 소비자들은 환경에 대한 영향을 줄임으로써, 변화하려는 진정한 헌신을 보여 주는 브랜드를 점점 더 선호하고 있다. 미래를 생각하는 기업들은 지속 가능성이 단순한 슬로건을 ⓐ 넘어서며, 그것이 운영의 모든 측면에 스며드는 포괄적인 접근 방식임을 알고 있다. 하지만, 적응하지 못하는 기업들은 의식적인 소비주의가 계속해서 추진력을 얻음에 따라 뒤처지는 위험을 감수하는 것이다.

① 간과한다 ② ~에 항복한다
③ 넘어선다 ④ 지원한다

해설 빈칸 앞 문장에 오늘날 소비자들은 친환경적인 관행을 우선시하는 브랜드를 더 선호한다는 내용이 있고, 빈칸이 있는 문장에 미래를 생각하는 기업들은 지속 가능성이 운영 전반에 스며드는 포괄적인 방식임을 알고 있다는 내용이 있으므로, 지속 가능성이 단순한 슬로건을 '넘어선'다고 한 ③번이 정답이다.

어휘 landscape 상황, 풍경 sustainability 지속 가능성 afterthought 나중에 생각하는 것 prioritize 우선시하다 ethical 윤리적인 imperative 의무; 의무적인 strategic 전략적인 demonstrate 보여 주다 genuine 진정한 commitment 헌신, 전념 comprehensive 포괄적인 permeate 스며들다 facet 측면 consumerism 소비주의 momentum 추진력 overlook 간과하다 give in ~에 항복하다 surpass 넘어서다

정답 ③

실전완성문제

고난도

018 What is NOT indicated in the notice?

> To Whom It May Concern,
>
> We are writing to inform you of an upcoming change to our mail collection schedule.
>
> Currently, mail is collected from mailboxes twice a day, at 6 a.m. and 5 p.m., from Monday to Friday. Local mail collected at 6 a.m. will start being distributed the same working day by 4 p.m., while mail collected at 5 p.m. will start being distributed before 12 p.m. the following day. We have been monitoring the volume of mail left in mailboxes in recent times. We have found that nearly two-thirds of mailboxes are empty or contain fewer than five items at 6 a.m. from Tuesday to Friday. Given these findings, we will be eliminating the 6 a.m. collection time for these days, effective June 18. The schedule for Monday will be maintained.
>
> We thank you for your understanding and apologize for any inconvenience this might cause.

① Mail picked up at 6 a.m. on Mondays will be circulated the same day.
② Except for Mondays, two-thirds of the mailboxes have very little mail at 6 a.m.
③ There must be at least five pieces of mail in a mailbox for a postal service employee to collect the mail.
④ The frequency of 6 a.m. mail collection will be reduced to once a week.

019 다음 글의 내용과 일치하지 않는 것은?

> In a move to promote local economic growth, the post office is enlisting sellers of local brands, with the goal of offering high-quality local products at affordable prices online. The initiative features a curated selection of products from local businesses across various regions. These include specialties such as fruits, grains, and seafood at prices lower than those found at conventional retail markets. Customers can enjoy additional discounts when purchasing through the online app, with special promotions during holidays like Lunar New Year and Chuseok. On an annual basis, new local businesses will be recruited to join the platform. Sellers also benefit from reduced logistics costs through Korea Post's efficient parcel delivery services.

① The post office strives to revitalize the local economy.
② The local market's products include seafood.
③ During holidays, extra shipping cost reductions are available to the sellers.
④ New businesses can apply to participate annually.

018

해석 안내문에 따라 옳지 않은 것은?

> 관계자분들께,
>
> 저희는 곧 있을 우편물 수거 일정 변경을 여러분께 알리기 위해 이 글을 씁니다.
>
> 현재, 우편물은 우체통에서 월요일부터 금요일까지 하루에 두 번, 오전 6시와 오후 5시에 수거됩니다. 오전 6시에 수거된 지역 우편물은 당일 오후 4시에 배달되기 시작하는 반면, 오후 5시에 수거된 우편물은 다음 날 오후 12시 이전에 배달되기 시작될 것입니다. 저희는 최근 우체통에 남아 있는 우편물의 양을 추적 관찰해 왔습니다. 저희는 화요일부터 금요일까지 오전 6시에 우체통의 거의 3분의 2가 비어 있거나 5개 미만의 물품을 포함하고 있음을 발견했습니다. 이러한 결과를 고려하여, 저희는 6월 18일부터 이 날들의 오전 6시 수거 시간을 없앨 것입니다. 월요일의 일정은 유지될 것입니다.
>
> 여러분의 양해에 감사드리며, 이 일이 초래할 수 있는 어떠한 불편함에 대해서도 사과드립니다.

① 월요일 오전 6시에 수거된 우편물은 당일에 배부될 것이다.
② 월요일을 제외하고, 우체통의 3분의 2가 오전 6시에 우편물이 거의 없다.
③ 우편 서비스 직원이 우편물을 수거하려면 우체통에 최소 5개의 우편물이 있어야 한다.
④ 오전 6시 우편물 수거 빈도는 주 1회로 줄어들 것이다.

해설 ③번의 키워드인 five pieces of mail(5개의 우편물)을 바꾸어 표현한 지문의 five items(5개의 물품) 주변의 내용에서 화요일부터 금요일까지 오전 6시에 우체통의 3분의 2가 비어 있거나 5개 미만의 물품을 포함하고 있다고는 했지만, ③ '우편 서비스 직원이 우편물을 수거하려면 우체통에 최소 5개의 우편물이 있어야 하'는지는 알 수 없다.

어휘 **distribute** 배달하다, 분배하다, 유통하다 **volume** 양, 음량, 부피 **eliminate** 없애다 **circulate** 배부하다, 순환시키다 **frequency** 빈도

정답 ③

019

해석

> 지역 경제 성장을 촉진하기 위한 움직임으로, 우체국은 온라인에서 고품질의 지역 제품을 저렴한 가격에 제공한다는 목표를 갖고, 지역 브랜드 판매자들을 모집하고 있다. 이 계획은 다양한 지방의 지역 사업체들의 엄선된 상품들을 특징으로 한다. 이것들은 종래의 소매 시장에서 보는 것들보다 더 낮은 가격의 과일, 곡물 및 해산물과 같은 특산품을 포함한다. 고객들은 온라인 앱을 통해 구매할 때 추가 할인을 누릴 수 있으며, 설 및 추석과 같은 연휴 동안에는 특별 프로모션이 있다. 해마다, 신규 지역 사업체들이 이 플랫폼에 참여하기 위해 모집될 것이다. 판매자들은 또한 우정사업본부의 효율적인 택배 서비스를 통해 절감된 물류 비용 혜택도 받는다.

① 우체국은 지역 경제를 재활성화하기 위해 노력한다.
② 지역 시장의 상품들은 해산물을 포함한다.
③ 연휴 동안, 판매자들은 추가 배송비 절감이 가능하다.
④ 신규 사업체들이 매년 참가 신청을 할 수 있다.

해설 ③번의 키워드인 holidays(연휴)가 그대로 언급된 지문 주변의 내용에서 고객들은 설과 추석과 같은 연휴에 누릴 수 있는 특별 프로모션이 있다고는 했지만, ③ '연휴 동안, 판매자들은 추가 배송비 절감이 가능한'지는 알 수 없다.

어휘 **promote** 촉진하다, 홍보하다 **enlist** 모집하다 **affordable** 저렴한 **initiative** 계획 **feature** 특징으로 하다; 특징 **curate** 엄선하다 **specialty** 특산품 **conventional** 종래의, 전통적인 **retail** 소매 **annual** 해마다의 **recruit** 모집하다 **logistics** 물류 **revitalize** 재활성화하다 **available** (이용) 가능한

정답 ③

실전완성문제

020 Post Office Policies Contest에 관한 다음 글의 내용과 일치하는 것은?

> **Post Office Policies Contest**
>
> We're gathering creative and helpful ideas to improve our postal services.
> - Tuesday, March 1 – Monday, March 21
> - Open to everyone living in Korea
>
> Entries pertaining to insurance plans, financing services, and postal services are being accepted.
>
> The total sum of prizes will be 10 million won, to be distributed among three winners.
>
> Participants can submit their ideas in printed form or as digital files (HWP, DOCX, or PDF formats).
>
> For digital files, please send them to the email address posted on the post office website, and make sure the file is uploaded properly if you attach a large file.

① 공모전 참가는 3월 한 달간 가능하다.
② 우편 서비스 외의 주제에 대한 아이디어도 모집한다.
③ 1등 수상자에게 천 만원의 상금이 주어진다.
④ 디지털 파일로 제출할 경우 대용량 파일은 첨부할 수 없다.

021 문맥을 고려할 때, 빈칸 ⓐ에 들어갈 알맞은 단어는?

> To foster a healthy work environment in post offices, open communication and constructive feedback among team members are required. However, an often misguided approach to this is the concept of "overly positive feedback," where only praise and agreement are encouraged, ignoring legitimate concerns or differing viewpoints. This form of toxic positivity can create a superficially harmonious atmosphere that masks underlying issues and impedes genuine progress. To (ⓐ) this, regular feedback sessions that welcome all viewpoints should be instituted. In this approach, constructive feedback is regarded as an opportunity for improvement rather than viewed as a deterrent to positivity.

① nurture ② embrace
③ elaborate ④ remedy

020

해석

우체국 정책 공모전

저희는 우편 서비스를 개선하기 위해 창의적이고 유용한 아이디어를 모으고 있습니다.
- 3월 1일 화요일 – 3월 21일 월요일
- 한국에 사는 누구든지 참가 가능함

보험 상품, 금융 서비스 및 우편 서비스와 관련된 참가 신청을 받고 있습니다.

총 상금은 천 만원이며, 세 명의 우승자에게 분배될 것입니다.

참가자는 인쇄물 형태나 디지털 파일(HWP, DOCX 또는 PDF 형식)로 아이디어를 제출할 수 있습니다.

디지털 파일의 경우, 우체국 홈페이지에 게시된 이메일 주소로 보내 주시고, 만약 대용량 파일을 첨부할 경우 파일이 제대로 업로드되었는지 확인해 주시기 바랍니다.

해설 ②번의 키워드인 '우편 서비스'가 그대로 언급된 지문의 postal services(우편 서비스) 주변 내용에서 보험 상품, 금융 서비스, 우편 서비스 관련 참가 신청을 받고 있다고 했으므로, ② '우편 서비스 외의 주제에 대한 아이디어도 모집한다'가 지문의 내용과 일치한다. ① 공모전 참가는 3월 1일부터 3월 21일까지 가능하다고 했으므로, 공모전 참가가 3월 한 달간 가능하다는 것은 지문의 내용과 다르다. ③ 총 천 만원의 상금이 세 명의 우승자에게 분배된다고 했으므로, 1등 수상자에게 천 만원의 상금이 주어진다는 것은 지문의 내용과 다르다. ④ 디지털 파일로 대용량 파일을 첨부할 경우 파일이 제대로 업로드되었는지 확인해야 한다고 했으므로, 디지털 파일로 제출할 경우 대용량 파일은 첨부할 수 없다는 것은 지문의 내용과 다르다.

어휘 entry 참가 신청, 입장, 가입 pertaining to ~와 관련된 insurance 보험 sum 총합 properly 제대로 attach 첨부하다

정답 ②

021

해석

우체국에서의 건전한 업무 환경을 조성하기 위해서는, 개방적인 의사소통과 건설적인 피드백이 필요하다. 하지만, 이것에 대해 종종 잘못 이해한 접근 방식은 '지나치게 긍정적인 피드백'의 견해인데, 이 방식에서는 오직 칭찬과 동의만이 장려되고, 정당한 우려와 서로 다른 관점이 무시된다. 이러한 해로운 긍정주의의 형태는 근본적인 문제를 감추고 진정한 발전을 방해하는, 표면적으로는 조화로운 분위기를 형성할 수 있다. 이를 ⓐ 바로잡기 위해, 모든 관점을 환영하는 정기적인 피드백 시간이 도입되어야 한다. 이 접근 방식에서는, 건설적인 피드백이 긍정주의를 억제하는 것이 아닌 개선의 기회로 여겨진다.

① 육성하다 ② 받아들이다
③ 자세히 설명하다 ④ 바로잡다

해설 빈칸 앞 문장에서 정당한 우려와 서로 다른 관점이 무시되는 해로운 긍정주의는 표면적으로 조화로운 분위기를 형성하지만 근본적인 문제를 감추고 발전을 방해한다고 하고, 빈칸이 있는 문장에서 모든 관점을 환영하는 피드백 시간이 도입되어야 한다고 했으므로, 해로운 긍정주의를 '바로잡기' 위함이라고 한 ④번이 정답이다.

어휘 foster 조성하다, 촉진하다 constructive 건설적인 misguided 잘못 이해한 praise 칭찬; 칭찬하다 agreement 동의 legitimate 정당한, 합법적인 toxic 해로운, 독성의 superficially 표면적으로 harmonious 조화로운 underlying 근본적인 impede 방해하다 genuine 진정한 institute 도입하다, 시작하다 deterrent 억제하는 것 nurture 육성하다, 기르다 embrace 받아들이다 elaborate 자세히 설명하다 remedy 바로잡다; 치료

정답 ④

실전완성문제

022 다음 글의 빈칸에 들어갈 말로 가장 적절한 것은?

The complexity of the development of the stamps used by the Korean postal service is in many ways a _____ of the similarly complex and turbulent political history of the country. The first stamps were created in 1884 alongside the postal service and printed by the Japanese Ministry of the Treasury. Though nearly three million of these stamps were printed, few were used, and most were lost when the post office was burned down during the Gabshin Coup attempt. These stamps were replaced in 1895 with a second set, which were printed by a US company. But these too were promptly overprinted, as surcharges were imposed by the Korean Empire. Shortly thereafter, in 1900, Korea joined the Universal Postal Union, yet their stamps were quickly replaced by Japanese stamps during the Japanese occupation beginning in 1910. The liberated, modern Republic of Korea did not receive stamps until 1946, nearly 60 years after the post office was developed.

① standard
② hardship
③ representation
④ stimulus

023 다음에 제시된 문장이 <보기>에 들어갈 위치로 가장 알맞은 것은?

This helps maintain the smooth operation of machines, which is especially crucial during peak periods such as holidays and the year-end.

<보기>

The Mail Center serves as a logistical hub for the Postal Service Headquarters, collecting ordinary mail, registered mail, parcels, and EMS items from various post offices and redistributing them. The workflow begins by verifying the volume of contracted parcel mail to be sorted. (①) The small ordinary mail sorting machine quickly categorizes ordinary mail with precision, even distinguishing mail for individual delivery personnel. Manual sorting of mail is done only when it is not possible to use the sorting machines. (②) Although most sorting tasks in the center are automated, Mail Center employees are dedicated to not only repairing the machines themselves but also improving efficiency through modifications. (③) Also, some post offices have enhanced labor efficiency by modifying large ordinary mail sorting machines to handle small parcels. When sorting is finished, the exchange center distributes and exchanges mail at the national level, reducing inefficiencies in postal vehicle load rates. (④)

022

해석

한국 우편 제도에 의해 사용된 우표 발전의 복잡성은 여러 면에서 그 나라의 마찬가지로 복잡하고 격변하는 정치 역사의 표현이다. 첫 번째 우표는 1884년에 우편 제도와 함께 만들어졌고 일본 대장성에 의해 인쇄되었다. 이 우표는 약 3백만 장이 인쇄되었지만, 거의 사용되지 않았고, 대부분은 갑신정변 시도 동안 우체국이 소실되었을 때 사라졌다. 이 우표들은 1895년에 한 미국 회사에 의해 인쇄된 두 번째 세트로 대체되었다. 그러나 이것들 또한 대한제국에 의해 추가 요금이 부과되었기 때문에, 곧바로 덧인쇄되었다. 그 직후 1900년에, 한국은 만국우편연합에 가입했지만, (한국) 우표는 1910년에 시작된 일제 강점 동안 빠르게 일본 우표로 대체되었다. 해방된 현대의 대한민국은 우체국이 생긴 뒤로 약 60년 후인 1946년이 되어서야, 우표를 받게 되었다.

① 기준 ② 고난
③ 표현 ④ 자극

해설 지문 전반에 걸쳐 일본 대장성에 의해 인쇄되어 갑신정변에 소실된 첫 번째 우표, 대한제국의 추가 요금 부과로 덧인쇄된 두 번째 우표, 일제 강점 동안 한국 우표를 대체한 일본 우표를 시간 순서로 보여 주며 우표의 변천사 이면의 역사적 배경을 설명하고 있으므로, 한국 우편 제도에 의해 사용된 우표 발전의 복잡성이 그 나라의 정치 역사의 '표현'이라고 한 ③번이 정답이다.

어휘 complexity 복잡성 turbulent 격변하는, 격동하는 burn down ~을 소실시키다 promptly 곧바로, 신속하게 overprint 덧인쇄하다, 과다하게 인쇄하다 surcharge 추가 요금; 추가 요금을 부과하다 impose 부과하다, 강요하다 occupation 강점, 점령, 직업 hardship 고난, 어려움 representation 표현, 대표(자) stimulus 자극

정답 ③

023

해석

이것은 기계들의 원활한 작동을 유지하도록 돕는데, 이는 연휴 및 연말과 같은 성수기 동안 특히 중요하다.

우편집중국은 우정사업본부의 물류 허브 역할을 하며, 여러 우체국으로부터 통상 우편, 등기 우편, 소포 및 EMS 물품을 수거하여 재분배한다. 작업 과정은 분류될 계약 소포 우편물의 양을 확인하는 것으로 시작된다. ① 소형 동상 우편물 분류기는 통상 우편물을 신속하고 정확히 분류하며, 개별 배달원에게 배정될 우편물까지도 구별한다. 수동으로 우편물을 분류하는 것은 분류기를 사용하는 것이 불가능할 때만 행해진다. ② 우편집중국의 대부분의 분류 작업이 자동화되어 있기는 하지만, 우편집중국 직원들은 기계를 자체적으로 수리하는 것뿐만 아니라 개조를 통해 효율성을 높이는 것에도 전념한다. ③ 또한, 일부 우체국에서는 대형 통상 우편물 분류기가 소형 소포를 처리하도록 개조함으로써 노동 효율성을 향상시켰다. 분류가 완료되면, 교환 센터는 전국 단위로 우편물을 분배 및 교환하여, 우편 차량 적재율의 비효율성을 줄인다. ④

해설 ③번 앞 문장에 우편집중국의 대부분의 분류 작업이 자동화되어 있지만 직원들은 기계를 자체적으로 수리하고 개조하는 활동에도 전념한다는 내용이 있으므로, ③번 자리에 이것(This)이 성수기에 기계들의 원활한 작동을 유지하도록 돕는다는 내용, 즉 우편집중국 직원들이 기계의 자체 수리 및 개조를 위해 노력하는 이유에 대해 설명하는 주어진 문장이 나와야 지문이 자연스럽게 연결된다.

어휘 logistical 물류의 headquarter 본부 redistribute 재분배하다 verify 확인하다 contract 계약하다, 줄어들다; 계약 volume 양, 부피 sort 분류하다 categorize 분류하다 with precision 정확하게 distinguish 구별하다 manual 수동의 modification 개조, 수정 enhance 향상시키다, 강화하다 inefficiency 비효율(성) load 적재; 적재하다

정답 ③

실전완성문제

024 다음 글의 내용과 일치하지 않는 것은?

> Mail Preparation Software provides post office customers with a convenient means of completing mailing forms for international shipments. From their home computer, customers can enter relevant details into the software and receive automatically filled-in customs declarations, estimated costs from taxes and duties, warnings of restricted goods, and information regarding delays to and from specific regions. This software is especially useful for individuals and small businesses that regularly send or get shipments from abroad. The post office hopes this software will improve the user experience by catching and correcting mailing form mistakes early, as well as increasing transparency regarding shipping fees and delivery schedules.

① Mail Preparation Software calculates the taxes associated with shipping.
② Mail Preparation Software provides postponement updates in certain areas.
③ Mail Preparation Software can be used on a personal computer.
④ Mail Preparation Software is especially helpful for businesses with domestic customers.

025 밑줄 친 (A), (B)에 들어갈 말로 가장 적절한 것은?

> With the digitalization of postal services, there are two methods to achieve efficient utilization of rapidly advancing model algorithms and Graphics Processing Units (GPUs): using private cloud services or establishing the government's own systems. Private cloud services offer benefits such as continuous model learning and efficient GPU resource utilization. However, they raise concerns about _____(A)_____ because data leakage is inevitable. In contrast, opting for in-house development or using the national government's shared infrastructure reduces this risk but entails challenges in maintaining continuous updates optimizing GPU usage. _____(B)_____ these options would lead to a resilient digital postal service that protects personal information while advancing technological capabilities.

	(A)	(B)
①	confidentiality	Overturning
②	confidentiality	Balancing
③	magnitude	Overturning
④	magnitude	Balancing

024

[해석]

> 우편물 준비 소프트웨어는 우체국 고객들에게 국제 수송을 위한 우편 양식을 기입하는 편리한 수단을 제공한다. 자신들의 가정용 컴퓨터에서, 고객들은 그 소프트웨어에 관련 세부 사항을 입력하여 자동 입력된 세관 신고서, 세금 및 관세의 견적 원가, 제한된 물품에 대한 경고 및 특정 지역을 오가는 지연에 대한 정보를 받을 수 있다. 이 소프트웨어는 해외로 정기적으로 수송품을 보내거나 받는 개인 및 소기업에게 특히 유용하다. 우체국은 이 소프트웨어가 우편 양식의 실수를 일찍 발견하고 수정할 뿐만 아니라, 운송비와 배달 일정에 대한 투명성 또한 증대시킴으로써 사용자 경험을 향상시키기를 희망하고 있다.

① 우편물 준비 소프트웨어는 수송에 수반되는 세금을 계산한다.
② 우편물 준비 소프트웨어는 특정 지역에서의 지연에 대한 최신 정보를 제공한다.
③ 우편물 준비 소프트웨어는 개인용 컴퓨터에서 사용될 수 있다.
④ 우편물 준비 소프트웨어는 국내 고객이 있는 기업들에게 특히 도움이 된다.

[해설] ④번의 키워드인 helpful(도움이 되는)을 바꾸어 표현한 지문의 useful(유용한) 주변의 내용에서 우편물 준비 소프트웨어가 해외로 정기적으로 수송품을 보내거나 받는 개인 및 소기업에게 특히 유용하다고는 했지만, ④ '우편물 준비 소프트웨어가 국내 고객이 있는 기업들에게 특히 도움이' 되는지는 알 수 없다.

[어휘] **complete** 기입하다, 완성하다 **shipment** 수송(품) **relevant** 관련 있는 **customs declaration** 세관 신고(서) **estimated cost** 견적 원가 **duty** 관세, 의무 **transparency** 투명성 **calculate** 계산하다 **postponement** 지연 **personal computer** 개인용 컴퓨터

정답 ④

025

[해석]

> 우편 서비스의 디지털화와 함께, 빠르게 발전하는 모델 알고리즘과 그래픽 처리 장치(GPU)의 효율적인 활용을 달성하는 두 가지 방법, 즉 민간 클라우드 서비스를 사용하거나 정부의 자체 시스템을 구축하는 방법이 있다. 민간 클라우드 서비스는 지속적인 모델 학습과 효율적인 GPU 자원 활용과 같은 이점을 제공한다. 하지만, 그것들은 데이터 유출이 불가피하기 때문에 (A) 기밀성에 대한 우려를 제기한다. 그에 반해, 자체 개발을 선택하거나 국가 정부의 공유된 기반 시설을 사용하는 것은 이러한 위험을 줄이지만 GPU 사용을 최적화하는 지속적인 업데이트를 유지하는 것에 있어 어려움을 수반한다. 이러한 선택지들의 (B) 균형을 맞추는 것이 기술적 역량을 발전시키는 동시에 개인 정보를 보호하는 탄력적인 디지털 우편 서비스를 이끌 것이다.

	(A)	(B)
①	기밀성	뒤집는 것
②	기밀성	균형을 맞추는 것
③	규모	뒤집는 것
④	규모	균형을 맞추는 것

[해설] (A) 빈칸이 있는 문장에서 민간 클라우드 서비스는 데이터 유출이 불가피하다고 했으므로, 빈칸에는 '기밀성'에 대한 우려를 제기한다는 내용이 나와야 적절하다.
(B) 빈칸이 있는 문장에서 기술적 역량을 발전시키는 동시에 개인 정보를 보호하는 탄력적인 디지털 우편 서비스에 대해 언급하고 있으므로, 빈칸에는 민간 클라우드 서비스와 정부 자체 시스템이라는 두 가지 선택지들의 '균형을 맞추는 것'이 중요하다는 내용이 나와야 적절하다.
따라서 ② (A) confidentiality(기밀성) - (B) Balancing(균형을 맞추는 것)이 정답이다.

[어휘] **utilization** 활용 **leakage** 유출 **inevitable** 불가피한 **in-house** 자체의, 내부의 **entail** 수반하다 **maintain** 유지하다 **optimize** 최적화하다 **resilient** 탄력적인 **confidentiality** 기밀성 **overturn** 뒤집다 **magnitude** 규모

정답 ②

026 What is indicated in the notice?

> Dear Clients,
>
> We prioritize safeguarding your mail when it is in our care.
>
> Last year, heavy flooding and power failures in South Gyeongsang Province caused postal delivery delays and damaged mail. In response, the Postal Service has updated its emergency planning, response, and recovery services. Each post office now has a 1.6 megawatt generator to handle power outages due to adverse weather. This will allow postal workers to prepare mail for delivery with minimal delay once flood waters recede. We have also redesigned our storage areas to ensure mail is stored high above the ground in rooms that can be sealed to prevent water damage.
>
> With these improvements, the Postal Service will be better equipped to deliver vital items like legal documents and medications during emergency situations. Thank you for your continued support.

① Heavy floods last year resulted in postal delays throughout the country.
② A new director for Emergency Response Department has been hired.
③ Updated equipment allows postal workers to deliver mail without delays.
④ Mail will now be kept in an elevated location to avoid flood damage.

026

[해석] 안내문에 따라 다음 중 옳은 것은?

> 고객 여러분께,
>
> 저희는 여러분의 우편이 저희의 보호 아래 있을 때 그것을 지키는 일을 우선시합니다.
>
> 작년에, 경상남도에서의 큰 홍수와 정전이 배송 지연과 우편물 손상을 야기했습니다. 이에 대응하여, 우정사업본부는 비상 계획, 대응 및 복구 서비스를 갱신해 왔습니다. 각각의 우체국은 이제 악천후로 인한 정전을 처리할 1.6메가와트의 발전기를 갖추고 있습니다. 이것은 우체국 직원들이 홍수가 잠잠해지자마자 최소한의 지연으로 우편물 배송을 준비하게 할 것입니다. 저희는 또한 물에 의한 손상을 막기 위해 우편물이 밀폐될 수 있는 방 안에서 지면으로부터 높은 곳에 보관되도록 하는 저장소를 재설계해 왔습니다.
>
> 이러한 개선들로, 우정사업본부는 비상 상황 동안 법적 서류 및 의약품과 같은 중요한 물품들을 배송하기 위해 더 나은 장비를 갖추게 될 것입니다. 여러분의 끊임없는 지원에 감사드립니다.

① 작년에 큰 홍수가 전국적인 우편물 지연을 초래했다.
② 비상 대응 부서를 위해 새로운 책임자가 고용되었다.
③ 갱신된 장비는 우체국 직원들이 지연 없이 우편물을 배송하게 한다.
④ 이제 우편물은 홍수 피해를 피하기 위해 높은 장소에 보관될 것이다.

[해설] ④번의 키워드인 kept in an elevated location(높은 장소에 보관되는)을 바꾸어 표현한 지문의 stored high(높은 곳에 보관되는) 주변의 내용에서 수해를 막기 위해 우편물을 지면으로부터 높은 곳에 보관하는 저장소를 재설계해 왔다고 했으므로, ④ '이제 우편물은 홍수 피해를 피하기 위해 높은 장소에 보관될 것이다'가 지문의 내용과 일치한다. ① 작년 경상남도에서의 홍수 및 정전이 우편물 배송 지연을 야기했다고는 했지만, 작년에 큰 홍수가 전국적인 우편물 지연을 초래했는지는 알 수 없다. ② 우정사업본부가 비상 계획, 대응 및 복구 서비스를 갱신해 왔다고는 했지만, 비상 대응 부서를 위해 새로운 책임자가 고용되었는지는 알 수 없다. ③ 각 우체국이 갖춘 발전기는 홍수가 잠잠해지자마자 최소한의 지연으로 우편물이 배송되게 할 것이라고 했으므로, 갱신된 장비가 우체국 직원들이 지연 없이 우편물을 배송하게 한다는 것은 지문의 내용과 다르다.

[어휘] **prioritize** 우선하다, 우선순위를 매기다 **flooding** 홍수 **power failure** 정전 **province** 도(지방 단위), 주, 지방 **generator** 발전기 **outage** 정전, 단수 **adverse weather** 악천후 **storage** 저장소, 집하장 **seal** 밀폐하다 **equip** 장비를 갖추다 **legal** 법적인, 법률의 **hire** 고용하다 **elevated** 높은, 고상한, 고가의

정답 ④

실전완성문제

027 안내문에 따라 다음 중 옳지 않은 것은?

> Dear Customers,
>
> We've recently launched our customs clearance services suited for domestic businesses shipping goods to the United States or Japan. The post office will handle domestic customs clearance in Korea on behalf of customers, collaborating with private forwarding companies for customs clearance in destination countries. Our services cover shipments to the U.S. up to a maximum weight of 30 kilograms, with delivery times ranging from 5-13 business days, and up to 20 kilograms with delivery times of 2-3 business days to Japan. Additionally, the post office charges fees to cover handling personnel and material costs associated with presenting items for customs inspection. This cost can be up to 40 percent lower compared to regular courier services.
>
> We are committed to providing efficient and reliable customs clearance solutions to facilitate your international shipments. Thank you for choosing our services.

① The post office handles customs clearance for businesses shipping parcels to the U.S. and Japan.
② The weight limit for customs clearance services to all countries is 30 kilograms.
③ The post office's customs services can be 40 percent cheaper than regular courier services.
④ Forwarding companies will collaborate with the post office for customs clearance.

028 다음 글의 빈칸에 들어갈 말로 가장 적절한 것은?

> The post office, often seen as a logistics and mail-centered government institution, is expanding its _____ to public welfare. The post office leverages its extensive network for public welfare projects, such as meal delivery services for the elderly living alone and home improvement initiatives, through volunteer groups organized at each post office. These efforts enable the post office to function, as a social safety net within communities. Another notable program is the employment of individuals with developmental disabilities in post office cafés. These cafés support the economic independence of disabled individuals, helping them integrate into society as self-sufficient members. To be specific, these cafés are staffed by certified baristas with developmental disabilities, with the post office covering rent and promotional expenses for the businesses. In this expanded role, the post office is not just delivering mail but also delivering care and support to those in need, proving that its purpose extends far beyond the mere handling of parcels and letters.

① qualification
② contribution
③ separation
④ consumption

027

해석

> 고객 여러분께,
>
> 저희는 최근 미국이나 일본으로 상품을 배송하는 국내 기업에 맞춘 통관 서비스를 개시했습니다. 우체국은 고객을 대신해 한국에서 국내 통관을 처리하고, 도착지 국가의 통관을 위해 민간 운송 회사와 협업할 것입니다. 저희 서비스는 배송 기간이 5-13 영업일이며 최대 중량이 30킬로그램인 미국행 배송과, 배송 기간이 2-3 영업일이며 최대 20킬로그램까지인 일본행 배송을 다룹니다. 추가로, 우체국은 세관 검사를 위한 물품 제출과 관련된 취급 인력 및 재료비를 충당하기 위해 수수료를 부과합니다. 이 비용은 일반 택배 서비스에 비해 최대 40퍼센트 더 저렴할 수 있습니다.
>
> 저희는 여러분의 국제 배송을 용이하게 하기 위해 효율적이고 신뢰할 수 있는 통관 방법을 제공하고자 최선을 다하고 있습니다. 저희 서비스를 선택해 주셔서 감사합니다.

① 우체국은 미국과 일본으로 소포를 배송하는 업체의 통관을 처리한다.
② 모든 국가에 대한 통관 서비스의 중량 제한은 30킬로그램이다.
③ 우체국의 세관 서비스는 일반 택배보다 40퍼센트 더 저렴할 수 있다.
④ 운송 회사는 통관을 위해 우체국과 협업할 것이다.

해설 ②번의 키워드인 '30 kilograms'가 그대로 언급된 지문 주변의 내용에서 우체국 통관 서비스는 미국행 배송의 경우 30킬로그램까지, 일본행 배송의 경우 20킬로그램까지 가능하다고 했으므로, ② '모든 국가에 대한 통관 서비스의 중량 제한은 30킬로그램이다'는 지문의 내용과 다르다.

어휘 customs clearance 통관 domestic 국내의, 가정의 on behalf of ~ 대신 collaborate 협업하다 forwarding 운송, 발송
charge (요금을) 부과하다 associate 관련 짓다 inspection 검사 reliable 신뢰할 수 있는 facilitate 용이하게 하다, 가능하게 하다

정답 ②

028

해석

> 흔히 물류와 우편 중심이 정부 기관으로 여겨지는 우체국은 그것의 공공 복지에 대한 <u>기여</u>를 확대하고 있다. 우체국은 혼자 사는 노인들을 위한 식사 배송 서비스 및 각 우체국에 조직된 자원 봉사 단체를 통한 주택 개선 계획과 같은 공공 복지 프로젝트를 위해 그것의 광범위한 네트워크를 활용한다. 이러한 노력들은 우체국이 지역 사회 내에서 사회 안전망 역할을 할 수 있게 한다. 또 다른 주목할 만한 프로그램은 우체국 카페에 발달 장애가 있는 사람들을 고용하는 것이다. 이 카페들은 장애가 있는 이들의 경제적인 독립을 지원하여, 그들이 자급자족할 수 있는 구성원으로서 사회에 통합되도록 돕는다. 구체적으로 말하자면, 이 카페들에는 발달 장애가 있는 공인된 바리스타들이 근무하며, 우체국이 그 사업체들(카페들)을 위해 임대료와 홍보비를 지불한다. 이러한 확대된 역할로, 우체국은 단순히 우편물을 배송하는 것뿐만 아니라 도움이 필요한 사람들에게 보살핌과 지원도 전달하는데, 이는 그것의 목적이 단지 소포와 편지를 취급하는 것 훨씬 너머까지 미친다는 것을 증명한다.

① 자격　　② 기여
③ 분리　　④ 소비

해설 지문 전반에 걸쳐 우체국에 의해 수행되는 독거 노인 식사 배송, 주택 개선 계획, 발달 장애인 고용 등의 공공 복지 프로젝트에 대해 설명하고 있으므로, 우체국이 공공 복지에 대한 '기여'를 확대하고 있다고 한 ②번이 정답이다.

어휘 logistics 물류 institution 기관 leverage 활용하다 extensive 광범위한 initiative 계획 notable 주목할 만한 employment 고용
disability 장애 independence 독립 self-sufficient 자급자족할 수 있는 extend beyond ~ 너머까지 미치다 qualification 자격
contribution 기여 separation 분리 consumption 소비

정답 ②

실전완성문제

029 밑줄 친 "matter"의 의미와 가장 가까운 것은?

> To: Oakwood District Post Office
> From: Sarah Brown
> Date: January 13
> Subject: Problems with Delivery Alerts
>
> To Whom It May Concern,
>
> I hope this message finds you well. I am writing to bring to your attention a recurring issue concerning delivery notification errors, particularly incorrect text message content or duplicate message sending.
>
> In my daily life, I rely heavily on the timely delivery of important documents and packages. Unfortunately, over the past few weeks, there have been multiple instances where I have experienced errors. This has caused inconvenience and has had an impact on my ability to manage important affairs.
>
> I kindly request your assistance in addressing this <u>matter</u> promptly. It would greatly improve our community's satisfaction and efficiency if steps could be taken for accurate notifications. Thank you for your attention to this concern.
>
> Best regards,
> Sarah Brown

① material   ② text   ③ importance   ④ issue

030 다음 글의 내용과 일치하지 <u>않는</u> 것은?

> The post office is set to launch new programs integrating cutting-edge technologies such as artificial intelligence (AI) into its financial services. One such initiative, the "OwnData" project, will consolidate scattered personal credit information, providing a comprehensive view of an individual's financial status and spending patterns. It seeks to assist customers with asset and credit management by offering real-time access to their financial condition. In addition, the post office plans to introduce smart ATMs equipped with Near Field Communication (NFC) for easy cash withdrawals. However, recognizing that many customers may not be familiar with digital environments, the post office will operate both automated systems and traditional staffed windows simultaneously for an initial transition period.

① OwnData gathers scattered financial information.
② OwnData provides real-time financial status updates.
③ Smart ATMs have been updated to incorporate AI technology.
④ For the time being, both smart ATMs and staffed counters will be operated.

029

|해석|

수신: Oakwood 지역 우체국
발신: Sarah Brown
날짜: 1월 13일
제목: 배송 알림 문제

관계자분께,

이 메시지가 귀하께 잘 닿기를 바랍니다. 저는 배송 알림 오류와 관련하여 반복되는 문제, 특히 잘못된 문자 메시지 내용이나 중복된 메시지 발송에 대해 귀하의 관심을 재고하기 위해 글을 씁니다.

일상생활에서, 저는 중요한 서류와 소포의 시기적절한 배송에 크게 의존하고 있습니다. 유감스럽게도, 지난 몇 주 동안 제가 오류를 경험한 여러 사례가 있었습니다. 이것은 불편을 야기했고, 중요한 일들을 처리하는 저의 능력에 영향을 미쳤습니다.

저는 이 문제를 즉시 해결하는 데 있어 귀하의 도움을 정중히 요청합니다. 정확한 알림을 위한 조치가 취해질 수 있다면 우리 지역 사회의 만족도와 효율성을 크게 향상시킬 것입니다. 이 우려 사항에 대한 귀하의 관심에 감사드립니다.

안부를 전하며,
Sarah Brown

① 재료　　　② 원고　　　③ 중요성　　　④ 문제

|해설| 밑줄 친 부분이 포함된 문장에서 matter는 문맥상 이 '문제'를 즉시 해결하는 것에 대한 도움을 요청한다는 의미로 쓰였으므로, '문제'라는 의미의 ④ issue가 정답이다.

|어휘| **alert** 알림; 알리다　**recurring** 반복되는　**notification** 알림　**duplicate** 중복된, 똑같은; 복사하다　**timely** 시기적절한　**affair** 일, 문제　**promptly** 즉시　**accurate** 정확한

정답 ④

030

|해석| 우체국은 금융 서비스에 인공 지능(AI)과 같은 첨단 기술을 통합하는 새로운 프로그램을 출시할 예정이다. 그러한 계획 중 하나인 'Own-Data' 프로젝트는 흩어져 있는 개인 신용 정보를 통합하여, 개인의 재정 상태와 지출 패턴에 대한 종합적인 시각을 제공할 것이다. 그것은 고객들의 재정 상태에 대한 실시간 접근을 제공함으로써 그들의 자산 및 신용 관리에 도움을 주려고 한다. 게다가, 우체국은 손쉬운 현금 인출을 위해 근거리자기장통신(NFC)을 갖춘 스마트 ATM을 도입할 계획이다. 하지만, 많은 고객들이 디지털 환경에 익숙하지 않을 수 있음을 인식하여, 우체국은 초기 전환 기간 동안 자동화된 시스템과 기존의 직원이 있는 창구를 동시에 운영할 것이다.

① OwnData는 흩어져 있는 재정 정보를 수집한다.
② OwnData는 실시간 재정 상태 업데이트를 제공한다.
③ 스마트 ATM은 인공 지능 기술을 통합하도록 업데이트되었다.
④ 당분간은 스마트 ATM과 직원이 있는 카운터가 모두 운영될 것이다.

|해설| ③번의 키워드인 Smart ATMs(스마트 ATM)가 그대로 언급된 지문 주변의 내용에서 우체국이 쉬운 현금 인출을 위해 근거리자기장통신(NFC)을 갖춘 스마트 ATM을 도입할 계획이라고는 했지만, ③ '스마트 ATM이 인공 지능 기술을 통합하도록 업데이트되었는'지는 알 수 없다.

|어휘| **launch** 출시하다, 발사하다　**integrate** 통합하다　**cutting-edge** 첨단의　**artificial intelligence** 인공 지능　**initiative** 계획　**consolidate** 통합하다　**scatter** 흩어지게 만들다　**credit** 신용　**comprehensive** 종합적인　**status** 상태, 지위　**real-time** 실시간의　**equip** 장비를 갖추다　**withdrawal** 인출, 취소　**simultaneously** 동시에　**transition** 전환, 이행　**incorporate** 통합하다　**for the time being** 당분간

정답 ③

031 (A)에 들어갈 다음 글의 제목으로 가장 적절한 것은?

(A)

Writing is a powerful tool for self-expression and communication. Join us in exploring the art of letter writing from June 16 to 18! This three-day event will bring together writers and calligraphers for an immersive experience.

Details
- **Dates & Times**: Friday, June 16 - Sunday, June 18 (10:00 a.m. - 6:00 p.m.)
- **Location**: Grove Park and Community Center

Highlights
- **Letter Writing Workshops**
  Learn the art of crafting heartfelt letters, from formal to informal styles, with guidance from experienced instructors.

- **Calligraphy Demonstrations**
  Watch skilled calligraphers create beautiful lettering live and try your hand at calligraphy on various mediums.

For the full schedule, workshop registration, and more information, please visit www.letterfest.com or call (555) 546-3217.

---

① Find Pen Pals from around the World
② Discover the Beauty of Letter Writing
③ Submit Your Writing for a Chance to Win
④ Learn How to Write Business Letters

031

해석

(A) 편지 쓰기의 아름다움을 발견하세요

편지를 쓰는 것은 자기 표현과 의사소통을 위한 강력한 도구입니다. 6월 16일부터 18일까지 편지 쓰기 기술을 탐구하는 것에 저희와 함께하세요! 이 3일간의 행사는 몰입감 있는 경험을 위해 작가들과 캘리그래퍼들을 한데 모을 것입니다.

세부 사항
- **날짜와 시간**: 6월 16일 금요일 – 6월 18일 일요일 (오전 10시 – 오후 6시)
- **장소**: Grove 공원 및 주민 센터

하이라이트
- **편지 쓰기 워크숍**
  경험이 풍부한 강사의 지도를 받아 격식을 차린 스타일부터 일상적인 스타일까지 진심 어린 편지를 작성하는 기술을 배워보세요.
- **캘리그래피 시연**
  숙련된 캘리그래퍼들이 아름다운 글자를 실시간으로 만들어내는 것을 보고 다양한 도구로 캘리그래피를 시도해 보세요.

전체 일정, 워크숍 등록 및 더 많은 정보를 위해서는 www.letterpost.com을 방문하시거나 (555) 546-3217로 전화 주세요.

① 전 세계에서 펜팔을 찾아보세요
② 편지 쓰기의 아름다움을 발견하세요
③ 우승할 기회를 위해 여러분의 글을 제출하세요
④ 업무용 편지를 쓰는 방법을 배우세요

해설 지문 앞부분에서 작가들과 캘리그래퍼들을 한데 모으는 3일간의 편지 쓰기 행사에 대해 소개한 후, 행사 하이라이트로 편지쓰기 기술을 익힐 수 있는 워크숍과 캘리그래피 시연이 준비되어 있다고 알려 주고 있다. 따라서 ② '편지 쓰기의 아름다움을 발견하세요'가 이 글의 제목이다.

어휘 **explore** 탐구하다 **immersive** 몰입감 있는 **heartfelt** 진심 어린 **formal** 격식을 차린 **informal** 일상적인, 비공식의 **demonstration** 시연 **medium** 도구, 매체

정답 ②

실전완성문제

032 Post Office Shopping National Online Event에 관한 다음 글의 내용과 일치하지 <u>않는</u> 것은?

> **Savor Delights of Local Food**
>
> We are glad to announce the upcoming Post Office Shopping National Online Event, offering up to 30 percent discounts on popular local specialties across the country. This event aims to promote regional products and boost local economies!
>
> **Details**
> - **Dates**: June 10 - June 28
> - **Locations**: Post Office Shopping online platform
>
> **Activities**
> - **Regional Dialect Quiz**
>   Participate in daily quizzes to win entry into prize draws for Post Office Shopping online vouchers and discount coupons.
> - **SNS Contest**
>   Comment with at least 8 characters on photos of delicious local foods on the Post Office Shopping SNS to get the opportunity to win handmade cookie sets.
>
> For more information, visit the Post Office Shopping blog or SNS.

① 지역 특산품을 최대 30퍼센트 할인 판매한다.
② 행사는 6월 28일까지 열린다.
③ 퀴즈를 풀면 수제 쿠키 세트를 받을 수 있다.
④ 행사 참여는 SNS를 통해서도 가능하다.

033 다음에 제시된 문장이 <보기>에 들어갈 위치로 가장 알맞은 것은?

> A more concerning outcome is an increase in workplace accidents resulting from fatigue and overexertion.

<보기>

> In the past decades, postal workers in South Korea have been experiencing a greater overall workload. This is mainly due to increased population density and urbanization, leading to a higher volume of mail and packages for delivery. (①) In addition, more people rely on postal services to obtain goods they order online. The result, according to researchers, is that mail carriers in the country are overworked, with an average annual workload of 2,745 hours, which translates to approximately 11 hours per weekday. (②) Clearly, an effective solution is needed to provide relief. Therefore, researchers assessed workload elements such as daily mail volume and delivery locations. (③) However, such an analysis failed to take into consideration the workers themselves. Thus, mail carriers were also interviewed to determine the intensity of the tasks assigned to them. (④) It is hoped that the combination of a data-driven and human-centric approach will address the workload imbalance among postal delivery zones.

032

해석

지역 음식이 주는 기쁨을 맛보세요

전국적으로 인기 있는 지역 특산품을 최대 30퍼센트 할인하는 우체국쇼핑 전국 온라인 행사를 알리게 되어 기쁩니다. 이 행사는 지역 상품들을 홍보하고 지역 경제를 북돋우는 것을 목표로 합니다!

세부 사항
- **날짜**: 6월 10일 - 6월 28일
- **장소**: 우체국쇼핑 온라인 플랫폼

활동
- **지역 사투리 퀴즈**
  우체국쇼핑 온라인 상품권 및 할인 쿠폰의 경품 추첨에 당첨되기 위해 매일 퀴즈에 참여하세요.
- **SNS 콘테스트**
  수제 쿠키 세트를 받을 기회를 얻기 위해 우체국쇼핑 SNS에 게재된 맛있는 향토 음식 사진들에 최소 여덟 자의 댓글을 달아 보세요.

더 많은 정보를 위해서는, 우체국쇼핑 블로그나 SNS를 방문하세요.

해설 ③번의 키워드인 '수제 쿠키 세트'가 그대로 언급된 지문의 handmade cookie sets(수제 쿠키 세트) 주변 내용에서 우체국쇼핑 SNS의 향토 음식 사진에 최소 여덟 자의 댓글을 달면 수제 쿠키 세트를 받을 기회가 주어진다고 했으므로, ③ '퀴즈를 풀면 수제 쿠키 세트를 받을 수 있다'는 지문의 내용과 다르다.

어휘 savor 맛보다 specialty 특산품, 특색 boost 북돋우다 dialect 사투리 draw 추첨; 그리다 voucher 상품권

정답 ③

033

해석 더욱 걱정스러운 결과는 피로와 지나친 노동으로 발생한 근로 현장 사고의 증가이다.

지난 수십 년 동안, 대한민국의 우편 근로자들은 보다 많은 전반적인 업무량을 경험해 왔다. 이것은 주로 증가한 인구 밀도와 도시화로 인해서인데, 이는 배송될 많은 양의 우편물과 소포를 초래했다. ① 게다가, 더 많은 사람들이 온라인으로 주문한 상품을 얻기 위해 우편 서비스에 의존한다. 연구원들에 따르면, 그 결과는 그 나라의 우편 집배원들이 과로한다는 것인데, 이들의 1년 평균 업무량은 평일 하루당 약 11시간을 의미하는 2,745시간이다. ② 분명히, 경감을 제공하기 위해 효과적인 해결책이 요구된다. 그리하여, 연구원들은 일일 우편량 및 배송 장소와 같은 업무량 요소를 평가했다. ③ 하지만, 그러한 분석은 근로자들 자체를 고려하지는 못했다. 그래서, 우편 집배원들은 또한 그들에게 할당된 업무의 강도를 결정하기 위해 면담을 가졌다. ④ 데이터 중심적 접근법과 인간 중심적인 접근법의 조합이 우편 배송 구역 사이 업무량 불균형을 해결할 것으로 기대된다.

해설 ②번 앞 문장에 대한민국의 우편 집배원들이 하루 평균 11시간을 일하면서 과로한다는 내용이 있고, 뒤 문장에 경감을 제공하기 위해 효과적인 해결책이 요구된다는 내용이 있으므로, ②번 자리에 더욱 걱정스러운 결과(A more concerning outcome)는 근로 현장 사고의 증가라는 내용, 즉 우편 집배원들의 과로에서 더 나아가 효과적인 해결책이 요구되는 더욱 걱정스러운 결과가 무엇인지에 대해 설명하는 주어진 문장이 나와야 지문이 자연스럽게 연결된다.

어휘 fatigue 피로 overexertion 지나친 노동 density 밀도 urbanization 도시화 overwork 과로하다 annual 1년의, 매년의
translate 의미하다, 번역하다 relief 경감, 완화 analysis 분석 take into consideration ~을 고려하다 intensity 강도 assign 할당하다
data-driven 데이터 중심적인 human-centric 인간 중심의

정답 ②

실전완성문제

034 안내문에 따라 다음 중 옳은 것은?

> Dear Stamp Collectors,
>
> We are happy to announce the release of a new stamp collection.
>
> The "Icons of Design" series celebrates the achievements of designers from a variety of fields. The first six stamps in the collection highlight some of the best architects in the USA. Each stamp features an image of an iconic building constructed by these distinguished architects. The new collection is currently on sale and will be sold for two months before the next series is released. Booklets of the stamps can be purchased at any post office. Collectors can also order a full sheet of each individual stamp. Special-edition signed sheets will also be within reach for those looking for something truly special to add to their collections, although there will be additional costs for these.
>
> We thank you for your continued interest in the postal service's offerings and hope that you enjoy the new stamp collection.

① The new stamps were created by famous designers.
② Famous buildings are featured on the stamps.
③ The collection will be released in two months.
④ Signed sheets of stamps can be purchased at no additional charge.

035 문맥을 고려할 때, 빈칸 ⓐ에 들어갈 알맞은 단어는?

> At the outset, services for the postal call center were divided between several numbers, each corresponding to different service sectors. Instead of a centralized call center, the postal call center was operated through 144 designated representative post offices across the country. This decentralized approach caused inefficiency in customer service quality, resulting in further complaints. To (ⓐ) these inconveniences, there was a movement to consolidate the separate call centers into a single entity. After developing the necessary nationwide system, a merged call center was established in 2003. This effort had the objective of standardizing service quality and enhancing accessibility, leading to a significant improvement in customer satisfaction.

① divide ② neglect
③ resolve ④ focus on

034

[해석]

우표 수집가 여러분,

저희는 새로운 우표 컬렉션의 출시를 알리게 되어 기쁩니다.

'디자인의 아이콘' 시리즈는 다양한 분야의 디자이너들의 업적을 기념합니다. 컬렉션에 있는 처음 여섯 개의 우표는 미국 최고의 건축가들 몇몇을 강조합니다. 각각의 우표는 이 유명한 건축가들에 의해 건설된 상징적인 건물의 이미지를 특징으로 합니다. 새로운 컬렉션은 현재 판매되고 있으며 다음 시리즈가 출시되기 전 두 달 동안 판매될 것입니다. 그 우표들의 우표첩은 어느 우체국에서나 구입할 수 있습니다. 수집가들은 또한 각 개별 우표 한 장씩을 주문할 수 있습니다. 자신의 컬렉션에 추가할 정말로 특별한 것을 찾는 사람들을 위해, 비록 추가 비용이 있을 것이기는 하지만, 특별 사인판 또한 주어질 것입니다.

우체국에서 제공하는 물품에 대한 여러분의 지속적인 관심에 감사드리며 여러분이 그 새로운 우표 컬렉션을 즐겨 주시기를 바랍니다.

① 새로운 우표는 유명한 디자이너들에 의해 만들어졌다.
② 그 우표에는 유명한 건물들이 등장한다.
③ 그 컬렉션은 두 달 후 출시될 예정이다.
④ 사인판은 추가 요금 없이 구매할 수 있다.

[해설] ②번의 키워드인 Famous buildings(유명한 건물들)를 바꾸어 표현한 지문의 an iconic building(상징적인 건물) 주변의 내용에서 새로운 우표 컬렉션은 유명한 건축가들에 의해 건설된 상징적인 건물의 이미지를 특징으로 한다고 했으므로, ② '그 우표에는 유명한 건물들이 등장한다'가 지문의 내용과 일치한다. ① 새로운 우표 컬렉션이 다양한 분야의 디자이너들의 업적을 기념한다고는 했지만, 새로운 우표가 유명한 디자이너들에 의해 만들어졌는지는 알 수 없다. ③ 새로운 우표 컬렉션은 현재 판매되고 있으며 다음 시리즈가 출시되기 전 두 달 동안 판매될 예정이라고 했으므로, 그 컬렉션이 두 달 후 출시될 예정이라는 것은 지문의 내용과 다르다. ④ 특별 사인판에 추가 비용이 있을 것이라고 했으므로, 사인판을 추가 요금 없이 구매할 수 있다는 것은 지문의 내용과 반대이다.

[어휘] architect 건축가 construct 건설하다 distinguished 유명한 on sale 판매되는 booklet 우표첩, 소책자 charge 요금; 청구하다

정답 ②

035

[해석]

처음에, 우편 콜센터 서비스는 각기 다른 서비스 부문에 해당하는 여러 번호로 나뉘어 있었다. 우편 콜센터는 중앙 집중화된 콜센터 대신, 전국 144개의 지정된 대표 우체국을 통해 운영되었다. 이러한 분산된 접근 방식은 고객 서비스 품질에 비효율을 초래하여, 더 많은 민원을 유발했다. 이러한 불편을 ⓐ 해결하기 위해, 별도의 콜센터들을 단일 기관으로 통합하려는 움직임이 있었다. 필요한 전국적인 시스템을 개발한 후, 2003년에 합병된 콜센터가 설립되었다. 이러한 노력은 서비스 품질을 표준화하고 접근성을 향상시키는 것을 목표로 하여, 고객 만족도의 큰 향상으로 이어졌다.

① 나누다   ② 방치하다
③ 해결하다   ④ ~에 집중하다

[해설] 빈칸 앞 문장에 분산된 우편 콜센터로 인한 고객 서비스의 비효율성이 더 많은 민원을 유발했다는 내용이 있고, 빈칸 뒷부분에 단일 콜센터로 통합하려는 움직임의 결과 합병된 콜센터가 설립되어 고객 만족도를 향상시켰다는 내용이 있으므로, 이러한 불편을 '해결'하기 위함이라고 한 ③번이 정답이다.

[어휘] outset 처음, 시작 correspond to ~에 해당하다, 부응하다 sector 부문 centralize 중앙 집중화하다 designate 지정하다 representative 대표의 inefficiency 비효율(성) complaint 민원, 불만 consolidate 통합하다 separate 별도의, 별개의 entity 기관 merge 합병하다, 합치다 standardize 표준화하다 neglect 방치하다, 무시하다 resolve 해결하다 focus on ~에 집중하다

정답 ③

실전완성문제

036 안내문에 따라 다음 중 옳지 않은 것은?

> Esteemed Visitors,
>
> The Postal Service would like to inform visitors about service disruptions in the coming week.
>
> Weather forecasts predict dangerous winds and heavy rains due to the tropical storm that is expected later this week. To protect postal workers and prevent damage to mail, mail delivery will be suspended in coastal regions on Thursday and Friday. In addition, post offices in the impacted area will also be closed. In other regions, service will continue. However, in light of the weather disturbances, not only will specific regions experience delays, but nationwide deliveries may also be affected. We expect operations to return to normal over the weekend.
>
> Thank you for your understanding of this unique situation.

① Coastal regions have been experiencing heavy rain.
② Postal service will be temporarily halted in coastal regions.
③ Post offices in the affected area of the tropical storm are going to be closed.
④ All disruptions are likely to be resolved over the weekend.

037 문맥을 고려할 때, 빈칸 ⓐ에 들어갈 알맞은 단어는?

> Central Bank Digital Currency (CBDC) represents a novel form of digital currency issued by a central bank, distinct from physical cash. Unlike virtual assets such as cryptocurrencies, CBDCs are guaranteed by the government, ensuring stability and equal value with real currency. Rather than serving investment purposes like Bitcoin, CBDCs prioritize simplifying payment. As of June 2023, numerous countries have already embarked on developing CBDCs, and SWIFT, the international banking payment network, announced plans to integrate CBDCs into a new financial system. Post offices, pivotal in financial services, should (ⓐ) the CBDC era. Preparation for CBDC adoption, such as bolstering cybersecurity measures, will enable post offices to play a proactive role in advancing digital payment solutions.

① stabilize ② adapt to
③ evade   ④ confront

036

[해석]
존경하는 방문객 여러분께,

우체국에서 다음 주의 서비스 중단에 대해 방문객 여러분께 알려 드리고자 합니다.

일기예보는 이번 주 후반에 예상되는 열대성 폭풍으로 인해 위험한 바람과 폭우를 예측합니다. 우체국 직원들을 보호하고 우편물 손상을 막기 위해, 목요일과 금요일에는 해안 지역에서의 우편물 배송이 중단될 예정입니다. 또한, 영향받는 지역에 있는 우체국들도 문을 닫을 예정입니다. 그 밖의 지역에서는, (우편) 서비스가 계속될 예정입니다. 하지만, 날씨로 인한 혼란을 고려할 때, 특정 지역이 지연을 겪을 뿐만 아니라 전국적인 배송 또한 영향받을 수 있습니다. 저희는 주말 동안 운영이 정상화될 것으로 예상합니다.

이 특수한 상황에 대한 여러분의 이해에 감사드립니다.

① 해안 지역은 폭우를 겪어 왔다.
② 해안 지역의 우편 서비스가 일시적으로 중단될 예정이다.
③ 열대성 폭풍의 영향을 받는 지역의 우체국은 문을 닫을 것이다.
④ 모든 중단은 주말 동안 해결될 듯하다.

[해설] ①번의 키워드인 heavy rain(폭우)이 그대로 언급된 지문 주변의 내용에서 일기예보가 이번 주 후반 열대성 폭풍으로 인한 바람과 폭우를 예측한다고는 했지만, ① '해안 지역은 폭우를 겪어 왔'는지는 알 수 없다.

[어휘] disruption 중단, 방해 forecast 예보 predict 예측하다 suspend 중단하다 disturbance 혼란, 방해 specific 특정한, 구체적인 operation 운영, 수술 temporarily 일시적으로 halt 중단되다 resolve 해결하다

정답 ①

037

[해석]
중앙은행 디지털 화폐(CBDC)는 실물 현금과는 구별되는, 중앙은행에 의해 발행되는 새로운 형태의 디지털 화폐를 의미한다. 암호 화폐와 같은 가상 자산과 달리, CBDC는 정부에 의해 보증되기 때문에 안정성과 실물 화폐와 동등한 가치를 보장한다. CBDC는 비트코인처럼 투자 목적에 기여하기보다는, 결제를 간소화하는 것을 우선시한다. 2023년 6월부로, 많은 국가들이 이미 CBDC 개발에 착수해 오고 있으며, 국제 은행 결제 네트워크인 SWIFT는 CBDC를 새로운 금융 시스템에 통합하는 계획을 발표했다. 금융 서비스에 있어 중추적인 우체국은 CBDC 시대 ⓐ 에 적응해야 한다. 사이버 보안 조치를 강화하는 등 CBDC 채택을 위한 준비는 우체국이 디지털 결제 방법을 발전시키는 데 주도적인 역할을 하도록 할 것이다.

① 안정시키다
② ~에 적응하다
③ 회피하다
④ 직면하다

[해설] 빈칸 앞 문장에서 2023년 6월부터 많은 국가들이 이미 CBCD 개발을 진행 중이며 국제 은행 결제 네트워크 역시 CBCD를 새 금융 시스템에 통합하는 계획을 발표했다고 하고, 빈칸 뒤 문장에서 CBDC 채택을 위한 준비를 통해 우체국은 디지털 결제 방법의 발전을 주도하게 될 것이라고 했으므로, 금융 서비스에 있어 중추적인 우체국은 CBDC 시대'에 적응해야' 한다고 한 ②번이 정답이다.

[어휘] represent 의미하다, 대표하다 virtual 가상의 asset 자산 cryptocurrency 암호 화폐 stability 안정성 currency 화폐, 통화 prioritize 우선시하다 embark on ~에 착수하다 integrate 통합하다 pivotal 중추적인 adoption 채택 bolster 강화하다 proactive 주도적인, 적극적인 adapt to ~에 적응하다 evade 회피하다 confront 직면하다, 맞서다

정답 ②

038 밑줄 친 (A), (B)에 들어갈 말로 가장 적절한 것은?

In public speaking, the question of whether to directly state conclusions or leave them implied often shapes how effectively a message is received. Some argue that implying conclusions allows an audience to feel more engaged, as they ____(A)____ draw their own insights from fragments of information through a self-directed thought process. This approach mirrors the Socratic method, where learners discover knowledge through guided questioning rather than direct instruction. However, there's a fine line between fostering engagement and risking misunderstanding. Without clear articulation, new postal employees with relatively low familiarity with the topic may misinterpret the intended message. Therefore, while implied conclusions can invite more participation, speakers must balance this with clarity to make sure their message resonates ____(B)____ with all listeners.

	(A)	(B)
①	disorderedly	vaguely
②	actively	accurately
③	actively	typically
④	disorderedly	intensely

038

해석
> 공석에서 말할 때, 결론을 직접적으로 말할 것인지 아니면 그것이 암시되도록 할 것인지의 문제는 종종 메시지가 얼마나 효과적으로 받아들여지는지를 정한다. 일부 사람들은 결론을 암시하는 것이 청중으로 하여금 자기 주도적인 사고 과정을 통해 정보의 단편으로부터 그들만의 통찰력을 (A) 능동적으로 이끌어내면서, 더욱 참여하는 느낌을 받게 한다고 주장한다. 이 접근법은 학습자들이 직접적인 지시가 아닌 특정 방향으로 이끄는 질문을 통해 지식을 발견하는 소크라테스식 문답법을 반영한다. 하지만, 참여를 촉진하는 것과 오해의 위험을 무릅쓰는 것 사이에는 미묘한 차이가 있다. 명확한 표현이 없으면, 주제에 대해 비교적 낮은 친숙도를 가진 우체국 신입 직원들은 의도된 메시지를 잘못 해석할 수도 있다. 그러므로, 암시된 결론이 더 많은 참여를 자아낼 수 있기는 해도, 화자들은 그들의 메시지가 모든 청자들에게 (B) 정확하게 상기되도록 하기 위해 이것과 명확성의 균형을 맞추어야 한다.

	(A)	(B)
①	무질서하게	모호하게
②	능동적으로	정확하게
③	능동적으로	전형적으로
④	무질서하게	강렬하게

해설
(A) 빈칸이 있는 문장에서 일부 사람들은 결론을 암시하는 것이 자기 주도적인 사고 과정을 통해 통찰력을 이끌어내기 때문에 청중들이 더욱 참여감을 느낀다고 주장한다고 했으므로, 빈칸에는 결론을 암시하는 것이 통찰력을 '능동적으로' 이끌어낸다는 내용이 나와야 적절하다.
(B) 빈칸 앞부분에서 명확한 표현이 없으면 낮은 수준의 친숙도를 가진 청자들은 메시지를 잘못 해석할 수 있으므로 암시된 결론과 명확성의 균형을 맞추어야 한다고 했으므로, 빈칸에는 화자들은 메시지가 모든 청자들에게 '정확하게' 상기되도록 해야 한다는 내용이 나와야 적절하다.
따라서 ② (A) actively(능동적으로) - (B) accurately(정확하게)가 정답이다.

어휘
directly 직접적으로　state 말하다; 상태　imply 암시하다　fragment 단편, 조각　self-directed 자기 주도적인　mirror 반영하다, 비추다; 거울　foster 촉진하다, 조성하다　engagement 참여, 약속　articulation 표현　relatively 비교적, 상대적으로　misinterpret 잘못 해석하다　invite 자아내다, 초대하다　resonate with ~에게 상기되다　disorderedly 무질서하게　vaguely 모호하게　actively 능동적으로　accurately 정확하게　typically 전형적으로　intensely 강렬하게

정답 ②

039 What is indicated in the notice?

> Dear Customers,
>
> We are pleased to announce the launch of our new annuity insurance plan, Safe Plan, designed to provide you with financial security in old age.
>
> Safe Plan is a with-profit insurance plan, meaning it offers additional benefits based on the insurer's profits. Compared to the existing non-dividend insurance Guarantee 1, which does not offer these extra bonuses, Safe Plan can provide higher returns over time. You can start receiving benefits from the age of 55 up to 80. The premium payments for this plan range from 50,000 to 750,000 won per month. Another feature of Safe Plan is that between 200 and 300 percent of the average pension can be paid during the first 5-10 years of receiving benefits.
>
> We believe Safe Plan offers a robust solution for your retirement planning needs.

① Safe Plan provides financial support to beneficiaries after the insured person's death.
② Safe Plan reflects the insurer's profits, unlike an existing insurance policy.
③ Safe Plan targets only those aged 55 to 80 for coverage.
④ Safe Plan offers up to 200 percent of the average pension for the first 5 years.

039

[해석] 안내문에 따라 다음 중 옳은 것은?

> 고객 여러분께,
>
> 여러분께 노후의 재정적 안정을 제공하기 위해 고안된 새로운 연금 보험 상품인 Safe Plan의 출시를 발표하게 되어 기쁩니다.
>
> Safe Plan은 유배당 보험 상품인데, 이는 보험사의 수익에 따라 추가적인 혜택을 제공한다는 의미입니다. 이러한 추가적인 특별 배당금을 제공하지 않는 기존의 무배당 보험인 Guarantee 1에 비해, Safe Plan은 시간이 지남에 따라 더 높은 수익을 제공할 수 있습니다. 보험금은 55세부터 80세까지 수령하실 수 있습니다. 이 상품의 보험료 납입금은 월 5만원에서 75만원 사이입니다. Safe Plan의 또 다른 특징은 보험금을 받는 처음 5-10년 동안 평균 연금의 200퍼센트에서 300퍼센트까지 지급될 수 있다는 점입니다.
>
> 저희는 Safe Plan이 여러분의 은퇴 계획 필요 사항에 대해 탄탄한 해결책을 제공한다고 믿습니다.

① Safe Plan은 피보험자의 사망 후 보험 수익자에게 재정적 지원을 제공한다.
② Safe Plan은 기존 보험과 달리 보험사의 수익을 반영한다.
③ Safe Plan은 55세부터 80세까지의 사람들만을 보장 대상으로 한다.
④ Safe Plan은 첫 5년간 평균 연금의 최대 200퍼센트를 제공한다.

[해설] ②번의 키워드인 insurer's profits(보험사의 수익)가 그대로 언급된 지문 주변의 내용에서 유배당 보험인 Safe Plan은 기존 보험과 달리 보험사의 이익에 따라 추가적인 특별 배당금을 제공한다고 했으므로, ② 'Safe Plan은 기존 보험과 달리 보험사의 수익을 반영한다'가 지문의 내용과 일치한다. ① Safe Plan이 노후의 재정적 안정을 제공하기 위해 고안되었으며 보험금을 55세부터 80세까지 수령할 수 있다고 했으므로, Safe Plan이 피보험자가 사망한 후 수익자에게 재정적 지원을 제공한다는 것은 지문의 내용과 다르다. ③ Safe Plan의 보험금을 55세에서 80세까지 수령할 수 있다고는 했지만, Safe Plan이 55세부터 80세까지의 사람들만을 보장 대상으로 하는지는 알 수 없다. ④ Safe Plan은 보험금 수령 후 처음 5-10년 동안 평균 연금의 200퍼센트에서 300퍼센트까지 받을 수 있다고 했으므로, Safe Plan이 처음 5년간 평균 연금의 최대 200퍼센트를 제공한다는 것은 지문의 내용과 다르다.

[어휘] annuity 연금 insurance 보험 with-profit 유배당의, (수익을) 배당하는 non-dividend 무배당의 return 수익, 귀환, 반납 premium 보험료; 고급의 feature 특징; 특징으로 하다 pension 연금 robust 탄탄한 retirement 은퇴 beneficiary 보험 수익자, 수혜자 coverage (보험) 보장

정답 ②

040 National Postal Service Job Fair에 관한 다음 글의 내용과 일치하지 않는 것은?

> **Discover Your Future at the National Postal Service Job Fair**
>
> Announcing the upcoming job fair is a great pleasure for the National Postal Service, which is looking for individuals interested in pursuing a career within our organization. Whether you're new to the job market or looking to change employment paths, this event is for you if you want to start a fulfilling career.
>
> **Details**
> - **Dates & Times**: Every Thursday in May (9:30 a.m. - 4:30 p.m.)
> - **Location**: Beaumont Convention Center
>
> **Key Features**
> • **Information Sessions**
>   Detailed information sessions about the roles of various positions will be held hourly.
>
> • **On-site Interviews**
>   We will be conducting on-site interviews for interested and qualified candidates. Remember to bring your résumé and dress for success.
>
> Please note that while not required, pre-registration is encouraged to expedite the admission process. Visit our website at www.nps.org/careers to register and view a list of more than 100 positions that you can apply for from anywhere in the country.

① It will be held on multiple days in May.
② Registering online makes getting into the event faster.
③ On-site interviews will be conducted every hour.
④ The website features positions accessible throughout the country.

040

[해석]

국가 우편국 취업 박람회에서 여러분의 미래를 발견해 보세요

다가오는 취업 박람회를 발표하는 것은 저희 국가 우편국에 큰 기쁨인데, 이 행사는 저희 조직 내에서 경력을 추구하는 데 관심 있는 분들을 찾고 있습니다. 여러분이 취업 시장에 처음이든 직업 진로를 바꾸려고 하든 간에, 성취감을 주는 경력을 시작하고 싶다면 이 행사는 여러분을 위한 것입니다.

세부 사항
- **날짜와 시간**: 5월의 매주 목요일 (오전 9시 30분 - 오후 4시 30분)
- **장소**: Beaumont 컨벤션 센터

주요 특징
- **설명회**
  다양한 직책에 대한 자세한 설명회가 매시간 열릴 예정입니다.
- **현장 면접**
  저희는 관심 있고 자격이 있는 지원자들을 대상으로 현장 면접을 실시할 예정입니다. 합격을 위해 이력서와 복장을 가져올 것을 기억하세요.

필수는 아니지만, 입장 절차를 신속하게 처리하기 위해 사전 등록이 권장됩니다. 등록과 전국 어디에서나 지원할 수 있는 100개 이상의 일자리 목록을 확인하시려면 저희 웹사이트 www.nps.org/careers를 방문하세요.

① 그것은 5월에 여러 날 동안 열릴 예정이다.
② 온라인 등록은 행사에 입장하는 것을 더 빠르게 만든다.
③ 현장 면접은 매시간 실시될 예정이다.
④ 웹사이트는 국가 전역에서 접근 가능한 일자리를 특징으로 한다.

[해설] ③번의 키워드인 On-site interviews(현장 면접)가 그대로 언급된 지문 주변의 내용에서 현장 면접이 실시될 예정이라고는 했지만, ③ '현장 면접이 매시간 실시될 예정'인지는 알 수 없다.

[어휘] **job fair** 취업 박람회 **fulfilling** 성취감을 주는 **feature** 특징; 특징으로 하다 **information session** 설명회 **on-site** 현장의 **conduct** 실시하다 **qualified** 자격 있는 **candidate** 지원자 **résumé** 이력서 **registration** 등록 **expedite** 신속하게 처리하다

정답 ③

실전완성문제

041 안내문에 따라 다음 중 옳은 것은?

To Our Customers:

We are delighted to introduce our new service, EasyOne Shipping, designed to streamline the process of sending food items abroad.

EasyOne Shipping facilitates faster and more convenient export logistics for food items, aiming for efficient delivery directly to the destination company in one seamless process. You can sign up for it online and send your food items to our logistics hub at Incheon airport. From there, our partnerships with leading courier companies allow you to choose between standard and express services. Users are expected to enjoy a smoother customs clearance process especially when shipping to the U.S. and Japan, expedited by our service. Furthermore, as a special promotion, early adopters will receive a 10 percent discount on their first shipment.

Please note that more information about EasyOne Shipping can be found on the post office website.

① EasyOne Shipping을 신청하기 위해 고객들은 공항을 방문해야 한다.
② EasyOne Shipping은 공공 기관들 간의 제휴를 통해 운영된다.
③ EasyOne Shipping 사용자들은 미국 세관을 더 쉽게 통과할 것을 기대한다.
④ EasyOne Shipping을 자주 사용하는 고객은 할인을 받을 수 있다.

041

[해석]

저희 고객 여러분께,

식품을 해외로 보내는 과정을 간소화하기 위해 고안된 새로운 서비스인 EasyOne 운송을 소개하게 되어 기쁩니다.

EasyOne 운송은 식품을 위한 더 빠르고 편리한 수출 물류를 가능하게 하여, 한 번의 매끄러운 과정으로 목적지 회사로 곧장 향하는 효율적인 배송을 목표로 합니다. 여러분은 그것을 온라인으로 신청하신 뒤 인천 공항에 있는 저희의 물류 허브로 식품을 보내 주시면 됩니다. 그곳에서부터는, 주요 택배 회사들과의 저희의 제휴가 여러분들로 하여금 표준 서비스와 특급 서비스 중에서 선택하실 수 있도록 합니다. 사용자분들은 특히 미국과 일본으로 배송할 때 저희 서비스로 더 신속하게 처리되는, 보다 원활한 통관 절차를 누리실 것으로 예상됩니다. 뿐만 아니라, 특별 프로모션으로, EasyOne 운송의 초기 사용자분들은 첫 배송 시 10퍼센트 할인 혜택을 받으실 것입니다.

EasyOne 운송에 대한 더 많은 정보는 우체국 웹사이트에서 찾을 수 있는 참고 부탁드립니다.

[해설] ③번의 키워드인 '세관을 더 쉽게 통과할 것'을 바꾸어 표현한 지문의 a smoother customs clearance process(보다 원활한 통관 절차) 주변의 내용에서 사용자들은 미국과 일본으로 배송 시 더 원활한 통관 절차를 누릴 것이라고 했으므로, ③ 'EasyOne Shipping 사용자들은 미국 세관을 더 쉽게 통과할 것을 기대한다'가 지문의 내용과 일치한다. ① 온라인으로 신청한 뒤 인천 공항에 있는 물류 허브로 식품을 보내면 된다고 했으므로, EasyOne Shipping을 신청하기 위해 고객들이 공항을 방문해야 한다는 것은 지문의 내용과 다르다. ② 주요 택배 회사들과 제휴를 했다고 했으므로, EasyOne Shipping이 공공 기관들 간의 제휴를 통해 운영된다는 것은 지문의 내용과 다르다. ④ 초기 사용자들이 첫 배송 시 할인 혜택을 받을 것이라고는 했지만, EasyOne Shipping을 자주 사용하는 고객들이 할인을 받는지는 알 수 없다.

[어휘] **streamline** 간소화하다　**facilitate** 가능하게 하다　**export** 수출　**logistics** 물류　**seamless** 매끄러운　**sign up for** ~을 신청하다
partnership 제휴, 공동　**courier** 택배 회사　**customs clearance** 통관　**expedite** 더 신속히 처리하다　**adopter** 사용자, 입양인

정답 ③

실전완성문제

042 밑줄 친 (A), (B)에 들어갈 말로 가장 적절한 것은?

> Not all mail can be delivered to the intended recipient or returned to the sender. This sort of mail, sometimes called dead letter mail, is undeliverable for various possible reasons, including an incomplete address, illegible handwriting, or ____(A)____ postage. But what happens to letters and parcels once they receive this classification? It may surprise you to learn that they remain in the postal system, becoming mysteries for postal service workers to make efforts to solve. In many countries, it is normally illegal for sealed mail to be opened by a third party or government agency. However, letters that can neither be delivered nor returned are an ____(B)____. After all efforts have been exhausted, certain postal workers are authorized to open dead letter mail to search for clues about the sender or the intended recipient.

	(A)	(B)
①	sufficient	opportunity
②	deficient	enigma
③	sufficient	enigma
④	deficient	exception

043 다음 글의 빈칸에 들어갈 말로 가장 적절한 것은?

> _____ is key in providing postal services that satisfy all kinds of customers. Korea Post recognizes that private competitors are becoming ever more resourceful and innovative in giving customers what they need. For this reason, the nation's postal delivery service plans to consider utilizing drones and electric vehicles in future delivery systems. Drones are expected to significantly improve delivery times, particularly in islands and mountainous areas where traditional delivery methods are less efficient. Electric vehicles would not only reduce emissions, contributing to a cleaner environment, but also lower operational costs over time. Furthermore, with parcel shipments projected to grow as the world continues to embrace online shopping, Korea Post now understands that even the technological modifications it made in the recent past will soon become conventional. Thus, it is now willing to test the efficacy and safety of unconventional transport services in order to keep in step with global trends in package delivery.

① Honesty　　② Cooperation　　③ Simplicity　　④ Progress

042

[해석]
모든 우편물이 의도한 수신자에게 배송되거나 발송인에게 되돌아갈 수 있는 것은 아니다. 때때로 배달 불능 우편물이라고 불리는 이런 종류의 우편물은 온전치 않은 주소, 읽기 어려운 손글씨, 또는 (A) 불충분한 우편 요금을 포함한 다양한 가능성 있는 이유들로 배달할 수 없다. 그런데 일단 편지와 소포들이 이렇게 분류되면 어떤 일이 일어날까? 그것들이 우체국 시스템에 남아 우체국 직원들이 해결하려 노력하는 수수께끼가 된다는 것에 당신은 놀랄지도 모른다. 많은 나라들에서, 봉인된 우편물이 제3자 또는 정부 기관에 의해 개봉되는 것은 일반적으로 불법이다. 하지만, 배송되지도 반송되지도 못하는 편지들은 (B) 예외이다. 모든 노력이 다해진 후, 특정 우체국 직원들은 발송인이나 의도한 수신자에 대한 단서들을 찾기 위해 배달 불능 우편물을 개봉할 권한을 부여받는다.

　　(A)　　　　(B)
① 충분한　　　기회
② 불충분한　　수수께끼
③ 충분한　　　수수께끼
④ 불충분한　　예외

[해설] (A) 빈칸이 있는 문장에서 온전치 않은 주소, 읽기 어려운 손글씨 등 우편물이 배달될 수 없는 이유들을 언급하고 있으므로, 빈칸에는 '불충분한' 우편 요금이라는 내용이 나와야 적절하다.
(B) 빈칸 앞 문장에 봉인된 우편물이 제3자나 정부 기관에 의해 개봉되는 것이 대게 불법이라는 내용이 있고, 빈칸 뒤 문장에 모든 노력을 한 뒤 특정 우체국 직원들은 배달 불능 우편물을 개봉할 권한을 부여받는다고 했으므로, 빈칸에는 배송되지도 반송되지도 못하는 편지들은 '예외'라는 내용이 나와야 적절하다.
따라서 ④ (A) deficient(불충분한) - (B) exception(예외)이 정답이다.

[어휘] illegible 읽기 어려운　exhaust 다하다, 고갈시키다　authorize 권한을 부여하다　sufficient 충분한　deficient 불충분한　enigma 수수께끼

정답 ④

043

[해석]
진보는 모든 종류의 고객들을 만족시키는 우편 서비스를 제공하는 것에 있어 핵심이다. 우정사업본부는 민간 경쟁사들이 고객들에게 그들이 필요로 하는 것을 제공하는 데 있어 훨씬 더 지략 있고 혁신적이게 되고 있음을 인식하고 있다. 이러한 이유로, 국가의 우편 배송 서비스는 미래의 배송 시스템에 드론과 전기 자동차를 활용하는 것을 고려할 계획이다. 드론은 특히 전통적인 배송 방식이 덜 효율적인 도서 및 산간 지역에서 배송 시간을 크게 향상시킬 것으로 예상된다. 전기 자동차는 배출물을 줄여 더 깨끗한 환경에 기여할 뿐만 아니라, 시간이 지남에 따라 운영 비용도 절감할 것이다. 뿐만 아니라, 세상이 온라인 쇼핑을 계속해서 받아들이면서 소포 운송이 증가할 것으로 예상됨에 따라, 우정사업본부는 이제 그들이 최근에 했던 기술적인 변화들도 곧 시대에 뒤처진 것이 되리라는 것을 알고 있다. 따라서, 우정사업본부는 소포 배송에 있어서 세계적인 추세에 보조를 맞추기 위해 관습에 얽매이지 않는 운송 서비스의 효과와 안전성을 시험할 용의가 있다.

① 정직　　　　② 협력　　　　③ 간단함　　　　④ 진보

[해설] 지문 전반에 걸쳐 우정사업본부는 민간 경쟁사들의 혁신적인 모델을 인식하여 배송 시스템에 드론 및 전기 자동차 활용을 고려하고 있는데, 이를 통해 배송 시간 단축, 환경 보호, 운영 비용 절감이 기대되며, 이외에도 관습에 얽매이지 않는 운송 서비스의 효과 및 안전성을 시험할 용의가 있다고 알려 주고 있다. 따라서 '진보'가 모든 종류의 고객들을 만족시키는 우편 서비스를 제공하는 데 있어 핵심이라고 한 ④번이 정답이다.

[어휘] resourceful 지략 있는　emission 배출(물)　modification 변화　unconventional 관습에 얽매이지 않는

정답 ④

실전완성문제

044 안내문에 따라 다음 중 옳은 것은?

> Dear Customers,
>
> We would like to remind small business owners to check if they qualify for our commercial prices. The Postal Service offers several volume discounts.
>
> For customers to receive a 15 percent discount on ordinary mail and a 10 percent discount on express or international shipping rates, they must send 200 pieces, or a total of 25 kilograms, of mail containing flyers, newsletters, invoices, etc., monthly. For parcels, 50 pieces must be shipped each month to receive a 10 percent discount on ordinary mail and a 5 percent discount on express and international mail. All pieces of mail must not exceed the standard size for parcels.
>
> To see if you qualify for commercial shipping discounts, please visit the "commercial prices" page at the postal service website.

① Both weight and quantity minimums must be met to receive a discount on mail.
② Shipping at least 50 parcels a month internationally earns a 10 percent discount.
③ Parcels need to adhere to standard size regulations for discounts.
④ Users are required to visit a post office to check their eligibility for commercial discounts.

044

[해석]

고객 여러분께,

저희는 소상공인분들께 저희의 기업용 가격에 자격이 주어지는지 확인할 것을 상기시켜 드리고자 합니다. 우체국에서는 여러 가지 수량 할인을 제공합니다.

고객 여러분이 일반 우편에 15퍼센트, 특급 또는 국제 운송 요금에 10퍼센트의 할인을 받기 위해서는, 전단지, 소식지, 청구서 등을 포함하는 우편물을 매월 200장 또는 총 25킬로그램을 보내야 합니다. 소포에 대해서는, 일반 우편에 10퍼센트, 특급 및 국제 우편에 5퍼센트의 할인을 받기 위해 매월 50개가 운송되어야 합니다. 모든 우편물은 소포의 표준 크기를 초과해서는 안 됩니다.

여러분이 기업용 운송 할인에 자격이 주어지는지를 알아보시려면, 우편 사업 웹사이트의 '기업용 가격' 페이지를 방문해 주세요.

① 우편 할인을 받으려면 무게와 수량 둘 다의 최소치가 충족되어야 한다.
② 한 달에 최소 50개의 소포를 해외로 운송하는 것은 10퍼센트 할인을 받는다.
③ 소포는 할인을 위해 표준 크기 규정을 준수해야 한다.
④ 사용자들은 기업용 할인에 적격인지 확인하기 위해 우체국 방문이 필요하다.

[해설] ③번의 키워드인 standard size(표준 크기)가 그대로 언급된 지문 주변의 내용에서 모든 우편물은 소포의 표준 크기를 초과해서는 안 된다고 했으므로, ③ '소포는 할인을 위해 표준 크기 규정을 준수해야 한다'는 지문의 내용과 일치한다. ① 소포 외 우편물을 매월 200장 또는 총 25킬로그램을 보내면 요금 할인을 받을 수 있다고 했으므로, 우편 할인을 받으려면 무게와 수량 둘 다의 최소치가 충족되어야 한다는 것은 지문의 내용과 다르다. ② 소포에 대해 특급 및 국제 우편에 5퍼센트 할인을 받으려면 매월 50개를 운송해야 한다고 했으므로, 한 달에 최소 50개의 소포를 해외로 운송하는 것이 10퍼센트 할인을 받는다는 것은 지문의 내용과 다르다. ④ 기업용 운송 할인 자격이 있는지를 알아보려면 우편 사업 웹사이트를 방문해 달라고 했으므로, 사용자들이 기업용 할인에 적격인지 확인하기 위해 우체국 방문이 필요하다는 것은 지문의 내용과 다르다.

[어휘] qualify 자격이 주어지다 commercial 기업용의, 상업의 flyer 전단지 invoice 청구서, 송장 exceed 초과하다, 능가하다 eligibility 적격

정답 ③

실전완성문제

045 안내문에 따라 다음 중 옳은 것은?

> Dear Valued Customers,
>
> We are committed to providing you with efficient and reliable postal services. In order to enhance our EMS Premium service, we have implemented a system change regarding the acceptance of document shipments.
>
> EMS Premium service for documents will only accept documents weighing up to 2 kilograms. If your document package exceeds 2 kilograms, we kindly ask that you select the non-document category for EMS Premium service. Please note that there will be no change in base fees; however, it will be processed as a parcel and incur a higher fee than documents. To assist you during this transition, we will place guidance posters at post offices for a month. These posters provide clear instructions to assist with selecting the appropriate category for your shipments.
>
> We appreciate your understanding and cooperation as we strive to improve our services to meet your needs effectively.

① Packages less than 2 kilograms cannot be sent using EMS premium service.
② Documents exceeding 2 kilograms will be delivered as a parcel.
③ The price for the non-document section is set to increase.
④ Guidance posters will be located in post offices for several months.

046 다음 글의 내용과 일치하는 것은?

> All post office locations offer banking services for the nation's four most popular commercial banks. Currently, basic services include cash deposits and withdrawals, account balance inquiries, and domestic money transfers. Additional loan and investment services are expected to roll out in the near future. By implementing banking services at existing post offices, the number of offline banking locations for these four commercial banks has doubled. The post office hopes this will help vulnerable groups, such as the elderly, who might not be able to use online banking channels or find a physical bank nearby.

① 현재 대출 및 투자 서비스가 우체국에서 제공된다.
② 우체국은 취약 계층을 돕기 위한 온라인 수단을 개발한다.
③ 우체국의 기본 은행 서비스는 국내 송금을 포함한다.
④ 우체국 지점의 수는 4개 은행 지점 수의 두 배이다.

045

해석

귀중한 고객 여러분께,

저희는 여러분께 효율적이고 신뢰할 수 있는 우편 서비스를 제공하기 위해 최선을 다하고 있습니다. 저희의 EMS 프리미엄 서비스를 향상시키기 위해, 저희는 문서 발송 접수에 관한 제도 변경을 실시했습니다.

서류용 EMS 프리미엄 서비스는 최대 2킬로그램까지 무게가 나가는 서류만 접수할 것입니다. 여러분의 문서 소포가 2킬로그램을 초과하는 경우, EMS 프리미엄 서비스의 비서류 부문을 선택해 주시기를 정중히 요청드립니다. 기본 요금은 변경되지 않지만, 그것은 소포로 처리될 것이며 서류보다 높은 비용을 발생시킬 것입니다. 이 이행 기간 동안 여러분을 돕기 위해, 저희는 한 달 동안 우체국에 안내 벽보를 비치할 예정입니다. 이 벽보는 배송에 적합한 부문을 선택하는 것을 도울 명확한 설명을 제공합니다.

저희는 여러분의 필요를 효과적으로 충족시키기 위해 서비스를 개선하고자 노력하고 있으며 여러분의 이해와 협조에 감사드립니다.

① 2킬로그램 이하의 소포는 EMS 프리미엄 서비스를 사용하여 보낼 수 없다.
② 2킬로그램을 초과하는 서류는 소포로 배송될 것이다.
③ 비서류 부문의 가격이 오를 예정이다.
④ 안내 벽보가 우체국에 몇 달간 놓일 것이다.

해설 ②번의 키워드인 exceeding 2 kilograms(2킬로그램을 초과하는)를 바꾸어 표현한 지문의 exceeds 2 kilograms(2킬로그램을 초과한다) 주변의 내용에서 문서 소포가 2킬로그램을 초과하는 경우, EMS 프리미엄 서비스의 비서류 부문을 통해 소포로 처리될 것이라고 했으므로, ② '2킬로그램을 초과하는 서류는 소포로 배송될 것이다'가 지문의 내용과 일치한다. ① 서류용 EMS 프리미엄 서비스는 최대 2킬로그램까지의 서류만 접수할 것이라고 했으므로, 2킬로그램 이하의 소포는 EMS 프리미엄 서비스를 사용하여 보낼 수 없다는 것은 지문의 내용과 다르다. ③ EMS 프리미엄 서비스의 비서류 부문이 서류보다 높은 비용이라고는 했지만, 비서류 부문 가격이 오를 예정인지는 알 수 없다. ④ 안내 벽보를 한 달 동안 우체국에 비치할 예정이라고 했으므로, 안내 벽보가 우체국에 몇 달간 놓일 것이라는 것은 지문의 내용과 다르다.

어휘 implement 실시하다; 도구   acceptance 접수, 수락   exceed 초과하다   incur 발생시키다   transition 이행, 과도기   instruction 설명(서)
appropriate 적합한

정답 ②

046

해석

모든 우체국 지점은 국내에서 가장 대중적인 4개의 상업 은행을 위한 은행 서비스를 제공한다. 현재, 기본 서비스는 현금 입출금, 계좌 잔액 조회, 그리고 국내 송금을 포함한다. 추가적인 대출 및 투자 서비스는 가까운 미래에 시작될 것으로 기대된다. 기존의 우체국에서 은행 서비스를 시행함으로써, 이 4개의 상업 은행을 위한 오프라인 은행 지점의 수는 두 배가 되었다. 우체국은 이것이 노인들과 같이, 온라인 은행 수단을 사용할 능력이 없거나 주변에 실제 은행이 없을 수 있는 취약 계층을 돕기를 희망한다.

해설 ③번의 키워드인 '국내 송금'이 그대로 언급된 지문의 domestic money transfers(국내 송금) 주변 내용에서 현재 우체국이 제공하는 기본 은행 서비스에 국내 송금이 포함된다고 했으므로, ③ '우체국의 기본 은행 서비스는 국내 송금을 포함한다'는 지문의 내용과 일치한다. ① 대출 및 투자 서비스가 가까운 미래에 시작될 것이라고 했으므로, 현재 대출 및 투자 서비스가 우체국에서 제공된다는 것은 지문의 내용과 다르다. ② 우체국은 온라인 은행 수단 사용이 어려운 취약 계층을 돕기 위해 상업 은행 서비스를 제공한다고 했으므로, 우체국이 취약 계층을 돕기 위해 온라인 수단을 개발한다는 것은 지문의 내용과 다르다. ④ 우체국에서 은행 서비스를 시행함으로써 4개의 상업 은행을 위한 오프라인 지점 수가 두 배가 되었다고는 했지만, 우체국 지점의 수가 4개 은행 지점 수의 두 배인지는 알 수 없다.

어휘 commercial 상업적인   deposit 입금   withdrawal 출금   account 계좌   balance 잔액, 균형   inquiry 조회, 문의   domestic 국내의
money transfer 송금   loan 대출   roll out 시작되다, 출시하다   implement 시행하다   vulnerable 취약한   elderly 노인   channel 수단, 경로, 채널

정답 ③

실전완성문제

047 밑줄 친 (A), (B)에 들어갈 말로 가장 적절한 것은?

> According to post office consumer trend analytics, parcels from e-commerce businesses with one- or two-day delivery represent nearly 75 percent of all shipments. This percentage is expected to rise in the future. In response, the post office has ____(A)____ budget allocations to improve the postal delivery network's efficiency. By establishing distribution centers and processing facilities in strategic areas, the Postal Service allows businesses to reach nearly 90 percent of the country's citizens with one-day ground shipping, up to seven days a week. These improvements to the ground network will also save customers from paying increased prices for air freight. Moreover, the proliferation of additional pick-up and drop-off locations will enable 95 percent of the population to be located within 10 kilometers of a post office, which will help ____(B)____ other postal services for customers.

	(A)	(B)
①	signed off on	facilitate
②	sized up	complicate
③	signed off on	alter
④	sized up	integrate

047

해석

> 우체국 소비자 트렌드 분석에 따르면, 전자 상거래 업체로부터의 1일 또는 2일 배송인 소포가 모든 수송의 거의 75퍼센트에 해당한다. 이 비율은 미래에 증가할 것으로 예상된다. 이에 대응하여, 우체국은 우편 배송망의 효율성을 개선하기 위해 예산 할당 (A) 에 대해 승인했다. 전략 지역에 유통 센터와 처리 시설을 설립함으로써, 우편 서비스는 업체들이 그 나라의 거의 90퍼센트의 시민들에게 최대 일주일 내내 1일 육로 배송으로 도달하도록 할 것이다. 육로 연결망의 이러한 개선은 또한 고객들이 항공 화물에 대한 인상된 가격을 지불하지 않아도 되게 할 것이다. 게다가, 추가적인 수거 및 하차 장소의 확산은 인구의 95퍼센트로 하여금 우체국으로부터 10킬로미터 이내에 위치하게 할 것인데, 이것은 고객들을 위한 다른 우편 서비스를 (B) 용이하게 하도록 도울 것이다.

	(A)	(B)
①	~에 대해 승인했다	용이하게 하다
②	~을 평가했다	복잡하게 만들다
③	~에 대해 승인했다	변경하다
④	~을 평가했다	통합시키다

해설 (A) 빈칸 앞 문장에 1일 또는 2일 배송의 비율이 미래에 증가할 것으로 예상된다는 내용이 있고, 뒤 문장에 전략 지역에 유통 센터와 처리 시설을 설립한다는 내용이 있으므로, 빈칸에는 우체국이 우편 배송망의 효율성을 개선하기 위해 예산 할당'에 대해 승인했다'는 내용이 나와야 적절하다.
(B) 빈칸이 있는 문장에서 추가 수거 및 하차 장소의 확산이 대부분의 인구가 우체국으로부터 10킬로미터 이내에 사는 것을 보장할 것이라고 했으므로, 빈칸에는 이것이 고객들을 위한 다른 우편 서비스를 '용이하게 하'도록 도울 것이라는 내용이 나와야 적절하다.
따라서 ① (A) signed off on(~에 대해 승인했다) - (B) facilitate(용이하게 하다)가 정답이다.

어휘 **analytics** 분석 **represent** 해당하다, 대표하다 **budget** 예산 **allocation** 할당 **efficiency** 효율성 **distribution** 유통, 분배 **strategic** 전략적인 **save** ~하지 않아도 되게 하다, 절약하다 **air freight** 항공 화물 **proliferation** 확산, 급증 **drop-off** 하차 **sign off on** ~에 대해 승인하다 **facilitate** 용이하게 하다 **size up** ~을 평가하다 **complicate** 복잡하게 만들다 **alter** 변경하다, 바꾸다 **integrate** 통합시키다

정답 ①

실전완성문제

048 Postal Education Drive에 관한 다음 글의 내용과 일치하는 것은?

To Whom It May Concern,

We are proud to introduce the "Postal Education Drive," a new initiative by our national postal service to directly support rural education. Recognizing the challenge of accessing quality educational materials in remote areas, we are leveraging our extensive postal network to deliver a curated selection of textbooks, literary classics, and interactive learning tools to rural schools and libraries. Of particular interest to many students are the science experiment kits we will deliver, which have been designed by leading scientific experts in the country.

Starting next month, our dedicated postal routes will include deliveries of educational packages specifically made to enhance the learning experience of students in underserved communities. This program will start with a pilot project and is planned to extend across the country over the coming years.

Thank you for your ongoing support, and let's together light the torch of knowledge in every corner of our nation.

① 우체국 서비스에 의해 꾸준히 시행되어 왔다.
② 엄선된 선생님의 출장 강의를 포함한다.
③ 과학 실험 키트는 전문가들에 의해 만들어진다.
④ 다음 달부터 전국적으로 시행된다.

고난도

049 다음에 제시된 문장이 <보기>에 들어갈 위치로 가장 알맞은 것은?

The most concerning is that customers may encounter challenges caused by the mechanisms of the kiosks themselves with complex transactions or need assistance that the kiosk cannot provide.

<보기>

Post office kiosks have become essential fixtures in modern postal services, offering customers convenient self-service options for various tasks. (①) These automated stations allow users to weigh packages, calculate postage, purchase stamps, and even send out mail without needing to wait in line for a staff member. However, while they enhance convenience, there are drawbacks to consider. (②) Issues such as card device errors, technical glitches with printing labels or receipts, or difficulties navigating the interface can frustrate users, especially those unfamiliar with the technology. (③) Moreover, reliance on kiosks may reduce face-to-face interactions with postal staff, impacting customer service quality and personalized assistance. Still, the technology continues to evolve to address user feedback and improve reliability. Providing immediate assistance for technical issues, simplifying the interface, and displaying kiosk usage instructions would help mitigate these problems and foster a smoother experience for all customers. (④)

048

해석

관계자분께,

저희는 시골 교육을 직접 지원하기 위한, 전국 우체국 서비스의 새로운 계획인 '우체국 교육 운동'을 시작하게 된 것을 자랑스럽게 생각합니다. 외딴 지역에서 양질의 교육 자료에 접근하는 것의 어려움을 인식하면서, 저희는 전문적인 식견으로 엄선된 교과서, 문학 고전 및 상호 작용 학습 도구를 시골 학교와 도서관에 배송하기 위해 광범위한 우체국 네트워크를 활용할 것입니다. 많은 학생들에게 특히나 흥미로운 것은 국내에서 손꼽히는 과학 전문가들에 의해 고안되어 온, 저희가 배송할 과학 실험 키트입니다.

다음 달부터, 저희의 전용 우체국 노선은 서비스가 불충분한 지역 사회에 있는 학생들의 학습 경험을 향상시키기 위해 특별히 만들어진 교육 패키지 배송을 포함할 것입니다. 이 프로그램은 시범 프로젝트로 시작할 것이고 향후 몇 년에 걸쳐 전국으로 확대될 계획입니다.

여러분의 지속적인 지원에 감사드리며, 우리나라 곳곳에서 지식의 햇불을 함께 밝혀 봅시다.

해설

③번의 키워드인 '과학 실험 키트'가 그대로 언급된 지문의 science experiment kits(과학 실험 키트) 주변 내용에서 해당 키트는 국내에서 손꼽히는 과학 전문가들에 의해 고안되어 왔다고 했으므로, ③ '과학 실험 키트는 전문가들에 의해 만들어진다'가 지문의 내용과 일치한다. ① '우체국 교육 운동'은 전국 우체국 서비스의 새 계획이라고 했으므로, 우체국 서비스에 의해 꾸준히 시행되어 왔다는 것은 지문의 내용과 다르다. ② 엄선된 교재 및 학습 도구를 시골 학교와 도서관에 배송할 것이라고는 했지만, 엄선된 선생님의 출장 강의를 포함하는지는 알 수 없다. ④ 다음 달부터 시범 프로젝트로 시작하여 향후 몇 년에 걸쳐 전국으로 확대될 것이라고 했으므로, 다음 달부터 전국적으로 시행된다는 것은 지문의 내용과 다르다.

어휘

initiative 계획 **leverage** 활용하다, 영향을 주다; 지렛대 **extensive** 광범위한 **curated** 전문적인 식견으로 엄선된 **interactive** 상호 작용의 **dedicated** 전용의, 전념하는 **specifically** 특별히, 분명히 **underserved** 서비스가 불충분한, 소외된 **pilot** 시범의; 조종사 **torch** 햇불

정답 ③

049

해석

가장 우려되는 것은 복잡한 거래에 있어 고객들이 키오스크 자체의 기계 작용에 의해 야기되는 어려움에 직면하거나 키오스크가 제공할 수 없는 도움을 필요로 할 수도 있다는 점이다.

우체국 키오스크는 고객들에게 다양한 업무에 대해 편리한 셀프 서비스 선택지를 제공하면서 현대의 우편 서비스에서 필수적인 설비가 되었다. ① 이 자동화된 시설은 사용자들이 줄을 서서 직원을 기다릴 필요 없이 소포의 무게를 재고, 우편 요금을 계산하고, 우표를 구입하고, 심지어 우편물을 발송할 수도 있게 한다. 하지만, 그것들이 편의성을 향상시키기는 해도, 고려해야 할 단점들이 있다. ② 카드 단말기 오류, 라벨이나 영수증 출력 기술의 결함 또는 인터페이스를 탐색하는 것의 어려움과 같은 문제들은 사용자들, 특히나 기술에 익숙하지 않은 사람들을 좌절시킬 수 있다. ③ 뿐만 아니라, 키오스크에 대한 의존은 우체국 직원과의 대면 상호 작용을 줄여서, 고객 서비스 품질과 개인별 맞춤 지원에 영향을 미칠 수도 있다. 그럼에도, 그 기술은 사용자들의 피드백을 해결하고 신뢰성을 향상시키기 위해 계속해서 진화하고 있다. 기술적인 문제에 대해 즉각적인 지원을 제공하는 것, 인터페이스를 단순화하는 것, 그리고 키오스크 사용 설명서를 비치하는 것이 이러한 문제들을 완화하고 모든 고객에게 보다 원활한 경험을 조성하도록 도울 것이다. ④

해설

②번 앞 문장에서 우체국 키오스크에 고려해야 할 단점들이 있다고 하고, 뒤 문장에서 기술적 결함과 기술에 익숙하지 않은 사람들이 마주할 어려움에 대해 언급하고 있으므로, ②번 자리에 가장 우려되는 것(The most concerning)은 고객들이 키오스크 기계의 문제로 인한 어려움에 직면하거나 키오스크가 제공할 수 없는 도움을 필요로 할 수 있다는 내용, 즉 키오스크의 가장 큰 우려 사항으로 고객이 직면할 수 있는 불편함에 대해 언급하는 주어진 문장이 나와야 지문이 자연스럽게 연결된다.

어휘

encounter 직면하다 **mechanism** 기계 작용, 기제 **transaction** 거래 **fixture** 설비, 기구 **calculate** 계산하다 **postage** 우편 요금 **drawback** 단점 **glitch** 결함, 작은 문제 **face-to-face** 대면하는 **evolve** 진화하다 **address** 해결하다; 주소 **reliability** 신뢰성 **instruction** 설명서, 교육 **mitigate** 완화하다 **smooth** 원활한, 매끄러운

정답 ②

050 밑줄 친 (A), (B)에 들어갈 말로 가장 적절한 것은?

> Stress is often likened to a persistent shadow that accompanies modern times. From the unrelenting complaints of difficult customers to the evolving technological demands of society, the stress factors experienced by postal workers are diverse. Trying to navigate through life's challenges amidst this burden is like walking a tightrope without a safety net — we learn to cope, but at the cost of our mental and physical well-being. Moments of relaxation may seem elusive in a hectic postal work schedule, yet they are essential for ____(A)____ balance. Although proper nutrition and exercise are vital for physical health, finding moments of calm and relaxation is equally crucial for mental resilience. Adopting mindfulness practices, setting boundaries, and prioritizing self-care can help mitigate stress's harmful effects and ____(B)____ overall well-being.

	(A)	(B)
①	nominating	boast
②	nominating	suppress
③	restoring	overstate
④	restoring	promote

050

[해석]

스트레스는 종종 현대 시대에 동반되는 지속되는 그림자에 비유된다. 까다로운 고객들의 끊임없는 민원에서부터 사회의 발달하는 기술에 대한 요구에 이르기까지, 우체국 직원들이 경험하는 스트레스 요인들은 다양하다. 이러한 부담 속에서 삶의 어려움들을 헤쳐 나가려고 노력하는 것은 안전망 없이 줄타기를 하는 것과 같은데, 우리가 대처하는 법을 배우기는 하지만, 우리의 정신적 및 신체적 행복을 희생하여 그렇게 하기(대처하기) 때문이다. 정신없이 바쁜 우체국 업무 일정 속에서 휴식의 순간들은 찾기 힘들어 보일 수도 있지만, 그것들은 균형을 (A) 회복하는 데 필수적이다. 적절한 영양과 운동은 신체적 건강에 필수적이지만, 마찬가지로 평온함과 휴식의 순간을 찾는 것이 정신적 회복력에 있어 동등하게 중대하다. 마음 챙김 연습을 하고, 경계를 설정하고, 자기 관리에 우선순위를 두는 것은 스트레스의 해로운 영향을 완화하고 전반적인 행복을 (B) 증진하는 데 도움이 될 수 있다.

	(A)	(B)
①	지명하는 것	뽐내다
②	지명하는 것	억제하다
③	회복하는 것	과장하다
④	회복하는 것	증진하다

[해설] (A) 빈칸 앞 문장은 우리가 스트레스를 대처하기 위해 우리의 정신적 및 신체적 행복을 희생한다는 내용이고, 뒤 문장은 적절한 영양과 운동이 신체적 건강에 필수적인 것처럼 평온함과 휴식의 순간을 찾는 것 역시 중대하다는 내용이므로, 빈칸에는 휴식의 순간들이 균형을 '회복하는' 데 필수적이라는 내용이 나와야 적절하다.

(B) 빈칸 앞 문장은 평온함과 휴식의 순간을 찾는 것이 정신적 회복력에 있어 중대하다는 내용이고, 빈칸이 있는 문장은 마음 챙김 연습과 경계 설정과 자기 관리가 스트레스의 해로운 영향을 완화한다는 내용이므로, 빈칸에는 이것들이 전반적인 행복을 '증진하는' 데 도움이 될 수 있다는 내용이 나와야 적절하다.

따라서 ④ (A) restoring(회복하는 것) - (B) promote(증진하다)가 정답이다.

[어휘] liken 비유하다 persistent 지속되는, 집요한 accompany 동반되다 unrelenting 끊임없는 complaint 민원, 항의 navigate 헤쳐 나가다, 항해하다 walk a tightrope 줄타기하다 cope 대처하다 elusive 찾기 힘든 hectic 정신없이 바쁜 nutrition 영양 vital 필수적인 resilience 회복력 boundary 경계 prioritize 우선순위를 두다 mitigate 완화하다 nominate 지명하다, 임명하다 boast 뽐내다 suppress 억제하다, 억압하다 restore 회복하다 overstate 과장하다 promote 증진하다, 홍보하다

정답 ④

실전완성문제

051 Holiday Mail Event에 관한 다음 글의 내용과 일치하는 것은?

> **HOLIDAY MAIL EVENT**
>
> Guarantee your gifts and cards arrive on time by taking advantage of extended service hours and additional staff at all post office locations in the city.
>
> - **Dates**: December 11 through December 22 (except for Sundays)
> - **Extended Hours**: 7:30 a.m. to 7:30 p.m. from Monday to Friday and 9:00 a.m. to 5:00 p.m. on Saturday
> - **Special Offers**: Customers sending bulk mail will be eligible for discounts of up to 20 percent.
>
> Receive complimentary holiday-themed packaging supplies with any purchase of premium mailing services as long as supplies last.
>
> On the two Saturdays of the Holiday Mail Event, bring your little ones in to write and send their letters to Santa. Staff will be on hand to assist.

① 일요일에도 행사 참여가 가능하다.
② 토요일은 오후 9시까지 연장 운영한다.
③ 대량 우편물 발송 고객에게 무료 포장 용품이 주어진다.
④ 아이들은 산타에게 편지를 발송할 수 있다.

고난도

052 다음 글의 내용과 일치하지 <u>않는</u> 것은?

> The post office is currently carrying out a medical waste postal retrieval pilot program for several pharmacies and small-scale local health centers. The post office provides these locations with specialized retrieval bags that securely hold medical waste items to be picked up by postal vehicles for disposal. Locations also receive instructions on properly separating different types of medical waste, such as used gloves and patient gowns, expired medications, and syringes. As the waste retrieval process becomes more efficient, the plan is to expand it to encompass other waste-related services and serve a wider range of medical facilities. The post office intends that through this initiative, less medical waste will end up in the environment, reducing potential harm to people.

① The pilot program aims to protect people from medical waste.
② The pilot program involves waste pickup via postal vehicles.
③ The pilot program disposes of multiple kinds of medical waste.
④ The pilot program was successfully completed on a small scale.

051

> **연휴 우편물 행사**
> 시내에 위치한 모든 우체국 지점들에서 연장된 서비스 시간과 추가 직원을 활용함으로써 여러분의 선물과 카드가 제시간에 반드시 도착하게 하세요.
> - **날짜**: 12월 11일부터 12월 22일 (일요일 제외)
> - **연장 시간**: 월요일부터 금요일까지는 오전 7시 30분부터 오후 7시 30분까지, 토요일에는 오전 9시부터 오후 5시까지
> - **특별 제안**: 대량 우편물을 발송하는 고객님들께 최대 20퍼센트 할인의 자격이 주어질 것입니다.
> 어떤 프리미엄 우편 서비스 구입에 대해서든, (포장) 용품이 남아 있는 한 연휴를 주제로 한 무료 포장 용품을 받으세요.
> 연휴 우편물 행사가 있는 두 번의 토요일에, 산타에게 편지를 써 보내는 데 여러분의 아이들을 데리고 오세요. 직원들이 돕기 위해 가까이에 있을 것입니다.

[해설] ④번의 키워드인 '산타'가 그대로 언급된 지문의 Santa(산타) 주변 내용에서 행사 기간 내 두 번의 토요일에 아이들이 산타에게 편지를 써 보낼 수 있다고 했으므로, ④ '아이들은 산타에게 편지를 발송할 수 있다'는 지문의 내용과 일치한다. ① 행사 날짜에서 일요일은 제외된다고 했으므로, 일요일에도 행사 참여가 가능하다는 것은 지문의 내용과 반대이다. ② 토요일의 연장 운영 시간은 오전 9시부터 오후 5시까지라고 했으므로, 토요일은 오후 9시까지 연장 운영한다는 것은 지문의 내용과 다르다. ③ 프리미엄 우편 서비스 구입에 대해 무료 포장 용품이 주어진다고는 했지만, 대량 우편물 발송 고객에게 무료 포장 용품이 주어지는지는 알 수 없다.

[어휘] on time 제시간에 take advantage of ~을 활용하다 extend 연장하다, 확장하다 additional 추가의 bulk 대량의; 부피
eligible 자격이 있는, 바람직한 complimentary 무료의 supply 용품, 공급; 공급하다 on hand 가까이에, 수중에

정답 ④

052

> 우체국은 현재 여러 약국과 소규모 지역 보건소를 대상으로 의료 폐기물 우편 회수 시범 프로그램을 시행하고 있다. 우체국은 처리를 위해 우편 차량에 의해 수집될 의료 폐기 물품을 안전하게 보관할 특수한 회수 봉투를 이 장소들에 제공한다. 장소들은 사용된 장갑 및 환자 가운, 기한이 지난 의약품, 그리고 주사기와 같은 다양한 유형의 의료 폐기물을 적절하게 분리하는 지침 또한 받는다. 폐기물 회수 과정이 더욱 효율적이게 됨에 따라, 그 계획은 다른 폐기물 관련 서비스를 포함하고 더 넓은 범위의 의료 시설에 (서비스를) 제공하기 위해 확대될 것이다. 우체국은 이 계획을 통해, 더 적은 의료 폐기물이 환경에 남아, 사람들에게 미치는 잠재적인 해를 줄이고자 한다.

① 시범 프로그램은 의료 폐기물로부터 사람들을 보호하는 것을 목표로 한다.
② 시범 프로그램은 우편 차량을 통한 폐기물 수거를 포함한다.
③ 시범 프로그램은 다양한 종류의 의료 폐기물을 처리한다.
④ 시범 프로그램은 소규모로 성공적으로 완료되었다.

지문 앞부분에서 우체국은 현재 여러 약국과 소규모 지역 보건소를 대상으로 의료 폐기물 우편 회수 시범 프로그램을 시행하고 있다고는 했지만, ④ '시범 프로그램이 소규모로 성공적으로 완료되었'는지는 알 수 없다.

[어휘] carry out ~을 시행하다 retrieval 회수, 회복 pilot 시범의 pharmacy 약국 small-scale 소규모의 pick up ~을 수집하다, ~를 데려다주다
disposal 처리, 폐기 instruction 지침, 설명 separate 분리하다 expired 기한이 지난 medication 의약품 syringe 주사기 efficient 효율적인
encompass 포함하다 initiative 계획, 진취성

정답 ④

053 안내문에 따라 다음 중 옳은 것은?

Dear Visitors,

We wish to remind you that it is important to declare the contents of international packages accurately.

When you send any package internationally, you will be asked to complete a customs form, which requires information about the type of item you are sending, its value, and its intended use. This form is used by authorities in both the sending and receiving countries to process the shipment. Incorrect information on the customs form can cause delays if the package needs inspection or seizure if the items inside are prohibited. In some cases, taxes or duties may be owed, and a notification will be sent to the recipient explaining the amount and how to pay. Failure to pay will result in the package being returned to the sender.

Thank you for following these guidelines and for your cooperation.

① Customs declaration forms are only required for high-value items.
② Sending prohibited items through the mail will result in financial penalties.
③ Customs may impose additional duties without prior notification.
④ Packages will be returned in the event of non-payment of assessed taxes.

고난도

054 문맥을 고려할 때, 빈칸 ⓐ에 들어갈 알맞은 단어는?

One mistake executives commonly make when planning to expand a company's reach into an international market is thinking in broad regional terms. For example, proposing that a company shift its focus to Asia or Europe is extremely vague. There are vast differences among countries in every large region that companies need to consider, from local laws and culture to forms of payment and business practices, and customers tend to align themselves with these national norms. It is therefore essential when planning an international expansion that companies (ⓐ) the countries they want to target within a region. Only then can they conduct strategic research that will provide them with the insights they need to succeed.

① generalize   ② admire   ③ identify   ④ combine

053

해석

방문객 여러분께,

저희는 국제 소포의 내용물을 정확하게 신고하는 것이 중요함을 여러분께 상기시켜 드리고 싶습니다.

여러분이 어떠한 소포든지 간에 해외로 보낼 때는, 세관 신청서를 기입할 것을 요청받을 것인데, 이것은 여러분이 보내려 하는 물품의 유형, 그것의 경제적 가치, 그리고 그것의 사용 의도에 대한 정보를 요구합니다. 이 신청서는 발신 및 수신 국가 당국이 운송을 처리하는 데 사용됩니다. 세관 신청서의 잘못된 정보는 소포가 검사를 필요로 하는 경우에는 지연을, 소포 안에 든 물품이 금지되는 것일 경우 압류를 초래할 수 있습니다. 경우에 따라서는, 세금이나 관세가 지불되어야 할지도 모르며, 금액과 지불 방법을 설명하는 통지서가 수취인에게 발송될 것입니다. 지불하지 않으면 소포는 발송인에게 반환될 것입니다.

이러한 지침을 따라 주시는 것과 여러분의 협조에 감사드립니다.

① 세관 신고서는 고가의 물품에 한해 요구된다.
② 우편을 통해 금지 물품을 발송하는 것은 벌금을 초래할 것이다.
③ 세관은 사전 통지 없이 추가 관세를 부과할 수 있다.
④ 부과 세금을 미납하는 경우에 소포는 반환될 것이다.

해설 ④번의 키워드인 non-payment(미납)를 바꾸어 표현한 지문의 Failure to pay(지불하지 않음) 주변의 내용에서 세금이나 관세를 지불하지 않으면 소포는 발송인에게 반환될 것이라고 했으므로, ④ '부과 세금을 미납하는 경우에 소포는 반환될 것이다'가 지문의 내용과 일치한다. ① 어떠한 소포든지 간에 해외로 보낼 때는 세관 신청서 기입이 요청된다고 했으므로, 세관 신고서가 고가의 물품에 한해 요구된다는 것은 지문의 내용과 다르다. ② 소포 안에 든 물품이 금지되는 것일 경우 압류를 초래할 수 있다고 했으므로, 우편을 통해 금지 물품을 발송하는 것이 벌금을 초래한다는 것은 지문의 내용과 다르다. ③ 세금이나 관세가 지불되어야 하는 경우 금액과 지불 방법을 설명하는 통지서가 수취인에게 발송된다고 했으므로, 세관이 사전 통지 없이 추가 관세를 부과할 수 있다는 것은 지문의 내용과 다르다.

어휘 declare 신고하다 accurately 정확하게 complete 기입하다, 완성하다 customs form 세관 신청서 authority 당국, 권한 inspection 검사, 점검 seizure 압류, 압수 prohibit 금지하다 owe 지불할 의무가 있다, 빚지다 notification 통지(서), 신고(서) impose 부과하다 assessed tax 부과 세금

정답 ④

054

해석 한 기업의 범위를 국제 시장으로 확장하려고 계획할 때 경영진이 흔히 하는 한 가지 실수는 광범위한 지역 용어로 생각하는 것이다. 예를 들어, 기업이 그것의 주안점을 아시아나 유럽으로 옮기자고 제안하는 것은 매우 모호하다. 현지 법률과 문화에서부터 지불 형태와 사업 관행에 이르기까지, 기업들이 고려할 필요가 있는 큰 차이점들이 넓은 지역마다 국가 간에 존재하며, 고객들은 이러한 국가적 규범에 그들 스스로를 맞추는 경향이 있다. 그러므로 국제적인 확장을 계획할 때 기업이 어떤 지역 내에서 목표로 하고 싶은 국가를 ⓐ 알아보는 것이 필수적이다. 그러고 나서야 비로소 그들은 성공에 필요한 통찰력을 그들에게 제공할, 전략적 연구를 수행할 수 있다.

① 일반화하다 ② 존경하다 ③ 알아보다 ④ 결합하다

해설 빈칸 앞 문장에 기업들이 고려할 필요가 있는 차이점들이 국가 간에 존재한다는 내용이 있고, 빈칸 뒤 문장에 그러고 나서야 기업들이 성공에 필요한 통찰력을 제공할 전략적 연구를 수행할 수 있다는 내용이 있으므로, 국제적인 확장을 계획할 때 기업이 목표로 하고 싶은 국가를 '알아보는' 것이 필수적이라고 한 ③번이 정답이다.

어휘 executive 경영진 expand 확장하다, 확대하다 term 용어 shift 옮기다; 교대 vague 모호한 vast 큰 payment 지불(금) align 맞추다, 일직선으로 하다 norm 규범 expansion 확장 conduct 수행하다 strategic 전략적인 insight 통찰력 generalize 일반화하다 admire 존경하다, 감탄하다 identify 알아보다, 확인하다 combine 결합하다

정답 ③

실전완성문제

055 다음 글의 빈칸에 들어갈 말로 가장 적절한 것은?

_____ is the core principle behind the post office's insurance programs. This commitment is emphasized through the Consumer Protections Charter, which declares fair service for all groups, regardless of region, age, or income level. The charter advocates for the transparent sharing of information concerning payments, benefits, and consent to signing up for service so that parties of all backgrounds can make informed decisions regarding their insurance plans. Special programs are also available for socially vulnerable groups, including pregnant women, the elderly, and people with disabilities. For those facing economic hardship, some insurance policies offer zero premiums. To further its goal of providing fair coverage to all, the post office is expected to broaden its mobile and online services to encompass 24-hour customer support assistance. This will be useful for those who live far from physical post offices or lack transportation to reach these locations during operating hours.

① Caution
② Autonomy
③ Innovation
④ Equality

056 안내문에 따라 다음 중 옳지 않은 것은?

Dear Customers,

We are grateful for your continued trust in our postal services.

Due to recent adjustments in international customs regulations, there will be changes to the customs declaration process for international packages. Starting August 1, for items from overseas for personal use that are valued between $150 and $1,000, you can go through a simplified customs declaration process. You can conveniently apply for the process online without visiting customs in person. The required information is simplified, too. Users can check the estimated tax amount and view examples of tax rates through our website. Additionally, there will be a new processing fee for handling customs paperwork for parcels exceeding $200 in declared value. All changes will apply only to international mail services and not to domestic mail services.

We kindly request your cooperation and understanding as we strive to adhere to these new policies.

① 새로운 세관 규정은 8월 1일부터 적용된다.
② 200달러가 넘는 소포에는 처리 수수료가 적용된다.
③ 150달러를 초과하는 국제 우편물은 간이 통관을 이용할 수 없다.
④ 국내 운송은 변경 사항에서 제외된다.

055

[해석]
평등은 우체국의 보험 프로그램 이면에 있는 핵심 원칙이다. 이 약속은 지역, 나이, 또는 소득 수준에 관계없이, 모든 집단에 대한 공정한 서비스를 선언하는 소비자 보호 헌장을 통해 강조된다. 그 헌장은 모든 배경의 당사자들이 자신들의 보험 계획에 대해 정보에 입각한 결정을 내릴 수 있도록 지불, 혜택, 그리고 서비스 가입에 대한 동의와 관련한 정보의 투명한 공유를 지지한다. 임산부, 노인, 그리고 장애가 있는 사람들을 포함하여, 사회적으로 취약한 집단들을 위해 특별한 프로그램이 또한 이용 가능하다. 경제적인 어려움에 직면한 사람들을 위해, 일부 보험 정책은 제로 프리미엄(무보험료)을 제공한다. 모든 이들에게 공정한 보상을 제공하는 그것의 목표를 성공시키기 위해, 우체국은 24시간 고객 지원을 포함하기 위해 모바일 및 온라인 서비스를 확대할 것으로 기대된다. 이것은 실제 우체국에서 멀리 살거나 운영 시간 동안 이 (우체국) 장소들에 도달할 교통편이 없는 사람들에게 유용할 것이다.

① 신중함　　　　　② 자율성
③ 혁신　　　　　　④ 평등

[해설] 빈칸 뒤 문장에 이 핵심 원칙이 모든 집단에 대한 공정한 서비스를 선언하는 소비자 보호 헌장을 통해 강조된다는 내용이 있고, 지문 뒷부분에서 사회적·경제적으로 취약한 사람들이 보험에 들 수 있도록 국가가 비용을 지불하는 정책과, 우체국에 직접 가기 어려운 사람들을 위한 모바일 및 온라인 서비스 확대를 소개하고 있으므로, '평등'이 우체국 보험 프로그램의 핵심 원칙이라고 한 ④번이 정답이다.

[어휘] **core** 핵심　**insurance** 보험　**charter** 헌장, 선언문　**declare** 선언하다, 신고하다　**advocate** 지지하다, 옹호하다　**transparent** 투명한　**consent** 동의; 동의하다　**sign up for** ~에 가입하다　**party** 당사자, 정당　**informed** 정보에 입각한　**available** 이용 가능한　**vulnerable** 취약한　**pregnant** 임신한　**disability** 장애　**further** 성공시키다; 더 나아가　**coverage** 보상 (범위)　**encompass** 포함하다　**transportation** 교통(편)　**caution** 신중함, 경고　**autonomy** 자율성, 자치권　**equality** 평등

정답 ④

056

[해석]
고객 여러분께,

저희 우편 서비스에 대한 여러분의 지속적인 신뢰에 감사드립니다.

최근 국제 세관 규정의 수정으로 인해, 국제 소포에 대한 세관 신고 절차에 변경이 있을 예정입니다. 8월 1일부터, 해외에서 온 150달러에서 1,000달러 사이의 개인 용도의 물품에 대해서는, 간소화된 통관 절차를 거칠 수 있습니다. 세관을 직접 방문하지 않고도 편리하게 온라인으로 그 절차를 신청하실 수 있습니다. 요구되는 정보 역시 간소화됩니다. 사용자분들은 저희 웹사이트를 통해 예상 세액을 확인하고 세율의 예시들을 보실 수 있습니다. 덧붙여, 신고 가격이 200달러를 초과하는 소포에 대해서는 세관 서류 처리를 위한 새로운 처리 수수료가 있을 예정입니다. 모든 변동 사항은 국제 우편 서비스에만 적용되며 국내 우편 서비스에는 적용되지 않습니다.

저희가 이 새로운 정책을 지키기 위해 노력함에 따라 여러분의 협조와 양해를 부탁드립니다.

[해설] ③번의 키워드인 '150달러'가 그대로 언급된 지문의 $150(150달러) 주변 내용에서 150달러에서 1,000달러 사이의 개인 용도의 물품에 대해 간소화된 통관을 거칠 수 있다고 했으므로, ③ '150달러를 초과하는 국제 우편물은 간이 통관을 이용할 수 없다'는 지문의 내용과 다르다.

[어휘] **adjustment** 수정, 조정　**customs** 세관　**regulation** 규정　**declaration** 신고(서), 선언문　**go through** ~을 거치다, 살펴보다　**simplify** 간소화하다　**in person** 직접　**estimated** 예상의, 견적의　**tax** 세금　**exceed** 초과하다　**cooperation** 협조, 협력　**strive** 노력하다, 분투하다

정답 ③

실전완성문제

고난도

057 밑줄 친 (A), (B)에 들어갈 말로 가장 적절한 것은?

> Postal service relies heavily on the proper concentration and distribution of workloads throughout the delivery process. In the initial stage, concentration is crucial for achieving economy of scale. By ____(A)____ all mail items in central workplaces, postal services can optimize the utilization of sorting machinery and personnel resources. This aggregation allows for bulk processing, reducing per-unit handling costs and increasing overall efficiency. As a result, postal operations can maintain competitive pricing relative to private delivery companies. After all items are accurately sorted based on destination, size, and type, they depart the post office for their respective delivery routes or carriers. During this stage, efficient distribution is key. Proper ____(B)____ of items determines the quality of the last mile delivery, resulting in timely and accurate delivery to customers.

	(A)	(B)
①	dispersing	storage
②	dispersing	allocation
③	amassing	storage
④	amassing	allocation

058 문맥을 고려할 때, 빈칸 ⓐ에 들어갈 알맞은 단어는?

> Korea Post announced a "Cash Back Conversion Event" for customers aged 65 and above who are not used to using points, automatically converting cash points to cash and reimbursing it to their accounts unless they opt out via text. Refunds, based on points held as of last month, totaled 570 million won for about 60,000 people, with a maximum of 630,000 won per person. This event is intended to simplify the point usage process and promote post office cards that can accumulate points, thereby augmenting their (ⓐ). Also, customers who do not participate in this event will not lose their points. Points can be easily converted into cash or used at various partner locations, and applications for cashback conversion are available via the Internet and postal banking, ensuring funds are deposited within two days.

① transparency　　　　　　　② dependence
③ attractiveness　　　　　　　④ automation

057

해석

우편 서비스는 배송 과정 전반에 걸쳐 작업량의 적절한 집중과 분배에 크게 의존한다. 초기 단계에서, 집중은 규모의 경제를 달성하는 것에 있어 매우 중요하다. 모든 우편물을 중앙 작업장에 (A) 모으는 것으로써, 우편 서비스는 분류 기계와 인력 자원의 활용을 최적화할 수 있다. 이러한 집적은 대량 처리를 가능케 하며, 단위당 처리 비용을 절감하고 전반적인 효율성을 높일 수 있다. 그 결과, 우편 운영은 민간 운송 업체들에 비해 경쟁력 있는 가격 책정을 유지할 수 있다. 모든 물품들이 목적지, 크기 및 유형에 따라 정확하게 분류된 후에, 그것들은 우체국을 떠나 각각의 배송 경로나 운송 업체로 간다. 이 단계에서는, 효율적인 분배가 핵심이다. 물품의 적절한 (B) 할당은 배송 마지막 단계의 질을 좌우하며, 그 결과 고객에게 시기 적절하고 정확하게 배송한다.

	(A)	(B)
①	흩어지게 하는 것	보관
②	흩어지게 하는 것	할당
③	모으는 것	보관
④	모으는 것	할당

해설

(A) 빈칸 뒤 문장에 이러한 집적이 대량 처리를 가능하게 하는 동시에 단위당 처리 비용을 절감할 수 있다는 내용이 있으므로, 빈칸에는 모든 우편물을 중앙 작업장에 '모으는 것'으로써 기계와 인력 자원의 활용을 최적화할 수 있다는 내용이 나와야 적절하다.
(B) 빈칸 앞부분에 물품이 각각의 배송 경로나 운송 업체로 가는 단계에서는 효율적인 분배가 핵심이라는 내용이 있으므로, 빈칸에는 물건의 적절한 '할당'이 배송 마지막 단계의 질을 좌우한다는 내용이 나와야 적절하다.
따라서 ④ (A) amassing(모으는 것) - (B) allocation(할당)이 정답이다.

어휘

concentration 집중 distribution 분배 initial 초기의 scale 규모 optimize 최적화하다 aggregation 집적, 집합 bulk 대량
competitive 경쟁력 있는 pricing 가격 책정 accurately 정확하게 depart 떠나다, 출발하다 carrier 운송 업체
last mile delivery 배송 마지막 단계 disperse 흩어지게 하다 storage 보관 allocation 할당 amass 모으다, 축적하다

정답 ④

058

해석

우정사업본부는 포인트 사용에 익숙하지 않은 만 65세 이상 고객들을 위해, 그들이 문자로 참여하지 않기로 하지 않는 한 현금 포인트를 자동으로 현금으로 전환한 뒤 그들의 계좌로 상환하는 '캐시백 전환 행사'를 발표했다. 환급금은 지난달에 보유한 포인트를 기준으로 약 6만 명에게 총 5억 7,000만원이며, 1인당 최대 63만원이다. 이 행사는 포인트 사용 절차를 간소화하고 포인트를 모을 수 있는 우체국 카드를 홍보함으로써, 그것들의 ⓐ 매력도를 증가시키기 위해 의도되었다. 또한 이번 행사에 참여하지 않는 고객들도 포인트가 소멸되지 않는다. 포인트는 현금으로 쉽게 전환되거나 다양한 제휴처에서 사용될 수 있으며, 캐시백 전환 신청은 인터넷과 우체국 뱅킹을 통해 가능하고, 이틀 내로 돈이 입금되는 것을 보장한다.

① 투명성 ② 의존성
③ 매력도 ④ 자동화

해설

빈칸이 있는 문장에 캐시백 전환 행사는 우체국 포인트 사용 절차를 간소화하고 포인트 적립이 가능한 우체국 카드를 홍보한다는 내용이 있고, 빈칸 뒷부분에서 포인트는 현금으로 쉽게 전환되고 다양한 제휴처에서 사용 가능하다고 했으므로, 우체국 카드의 '매력도'를 증가시키기 위해 의도되었다고 한 ③번이 정답이다.

어휘

convert 전환하다 reimburse 상환하다 opt out 참여하지 않기로 하다 accumulate 모으다 augment 증가시키다 deposit 입금하다
transparency 투명성 dependence 의존성 attractiveness 매력도 automation 자동화

정답 ③

실전완성문제

059 RARE STAMP EXHIBITION에 관한 다음 글의 내용과 일치하는 것은?

> **RARE STAMP EXHIBITION**
>
> Take a look at some of the world's most unique and valuable stamps.
>
> **Dates**: September 15 - October 15, excluding Sundays
> **Time**: 10:00 a.m. - 5:00 p.m.
> **Location**: National Postal Museum, 1682 Cranston Drive
>
> **Admission**:
> - Adults: $15
> - Children (ages 5 - 12): $8 / Children under 5: Free
>
> Audio guides are available for an additional fee and can be rented in person at the ticketing counter or booked in advance via the online ticketing service.
>
> Please note: Special guided tours for school groups are offered upon request and qualify for a 10 percent discount. Eligible school groups must contain a minimum of 20 people.

① 10월 15일은 운영하지 않는다.
② 5세 어린이는 무료로 입장할 수 있다.
③ 오디오 가이드 대여는 유료이다.
④ 학교 단체 할인은 최대 20명까지이다.

060 문맥을 고려할 때, 빈칸 ⓐ에 들어갈 알맞은 단어는?

> In the past few years, the increase in non-face-to-face financial transactions has led to a steady decrease in the number of financial institution branches in capital areas. The number of financial institution branches, including deposit banks and non-bank deposit handling institutions, has decreased since 2020. The reduction is due to the expansion of Internet and mobile banking, which streamline operations and reduce costs. This trend (ⓐ) the need for continuous adaptation to digital advancements in the financial sector.

① minimizes
② highlights
③ undermines
④ gets over

059

[해석]

희귀 우표 전시회

세상에서 가장 독특하고 가치 있는 우표들을 둘러보세요.

날짜: 9월 15일 - 10월 15일, 일요일 제외
시간: 오전 10시 - 오후 5시
장소: 1682 Cranston가 국립 우편 박물관
입장료:
- 성인: 15달러
- 어린이(5-12세): 8달러 / 5세 미만 어린이: 무료

오디오 가이드는 추가 요금으로 이용 가능하며 발권 카운터에서 직접 대여하거나 온라인 발권 서비스를 통해 사전에 예약할 수 있습니다.

참고 부탁드립니다: 요청이 있는 경우 학교 단체를 위한 특별 가이드 투어가 제공되며 10퍼센트 할인에 대한 자격이 주어집니다. 대상이 되는 학교 단체는 최소 20명을 포함해야 합니다.

[해설] ③번의 키워드인 '오디오 가이드'가 그대로 언급된 지문의 Audio guides(오디오 가이드) 주변 내용에서 오디오 가이드는 추가 요금으로 이용 가능하다고 했으므로, ③ '오디오 가이드 대여는 유료이다'가 지문의 내용과 일치한다. ① 10월 15일까지 일요일은 제외하고 운영된다고는 했지만, 10월 15일에 운영하지 않는지는 알 수 없다. ② 5세 미만 어린이의 입장료가 무료라고 했으므로, 5세 어린이가 무료로 입장할 수 있다는 것은 지문의 내용과 다르다. ④ 할인 대상이 되는 학교 단체는 최소 20명을 포함해야 한다고 했으므로, 학교 단체 할인이 최대 20명까지 가능하다는 것은 지문의 내용과 다르다.

[어휘] rare 희귀한 exhibition 전시회 available 이용 가능한 in person 직접 qualify 자격이 주어지다 eligible 대상이 되는, 적격인

정답 ③

060

[해석]

지난 몇 년간, 비대면 금융 거래의 증가는 수도권 금융 기관 지점 수의 꾸준한 감소로 이어져 왔다. 예금 은행과 비은행 예금취급기관을 포함한 금융 기관 지점의 수는 2020년 이래로 감소해 왔다. 그 감소는 인터넷 및 모바일 뱅킹의 확대로 인한 것인데, 이는 영업을 능률화하고 비용을 감소시킨다. 이러한 추세는 금융권에서 디지털 발전에 대한 지속적인 적응의 필요성을 @ 강조한다.

① 최소화한다　　② 강조한다
③ 약화시킨다　　④ ~을 극복한다

[해설] 지문 전반에 걸쳐 영업을 능률화하고 비용을 감소시키는 인터넷 및 모바일 뱅킹과 같은 비대면 금융 거래의 증가로 인해 금융 기관 지점 수가 꾸준히 감소해 왔다고 했으므로, 이러한 추세가 금융권에서 디지털 발전에 대한 지속적인 적응의 필요성을 '강조한다'고 한 ②번이 정답이다.

[어휘] transaction 거래 steady 꾸준한 decrease 감소; 감소하다 branch 지점 deposit 예금; 예금하다 streamline 능률화하다, 간소화하다 adaptation 적응 minimize 최소화하다 highlight 강조하다 undermine 약화시키다 get over ~을 극복하다

정답 ②

실전완성문제

061 What is NOT indicated in the notice?

> To Postal Service Customers,
>
> The Postal Service works tirelessly to refine our services.
>
> In the coming weeks, we will be introducing a same-day delivery service to better meet the needs of our customers. The new option will be available for deliveries to cities within a 160-Kilometer range of the drop-off location. To utilize the same-day service, items must be dropped off and collected at specially designated post office locations no later than 10 a.m. Deliveries are guaranteed to arrive by 10 p.m. Prices for the service will be approximately 50 percent higher than traditional first-class mail.
>
> We think that this new service will prove invaluable to customers who need to have items delivered as fast as possible. To learn more about the service, including the location of participating post offices and a fee calculator, please visit the postal service's web site.

① A new service will be launched soon.
② Same-day delivery requires a certain distance limitation.
③ First-class mail rates will rise by 1.5 times.
④ Shipments must be collected at designated post offices.

062 안내문에 따라 다음 중 옳은 것은?

> Dear Small Business Owners,
>
> We'd like to announce a new marketing program tailored to support small businesses lacking e-commerce capabilities in entering the online marketplace. This initiative aims to assist a total of 200 businesses that are registered as post office online shopping sellers. Our program includes business analysis, product registration, sales representation, and improvement of product detail pages. It also offers free online marketing strategy seminars. Moreover, 50 selected businesses will have the opportunity to be invited to special Post Office Shopping events in the first half of the year. To join the program, submit the application form posted on the notice board on the Post Office Shopping website, along with necessary documents such as your business license and sales tax certification.
>
> We encourage all eligible small business owners to seize this opportunity to enhance their online presence and sales capabilities.

① A marketing program is being launched to address a revenue decline in Post Office Shopping.
② The Post Office Shopping platform aims to recruit more than 200 sellers.
③ The marketing program's benefits will end by the first half of the year.
④ Participants in the marketing program can receive business analysis.

061

[해석] 안내문에 따라 다음 중 옳지 않은 것은?

> 우체국 고객 여러분께,
>
> 저희 우체국은 서비스를 개선시키기 위해 끊임없이 노력합니다.
>
> 오는 몇 주 이내에, 저희는 고객 여러분의 요구를 더 잘 충족시키기 위해 당일 배송 서비스를 도입할 것입니다. 새로운 옵션은 배송품을 내려 주는 장소에서 160킬로미터 범위 내에 있는 도시까지 배송을 이용 가능하게 할 것입니다. 당일 서비스를 이용하려면, 물품은 늦어도 오전 10시까지는 특별 지정 우체국에 전달 및 수거되어야 합니다. 배송은 오후 10시까지 도착할 것이 보장됩니다. 서비스에 대한 가격은 종래의 특급 우편보다 약 50퍼센트 더 비쌀 것입니다.
>
> 저희는 이 새로운 서비스가 가능한 한 빨리 물품이 배송되도록 해야 하는 고객들에게 매우 귀중한 것으로 증명되리라고 생각합니다. 참여하는 우체국의 위치와 요금 계산기를 포함하여 서비스에 대해 더 알고 싶다면, 우편 서비스 웹사이트를 방문해 주세요.

① 새로운 서비스가 곧 출시될 것이다.
② 당일 배송은 특정한 거리 제한을 요구한다.
③ 특급 우편 요금은 1.5배 인상될 것이다.
④ 운송품은 지정된 우체국에서 수거되어야 한다.

[해설] ③번의 키워드인 First-class mail(특급 우편)이 그대로 언급된 지문 주변의 내용에서 당일 배송 서비스에 대한 가격은 기존의 특급 우편보다 약 50퍼센트 더 비쌀 것이라고는 했지만, ③ '특급 우편 요금은 1.5배 인상될 것'인지는 알 수 없다.

[어휘] refine 개선하다　drop-off 내려 주는 곳　designate 지정하다　launch 출시하다, 시작하다; 개시, 발표

정답 ③

062

[해석]
> 소상공인 여러분께,
>
> 저희는 전자 상거래 역량이 부족한 소상공인 여러분의 온라인 시장 진출을 지원하기 위해 맞춤형으로 제작된 새 마케팅 프로그램을 발표하고자 합니다. 이 계획은 우체국 온라인 쇼핑 판매자로 등록되어 있는 총 200개의 사업체를 지원하는 것을 목표로 합니다. 저희 프로그램은 업체 분석, 제품 등록, 판매 대리 및 제품 상세 페이지 개선을 포함합니다. 그것은 또한 무료 온라인 마케팅 전략 세미나도 제공합니다. 뿐만 아니라, 선정된 50개 업체는 올해 상반기에 우체국 쇼핑 특별 행사에 초대될 기회를 갖게 됩니다. 프로그램에 참가하시려면, 우체국 쇼핑 웹사이트의 공지 게시판에 게시된 신청서를 사업자 등록증 및 매출 세액 증명서와 같은 필요 서류와 함께 제출해 주세요. 저희는 자격이 있는 모든 소상공인 여러분이 이 기회를 잡아서 온라인 입지와 판매 역량을 강화해 보실 것을 권합니다.

① 우체국 쇼핑의 수익 감소를 해결하기 위해 마케팅 프로그램이 출시될 것이다.
② 우체국 쇼핑 플랫폼은 200명 이상의 판매자 모집을 목표로 한다.
③ 마케팅 프로그램의 혜택은 상반기에 종료될 것이다.
④ 마케팅 프로그램 참가자들은 업체 분석을 받을 수 있다.

[해설] ④번의 키워드인 business analysis(업체 분석)가 그대로 언급된 지문 주변의 내용에서 우체국의 마케팅 프로그램은 업체 분석, 제품 등록, 판매 대리 등을 포함한다고 했으므로, ④ '마케팅 프로그램 참가자들은 업체 분석을 받을 수 있다'가 지문의 내용과 일치한다. ① 소상공인들의 온라인 시장 진출을 지원하기 위한 프로그램을 발표한다고 했으므로, 우체국 쇼핑의 수익 감소를 해결하기 위해 마케팅 프로그램이 출시될 것이라는 것은 지문의 내용과 다르다. ② 우체국 쇼핑의 판매자로 등록되어 있는 총 200개 사업체를 지원하는 것을 목표로 한다고 했으므로, 우체국 쇼핑 플랫폼이 200명 이상의 판매자 모집을 목표로 한다는 것은 지문의 내용과 다르다. ③ 참가자 중 선정된 50개 업체가 올해 상반기에 우체국 쇼핑 특별 행사에 초대될 기회를 갖게 된다고는 했지만, 마케팅 프로그램의 혜택이 상반기에 종료될 것인지는 알 수 없다.

[어휘] tailor 맞춤형으로 만들다　certification 증명서　eligible 자격이 있는　seize 잡다, 압류하다　revenue 수익　recruit 모집하다

정답 ④

실전완성문제

063 Postal Technology Convention에 관한 다음 글의 내용과 일치하지 않는 것은?

> **Exploring Tomorrow's Technologies at the Postal Technology Convention**
>
> Be a part of the annual Postal Technology Convention, an event where industry leaders, innovators, and professionals from across the postal sector gather to discuss and explore the future of mail and logistics technologies.
>
> **Details**
> - **Dates & Times**: Thursday, October 12 - Saturday, October 14 (9:00 a.m. - 5:00 p.m.)
> - **Location**: Colombo Convention Center, 3423 McNaughton Road
>
> **What to Expect**
> - **Keynote Speeches**
>   Uncover new technologies from presentations given by innovators in postal technology, including the creators of AI-driven logistics programs and drone delivery systems.
> - **Automated Postal Systems**
>   Visit an array of displays featuring the latest in tracking technology and automated sorting equipment.
> - **Networking Opportunities**
>   Connect with fellow postal professionals at roundtable discussions, catered lunches, and optional evening activities.
>
> To register for this three-day event, please contact the convention coordinator at (555) 292-3876.

① 3일간 매일 열린다.
② 드론 배송 시스템의 시연이 있을 것이다.
③ 일부 디스플레이는 자동 분류 장치를 선보인다.
④ 점심 식사가 준비된다.

064 다음 글의 내용과 일치하지 않는 것은?

> Since 1998, approximately 700 automatic postal service systems have been installed in various locations around the country. These kiosks, which were introduced by a private company, are capable of providing completely unmanned services. Utilizing robotic technology, the machines offer convenience and efficiency in such tasks as automated labeling, address recognition, measuring volume and weight, price estimation, and sorting. This is a plus not only for customers who prefer self-service but also for employees whose tasks are simplified. Those who employ the service can enjoy transactions that take only 30 seconds per piece of mail. The technology continues to be upgraded to guarantee quality service at all times.

① 자동 우편 서비스는 처음 도입된 지 20년이 넘었다.
② 키오스크는 라벨 부착과 분류 업무도 수행한다.
③ 키오스크를 통해 직원들의 업무가 단순화될 수 있다.
④ 자동 우편 서비스는 우편물 한 통의 거래 시간을 30초 단축시켰다.

063

> **우편 기술 총회에서의 내일의 기술 탐구**
>
> 우편 분야 전반의 업계 리더, 혁신가, 그리고 전문가들이 모여 우편 및 물류 기술의 미래에 대해 논의하고 탐구하는 행사인, 연례 우편 기술 총회의 일원이 되세요.
>
> **세부 사항**
> - **날짜와 시간**: 10월 12일 목요일 - 10월 14일 토요일 (오전 9시 - 오후 5시)
> - **장소**: McNaughton가 3423번지 Colombo 컨벤션 센터
>
> **기대되는 점**
> - **기조 연설**
>   AI 기반 물류 프로그램 및 드론 배송 시스템의 제작자들을 포함하여, 우편 기술의 혁신가들이 하는 발표로부터 새로운 기술들을 발견해 보세요.
> - **자동화 우편 시스템**
>   최신 추적 기술과 자동 분류 장치를 특징으로 하는 많은 디스플레이들을 구경하세요.
> - **개인적 정보망을 형성할 기회**
>   원탁 토론, 케이터링 점심, 그리고 선택적인 저녁 활동으로 동료 우편 전문가들과 가까워지세요.
>
> 이 3일간의 행사에 등록하시려면, (555) 292-3876으로 총회 진행자에게 연락하세요.

②번의 키워드인 '드론 배송 시스템'을 그대로 언급한 지문의 drone delivery systems(드론 배송 시스템) 주변 내용에서 기조 연설을 통해 드론 배송 시스템의 제작자들을 포함한 혁신가들의 발표로부터 새로운 기술들을 발견할 수 있다고는 했지만, ② '드론 배송 시스템의 시연이 있을 것'인지는 알 수 없다.

convention 총회, 대회 annual 연례 logistics 물류, 실행 계획 keynote speech 기조 연설 uncover 발견하다, 알아내다 an array of 많은, 다수의 automate 자동화하다 sort 분류하다 equipment 장치 roundtable 원탁 coordinator 진행자, 조정하는 사람

정답 ②

064

> 1998년 이래로, 약 700개의 자동 우편 서비스 시스템이 전국의 다양한 장소에 설치되어 왔다. 한 민간 기업에 의해 도입된 이 키오스크들은 완전히 무인화된 서비스를 제공할 수 있다. 로봇 기술을 활용하여, 그 기계는 자동화된 라벨 달기, 주소 인식, 부피 및 무게 측정, 가격 산정, 그리고 분류와 같은 업무에서 편리함과 효율성을 제공한다. 이것은 셀프 서비스를 선호하는 고객들을 위해서뿐만 아니라 업무가 단순화되는 직원들을 위해서도 이점이다. 그 서비스를 이용하는 사람들은 한 통의 우편물당 30초밖에 걸리지 않는 처리 과정을 누릴 수 있다. 그 기술은 항상 양질의 서비스를 보장하기 위해 계속해서 개선되고 있다.

④번의 키워드인 '30초'가 그대로 언급된 지문의 30 seconds(30초) 주변의 내용에서 자동 우편 서비스를 이용하는 사람들은 한 통의 우편물당 30초밖에 걸리지 않는 처리 과정을 누릴 수 있다고는 했지만, ④ '자동 우편 서비스는 우편물 한 통의 거래 시간을 30초 단축시켰'는지는 알 수 없다.

unmanned 무인화된 efficiency 효율성 recognition 인식 measure 측정하다 volume 부피, (전집류 등의) 권, 음량 estimation 산정, 평가 sort 분류하다 employ 이용하다, 고용하다 transaction 처리, 거래

정답 ④

실전완성문제

065 다음 글의 빈칸에 들어갈 말로 가장 적절한 것은?

_____ plays a pivotal role in enhancing the efficiency of postal services. It is akin to organizing scattered puzzle pieces into a coherent picture. It involves bringing together various operational aspects to create an integrated system. By combining operations and resources, postal agencies can simplify processes, reduce redundancy, and minimize errors. A combined approach supports postal services in responding swiftly to changing needs. One significant example is the implementation of a zip code, which streamlines the sorting and delivery process. Additionally, the use of digital platforms that incorporate the post office's insurance, postal, and banking services enhances convenience for customers while reducing operational costs for postal authorities.

① Correction   ② Ubiquity   ③ Unification   ④ Customization

066 다음 글의 목적으로 가장 적절한 것은?

TO	Subscribers to the Post Office Magazine
FROM	Post Office Service Promotion Team
DATE	March 21
SUBJECT	New Drone Delivery Service

Dear Readers,

It's our pleasure to introduce Drone Delivery, a groundbreaking new service in our delivery lineup. This cutting-edge service is designed to expedite shipments, particularly in hard-to-reach areas.

Beginning next month, select areas will have the opportunity to participate in the test operation of this service, intended to significantly enhance your satisfaction. This pilot phase of our advanced delivery option entails higher initial costs, reflecting the investment in pioneering speed and efficiency for parcel delivery. Despite these adjustments in pricing, it promises unmatched delivery performance. As we refine and expand the service, we anticipate gradually reducing the prices, making this innovative delivery option more accessible to all our customers.

Thank you for your continued trust in us. We look forward to revolutionizing the delivery experience together with you.

Sincerely,
Post Office Service Promotion Team

① 드론 배송 서비스의 이용 희망자를 모집하려고
② 드론 배송 서비스의 시범 운영을 홍보하려고
③ 드론 배송 서비스의 적절한 이용 가격을 논의하려고
④ 드론 배송 서비스의 출시 날짜를 발표하려고

065

해석

일원화는 우편 서비스의 효율성을 높이는 데 중추적인 역할을 한다. 그것은 흩어진 퍼즐 조각들을 하나의 일관된 그림으로 정리하는 것과 유사하다. 그것은 통합된 시스템을 구축하기 위해 다양한 운영 측면들을 결합하는 것을 수반한다. 운영과 자원을 결합함으로써, 우편 기관은 절차를 단순화하고, 중복을 줄이며, 오류를 최소화할 수 있다. 결합된 접근 방식은 변화하는 요구에 신속하게 대응하는 것에 있어서 우편 서비스를 지원한다. 한 가지 중요한 사례는 우편 번호의 시행인데, 이것은 분류 및 배송 과정을 간소화한다. 추가적으로, 우체국의 보험, 우편 및 은행 서비스를 통합하는 디지털 플랫폼들의 사용은 우편 당국의 운영비를 절감하는 동시에 고객들을 위한 편의성을 높인다.

① 정정 ② 어디에나 존재함 ③ 일원화 ④ 맞춤화

해설 빈칸 뒷부분에서 그것은 흩어진 퍼즐 조각들을 하나의 그림으로 정리하는 것과 비슷하며, 통합된 시스템을 구축하기 위해 다양한 운영 측면들을 결합하는 것을 수반한다고 설명하며 우편 번호 체계와 디지털 플랫폼 통합을 사례로 들고 있다. 따라서 '일원화'라고 한 ③번이 정답이다.

어휘 pivotal 중추적인 akin to ~과 유사한 scattered 흩어진 coherent 일관된 integrate 통합하다 combine 결합하다 redundancy 중복
implementation 시행, 실행 zip code 우편 번호 streamline 간소화하다 incorporate 통합하다 insurance 보험 correction 정정
ubiquity 어디에나 존재함 unification 일원화 customization 맞춤화

정답 ③

066

해석

수신: 우체국 잡지 구독자분들
발신: 우체국 서비스 홍보 팀
날짜: 3월 21일
제목: 새 드론 배송 서비스

독자 여러분께,

저희의 배송 라인업에 있어 획기적인 새로운 서비스인 드론 배송을 소개하게 되어 기쁩니다. 이 최첨단 서비스는 특히 접근이 어려운 지역에서 배송을 더 신속하게 처리하기 위해 고안되었습니다.

다음 달부터, 여러분의 만족도를 크게 향상시키기 위해 의도되어, 선발된 지역들이 이 서비스의 시범 운영에 참여할 기회를 가질 것입니다. 저희의 선진 배송 선택지의 시범 단계는 더 높은 초기 비용을 수반하며, 이는 택배 배송에 대한 선구적인 속도와 효율성에의 투자를 반영합니다. 이러한 가격에서의 조정에도 불구하고, 그것은 타의 추종을 불허하는 배송 성능을 약속합니다. 저희는 서비스를 개선하고 확장함에 따라, 점차 가격을 낮추어 모든 고객분들로 하여금 이 혁신적인 배송 선택지에 더욱 접근 가능하게 만들 것으로 기대합니다. 저희에 대한 여러분의 지속적인 신뢰에 감사드립니다. 저희는 여러분과 함께 배송 경험에 혁신을 일으키기를 고대합니다.

진심으로,
우체국 서비스 홍보 팀

해설 지문 앞부분에서 접근이 어려운 지역의 배송을 더 신속하게 처리하기 위해 고안된 새로운 서비스인 드론 배송을 소개하고, 지문 중간에서 선발된 지역들이 드론 배송 서비스의 시범 운영에 참여할 것이며 추후 모든 고객이 접근 가능하게 만들 것이라고 안내하고 있다. 따라서 ② '드론 배송 서비스의 시범 운영을 홍보하려고'가 이 글의 목적이다.

어휘 subscriber 구독자 groundbreaking 획기적인 cutting-edge 최첨단의 expedite 더 신속히 처리하다 entail 수반하다 initial 초기의
pioneering 선구적인 adjustment 조정 unmatched 타의 추종을 불허하는 refine 개선하다 revolutionize 혁신을 일으키다

정답 ②

공무원시험전문 해커스공무원
gosi.Hackers.com

 1분 만에 파악하는 **계리직 영어 기출 트렌드**

● 유형별 기출 트렌드

- 지문에서 밑줄 친 부분 중 문법상 옳지 않은 것을 고르는 유형이 주로 출제된다.
- 지엽적이고 까다로운 문법 포인트보다 수 일치, to 부정사, 관계절 등 기본적인 문법 포인트가 등장한다.
- 우체국과 관련된 소재의 지문 위주로 출제된다.

최근 출제율

문법형 16%

*2024년 계리직

해커스계리직 **영어**
출제예상문제집

Part 4
문법형

필수점검문제
실전완성문제

필수점검문제

001 밑줄 친 부분이 문법상 옳지 <u>않은</u> 것은?

> A particularly busy period the post office experiences ① <u>is</u> the Lunar New Year holiday, ② <u>that</u> requires special measures for effective handling. The post office prepares by hiring temporary staff as the volume of mail increases ③ <u>dramatically</u>, and it establishes safety plans ④ <u>to address</u> issues such as very cold weather and heavy snow.

002 밑줄 친 부분이 문법상 옳지 <u>않은</u> 것은?

> ① <u>Attending</u> training sessions to enhance customer service skills has been made ② <u>necessary</u>, and as a result, both the staff ③ <u>or</u> management have been actively focusing ④ <u>on</u> implementing new service strategies.

001

[해석] 우체국이 경험하는 특히 바쁜 기간은 설 연휴인데, 이것은 효과적인 처리를 위해 특별한 조치를 필요로 한다. 우체국은 우편물의 양이 급격히 증가함에 따라 임시 직원을 고용함으로써 대비하고, 매우 추운 날씨와 폭설과 같은 문제를 해결할 안전 계획을 수립한다.

[해설] ② **관계대명사 that** 관계대명사 that은 콤마(,) 뒤에서 계속적 용법으로 쓰일 수 없으므로 관계대명사 that을 관계대명사 which로 고쳐야 한다.

[오답분석]
① **주어와 동사의 수 일치** 주어 자리에 단수 명사 A particularly busy period가 왔으므로 단수 동사 is가 올바르게 쓰였다. 참고로, 주어와 동사 사이의 수식어 거품(the post office experiences)은 동사의 수 결정에 영향을 주지 않는다.
③ **부사 자리** 동사를 앞 또는 뒤에서 수식하는 것은 부사이므로 동사 increases 뒤에 부사 dramatically가 올바르게 쓰였다.
④ **to 부정사의 역할** '해결할 안전 계획'이라는 의미를 표현하기 위해 형용사처럼 명사(safety plans)를 수식할 수 있는 to 부정사 to address가 올바르게 쓰였다.

[어휘] **measure** 조치, 측정; 측정하다 **effective** 효과적인 **handling** 처리, 취급 **hire** 고용하다 **temporary** 임시의 **dramatically** 급격히 **address** 해결하다, 주소를 적다

정답 ②

002

[해석] 고객 서비스 역량을 향상시키는 교육 과정에 참석하는 것은 필수적인 것이 되어 왔고, 그 결과 직원과 경영진 둘 다 새로운 서비스 전략을 실행하는 것에 적극적으로 초점을 맞춰 오고 있다.

[해설] ③ **상관접속사** '직원과 경영진 둘 다'는 상관접속사 both A and B(A와 B 둘 다)를 사용하여 나타낼 수 있으므로 or을 and로 고쳐야 한다.

 [오답분석]
① **주어 자리** 주어 자리에는 명사 역할을 하는 것이 와야 하므로 동명사구를 이끄는 동명사 Attending이 올바르게 쓰였다.
② **5형식 동사의 수동태** 목적격 보어를 취하는 5형식 동사(make)가 수동태(has been made)가 되면 목적격 보어(necessary)는 수동태 동사 뒤에 그대로 남아야 하므로 has been made 뒤에 necessary가 올바르게 쓰였다.
④ **기타 전치사** 동사 focus는 전치사 on과 함께 focus on(~에 초점을 맞추다)의 형태로 자주 쓰이므로 focusing 뒤에 전치사 on이 올바르게 쓰였다.

[어휘] **enhance** 향상시키다, 강화하다 **implement** 실행하다 **strategy** 전략

정답 ③

필수점검문제

003 다음 글에서 밑줄 친 부분이 어법상 틀린 것은?

> Recently, the responsibilities of human resources professionals ① have expanded beyond completing administrative tasks ② related to hiring and managing in-office disputes. These professionals are now expected ③ to oversee the well-being of employees, leaders, and entire organizations affected by a world ④ that challenges create ongoing uncertainty.

004 밑줄 친 부분에 들어갈 말로 가장 적절한 것은?

> Communication is sharing information clearly to avoid misunderstandings, resolving issues quickly to prevent conflicts from escalating, and _____ better teamwork to reach shared objectives.

① promotes
② promoting
③ to promote
④ from promoting

003

[해석] 최근, 인사 전문가들의 책임은 고용하는 것 및 사내 갈등을 관리하는 것과 관련된 행정 업무를 완수하는 것을 넘어 확대되어 왔다. 이 전문가들은 이제 도전이 계속되는 불확실성을 만들어내는 세상에 의해 영향받는 직원, 지도자 및 조직 전반의 안녕을 감독할 것으로 기대된다.

[해설] ④ **전치사 + 관계대명사** 완전한 절(challenges create ongoing uncertainty) 앞에는 '전치사 + 관계대명사'가 와야 하고, 문맥상 '세계에서 도전이 계속되는 불확실성을 만들어내다'라는 의미가 되어야 자연스러우므로, 불완전한 절을 이끄는 관계대명사 that을 전치사 in(~에서)이 관계대명사 which 앞에 쓰인 in which로 고쳐야 한다.

[오답분석] ① **현재완료 시제** 문맥상 '최근 인사 전문가들의 책임이 확대되어 왔다'라는 의미로 과거에 시작된 일이 현재까지 계속되는 경우를 나타내고 있으므로 현재완료 시제 have expanded가 올바르게 쓰였다.
② **현재분사 vs. 과거분사** 수식받는 명사 administrative tasks와 분사가 '행정 업무가 관련되다'라는 의미의 수동 관계이므로 과거분사 related가 올바르게 쓰였다.
③ **5형식 동사의 수동태** to 부정사를 목적격 보어로 취하는 5형식 동사(expect)가 수동태가 되면 to 부정사는 수동태 동사(are expected) 뒤에 그대로 남으므로, are expected 뒤에 to 부정사 to oversee가 올바르게 쓰였다.

[어휘] **responsibility** 책임, 책무 **human resources** 인사, 인적 자원 **expand** 확대하다 **complete** 완수하다, 끝마치다 **administrative** 행정의, 관리의 **dispute** 갈등, 분쟁 **oversee** 감독하다 **challenge** 도전, 어려움 **ongoing** 계속되는, 진행 중인 **uncertainty** 불확실성

정답 ④

004

[해석] 의사소통은 오해를 피하기 위해 명확하게 정보를 공유하는 것, 갈등이 악화되는 것을 막기 위해 문제를 빠르게 해결하는 것, 그리고 공유된 목표에 도달하기 위해 더 나은 협력을 증진시키는 것이다.

 ② **병치 구문** 빈칸은 접속사로 연결된 것의 자리이다. 접속사(and)로 연결된 병치 구문에서는 같은 구조끼리 연결되어야 하는데, and 앞에 동명사구(sharing ~ misunderstandings, resolving ~ escalating)이 왔으므로 and 뒤에도 동명사구가 와야 한다. 따라서 동명사구를 이끄는 동명사 ② promoting이 정답이다.

[어휘] **misunderstanding** 오해 **resolve** 해결하다 **conflict** 갈등 **escalate** 악화되다, 확대되다 **objective** 목표; 객관적인 **promote** 증진시키다, 홍보하다, 승진시키다

정답 ②

필수점검문제

005 다음 글에서 밑줄 친 부분이 어법상 틀린 것은?

> You might assume that reliability of speed in this busy world is sufficient to make a post office ① <u>become</u> effective in its operations. However, technology and innovation ② <u>plays</u> a significant role too. In the case of meeting changing social demands and aiding ③ <u>those</u> who are technologically disadvantaged, the post office can ④ <u>secure</u> public satisfaction as a public institution by adopting technologies that provide accessibility for all.

006 다음 글에서 밑줄 친 부분이 어법상 틀린 것은?

> A number of postal ① <u>workers</u> have attended specialized seminars in customs compliance, ② <u>which</u> are necessary to ensure that processing is always streamlined and ③ <u>that</u> adherence to customs regulations ④ <u>maintains</u> due to the substantial complexity of administering international mail.

005

해석
당신은 매우 바쁜 이 세계에서 속도에 대한 확실성이 우체국이 그것의 운영을 효율적이게 만드는 데 충분하다고 생각할지도 모른다. 하지만, 기술과 혁신 또한 중요한 역할을 한다. 변화하는 사회적 요구를 충족시키고 기술적으로 불리한 조건을 가진 사람들을 도울 때, 우체국은 모두를 위한 접근성을 제공하는 기술을 채택함으로써 공공 기관으로서의 대중의 만족을 얻을 수 있다.

해설 ② **접속사로 연결된 주어의 수 일치** 등위접속사 and로 연결된 주어(technology and innovation)는 복수 취급하므로 단수 동사 plays를 복수 동사 play로 고쳐야 한다.

오답분석
① **원형 부정사를 목적격 보어로 취하는 동사** 사역동사 make는 목적격 보어로 원형 부정사를 취하므로 원형 부정사 become이 올바르게 쓰였다.
③ **지시대명사** 문맥상 '기술적으로 불리한 조건을 가진 사람들'이라는 의미가 되어야 자연스러우므로, 뒤에서 수식어구(who ~ disadvantaged)의 꾸밈을 받아 '~한 사람들'을 나타내는 지시대명사 those가 올바르게 쓰였다.
④ **조동사의 형태** 조동사 can 뒤에 동사원형 secure가 올바르게 쓰였다.

어휘 **assume** 생각하다, 가정하다 **reliability** 확실성, 신뢰성 **sufficient** 충분한 **effective** 효율적인 **operation** 운영, 작업, 수술 **significant** 중요한, 상당한 **demand** 요구; 요구하다 **aid** 돕다 **disadvantaged** 불리한 조건을 가진 **secure** 얻다, 확보하다; 안전한 **satisfaction** 만족(도) **institution** 기관, 협회 **accessibility** 접근(성)

정답 ②

006

해석
많은 우체국 직원들이 세관 (규정) 준수에 대한 전문화된 세미나에 참석해 왔는데, 이것은 국제 우편물을 관리하는 일의 상당한 복잡함 때문에 과정이 항상 간소화되고 세관 규정에 대한 엄수가 유지되는 것을 보장하기 위해 필수적이다.

해설 ④ **능동태·수동태 구별** 주어 adherence와 동사가 '엄수가 유지되다'라는 의미의 수동 관계이므로 능동태 maintains를 수동태 is maintained로 고쳐야 한다. 참고로, 주어 자리에 단수 명사 adherence가 왔으므로 단수 동사가 쓰였다.

오답분석
① **수량 표현** a number of(많은)는 가산 복수 명사 앞에 쓰이는 수량 표현이므로 a number of 뒤에 복수 명사(postal) workers가 올바르게 쓰였다.
② **관계대명사** 선행사(specialized seminars)가 사물이고, 관계절 내에서 동사 are의 주어 역할을 하므로, 사물을 가리키는 주격 관계대명사 which가 올바르게 쓰였다.
③ **병치 구문** 접속사(and) 앞에 명사절 접속사 that절(that processing ~ streamlined)이 왔으므로 and 뒤에도 명사절 접속사 that절이 와야 한다. 따라서 that절(that adherence ~ maintained)을 이끄는 명사절 접속사 that이 올바르게 쓰였다.

어휘 **specialize** 전문화하다, 전공하다 **customs** 세관 **compliance** (규정) 준수 **streamline** 간소화하다, 능률화하다 **adherence** 엄수, 고수 **substantial** 상당한 **complexity** 복잡함 **administer** 관리하다, 운영하다

정답 ④

필수점검문제

007 밑줄 친 부분에 들어갈 말로 가장 적절한 것은?

> All of the workforce _____ heavy machinery will need safety gear and proper training.

① operated
② operating
③ is operating
④ are operating

008 밑줄 친 부분이 문법상 옳지 않은 것은?

> One of the primary ① <u>functions</u> of the Universal Postal Union (UPU) is to eliminate borders in postal exchanges and thereby ② <u>create</u> a unified global postal network ③ <u>that</u> facilitates cooperation between countries. If any issues arise, the UPU provides guidance and support, allowing postal services ④ <u>to preserving</u> trustworthiness globally.

007

해석: 무거운 기계류를 작동시키는 모든 노동 인력은 안전장치와 적절한 교육을 필요로 할 것이다.

해설: ② **수식어 거품 자리 | 현재분사 vs. 과거분사** 주어(All of the workforce)와 동사(will need)를 갖춘 완전한 문장에 또 다른 동사는 올 수 없으므로, 빈칸은 명사 All of the workforce를 수식하는 수식어 거품 자리이다. 따라서 동사 형태인 ③, ④번은 정답이 될 수 없다. 이때 수식받는 명사(All of the workforce)와 분사가 '모든 노동 인력이 작동시키다'라는 의미의 능동 관계이므로 현재분사 ② operating이 정답이다.

어휘: **machinery** 기계(류) **safety gear** 안전장치 **operate** 작동시키다, 운영하다, 수술하다

정답 ②

008

해석: 만국 우편 연합(UPU)의 주요 기능들 중 하나는 우편 교환에 있어서 국경을 없애고 그로써 국가 간의 협력을 용이하게 하는 통합된 세계 우편망을 만드는 것이다. 문제가 발생하면, 만국 우편 연합은 안내와 지원을 제공하는데, 이는 우편 서비스가 전 세계적으로 신뢰성을 유지하게 한다.

해설: ④ **to 부정사를 취하는 동사** 동사 allow는 to 부정사를 목적격 보어로 취하므로 to preserving을 to 부정사 to preserve로 고쳐야 한다.

오답분석:
① **가산 명사** 수량 표현 one of(~ 중 하나)는 복수 가산 명사 앞에 쓰이므로 one of 뒤에 복수 가산 명사(the primary) functions가 올바르게 쓰였다.
② **병치 구문** 접속사(and) 앞에 to 부정사구(to eliminate ~ exchanges)가 왔으므로 and 뒤에도 to 부정사구가 와야 하는데, to 부정사구 병치 구문에서 두 번째 나온 to는 생략될 수 있으므로 (to) create가 올바르게 쓰였다.
③ **관계대명사** 선행사(a unified global postal network)가 사물이고, 관계절 내에서 동사 facilitates의 주어 역할을 하므로 사물을 가리키는 주격 관계대명사 that이 올바르게 쓰였다.

어휘: **primary** 주요한 **eliminate** 없애다 **border** 국경 **unify** 통합하다 **facilitate** 용이하게 하다 **guidance** 안내, 지침 **preserve** 유지하다, 보존하다 **trustworthiness** 신뢰성

정답 ④

필수점검문제

009 밑줄 친 부분이 문법상 옳지 않은 것은?

> The in-house developed software, known for helping postal managers ① <u>maximize</u> productivity, is ② <u>that</u> keeps the postal service ③ <u>coordinated</u>. By implementing optimized processes, managers ④ <u>achieve</u> higher standards of accuracy.

010 밑줄 친 부분에 들어갈 말로 가장 적절한 것은?

> _____ is believed that the rise in customer satisfaction is motivating the staff to continue improving their service.

① When
② What
③ It
④ Which

009

해석 | 우체국 관리자들이 생산성을 극대화하도록 돕는 것으로 잘 알려진 조직 내부 소프트웨어는 우편 서비스를 조직화된 상태로 유지하는 것이다. 최적화된 프로세스를 시행함으로써, 관리자들은 정확성의 더욱 높은 기준을 달성한다.

해설 | ② what vs. that 주어가 없는 불완전한 절(keeps the postal service coordinated)을 이끌면서 be동사(is)의 보어 자리에 올 수 있는 것은 명사절 접속사 what이므로, 완전한 절을 이끄는 that을 불완전한 절을 이끄는 what으로 고쳐야 한다.

오답 분석 | ① 원형 부정사를 목적격 보어로 취하는 동사 준 사역동사 help는 원형 부정사와 to 부정사를 목적격 보어로 취할 수 있으므로 원형 부정사 maximize가 올바르게 쓰였다.
③ 보어 자리 동사 keep은 목적격 보어를 취하는 동사인데, 보어 자리에는 명사나 형용사 역할을 하는 것이 올 수 있으므로 형용사 역할을 하는 분사 coordinated가 올바르게 쓰였다.
④ 타동사 '더욱 높은 기준을 달성한다'를 나타내기 위해 전치사 없이 목적어(higher standards of accuracy)를 바로 취하는 타동사 achieve (달성하다)가 올바르게 쓰였다.

어휘 | in-house 조직 내부의 maximize 극대화하다, 최대화하다 productivity 생산성 coordinate 조직화하다, 편성하다 implement 시행하다 optimize 최적화하다 accuracy 정확성

정답 ②

010

해석 | 고객 만족도에서의 향상이 직원들이 자신들의 서비스를 계속해서 개선시키도록 동기를 부여하고 있다고 여겨진다.

해설 | ③ 가짜 주어 구문 빈칸은 문장의 주어 자리이다. that절(that ~ service)과 같이 긴 주어가 오면 진주어인 that절을 문장 맨 뒤로 보내고 가주어 it이 주어 자리에 대신하여 쓰이므로 가주어 ③ It이 정답이다.

어휘 | satisfaction 만족(도) motivate 동기를 부여하다 improve 개선시키다

정답 ③

필수점검문제

011 다음 글에서 밑줄 친 부분이 어법상 틀린 것은?

> Postcodes, ① introduced by Germany in 1941, were first adopted by South Korea in 1970. Following a revision in 1981, the system was updated to a six-digit format before ② being restructured again in 2014 to a five-digit code reflecting national basic regions and road names. The national basic region reflects divisions of the country's territory that includes smaller and ③ more uniform zones than the irregular districts that previously existed. Regarding the current five-digit postalcodes, the first three digits represent the national basic region number, while the remaining two digits should ④ use for serial numbering, thereby facilitating accurate mail delivery.

012 다음 글에서 밑줄 친 부분이 어법상 틀린 것은?

> A range of tasks that private banks were once in charge of ① have now become ② available at the post office. These are account deposits and withdrawals, as well as ATM services. This expansion of services is particularly beneficial to people ③ who reside in rural areas ④ because of over 50 percent of post offices are situated outside of large cities.

011

[해석]
1941년에 독일에서 도입된 우편 번호는 한국에서 1970년에 최초로 채택되었다. 1981년의 개정 이후, 그 체계는 2014년에 국가기초구역과 도로명을 반영하는 다섯 자리 번호로 다시 재구성되기 전에 여섯 자리 형태로 갱신되었다. 국가기초구역은 이전에 존재했던 불규칙한 구획들보다 더 작고 더 일정한 지역들을 포함하는 국가 영토의 구분을 반영한다. 현재의 다섯 자리 우편 번호에 대해, 처음 세 자리는 국가기초구역 번호를 나타내는 한편, 나머지 두 자리는 연속적인 번호를 붙이는 데 사용되어야 하는데, 그렇게 함으로써 이것은 정확한 우편물 배송을 용이하게 한다.

[해설] ④ **능동태·수동태 구별** 주어 the remaining two digits와 동사가 '나머지 두 자리가 사용되어야 한다'라는 의미의 수동 관계이므로 능동태 use를 수동태 be used로 고쳐야 한다. 참고로, 조동사(should) 뒤에는 반드시 동사원형이 와야 한다.

[오답분석]
① **분사구문의 형태** 주절의 주어(Postcodes)와 분사구문이 '우편 번호가 도입되다'라는 의미의 수동 관계이므로 과거분사 introduced가 올바르게 쓰였다.
② **동명사의 형태** 동명사(being restructured) 뒤에 목적어가 없고, 동명사가 가리키는 명사(the system)와 동명사가 '그 체계가 재구성되다'라는 의미의 수동 관계이므로 동명사의 수동형 being restructured가 올바르게 쓰였다.
③ **비교급** 비교급 표현은 '형용사/부사의 비교급 + than'의 형태로 나타내는데, 3음절 이상인 단어(uniform)의 비교급은 'more + 형용사/부사의 원급'으로 나타낼 수 있으므로 more uniform이 올바르게 쓰였다.

[어휘] postcode 우편 번호 adopt 채택하다 revision 개정, 수정 restructure 재구성하다 reflect 반영하다, 반성하다 territory 영토 uniform 일정한, 한결같은 district 구획, 구역 represent 나타내다, 대표하다 serial 연속적인 facilitate 용이하게 하다 accurate 정확한

정답 ④

012

[해석]
한때는 민간 은행이 담당했던 다양한 업무들이 이제 우체국에서 이용 가능해졌다. 이 업무들에는 계좌 입금 및 출금이 있고, 뿐만 아니라 현금 자동 지급기 서비스도 있다. 이러한 서비스의 확장은 우체국의 50퍼센트 이상이 대도시 밖의 지역에 위치해 있기 때문에 특히 시골 지역에 거주하는 사람들에게 유익하다.

[해설] ④ **부사절 접속사** 두 개의 절(This expansion ~ areas, over 50 percent ~ cities)을 연결할 수 있는 것은 접속사이고, 문맥상 '우체국의 50퍼센트 이상이 대도시 밖의 지역에 위치해 있기 때문에'라는 의미가 되어야 자연스러우므로 전치사 because of(~ 때문에)를 부사절 접속사 because(~ 때문에)로 고쳐야 한다.

[오답분석]
① **수량 표현의 수 일치** 주어 자리에 복수 취급하는 수량 표현 'a range of + 복수 명사'(A range of tasks)가 왔으므로 복수 동사 have가 올바르게 쓰였다.
② **보어 자리** 동사 become은 주격 보어를 취하는데, 보어 자리에는 명사나 형용사 역할을 하는 것이 올 수 있으므로 형용사 available이 올바르게 쓰였다.
③ **관계대명사** 선행사(people)가 사람이고, 관계절 내에서 동사 reside의 주어 역할을 하므로 사람을 가리키는 주격 관계대명사 who가 올바르게 쓰였다.

[어휘] in charge of ~을 담당하는 available 이용 가능한 account 계좌 deposit 입금, 보증금; 입금하다 withdrawal 출금, 취소 expansion 확장 reside 거주하다 rural 시골의 situate 위치시키다

정답 ④

필수점검문제

013 밑줄 친 부분에 들어갈 말로 가장 적절한 것은?

> After he _____ the training for dealing with complaints, he will have gained new insights into addressing customer inquiries.

① completes
② have completed
③ will complete
④ will have completed

014 다음 글에서 밑줄 친 부분이 문법상 옳지 않은 것은?

> Handling long queues at the post office, she said ① <u>that</u> took a while to get accustomed to assisting so many customers, ② <u>several of whom</u> had different needs. ③ <u>Whether</u> it's a post office in a relatively quiet rural area or an urban branch with a higher number of ④ <u>daily visitors</u>, specialized service skills are required to meet the diverse needs of customers.

013

[해석] 민원 처리 훈련을 이수하고 나면, 그는 고객 문의를 해결하는 것에 새로운 식견을 얻게 될 것이다.

[해설] ① **현재 시제 | 주어와 동사의 수 일치** 빈칸은 부사절 접속사 After가 이끄는 종속절의 동사 자리이다. 시간을 나타내는 부사절(After ~ complaints)에서는 미래를 나타내기 위해 현재 시제를 사용하므로 미래 시제 ③ will complete와 ④ will have completed는 정답이 될 수 없다. 이때 주어 자리에 단수 명사 he가 왔으므로 복수 동사가 쓰인 ② have completed는 정답이 될 수 없고, 현재 시제 단수 동사가 쓰인 ① completes가 정답이다.

[어휘] **deal with** ~을 처리하다 **complaint** 민원, 불평 **insight** 식견, 통찰력 **inquiry** 문의, 연구 **complete** 이수하다, 완료하다

정답 ①

014

[해석] 우체국에서의 긴 대기 줄을 다루면서, 그녀는 매우 많은 고객들을 돕는 데 익숙해지기 위해 시간이 걸렸는데, 이들 중 몇몇은 서로 다른 요구를 가지고 있다고 말했다. 비교적 한산한 시골 지역에 있는 우체국이든 더욱 많은 일일 방문객 수를 갖는 도시의 지점이든, 고객들의 다양한 요구를 충족시키기 위해서는 전문화된 서비스 역량이 요구된다.

[해설] ① **가짜 주어 구문** to 부정사구(to get ~ customers)와 같이 긴 주어가 오면 진주어인 to 부정사구를 문장 맨 뒤로 보내고 가주어 it이 주어 자리에 대신해서 쓰이므로 that을 가주어 it으로 고쳐야 한다.

[오답분석]
② **수량 표현 + 관계대명사** 절(she said ~ customers)과 절(several ~ needs)은 접속사(and)를 사용하여 연결하거나 접속사 없이 전치사 of와 관계대명사를 사용하여 연결할 수 있다. 이때 선행사(customers)가 사람이고, 관계절 내에서 전치사 of의 목적어 역할을 하면서 '누구 중 몇몇'인지를 나타내므로 사람을 나타내는 목적격 관계대명사 whom이 와서 several of whom이 올바르게 쓰였다.
③ **부사절 접속사** 문맥상 '시골 지역에 있는 우체국이든 ~ 도시의 지점이든'이라는 의미가 되어야 자연스러우므로 양보를 나타내는 부사절 접속사 Whether(~이든 -이든)가 올바르게 쓰였다.
④ **수량 표현** 수량 표현 a (higher) number of(많은) 뒤에는 가산 복수 명사가 오므로 daily visitors가 올바르게 쓰였다.

[어휘] **queue** 줄; 줄을 서서 기다리다 **get accustomed to** ~에 익숙해지다 **rural** 시골의, 농촌의 **urban** 도시의 **branch** 지점, 나뭇가지 **specialize** 전문화하다 **diverse** 다양한

정답 ①

실전완성문제

001 밑줄 친 부분이 문법상 옳지 않은 것은?

U.S. postal workers have reported a surge in dog-related incidents during mail delivery, raising safety concerns. As per incident records, most attacks occur when dogs are left unrestrained in yards or ① escape through open doors. In response, the U.S. Postal Service is conducting a campaign, insisting that dog owners ② take responsibility for controlling their pets and prevent aggressive behavior towards postal workers. In neighborhoods ③ where multiple incidents have taken place, mail delivery may be suspended until the situation improves. The Postal Service hopes that this initiative encourages homeowners ④ to containing their pets during delivery times to protect carriers.

002 다음 글에서 밑줄 친 부분이 어법상 틀린 것은?

A well-organized mail sorting system guarantees timely delivery, with errors in the distribution process ① reduced. Automated sorting machines, equipped with advanced optical character recognition technology, have revolutionized the way letters and packages ② are processed. Sorting centers operating 24/7 ③ handling millions of pieces of mail daily. Postal workers trained to use these sophisticated machines play a crucial role in maintaining a smooth workflow. Despite the automation, human oversight is still vital for managing irregularly shaped items and for addressing machine errors. In summary, a combination of advanced technology and human supervision ④ supports a reliable and efficient mail sorting process.

001

해석 미국의 우체국 직원들은 우편물 배달 중 개와 관련된 사건의 급증을 보고해 왔는데, 이는 안전에 대한 우려를 불러일으킨다. 각각의 사고 기록에 따르면, 대부분의 공격은 개들이 마당에서 묶여 있지 않은 상태로 있거나 열린 문으로 탈출할 때 발생한다. 이에 대응하여, 미국 우정 공사는 개의 주인들이 자신들의 반려동물을 통제할 책임이 있으며 우체국 직원들을 향한 공격적인 행동을 예방해야 한다고 주장하며, 캠페인을 실행하고 있다. 다수의 사건들이 발생해 온 동네에서는, 상황이 개선될 때까지 우편물 배달이 중단될 수 있다. 우정 공사는 이 계획이 집주인들이 배송 시간 동안 집배원들을 보호하기 위해 자신들의 반려동물을 제지하도록 장려하기를 바란다.

해설 ④ **to 부정사를 취하는 동사** 동사 encourage는 목적격 보어로 to 부정사를 취하므로 to containing을 to 부정사 to contain으로 고쳐야 한다.

오답분석
① **병치 구문** 접속사(or)로 연결된 병치 구문에서는 같은 구조끼리 연결되어야 하는데, or 앞에 동사구(are left unrestrained in yards)를 이끄는 복수 동사 are가 왔으므로 or 뒤에도 동사구(escape through open doors)를 이끄는 복수 동사 escape가 올바르게 쓰였다.
② **조동사 should의 생략** 주절에 주장을 나타내는 동사(insist)가 오면 종속절에는 '(should +) 동사원형'이 와야 하므로 (should) take가 올바르게 쓰였다.
③ **관계부사** 선행사 neighborhoods가 장소를 나타내고, 관계사 뒤에 완전한 절(multiple incidents have taken place)이 왔으므로, 장소를 나타내는 관계부사 where가 올바르게 쓰였다.

어휘 surge 급증; 급증하다 unrestrained 묶여 있지 않은, 억제되지 않은 yard 마당 insist 주장하다 take responsibility 책임을 지다
prevent 예방하다, 막다 aggressive 공격적인 suspend 중단하다, 연기하다 initiative 계획 contain 제지하다, 포함하다
encourage 장려하다, 격려하다 carrier 집배원, 운송 회사

정답 ④

002

해설 잘 조직된 우편물 분류 시스템은 유통 과정에서의 오류가 감소하면서, 시기적절한 배송을 보장한다. 발달된 광학 문자 인식 기술을 갖춘, 자동화된 분류 기계는 편지와 소포가 처리되는 방식에 혁신을 일으켜 왔다. 연중무휴로 운영되는 분류 센터는 매일 수백만 개의 우편물을 처리한다. 이러한 정교한 기계를 사용하도록 훈련받은 우체국 직원들은 원활한 작업 흐름을 유지하는 데 중요한 역할을 한다. 자동화에도 불구하고, 사람이 하는 관리는 불규칙한 형태의 물품을 취급하거나 기계의 오류를 해결하는 데 여전히 필수적이다. 요약하자면, 발달된 기술과 사람이 하는 감독의 결합이 신뢰할 수 있고 효율적인 우편물 분류 처리 과정을 뒷받침한다.

해설 ③ **동사 자리** 문장의 동사 자리에 '동사원형 + -ing' 형태는 올 수 없으므로 handling을 동사 handle로 고쳐야 한다.

오답분석
① **분사구문의 역할** 이유를 나타낼 때 'with + 명사 + 분사'의 형태로 나타낼 수 있는데, 명사(errors in the distribution process)와 분사가 '유통 과정에서의 오류가 감소하다(감소하게 되다)'라는 의미의 수동 관계이므로 과거분사 reduced가 올바르게 쓰였다.
② **능동태·수동태 구별** 주어 letters and packages와 동사가 '편지와 소포가 처리되다'라는 의미의 수동 관계이므로 수동태 are processed가 올바르게 쓰였다.
④ **주어와 동사의 수 일치** 주어 자리에 단수 명사 a combination이 왔으므로 단수 동사 supports가 올바르게 쓰였다. 참고로, 주어와 동사 사이의 수식어 거품(of advanced ~ supervision)은 동사의 수 결정에 영향을 주지 않는다.

어휘 well-organized 잘 조직된 sort 분류하다 guarantee 보장하다 timely 시기적절한 distribution 유통, 분배 automate 자동화하다
equip 갖추다 optical 광학의, 시각적인 character 문자, 기호, 특성 revolutionize 혁신을 일으키다 operate 운영되다, 작동되다, 수술하다
sophisticated 정교한 crucial 중요한 oversight 관리, 감독, 실수 irregularly 불규칙하게 address 해결하다, 연설하다; 주소 supervision 감독
reliable 신뢰할 수 있는 efficient 효율적인

정답 ③

실전완성문제

003 밑줄 친 부분이 문법상 옳지 않은 것은?

Post office representatives have observed a rise in fake survey emails pretending to be from the post office and are urging recipients ① to be cautious. Investigation shows that these emails often promise rewards in exchange for completing surveys and providing personal information. However, the post office does not conduct any surveys via email. ② When performed, surveys are handled through secure and official post office platforms, which ③ protect user information. It is recommended that you ④ to ignore any survey requests received via email.

004 다음 글에서 밑줄 친 부분이 어법상 틀린 것은?

① In spite of the perception that traditional mail services are becoming obsolete, the reliability of physical mail delivery remains even more essential than ② those of many digital alternatives, such as email. Physical mail has maintained ③ its importance due to the adaptability of postal systems, ④ integrating digital tracking and automated sorting into their operations.

003

해석 우체국 대표들은 우체국에서 온 것처럼 가장하는 가짜 설문 조사 이메일의 증가를 관찰해 오면서 (이메일을) 받는 사람들이 주의할 것을 촉구하고 있다. 수사는 이러한 이메일들이 주로 설문 조사를 완료하고 개인 정보를 제공하는 것의 대가로 보상을 약속한다는 것을 보여 준다. 하지만, 우체국은 이메일을 통해 어떠한 설문 조사도 수행하지 않는다. 설문 조사가 실시될 때, 그것은 안전하고 공식적인 우체국 플랫폼들을 통해 처리되는데, 이것들은 사용자 정보를 보호한다. 이메일을 통해 받은 어떠한 설문 조사 요청이라도 무시하도록 권장된다.

해설 ④ **조동사 should의 생략** 주절에 제안을 나타내는 동사(recommend)가 나오면 종속절에는 '(should +) 동사원형'이 와야 하므로 to 부정사 to ignore를 (should) ignore로 고쳐야 한다.

오답분석
① **to 부정사를 취하는 동사** 동사 urge는 to 부정사를 목적격 보어로 취하므로 to 부정사가 사용된 to be cautious가 올바르게 쓰였다.
② **분사구문의 형태** 주절의 주어(surveys)와 분사구문이 '설문 조사가 실시되다'라는 의미의 수동 관계이므로 과거분사 performed가 올바르게 쓰였고, 분사구문의 뜻을 분명하게 하기 위해 부사절 접속사 When이 분사구문 앞에 올바르게 쓰였다.
③ **주격 관계절의 수 일치** 주격 관계절(which ~ information)의 동사는 선행사에 수 일치시켜야 하는데, 선행사 secure and official post office platforms가 복수 명사이므로 복수 동사 protect가 올바르게 쓰였다.

어휘 representative 대표, 대리인 survey 설문 조사 pretend 가장하다, ~인 체하다 urge 촉구하다 recipient 받는 사람 investigation 수사, 조사 reward 보상(금); 보상하다 in exchange for ~하는 대가로, 교환으로 conduct 수행하다 recommend 권장하다, 추천하다 ignore 무시하다

정답 ④

004

해석 전통적인 우편 서비스가 시대에 뒤져 가고 있다는 인식에도 불구하고, 물리적인 우편 배송의 신뢰성은 이메일과 같은 많은 디지털 대안들의 그것(신뢰성)보다 훨씬 더 중요한 것으로 남아 있다. 물리적인 우편(서비스)은 그것들의 작업에 디지털 추적과 자동화된 분류를 통합시키면서, 우체국 시스템의 적응성으로 그것의 중요성을 유지해 왔다.

해설 ② **지시대명사** 대명사가 지시하는 명사(the reliability)가 단수이므로 복수 지시대명사 those를 단수 지시대명사 that으로 고쳐야 한다.

오답분석
① **전치사** 명사(the perception) 앞에 올 수 있는 것은 전치사이고, 문맥상 '인식에도 불구하고'라는 의미가 되어야 자연스러우므로 양보를 나타내는 전치사 In spite of(~에도 불구하고)가 올바르게 쓰였다.
③ **인칭대명사** 명사(importance) 앞에서 소유의 의미를 나타내기 위해서는 소유격 대명사가 와야 하는데, 대명사가 지시하는 명사(Physical mail)가 3인칭 단수 명사이므로 3인칭 단수 소유격 대명사 its가 올바르게 쓰였다.
④ **분사구문의 형태** 주절의 주어(Physical mail)와 분사가 '물리적인 우편(서비스)이 통합시키다'라는 의미의 능동 관계이므로 현재분사 integrating이 올바르게 쓰였다.

어휘 perception 인식 obsolete 시대에 뒤진, 한물간 reliability 신뢰성 alternative 대안; 대체 가능한 adaptability 적응성, 융통성 integrate 통합시키다 automate 자동화하다 sort 분류하다

정답 ②

실전완성문제

005 밑줄 친 부분이 문법상 옳지 않은 것은?

The post office confirmed that there ① are a couple of international shipping issues causing concern and has encouraged caution. Based on a data analysis, most problems stem from customs delays ② during that packages are put on hold for inspection. In order to prevent these shipping delays, the sender is supposed ③ to review the customs regulations for the destination country in advance. Furthermore, Korea Post has emphasized that customers should be aware of any restricted items and avoid sending them when shipping international packages. Korea Post advises that customers ④ should always include all necessary paperwork for smooth customs clearance.

006 밑줄 친 부분이 문법상 옳지 않은 것은?

The central banking system's official decision regarding federal interest rates ① remains unknown. However, a careful analysis of past actions and public comments made by sitting board members points to the conclusion we ② have been expecting for some time. Although some segments of the population will ③ be objected to an interest rate hike, this measure ④ has been employed to curtail inflation historically and will most likely be used again.

005

[해석] 우체국은 걱정을 불러일으키는 몇 가지 국제 운송 문제들이 있음을 확인하고 주의를 권고했다. 데이터 분석에 근거하면, 대부분의 문제는 소포가 검사를 위해 보류되는 세관 지연 동안에 기인한다. 이러한 배송 지연을 막기 위해, 발송인은 도착지 국가의 세관 규정을 사전에 검토해야 한다. 게다가, 우정사업본부는 고객들이 국제 소포를 운송할 때 어떠한 제한된 물품에 대해서도 인지하고 그것들을 발송하는 것을 피해야 한다고 강조했다. 우정사업본부는 원활한 통관을 위해 고객들이 언제나 필요한 모든 서류를 포함해야 한다고 조언한다.

[해설] ② **전치사 + 관계대명사** 선행사(customs delays)가 사물이고 관계절 내에서 전치사 during의 목적어 역할을 하고 있으므로 목적격 관계대명사 which나 that이 올 수 있는데, 전치사(during) 뒤에 관계대명사 that은 올 수 없으므로 during that을 during which로 고쳐야 한다. 참고로, '전치사 + 관계대명사' 형태인 during which는 관계부사 when으로도 바꾸어 쓸 수 있다.

[오답분석] ① **가짜 주어 구문 | 수량 표현의 수 일치** 가짜 주어 there 구문 'there + 동사 + 진짜 주어'에서 동사는 진짜 주어에 수 일치시켜야 하는데, 진짜 주어 자리에 복수 취급하는 수량 표현 'a couple of + 복수 명사'(a couple of international shipping issues)가 왔으므로 복수 동사 are가 올바르게 쓰였다.
③ **to 부정사 관련 표현** 문맥상 '발송인은 검토해야 한다'라는 의미가 되어야 자연스럽고, '~해야 한다'는 to 부정사 관용 표현 be supposed to를 사용하여 나타낼 수 있으므로 to 부정사 to review가 올바르게 쓰였다.
④ **조동사 should의 생략** 주절에 제안을 나타내는 동사(advise)가 나오면 종속절에는 '(should +) 동사원형'이 와야 하므로, 동사원형 (always) include 앞에 조동사 should가 올바르게 쓰였다.

[어휘] confirm 확인하다 encourage 권고하다, 격려하다 analysis 분석 stem from ~에 기인하다, ~에서 유래하다 customs 세관 put on hold ~을 보류하다 inspection 검사, 점검 in advance 사전에 aware 인지하는, 알고 있는 customs clearance 통관

정답 ②

006

[해석] 연방 금리와 관련한 중앙은행 시스템의 공식 결정이 알려지지 않은 채로 남아 있다. 하지만, 현직 임원들에 의해 행해진 과거의 행보와 공개적인 언급에 대한 신중한 분석은 우리가 한동안 기대해 왔던 결론을 가리킨다. 비록 인구의 일부분이 금리 인상에 반대할 것은 확실하지만, 이 조치는 역사적으로 인플레이션을 줄이기 위해 사용되어 왔고 아마도 다시 사용될 것이다.

[해설] ③ **수동태로 쓸 수 없는 동사** 동사 object는 전치사 to와 함께 '~에 반대하다'라는 의미로 쓰이는 자동사이므로 수동태로 쓸 수 없다. 따라서 수동태 be objected to를 능동태 object to로 고쳐야 한다.

[오답분석] ① **주어와 동사의 수 일치 | 보어 자리** 주어 자리에 단수 명사 The ~ decision이 왔으므로 단수 동사 remains가 올바르게 쓰였다. 이때 주어와 동사 사이의 수식어 거품(regarding ~ rates)은 동사의 수 결정에 영향을 주지 않는다. 또한, 동사 remain은 주격 보어를 취하는데, 보어 자리에는 명사나 형용사 역할을 하는 것이 올 수 있으므로 형용사 unknown이 올바르게 쓰였다.
② **현재완료 시제** 현재완료 시제와 자주 함께 쓰이는 표현 'for + 시간 표현'(for some time)이 왔고, 문맥상 '한동안 기대해 왔다'라며 과거에 시작된 일이 현재 시점까지 계속 진행 중임을 표현하고 있으므로 현재완료진행 시제 have been expecting이 올바르게 쓰였다.
④ **능동태·수동태 구별** 주어 this measure와 동사가 '이 조치가 사용되어 왔다'라는 의미의 수동 관계이므로 수동태 has been employed가 올바르게 쓰였다.

[어휘] federal 연방의 interest rate 금리 analysis 분석 board member 임원, 이사 segment 부분; 나누다 hike 인상; 인상하다 measure 조치, 측정; 측정하다 employ 사용하다, 고용하다 curtail 줄이다, 삭감하다

정답 ③

실전완성문제

007 다음 글에서 밑줄 친 부분이 어법상 틀린 것은?

> Though automation in the post office has made ① it easier to process packages swiftly, it is believed ② that the notion of postal automation as a complete solution, one that ends all problems once machines are installed, ③ overlook the ongoing need for human intervention that ④ clearly reflects the realities of postal service management.

008 밑줄 친 부분이 문법상 옳지 않은 것은?

> Even with the widespread use of email and text messages, handwritten correspondence, ① persisting in our digital age, ② has retained its charm ③ because the intimate connection offered by ink-and-paper letters, which is much stronger than ④ that found in the standardized format of digital messages.

007

[해석] 비록 우체국에서의 자동화가 소포를 신속하게 처리하는 일을 더욱 쉽게 만들어 왔지만, 우편 자동화를 일단 기계가 설치되기만 하면 모든 문제를 끝내는 완벽한 해결 방법으로 보는 생각은 우편 서비스 관리의 현실을 명확하게 반영하는, 인간의 개입에 대한 지속적인 필요성을 간과하는 것으로 여겨진다.

[해설] ③ **주어와 동사의 수 일치** 주어 자리에 단수 명사 the notion이 왔으므로 복수 동사 overlook을 단수 동사 overlooks로 고쳐야 한다. 참고로, 주어와 동사 사이의 수식어 거품(of ~ are installed)은 동사의 수 결정에 영향을 주지 않는다.

[오답분석]
① **목적어 자리** to 부정사구 목적어(to process packages swiftly)가 목적격 보어(easier)와 함께 오면, '가짜 목적어 it + 목적격 보어 + 진짜 목적어'의 형태가 되어야 하므로 가짜 목적어 it이 올바르게 쓰였다.
② **3형식 동사의 수동태** that절을 목적어로 취하는 동사(believe)가 수동태가 되면 'it + be p.p. + that'의 형태로 쓰이므로 it is believed 뒤에 that이 올바르게 쓰였다.
④ **부사 자리** 동사(reflects)를 앞에서 수식하는 것은 부사이므로 동사 reflects 앞에 부사 clearly가 올바르게 쓰였다.

[어휘] automation 자동화 swiftly 신속하게 notion 생각, 개념 install 설치하다 overlook 간과하다 ongoing 지속적인, 진행 중인 intervention 개입, 간섭 management 관리, 경영

정답 ③

008

[해석] 이메일과 문자 메시지의 광범위한 사용에도, 우리의 디지털 시대에 살아남은, 손으로 쓰여진 서신은 잉크와 종이로 된 편지가 주는 친밀한 연결성 때문에 그것의 매력을 유지해 왔는데, 이는 디지털 메시지의 표준화된 형식 안에서 발견되는 그것(친밀한 연결성)보다 훨씬 더 강력하다.

[해설] ③ **전치사** 명사구(the intimate connection ~ letters) 앞에 올 수 있는 것은 전치사이므로 절과 절을 연결하는 접속사 because를 전치사 because of로 고쳐야 한다.

[오답분석]
① **분사구문의 형태** 주절의 주어(handwritten correspondence)와 분사구문이 '~ 서신이 살아남다'라는 의미의 능동 관계이므로 현재분사 persisting이 올바르게 쓰였다.
② **현재완료 시제** 문맥상 '손으로 쓰여진 서신이 그것의 매력을 유지해 왔다'라는 의미가 되어야 자연스럽고, 과거에 시작된 일이 현재까지 이어져 왔음을 나타내고 있으므로 현재완료 시제 has retained가 올바르게 쓰였다.
④ **지시대명사** 대명사가 지시하는 명사가 단수 명사(the intimate connection)이므로 단수 지시대명사 that이 올바르게 쓰였다.

[어휘] widespread 광범위한 correspondence 서신, 일치 persist 살아남다, 지속되다 retain 유지하다 charm 매력 intimate 친밀한 standardize 표준화하다

정답 ③

실전완성문제

009 다음 글에서 밑줄 친 부분이 어법상 틀린 것은?

The integration of ① <u>eco-friendly</u> practices within postal services has become an important initiative for sustainability. Energy-efficient vehicles, developed to reduce carbon emissions, are increasingly being used for deliveries. Packages ② <u>now transported</u> in these vehicles, minimizing the environmental impact. Postal workers driving these green vehicles are committed to ③ <u>improving</u> the service's sustainability efforts. ④ <u>Embracing</u> sustainable technologies in this way, the postal service is taking major steps towards reducing its carbon footprint.

010 다음 글에서 밑줄 친 부분이 문법상 옳지 않은 것은?

Korea Post Shopping—① <u>through which</u> local specialties and manufactured goods ② <u>selected</u> from across the country are sold—is ③ <u>that</u> small businesses and regional agricultural and fisheries companies rely on ④ <u>to promote</u> their businesses, reducing distribution cost.

009

[해석] 우편 서비스 내의 친환경적인 관행들의 통합은 지속 가능성을 위한 중요한 계획이 되어 왔다. 탄소 배출을 줄이기 위해 개발된, 에너지 효율이 좋은 차량들이 점점 더 많이 배송에 사용되고 있다. 택배들은 환경에 미치는 영향을 최소화하면서, 이제 이러한 차량들로 운송된다. 이러한 친환경 차량을 운전하는 우체국 직원들은 그 서비스의 지속 가능성의 노력을 향상시키는 데 전념하고 있다. 이러한 방법으로 지속 가능한 기술을 받아들이면서, 우편 서비스는 탄소 발자국을 줄이기 위한 주요 조치들을 취하고 있다.

[해설] ② **능동태·수동태 구별 | 현재 시제** 주어 Packages와 동사가 '택배들이 운송된다'라는 의미의 수동 관계이므로 수동태가 와야 한다. 이때 문장에 시간 표현 now(이제)가 왔고, 문맥상 '택배들이 이제 운송된다'는 반복되는 동작을 표현하고 있으므로 과거 시제 능동태 (now) transported를 현재 시제 수동태 are (now) transported로 고쳐야 한다.

[오답분석]
① **형용사 자리** 명사를 앞에서 수식할 수 있는 것은 형용사이므로 형용사 eco-friendly가 명사 practices 앞에 올바르게 쓰였다.
③ **동명사 관련 표현** '향상시키는 데 전념하고 있다'는 동명사 관련 표현 be committed to -ing(-에 전념하다)를 사용하여 나타낼 수 있으므로 are committed to 뒤에 동명사 improving이 올바르게 쓰였다.
④ **분사구문의 형태** 주절의 주어 the postal service와 분사구문이 '우편 서비스가 받아들이다'라는 의미의 능동 관계이므로, 현재분사 Embracing이 올바르게 쓰였다.

[어휘] integration 통합 eco-friendly 친환경적인 practice 관행, 실행, 연습 initiative 계획 sustainability 지속 가능성 energy-efficient 에너지 효율이 좋은 emission 배출 transport 운송하다 minimize 최소화하다 environmental 환경에 미치는 embrace 받아들이다, 포용하다 take a step 조치를 취하다 carbon footprint 탄소 발자국

정답 ②

010

[해석] 그것을 통해 전국에서 엄선된 지역 특산물과 생산품이 판매되는 우체국 쇼핑은 영세 사업자와 지역 농수산물 회사가 자신들의 사업을 홍보하기 위해 의지하는 것인데, 이것은 유통 비용을 감소시킨다.

[해설] ③ **what vs. that** 전치사(on)의 목적어가 없는 불완전한 절(small businesses ~ their business)을 이끌며 be동사(is)의 목적어 자리에 올 수 있는 것은 명사절 접속사 what이므로, 완전한 절을 이끄는 명사절 접속사 that을 what으로 고쳐야 한다.

[오답분석]
① **전치사 + 관계대명사** 관계사 뒤에 완전한 절(local specialties ~ are sold)이 왔으므로 '전치사 + 관계대명사' 형태가 올 수 있다. 이때 '전치사 + 관계대명사'에서 전치사는 선행사 또는 관계절의 동사에 따라 결정되는데, 문맥상 '우체국 쇼핑을 통해 전국에서 엄선된 지역 특산물과 기성품이 판매된다'라는 의미가 되어야 자연스러우므로 전치사 through(~을 통해)가 관계대명사 which 앞에 온 through which가 올바르게 쓰였다.
② **현재분사 vs. 과거분사** 수식받는 명사(local specialties and manufactured goods)와 분사가 '지역 특산물과 생산품이 엄선되다'라는 의미의 수동 관계이므로, 과거분사 selected가 올바르게 쓰였다.
④ **to 부정사의 역할** 문맥상 '자신들의 사업을 홍보하기 위해'라는 의미가 되어야 자연스러우므로 '~하기 위해서'라는 의미를 가지며 부사 역할을 하는 to 부정사 to promote가 올바르게 쓰였다.

[어휘] specialty 특산물 manufactured goods 생산품 regional 지역의, 지방의 agricultural 농업의 fishery 수산업, 어장 rely on ~에 의지하다 promote 홍보하다, 촉진하다 distribution 유통, 분배

정답 ③

실전완성문제

011 밑줄 친 부분이 문법상 옳지 않은 것은?

> As Korea Post has been experiencing an increased number of cases where mail does not need to be returned, it ① is updating its mail return services currently to better meet the actual demands of customers. Following the revision of the return system, general bulk mail with separate postage payment and deferred payment will not be returned. Korea Post suggests that customers should clearly mark "return" on the front of the envelope to have mail returned, and says that mail will not be returned to the sender ② who it is properly labeled. Unreturned mail will be kept at the delivery post office for one month before ③ being discarded, enabling customers who did not mark "return" ④ to retrieve it during this period.

012 다음 글에서 밑줄 친 부분이 어법상 틀린 것은?

> Regarding the increasing demand for digital financial services, a comprehensive financial system based on big data, cloud, and artificial intelligence (AI) has been paid ① attention to by Korea Post. ② Given that this system integrates Korea Post Banking, Korea Post Pay, and Korea Post Insurance, it has significantly better performance than ③ that of previous separate apps. Furthermore, the more users utilize the app, ④ the most points are accumulated, and some of them can be used like cash at affiliated franchise stores.

011

[해석] 우정사업본부는 최근 우편물을 반송할 필요가 없는 사례들의 증가를 겪어 오고 있기 때문에, 고객들의 실제 요구를 더욱 잘 충족시키기 위해 현재 우편물 반송 서비스를 업데이트하고 있다. 반송 제도의 개정에 따라, 별도의 우편 요금을 지불 및 후불하는 대량의 일반 우편물은 반송되지 않을 것이다. 우정사업본부는 고객이 우편물을 반송되게 하기 위해서는 봉투 앞면에 '반송'을 명확하게 표시해야 한다고 제안하며, 그것이 제대로 기재되지 않은 경우에는 우편물이 발송인에게 반송되지 않을 것이라고 밝혔다. 반송되지 않은 우편물은 폐기되기 전 한 달 동안 배달 우체국에 보관될 것인데, 이는 '반송' 표시를 하지 않은 고객들이 이 기간 동안 그것(우편물)을 되찾아 갈 수 있게 한다.

[해설] ② **부사절 접속사** 문맥상 '그것이 제대로 기재되지 않은 경우에는'이라는 의미가 되어야 자연스러운데, 두 개의 절(mail ~ the sender, it is ~ labeled)을 연결하면서 '~하지 않는 경우에는'이라는 의미를 나타낼 수 있는 것은 부사절 접속사이므로 who를 부사절 접속사 unless (~이 아닌 경우에는)로 고쳐야 한다.

[오답분석] ① **현재진행 시제** 현재임을 나타내는 시간 표현(currently)이 왔고, 문맥상 '현재 우편물 반송 서비스를 업데이트하고 있다'라는 의미로 현재 진행되고 있는 일을 표현하고 있으므로, 현재진행 시제 is updating이 올바르게 쓰였다.
③ **동명사의 형태** 동명사가 가리키는 명사(Unreturned mail)와 동명사가 '반송되지 않은 우편물이 폐기되다'라는 의미의 수동 관계이므로 동명사의 수동형 being discarded가 올바르게 쓰였다.
④ **to 부정사를 취하는 동사** 동사 enable은 to 부정사를 목적격 보어로 취하는 5형식 동사이므로, 목적격 보어 자리에 to 부정사 to retrieve가 올바르게 쓰였다.

[어휘] demand 요구, 수요; 요구하다 revision 개정, 수정 separate 별도의, 분리된 postage 우편 요금 deferred payment 후불 envelope 봉투 label 기재하다, 라벨을 붙이다 discard 폐기하다, 버리다 retrieve 되찾아 가다

정답 ②

012

[해석] 증가하는 디지털 금융 서비스에 대한 수요와 관련하여, 빅 데이터, 클라우드 및 인공 지능(AI)을 기반으로 한 종합 금융 시스템이 우정사업본부의 주목을 끌어왔다. 이 시스템이 우정사업본부의 뱅킹·페이·보험을 통합한다는 점을 고려하면, 그것은 이전의 별개의 앱들의 그것(성능)보다 상당히 더 나은 성능을 가지고 있다. 뿐만 아니라, 사용자들이 앱을 더 많이 사용할수록, 더 많은 포인트가 적립되고, 그것들 중 일부는 제휴된 가맹점에서 현금처럼 사용될 수 있다.

[해설] ④ **비교급** '사용자들이 앱을 더 많이 사용할수록, 더 많은 포인트가 적립된다'는 'the + 비교급(more) + 주어(users) + 동사(utilize) ~, the + 비교급 + 주어(points) + 동사(are accumulated) -'(더 ~할수록, 더 -하다)의 형태로 나타낼 수 있으므로 최상급 the most를 비교급 the more로 고쳐야 한다.

[오답분석] ① **동사구의 수동태** '타동사 + 명사 + 전치사' 형태의 동사구가 수동태가 되면 동사구의 명사(attention)와 전치사(to) 모두 수동태 동사(has been paid) 뒤에 그대로 남아야 하므로 has been paid 뒤에 attention to가 올바르게 쓰였다.
② **분사구문 관용 표현** 문맥상 '~ 통합한다는 점을 고려하면'이라는 의미가 되어야 자연스러우므로, 분사구문 관용 표현 Given that(~이라고 고려하면)이 올바르게 쓰였다.
③ **지시대명사** 대명사가 지칭하는 명사(performance)가 단수이므로 단수 대명사 that이 올바르게 쓰였다.

[어휘] financial 금융의, 재정의 comprehensive 종합적인, 포괄적인 artificial intelligence 인공 지능 integrate 통합하다 insurance 보험 significantly 상당히 separate 별개의, 서로 다른 accumulate 적립하다, 축적하다 affiliate 제휴하다

정답 ④

실전완성문제

013 다음 글에서 밑줄 친 부분이 어법상 틀린 것은?

Processing increased mail during elections, he mentioned it took effort to be devoted ① to managing the influx of envelopes, ② all of which need careful sorting. He explained election periods are ③ so busier than regular days, which are ④ hit by lower volumes of mail.

014 다음 글에서 밑줄 친 부분이 문법상 옳지 않은 것은?

① Due to technical issues, the post office's internet banking service ② has been experiencing disruptions since yesterday at 7 a.m. But rest assured, technicians are working on ③ them. ④ Considered that the problems are similar to those observed during the system failure at the end of last year, the engineers predict it is likely the same type of issue.

013

[해석] 선거 (기간) 동안 늘어난 우편물을 처리하면서, 그는 우편 봉투들의 쇄도를 관리하는 데 전념하기 위해 노력했는데, 이것들 모두 신중한 분류를 필요로 했다고 언급했다. 그는 선거 기간이 더 적은 양의 우편물에 의해 영향받는 일반적인 날들보다 훨씬 더 바쁘다고 설명했다.

[해설] ③ **비교급 강조 표현** 비교급(busier)을 강조하는 표현으로 부사 so는 올 수 없으므로, so를 비교급 표현 앞에 올 수 있는 강조 표현 much/even/still/far/a lot/by far 중 하나로 고치거나 삭제해야 한다.

[오답분석]
① **동명사 관련 표현** 문맥상 '관리하는 데 전념하다'라는 의미가 되어야 자연스러운데, '~에 전념하다'는 동명사 관련 표현 be devoted to -ing를 사용하여 나타낼 수 있으므로 be devoted 뒤에 to managing이 올바르게 쓰였다.
② **수량 표현 + 관계대명사** 절(it took effort ~ envelopes)과 절(all ~ sorting)은 접속사(and)를 사용하여 연결하거나 접속사 없이 전치사 of와 관계대명사를 사용하여 연결할 수 있다. 이때 선행사(envelopes)가 사물이고, 관계절 내에서 전치사 of의 목적어 역할을 하면서 '무엇 중 모두'인지를 나타내므로, 사물을 나타내는 목적격 관계대명사 which가 와서 all of which가 올바르게 쓰였다.
④ **능동태·수동태 구별** 선행사(regular days)와 관계절의 동사가 '일반적인 날들이 영향받다'라는 의미의 수동 관계이므로 be 동사(are)와 함께 수동태를 완성하는 과거분사 hit가 올바르게 쓰였다. 참고로, 동사 hit는 동사원형, 과거형, 과거분사형이 hit로 모두 같다.

[어휘] **election** 선거 **mention** 언급하다, 말하다 **devote** 전념하다, (시간·노력 등을) 바치다 **influx** 쇄도, 유입 **sort** 분류하다 **volume** 양, 음량, 권 **hit** 영향을 주다, 치다

정답 ③

014

[해석] 기술적인 문제 때문에, 우체국의 인터넷 뱅킹 서비스는 어제 오전 7시부터 지장을 겪어 왔습니다. 그러나 기술자들이 그것들에 대해 작업 중이니 안심하십시오. 문제가 작년 말의 시스템 장애 동안 관찰되었던 것과 유사하다는 점을 고려해 보면, 기술자들은 그것이 동일한 유형의 문제일 가능성이 크다고 예측합니다.

[해설] ④ **분사구문 관용 표현** 문맥상 '유사하다는 점을 고려해 보면'이라는 의미가 되어야 자연스러우므로, Considered를 분사구문 관용 표현 Considering(~을 고려해 보면)으로 고쳐야 한다.

[오답분석]
① **전치사** 명사(technical issues) 앞에 올 수 있는 것은 전치사이고, 문맥상 '기술적인 문제 때문에'라는 의미가 되어야 자연스러우므로 이유를 나타내는 전치사 Due to(~ 때문에)가 올바르게 쓰였다.
② **현재완료 시제** 문장에 'since + 과거 시간 표현'(since yesterday at 7 a.m.)이 왔고, 문맥상 '어제 오전 7시부터 지장을 겪어 왔다'라며 과거에 시작된 일이 현재 시점까지 계속 진행 중임을 표현하고 있으므로 현재완료진행 시제 has been experiencing이 올바르게 쓰였다.
③ **인칭대명사** 대명사가 지시하는 명사(disruptions)가 복수이므로 복수 대명사 them이 올바르게 쓰였다.

[어휘] **disruption** 지장, 방해

정답 ④

실전완성문제

015 다음 글에서 밑줄 친 부분이 어법상 틀린 것은?

The day ① when the new insurance products ② introduced highlighted ③ what planning ahead can achieve, as it was shown that increased customer satisfaction and better coverage options through careful product optimization are possible by focusing on ④ meeting diverse customer needs.

고난도

016 밑줄 친 부분이 문법상 옳지 않은 것은?

Although online tracking systems have made it convenient ① for customers to follow their parcels' journeys, experts ② convince that viewing the current tracking system as a perfect one unfortunately downplays the continuous updates it undergoes and ③ neglects the maintenance that ④ contributes to its overall success.

015

해석 새로운 보험 상품이 소개된 그날은 사전에 계획하는 것이 무엇을 달성할 수 있는지를 강조했는데, 이는 신중한 상품 최적화를 통해 증대된 고객 만족도와 더 나은 보장의 선택지가 다양한 고객의 요구를 충족시키는 데 초점을 맞춤으로써 가능한 것으로 나타났기 때문이다.

해설 ② 능동태·수동태 구별 종속절의 주어 the new insurance products와 동사가 '새로운 보험 상품이 소개되다'라는 의미의 수동 관계이므로 능동태 introduced를 수동태 were introduced로 고쳐야 한다.

오답분석
① 관계부사 선행사(The day)가 시간이고, 관계사 뒤에 완전한 절(the new insurance products introduced)이 왔으므로 시간을 나타내는 관계부사 when이 올바르게 쓰였다.
③ 명사절 접속사 목적어가 없는 불완전한 절(planning ahead can achieve)을 이끌며 문장의 동사(highlighted)의 목적어 자리에 올 수 있는 명사절 접속사 what이 올바르게 쓰였다.
④ 전치사 자리 전치사(on) 뒤에 명사 역할을 하는 동명사 meeting이 올바르게 쓰였다.

어휘 insurance 보험 satisfaction 만족(도) coverage 보장, 범위, 보도 optimization 최적화 diverse 다양한, 다른

정답 ②

016

해석 온라인 추적 시스템이 고객들로 하여금 그들의 소포의 여정을 지켜보는 것을 편리하게 만들어 왔음에도 불구하고, 전문가들은 현재의 추적 시스템을 완벽한 것으로 보는 것은 안타깝게도 그것이 받는 지속적인 업데이트를 경시하고 그것의 전반적인 성공에 기여하는 유지 보수를 간과한다고 확신한다.

해설 ② 4형식 동사의 수동태 동사 convince는 'convince + 간접 목적어 + 직접 목적어(that절)'의 형태를 취하는 4형식 동사인데, 4형식 동사가 수동태가 되면 직접 목적어는 수동태 동사 뒤에 그대로 남아야 한다. convince 뒤에 직접 목적어인 that절이 남아 있고, 문맥상 주어 experts와 동사가 '전문가들이 확신한다(확신하게 되다)'라는 의미의 수동 관계이므로 능동태 convince를 수동태 are convinced로 고쳐야 한다.

오답분석
① 목적어 자리 | to 부정사의 의미상 주어 to 부정사구 목적어(to follow their parcels's journeys)가 목적격 보어(convenient)와 함께 오면, 진짜 목적어(to 부정사구)를 목적격 보어 뒤로 보내고 목적어가 있던 자리에 가짜 목적어 it을 써서 '가짜 목적어 it + 목적격 보어 + 진짜 목적어'의 형태가 된다. 이때, 문장의 주어(online tracking systems)와 to 부정사의 행위 주체(customers)가 달라서 to 부정사의 의미상 주어가 필요할 경우 'for + 명사'를 to 부정사 앞에 써야 하므로 to 부정사 to follow 앞에 for customers가 올바르게 쓰였다.
③ 병치 구문 접속사(and)로 연결된 병치 구문에서는 같은 구조끼리 연결되어야 하는데, and 앞에 단수 동사 downplays가 왔으므로 and 뒤에도 단수 동사 neglects가 올바르게 쓰였다.
④ 주격 관계절의 수 일치 주격 관계절(that ~ success)의 동사는 선행사(maintenance)에 수 일치시켜야 하므로 단수 동사 contributes가 올바르게 쓰였다.

어휘 convenient 편리한, 편안한 unfortunately 안타깝게도 downplay 경시하다 continuous 지속적인 undergo 받다, 겪다 maintenance 유지 보수 contribute 기여하다, 공헌하다 overall 전반적인, 종합적인

정답 ②

실전완성문제

017 밑줄 친 부분이 문법상 옳지 않은 것은?

> Authorities revealed that efforts to reduce carbon emissions ① have enhanced, and cooperation from the public is essential. One such effort involves a plan to introduce electric delivery vehicles. Despite the planned adoption of electric vehicles, however, the post office will maintain its delivery schedules without major changes. ② There will be a noticeable reduction in emissions once electric vehicles are deployed in cities. Authorities request that all staff ③ be mindful of sustainable practices ④ so as to support these initiatives.

018 다음 글에서 밑줄 친 부분이 어법상 틀린 것은?

> Korea Post has expanded its K-Packet service to include individual customers. Tailored for shipping small items weighing less than 2 kilograms, K-Packet allows users to send items ① to 19 countries, including the United States, the United Kingdom, Japan, and China. Originally ② targeting bulk senders when launched in 2012, the service has broadened its scope enough ③ encompassing general customers, reflecting the increasing trend of individuals making international shipments. The postal service is considering ④ continuing negotiations with overseas postal administrations in order to ensure that individual customers can send items more affordably through international mail.

017

[해석] 당국은 탄소 배출량을 감소시키기 위한 노력이 강화되어 왔으며, 대중으로부터의 협력이 필수적이라고 밝혔다. 그러한 노력들 중 하나는 전기 배송 차량을 도입하는 것을 포함한다. 하지만, 계획된 전기 차량의 채택에도 불구하고, 우체국은 주요한 변화 없이 배송 일정을 유지할 것이다. 일단 전기 차량이 도시들에 배치되면 배출량에서의 현저한 감소가 있을 것이다. 당국은 이러한 계획을 지원하기 위해 모든 직원이 지속 가능한 관행을 염두에 둘 것을 요청한다.

[해설] ① **능동태·수동태 구별** 주어 efforts와 동사가 '노력이 강화되어 왔다'라는 의미의 수동 관계이므로 능동태 have enhanced를 수동태 have been enhanced로 고쳐야 한다. 참고로, 주어 자리에 복수 명사 efforts가 왔으므로 복수 동사 have가 쓰였다.

[오답분석]
② **가짜 주어 구문** '현저한 감소가 있을 것이다'는 가짜 주어 there 구문(~이 있다)을 사용하여 'there + 동사 + 진짜 주어'의 형태로 나타낼 수 있으므로 There가 올바르게 쓰였다.
③ **조동사 should의 생략** 주절에 요청을 나타내는 동사(request)가 오면 종속절에는 '(should +) 동사원형'이 와야 하므로, 종속절에 (should) be가 올바르게 쓰였다.
④ **to 부정사의 역할** 문맥상 '이러한 계획을 지원하기 위해'라는 의미가 되어야 자연스럽고, to 부정사가 목적을 나타낼 때 to 대신 so as to (~하기 위해서)를 쓸 수 있으므로 so as to support가 올바르게 쓰였다.

[어휘] authority 당국, 권한   reveal 밝히다, 폭로하다   carbon 탄소   emission 배출(량)   enhance 강화하다   cooperation 협력   essential 필수적인   adoption 채택, 입양   noticeable 현저한   deploy 배치하다   mindful 염두에 두는, 유념하는   sustainable 지속 가능한   practice 관행, 실행, 연습; 연습하다   initiative 계획

정답 ①

018

[해석] 우정사업본부는 개인 고객을 포함하도록 K-Packet 서비스를 확대해 왔다. 2킬로그램 미만으로 무게가 나가는 소형 물품 운송에 맞추어 만든 K-Packet은 이용자들이 미국, 영국, 일본, 그리고 중국을 포함한 19개국에 물품을 보낼 수 있게 한다. 2012년에 출시되었을 때 원래는 대량 발송인들을 대상으로 했던 그 서비스는 국제 운송을 하는 개인들이 증가하는 추세를 반영하여, 일반 고객들까지 포함하기에 충분하도록 범위를 넓혀 왔다. 또한, 우정사업본부는 개인 고객들이 국제 우편을 통해 물품을 더 저렴하게 보낼 수 있음을 보장하기 위해 해외 우편 관련 기관들과 협상을 지속하는 것을 고려한다.

[해설] ③ **to 부정사 관련 표현** 문맥상 '일반 고객들까지 포함하기에 충분하도록'이라는 의미가 되어야 자연스러운데, '~하기에 충분히 -하다'는 to 부정사 관용 표현 enough to를 사용하여 나타낼 수 있으므로 encompassing을 to 부정사 to encompass로 고쳐야 한다.

[오답분석]
① **4형식 동사** 동사 send는 두 개의 목적어를 '간접 목적어(~에게) + 직접 목적어(~을)'의 순서로 취하는 4형식 동사인데, 이를 3형식 문장으로 전환하면 '직접 목적어(items) + 전치사(to) + 간접 목적어(19 countries)'의 형태로 나타낼 수 있으므로 send items 뒤에 to 19 counties가 올바르게 쓰였다.
② **분사구문의 형태** 주절의 주어(the service)와 분사구문이 '그 서비스가 ~을 대상으로 하다'라는 의미의 능동 관계이므로 현재분사 targeting이 올바르게 쓰였다.
④ **동명사를 목적어로 취하는 동사** 동사 consider는 동명사를 목적어로 취하는 동사이므로 동명사 continuing이 올바르게 쓰였다.

[어휘] expand 확대하다   tailor 맞추어 만들다, 재단하다   bulk 대량의   launch 출시하다, 시작하다   broaden 넓히다   scope 범위   encompass 포함하다   negotiation 협상   overseas 해외의   administration (행정) 기관   affordably 저렴하게

정답 ③

실전완성문제

019 다음 글에서 밑줄 친 부분이 어법상 틀린 것은?

"Bank agency services" at post offices, allowing for various banking tasks such as bill payments ① <u>as well as</u> withdrawals, are conducted across Korea Post's nationwide network of 2,500 branches. However, with the number of bank branches and ATMs rapidly ② <u>declined</u>, there is a pressing need to address financial service blind spots for vulnerable groups. Particularly, the recent surge in illegal financial activities ③ <u>is</u> concerning as it poses serious threats to the livelihoods and financial security of low-income individuals. It is emphasized that strict measures are necessary, including enhancing investigations into unregistered loan providers and ④ <u>strengthening</u> penalties for illegal practices by them.

고난도

020 밑줄 친 부분이 문법상 옳지 않은 것은?

The streamlining of medical device customs procedures has been so effective ① <u>that</u> it has significantly facilitated the seamless market entry of indispensable health equipment. The new system, which ② <u>provides for</u> automatic information sharing between the Ministry of Food and Drug Safety and the Customs Service, reduces administrative burdens. This change is claimed ③ <u>saving</u> about 33,167 hours of labor annually ④ <u>by itself</u>.

019

[해석] 인출뿐만 아니라 청구서 결제와 같은 다양한 은행 업무를 가능하게 하는 우체국에서의 '은행 대행 서비스'는 우정사업본부의 전국적인 2,500여 개 지점망에 걸쳐 수행된다. 하지만, 은행 지점과 현금자동입출금기(ATM)의 수가 급격히 줄어들면서, 취약 집단에 대한 금융 서비스 사각지대를 해결할 시급한 필요가 있다. 특히, 최근 불법 금융 행위의 급증은 우려를 일으키는데, 이는 그것이 저소득층의 생계와 금융 안정성에 심각한 위협을 제기하기 때문이다. 미등록된 대출 업체에 대한 조사를 강화하고 그들에 의한 불법 행위에 대한 처벌을 강화하는 것을 포함해서, 엄격한 조치가 필수적임이 강조된다.

[해설] ② **분사구문의 역할** 동시에 일어나는 상황은 'with + 명사 + 분사'의 형태로 나타낼 수 있는데, 명사(the number of bank branches and ATMs)와 분사가 '은행 지점과 현금자동입출금기(ATM)의 수가 줄어들다'라는 의미의 능동 관계이므로 과거분사 declined를 현재분사 declining으로 고쳐야 한다.

[오답분석] ① **상관접속사** 문맥상 '인출뿐만 아니라 청구서 결제와 같은 다양한 은행 업무'라는 의미가 되어야 자연스러운데, 'B뿐만 아니라 A도'는 상관접속사 A as well as B를 사용하여 나타낼 수 있으므로 as well as가 올바르게 쓰였다.

③ **주어와 동사의 수 일치** 주어 자리에 단수 명사 the recent surge가 왔으므로 단수 동사 is가 올바르게 쓰였다. 참고로, 주어와 동사 사이의 수식어 거품(in illegal financial activities)은 동사의 수 결정에 영향을 주지 않는다.

④ **병치 구문** 접속사 and 앞에 동명사 enhancing이 왔으므로 and 뒤에도 동명사 strengthening이 올바르게 쓰였다.

[어휘] bill 청구서, 법안 withdrawal 인출, 철수 branch 지점, 나뭇가지 decline 줄어들다, 쇠퇴하다 pressing 시급한 address 해결하다, 주소를 적다 blind spot 사각지대 vulnerable 취약한, 민감한 surge 급증; 급증하다 livelihood 생계 emphasize 강조하다 measure 조치, 측정; 측정하다 enhance 강화하다, 향상시키다 investigation 조사 loan 대출; 대출하다

정답 ②

020

[해석] 의료 기기 세관 절차의 간소화가 매우 효과적이어서 그것은 필수 불가결한 의료 장치의 매끄러운 시장 진입을 상당히 용이하게 해 왔다. 식품의약안전처와 관세청 사이의 자동 정보 공유를 제공하는 그 새로운 시스템은 행정적인 부담을 줄여 준다. 이 변화는 연간 약 33,167시간의 노동 시간을 저절로 절약할 수 있다고 주장된다.

[해설] ③ **3형식 동사의 수동태** that절을 목적어로 취하는 능동태 문장 They claim that this change ~ by itself에서 that절의 주어(this change)가 문장의 주어로 가서 수동태 문장이 되는 경우 '주어 + be p.p. + to 부정사'의 형태가 되므로 saving을 to 부정사 to save로 고쳐야 한다.

[오답분석] ① **부사절 접속사** '매우 효과적이어서 ~ 용이하게 해 왔다'는 부사절 접속사 so ~ that(매우 ~해서 -하다)를 사용하여 나타낼 수 있으므로 so effective 뒤에 that이 올바르게 쓰였다.

② **기타 전치사** '자동 정보 공유를 제공하다'는 전치사 숙어 표현 provide for(~을 제공하다)의 형태로 나타낼 수 있으므로 provides for가 올바르게 쓰였다.

④ **재귀대명사** 문맥상 '저절로 절약할 수 있다'라는 의미가 되어야 자연스러우므로 재귀대명사 관용 표현 by itself(저절로)가 올바르게 쓰였다.

[어휘] streamline 간소화하다 customs 세관 procedure 절차 effective 효과적인 significantly 상당히 facilitate 용이하게 하다, 가능하게 하다 seamless 매끄러운, 이음매가 없는 indispensable 필수 불가결한 administrative 행정적인, 관리의 burden 부담, 짐 claim 주장하다, 요구하다; 청구 annually 연간, 매년

정답 ③

실전완성문제

021 다음 글에서 밑줄 친 부분이 어법상 틀린 것은?

The recent surge in voice phishing incidents in which postal delivery workers are impersonated ① requires heightened vigilance. According to reports, cases of voice phishing have surfaced where perpetrators request the verification of delivery addresses. However, Korea Post adheres to regulations dictating that deliveries should ② be made solely to the address specified on a piece of mail. Only when the address is so unclear that it cannot be read or found online ③ address verification will be requested of the recipient. Therefore, recipients should be suspicious of delivery people asking for address confirmation. Additionally, there is some voice phishing that requests the installation of remote-access apps. Korea Post states that it ④ never requires any app installations.

022 다음 글에서 밑줄 친 부분이 어법상 틀린 것은?

The cash delivery service, ① which a postal worker withdraws cash and delivers it nationwide ② wherever it is requested, enhances social welfare by improving convenience for ③ the aged in areas with limited banking facilities and disabled individuals who find ④ it challenging to access banking services.

021

해석

우편배달 직원들로 사칭되는 보이스 피싱의 최근 급증은 강화된 경계를 필요로 한다. 신고에 따르면, 가해자가 배달 주소의 조회를 요청하는 보이스 피싱 사례들이 나타났다. 하지만, 우정사업본부는 우편물에 명시된 주소만으로 배달이 이뤄져야 한다고 지시하는 규정을 고수한다. 주소가 너무 불명확해서 읽거나 온라인으로 찾아질 수 없을 때에만 수취인에게 주소 조회가 요청될 것이다. 따라서, 수취인은 주소 확인을 요청하는 배달원들을 의심해야 한다. 추가로, 원격 접근 앱 설치를 요청하는 보이스 피싱도 있다. 우정사업본부는 그것이 결코 어떠한 앱 설치도 요구하지 않는다고 말한다.

해설 ③ **도치 구문** 제한을 나타내는 부사구(Only when ~ online)가 강조되어 문장의 맨 앞에 나오면 주어와 조동사가 도치되어 '조동사 + 주어 + 동사'의 어순이 되므로 address verification will be를 will address verification be로 고쳐야 한다.

오답분석
① **주어와 동사의 수 일치** 주어 자리에 단수 명사 The recent surge가 왔으므로, 단수 동사 requires가 올바르게 쓰였다. 참고로, 주어와 동사 사이의 수식어 거품(in voice phishing ~ are impersonated)은 동사의 수 결정에 영향을 주지 않는다.
② **능동태·수동태 구별 | 조동사의 형태** 문맥상 주어 deliveries와 동사가 '배달이 이뤄지다'라는 의미의 수동 관계이므로 수동태가 와야 하는데, 조동사(should) 뒤에는 동사원형이 와야 하므로 수동태 be made가 올바르게 쓰였다.
④ **빈도 부사** 빈도 부사(never)는 주로 일반동사(requires) 앞에 쓰이므로 일반동사 requires 앞에 빈도 부사 never가 올바르게 쓰였다.

어휘 surge 급증; 급증하다 impersonate 사칭하다, 가장하다 vigilance 경계 surface 나타나다, 표면으로 드러나다; 표면 perpetrator 가해자 verification 조회, 확인 adhere to ~을 고수하다 dictate 지시하다, 명령하다 specify 명시하다, 구체화하다 suspicious 의심하는 confirmation 확인 remote 원격의, 멀리 떨어진

정답 ③

022

해석

우체국 직원이 현금을 인출해서 그것을 요청된 전국 어디로든지 배송해 주는 현금 배송 서비스는 은행 시설이 제한된 지역의 나이 든 사람들과 은행 서비스에 접근하는 것이 어렵다고 느끼는 장애를 가진 사람들의 편의를 개선시킴으로써 사회 복지를 향상시킨다.

해설 ① **전치사 + 관계대명사** 완전한 절(a postal worker ~ requested) 앞에는 '전치사 + 관계대명사'가 와야 하고, 문맥상 '현금 배송 서비스를 통해 현금을 인출해서 배송해 준다'라는 의미가 되어야 자연스러우므로, 불완전한 절을 이끄는 관계대명사 which를 전치사 through(~을 통해)가 관계대명사 which 앞에 쓰인 through which로 고쳐야 한다.

오답분석
② **복합관계부사** '그것을 요청된 (전국) 어디로든지'를 나타내기 위해 복합관계부사 wherever(어디로 ~하든 상관없이)가 올바르게 쓰였다.
③ **정관사 the** '나이 든 사람들'은 'the + 형용사'(~한 사람들)를 사용하여 나타낼 수 있으므로 the aged가 올바르게 쓰였다.
④ **목적어 자리** to 부정사구 목적어(to access ~ services)가 목적격 보어(challenging)와 함께 오면, '가짜 목적어 it + 목적격 보어 + 진짜 목적어'의 형태가 되어야 하므로 가짜 목적어 it이 올바르게 쓰였다.

어휘 withdraw 인출하다, 취소하다 enhance 향상시키다, 강화하다 welfare 복지 convenience 편의 disabled 장애를 가진

정답 ①

실전완성문제

023 다음 글에서 밑줄 친 부분이 어법상 틀린 것은?

> The integration of online tracking, digital payment systems, and automated sorting machines seems sufficient ① <u>to make</u> a post office ② <u>become</u> fully digitalized. However, upon adopting these advancements, we have ③ <u>each</u> noticed that spending time ④ <u>to familiarizing</u> users with the system is crucial.

024 다음 글에서 밑줄 친 부분이 문법상 옳지 않은 것은?

> People have been ① <u>complaining about</u> the rising cost of car insurance. Various factors that ② <u>are ranged</u> from the driver's age and driving history to the type of vehicle being insured typically influence premiums, but these factors alone do not account for why costs ③ <u>are being increased</u>. Factors outside one's individual control can also play a part: in the United States, riskier driving ④ <u>has led</u> to more claims being filed for the past few years, which in turn has increased costs for insurance companies.

023

온라인 (배송) 추적, 디지털 결제 시스템 및 자동화된 분류 기기의 통합은 우체국이 완전히 디지털화되도록 만드는 데 충분해 보인다. 하지만, 이러한 진보를 채택할 때, 우리 각각은 사용자가 시스템에 익숙해지게 하는 데 시간을 쓰는 것이 중요하다는 것을 알게 되었다.

해설 ④ **동명사 관련 표현** 문맥상 '익숙해지게 하는 데 시간을 쓰다'라는 의미가 되어야 자연스러운데, '-하는 데 시간을 쓰다'는 동명사 관련 표현 spend time -ing를 사용하여 나타낼 수 있으므로 to familiarizing을 동명사 familiarizing으로 고쳐야 한다.

오답분석
① **to 부정사 관련 표현** 형용사 sufficient는 to 부정사를 취할 수 있는 형용사이므로 to 부정사 to make가 올바르게 쓰였다.
② **원형 부정사를 목적격 보어로 취하는 동사** 사역동사 make는 목적격 보어로 원형 부정사를 취하므로 원형 부정사 become이 올바르게 쓰였다.
③ **부정대명사** 부정대명사 each는 조동사(have) 뒤에 오거나 주어(we)와 조동사(have) 사이에 올 수 있으므로 have 뒤에 each가 올바르게 쓰였다.

어휘 **integration** 통합 **automated** 자동화된 **sorting** 분류 **sufficient** 충분한 **adopt** 채택하다 **advancement** 진보, 발전 **familiarize** 익숙해지게 하다 **crucial** 중요한

정답 ④

024

사람들은 자동차 보험료의 상승에 대해 항의해 오고 있다. 범위가 운전자의 나이와 운전 경력에서 보험에 가입한 차량의 종류에 이르는 다양한 요소들이 보험료에 일반적으로 영향을 미치지만, 이러한 요소들만으로는 왜 비용이 증가하고 있는지를 설명할 수 없다. 개인이 통제하는 것 이외의 요소들이 또한 관여할 수 있다. 미국에서는, 더 위험한 운전이 지난 몇 년 동안 제기되는 더 많은 민원을 불러일으켰는데, 이는 결국 보험 회사의 비용을 증가시켜 왔다.

해설 ② **수동태로 쓸 수 없는 동사** 동사 range(범위가 ~에 이르다)는 목적어를 취하지 않는 자동사이므로 수동태로 쓸 수 없다. 따라서 수동태 are ranged를 능동태 range로 고쳐야 한다.

오답분석
① **자동사** 동사 complain은 전치사(about) 없이 목적어(the rising cost of car insurance)를 취할 수 없는 자동사이므로 complaining about이 올바르게 쓰였다.
③ **현재진행 시제 | 능동태·수동태 구별** '비용이 증가하고 있다'라며 현재 진행되고 있는 일을 표현하고 있고, 주어 costs와 동사가 '비용이 증가하다(증가하게 되다)'라는 의미의 수동 관계이므로 현재진행 수동태 are being increased가 올바르게 쓰였다.
④ **시제 일치** 현재완료 시제와 자주 함께 쓰이는 표현 'for + 시간 표현'(for the past few years)이 왔으므로 현재완료 시제 has led가 올바르게 쓰였다.

어휘 **complain** 항의하다, 불평하다 **insurance** 보험 **range** 범위가 ~에 이르다; 범위 **typically** 일반적으로, 전형적으로 **influence** 영향을 미치다 **premium** 보험료; 고급의 **account for** ~을 설명하다 **play a part** 관여하다 **claim** 민원, 주장; 주장하다 **file** 제기하다, 보관하다; 파일 **in turn** 결국

정답 ②

실전완성문제

025 다음 글에서 밑줄 친 부분이 문법상 옳지 않은 것은?

Any effective recruitment strategy ① centered on attracting top talent must have the ability not only to advertise ② but also to engage potential candidates. HR professionals ③ highly recommend that companies develop a strong employer brand to stand out in a candidate's market. This approach can help them attract a workforce ④ where expertise aligns closely with the organization's goals.

026 밑줄 친 부분이 문법상 옳지 않은 것은?

The postal service, dedicated to ① strengthening service quality, makes its employees ② participate in regular training programs. These training initiatives have ③ all boosted operational standards. Postal authorities will continue ④ to spending money and time on training programs, as these directly improve performance.

025

해석
> 최고의 인재를 끌어들이는 것에 초점이 맞춰진 모든 효과적인 채용 전략은 홍보할 수 있는 힘뿐만 아니라 잠재적인 후보자들을 참여시킬 수 있는 힘을 가지고 있어야 한다. 인사 전문가들은 기업들이 후보자의 시장에서 두각을 나타내기 위해 강력한 고용주 브랜드를 개발할 것을 매우 권장한다. 이 접근 방식은 그들(기업들)이 전문적 지식이 조직의 목표와 밀접하게 일치하는 인력을 끌어들이도록 도울 것이다.

해설 ④ **관계부사와 관계대명사 비교** 선행사(a workforce)가 사람이고 관계절 내에서 expertise가 누구의 전문적 지식인지를 나타내므로, 관계부사 where를 소유격 관계대명사 whose로 고쳐야 한다.

오답분석
① **현재분사 vs. 과거분사** 수식받는 명사 Any effective recruitment strategy와 분사가 '모든 효과적인 채용 전략이 ~에 초점이 맞춰지다'라는 의미의 수동 관계이므로 과거분사 centered가 올바르게 쓰였다.
② **상관접속사** 문맥상 '홍보할 수 있는 힘뿐만 아니라 ~ 참여시킬 수 있는 힘을 가지고 있어야 한다'라는 의미가 되어야 자연스러운데, 'A뿐만 아니라 B도'는 상관접속사 not only A but also B를 사용하여 나타낼 수 있으므로 but also가 올바르게 쓰였다.
③ **혼동하기 쉬운 형용사와 부사** 동사(recommend)를 앞에서 수식하는 것은 부사이므로 '매우'를 의미하는 부사 highly가 동사 recommend 앞에 올바르게 쓰였다.

어휘 **effective** 효과적인 **recruitment** 채용 **strategy** 전략 **center on** ~에 초점을 맞추다 **attract** 끌어들이다, 매혹시키다 **advertise** 홍보하다, 광고하다 **engage** 참여시키다, 고용하다 **candidate** 후보자 **recommend** 권장하다, 추천하다 **employer** 고용주 **stand out** 두각을 나타내다 **expertise** 전문적 지식 **align** 일치시키다, 조정하다 **closely** 밀접하게

정답 ④

026

해석
> 서비스의 품질을 강화하는 데 전념하면서, 우편 서비스는 직원들이 정기적인 교육 프로그램에 참여하게 만든다. 이 교육 계획들은 운영 기준을 모두 끌어올려 왔다. 교육 프로그램들은 성과를 직접적으로 향상시키기 때문에, 우편 당국은 이것들에 계속해서 돈과 시간을 쓸 것이다.

해설 ④ **동명사와 to 부정사 둘 다 목적어로 취하는 동사** 동사 continue는 동명사와 to 부정사 둘 다 목적어로 취하므로, to spending을 to 부정사 to spend 또는 동명사 spending으로 고쳐야 한다.

오답분석
① **동명사 자리** dedicated 뒤에 쓰인 to는 to 부정사가 아니라 전치사인데, 전치사(to)의 목적어 자리에는 명사 역할을 하는 것이 와야 하므로 동명사 strengthening이 올바르게 쓰였다.
② **원형 부정사를 목적격 보어로 취하는 동사** 사역동사 make는 목적격 보어로 원형 부정사를 취하므로 원형 부정사 participate가 올바르게 쓰였다.
③ **부사 자리** 완료형 동사(have boosted)를 수식할 때 부사(all)는 '조동사 + p.p.' 사이나 그 뒤에 와야 하므로 have와 boosted 사이에 부사 all이 올바르게 쓰였다.

어휘 **participate in** ~에 참여하다 **regular** 정기적인, 규칙적인 **initiative** 계획 **boost** 끌어올리다, 북돋우다 **operational** 운영의, 경영의 **authority** 당국, 권한

정답 ④

실전완성문제

027 다음 글에서 밑줄 친 부분이 어법상 틀린 것은?

Due to the ongoing strikes by major private courier companies, customers are having difficulty ① to use delivery services. "There are thousands of packages, ② most of which are on hold," a post office staff member said, "and we can offer only limited delivery services ③ until private courier services resume." Korea Post is utilizing all means ④ accessible in order to continue operating its own delivery services.

028 다음 글에서 밑줄 친 부분이 어법상 틀린 것은?

The security of post office online banking systems, which has become increasingly ① important due to a surge in electronic financial transactions, is gaining heightened attention amidst rising concerns over data breaches and hacking incidents. Security can ② be enhanced through various measures such as personal firewalls, keyboard security programs, digital certificates, and OTPs. By implementing these advanced security devices, the system intends ③ safeguarding users' data effectively. Additionally, all transaction ④ information is encrypted during transmission from customers' PCs to the server, and this encryption inevitably guarantees protection against sophisticated hacking techniques.

027

해석
> 주요 민간 택배 회사들에 의해 진행 중인 파업으로 인해, 고객들은 배송 서비스를 이용하는 데 어려움을 겪고 있다. "수천 개의 택배가 있는데, 이것들 대부분이 보류된 상태입니다." 한 우체국 직원은 "그리고 저희는 민간 택배 회사의 서비스가 재개될 때까지 제한된 배송 서비스에 한해 제공할 수 있습니다."라고 말했다. 우정사업본부는 자체 배송 서비스를 계속해서 운영하기 위해 접근 가능한 모든 수단들을 활용하고 있다.

해설
① **동명사 관련 표현** 문맥상 '이용하는 데 어려움을 겪고 있다'라는 의미가 되어야 자연스러운데, '-하는 데 어려움을 겪다'는 동명사구 관용 표현 have difficulty (in) -ing를 사용하여 나타낼 수 있으므로 to use를 동명사 using으로 고쳐야 한다.

오답분석
② **수량 표현 + 관계대명사** 절(There are ~ packages)과 절(most ~ on hold)은 접속사(and)를 사용하여 연결하거나 접속사 없이 전치사 of와 관계대명사를 사용하여 연결할 수 있다. 이때 선행사(thousands of packages)가 사물이고, 관계절 내에서 전치사 of의 목적어 역할을 하면서 '무엇의 대부분'인지를 나타내므로, 사물을 나타내는 목적격 관계대명사 which가 와서 most of which가 올바르게 쓰였다.
③ **부사절 접속사** 문맥상 '민간 택배 회사의 서비스가 재개될 때까지'라는 의미가 되어야 자연스러우므로, '~할 때까지'라는 의미의 부사절 접속사 until이 올바르게 쓰였다.
④ **형용사 자리** '-ible'로 끝나는 형용사는 명사(means)를 뒤에서 수식할 수 있으므로 명사 means 뒤에 형용사 accessible이 올바르게 쓰였다.

어휘
ongoing 진행 중인 strike 파업 courier 택배 회사 on hold 보류된 resume 재개되다 utilize 활용하다 means 수단, 방법 accessible 접근 가능한 operate 운영하다, 작동되다, 수술하다

정답 ①

028

해석
> 전자 금융 거래의 급증으로 인해 점점 더 중요해져 온 우체국 온라인 뱅킹 시스템의 보안이 데이터 침해 및 해킹 사고에 대해 증가하는 우려 속에서 높아진 관심을 받고 있다. 개인 방화벽, 키보드 보안 프로그램, 디지털 인증서 및 OTP와 같은 다양한 조치들을 통해 보안은 강화될 수 있다. 이러한 첨단 보안 장치들을 시행함으로써, 시스템은 사용자의 데이터를 효과적으로 보호하고자 한다. 게다가, 고객의 PC에서 서버로 전송하는 동안 모든 거래 정보는 암호화되고, 이 암호화는 필연적으로 정교한 해킹 기술에 맞선 보호를 보장한다.

해설
③ **to 부정사를 취하는 동사** 동사 intend는 to 부정사를 목적어로 취하므로 동명사 safeguarding을 to 부정사 to safeguard로 고쳐야 한다.

오답분석
① **보어 자리** 동사 become은 주격 보어를 취하는데, 보어 자리에는 형용사 또는 명사 역할을 하는 것이 와야 하므로 형용사 important가 올바르게 쓰였다.
② **능동태·수동태 구별** 주어 Security와 동사가 '보안이 강화될 수 있다'라는 의미의 수동 관계이므로 수동태 be enhanced가 올바르게 쓰였다.
④ **불가산 명사** 불가산 명사(information)는 앞에 부정관사(an)가 오거나 복수형으로 쓰일 수 없으므로 (transaction) information이 올바르게 쓰였다. 참고로, 수량 표현 all은 'all (of) + 불가산 명사 + 단수 동사'의 형태로 쓰일 수 있다.

어휘
surge 급증 transaction 거래 heighten 높이다, 고조시키다 breach 침해 incident 사고 enhance 강화하다 measure 조치, 측정; 측정하다 firewall 방화벽 certificate 인증서 implement 시행하다 advanced 첨단의, 고급의, 진보된 device 장치 safeguard 보호하다 encrypt 암호화하다 transmission 전송 inevitably 필연적으로, 불가피하게 guarantee 보장하다 sophisticated 정교한

정답 ③

실전완성문제

029 밑줄 친 부분이 문법상 옳지 않은 것은?

> Beyond their traditional role of collecting letters, the new post office boxes, ECO Post Boxes, ① <u>are specifically designed</u> for the collection of unused medications and disposable coffee capsules, ② <u>that</u> is an important part of protecting the environment. The initiative, ③ <u>intended</u> to process waste properly, seeks to install over 100 eco-friendly post boxes ④ <u>this year alone</u>.

030 밑줄 친 부분이 문법상 옳지 않은 것은?

> In light of the increasing number of single-person households in need of guardians, Korea Post announced that it ① <u>is supporting</u> the night care program for unattended patients. This initiative assists unattended patients by partnering with local community centers and hospitals to identify eligible recipients, and it makes certain that caregiving services are delivered at no cost to provide guardians to those who ② <u>needing</u> them. The program permits regional community centers ③ <u>to allocate</u> resources optimally and reinforces Korea Post's commitment to public welfare services. Additionally, Korea Post insists that every caregiver ④ <u>receive</u> proper training to maintain high-quality caregiving standards.

029

해석 편지를 수거하는 전통적인 역할을 넘어, 새로운 우체통인 에코 우체통은 사용하지 않는 약품과 일회용 커피 캡슐 수거를 위해 특별히 고안되었는데, 이는 환경을 보호하는 데 중요한 부분이다. 쓰레기를 적절하게 처리하도록 의도된 그 계획은 올해에만 100개 이상의 친환경 우체통을 설치하고자 한다.

해설 ② **관계대명사 that** 관계대명사 that은 콤마(,) 뒤에서 계속적 용법으로 쓰일 수 없으므로 관계대명사 that을 which로 고쳐야 한다.

오답분석
① **부사 자리** 수동형 동사(are designed)를 수식할 때 부사(specifically)는 '조동사 + p.p.' 사이에 올 수 있으므로 are specifically designed가 올바르게 쓰였다. 참고로, 주어 the new post office boxes와 동사가 '새로운 우체통이 고안되다'라는 의미의 수동 관계이므로 수동태가 쓰였다.
③ **현재분사 vs. 과거분사** 수식받는 명사(The initiative)와 분사가 '그 계획이 의도되다'라는 의미의 수동 관계이므로 과거분사 intended가 올바르게 쓰였다.
④ **형용사 자리** 문맥상 '올해에만'이라는 의미가 되어야 자연스러운데, '~만으로'는 형용사 alone을 사용하여 나타낼 수 있고, 이때 형용사 alone은 명사(year)를 뒤에서 수식하므로 this year alone이 올바르게 쓰였다.

어휘 specifically 특별히 design 고안하다, 설계하다 medication 약품 disposable 일회용의 initiative 계획 properly 적절하게 install 설치하다

정답 ②

030

해석 부호자가 필요한, 증가하는 1인 가구의 수를 고려하여, 우정사업본부는 방치된 환자들을 위한 야간 돌봄 프로그램을 지원할 것이라고 발표했다. 이 계획은 적격 수급자를 확인하기 위해 지역 주민 센터 및 병원과 협력함으로써 방치된 환자들을 도우며, 보호자를 필요로 하는 사람들에게 그들을 무료로 제공하기 위해 돌봄 서비스를 전달할 것을 확실하게 한다. 그 프로그램은 지역 주민 센터들이 자원을 최적으로 할당하는 것을 가능하게 하며 우정사업본부의 공공복지 서비스에 대한 헌신을 강화한다. 추가로, 우정사업본부는 모든 돌봄 제공자가 양질의 돌봄 기준을 유지하기 위해 적절한 교육을 받아야 한다고 주장한다.

해설 ② **동사 자리** 동사 자리에 '동사원형 + -ing' 형태는 올 수 없으므로, 주격 관계절(who ~ them)의 동사 자리에 온 needing을 need로 고쳐야 한다.

오답분석
① **현재진행 시제** 문맥상 '야간 돌봄 프로그램을 지원할 것이다'라는 의미가 되어야 자연스럽고, 현재진행 시제를 사용해 미래에 일어나기로 예정되어 있는 일을 표현할 수 있으므로, 현재진행 시제 is supporting이 올바르게 쓰였다.
③ **to 부정사를 취하는 동사** 동사 permit은 to 부정사를 목적격 보어로 취하므로 목적격 보어 자리에 to 부정사 to allocate가 올바르게 쓰였다.
④ **조동사 should의 생략** 주절에 주장을 나타내는 동사(insist)가 나오면 종속절에 '(should +) 동사원형'이 와야 하므로 (should) receive가 올바르게 쓰였다.

어휘 household 가구, 세대 guardian 보호자 announce 발표하다 unattended 방치된, 참가자가 없는 initiative 계획 identify 확인하다 eligible 적격인, 자격이 있는 recipient 수급자, 수령인 allocate 할당하다 optimally 최적으로 reinforce 강화하다 commitment 헌신 welfare 복지

정답 ②

실전완성문제

031 다음 글에서 밑줄 친 부분이 문법상 옳지 않은 것은?

> We have ① all become accustomed to ② receiving overseas products, which undergo a systematic customs process, by mail. International packages are first subjected to an X-ray inspection, and a portion of them ③ is classified for customs clearance. Then, items valued under 1,000 US dollars go through a simplified customs procedure, which helps the customs clearance ④ proceed faster and more efficiently.

032 다음 글에서 밑줄 친 부분이 문법상 옳지 않은 것은?

> As identity theft incidents ① are escalating, Korea Post has suggested 10 ways to protect personal information. One of them is that users should enter the addresses of financial transaction websites directly into the address bar because this prevents connecting to phishing sites, which often happens when clicking on URLs in spam emails. Also, Korea Post warned customers ② use removable storage devices instead of hard drives for storing digital certificates. Additionally, they recommend that, when accessing services requiring sensitive information, users should avoid ③ using unsecured Wi-Fi networks and instead use mobile data networks like 5G. Users must follow these basic but often overlooked guidelines ④ lest they fall victim to identity theft.

031

[해석]
> 우리 모두는 체계적인 세관 절차를 거치는 해외 상품을 우편으로 받는 것에 익숙해졌다. 국제 소포는 우선 엑스레이 검사를 받고, 그것들 중 일부가 통관을 위해 분류된다. 그 후, 미화 1,000달러 이하의 물품은 간이 세관 절차를 거치는데, 이는 통관이 더 빠르고 효율적으로 진행되도록 돕는다.

[해설] ③ **부분 표현의 수 일치** 부분을 나타내는 표현(a portion of)을 포함한 주어는 of 뒤 명사(them)에 동사를 수 일치시켜야 하므로 단수 동사 is를 복수 동사 are로 고쳐야 한다.

[오답분석]
① **부정대명사** 부정대명사 all은 조동사(have) 뒤에 오거나 주어(We)와 조동사(have) 사이에 올 수 있으므로 have 뒤에 all이 올바르게 쓰였다.
② **동명사 관련 표현** 문맥상 '해외 상품을 우편으로 받는 것에 익숙해졌다'라는 의미가 되어야 자연스러운데, '-에 익숙한'은 동명사 관련 표현 accustomed to -ing를 사용하여 나타낼 수 있으므로, accustomed to 뒤에 동명사 receiving이 올바르게 쓰였다.
④ **원형 부정사를 목적격 보어로 취하는 동사** 준 사역동사 help는 목적격 보어로 to 부정사나 원형 부정사를 취하므로 원형 부정사 proceed가 올바르게 쓰였다.

[어휘] **customs** 세관 **be subject to** ~을 받다, ~의 대상이 되다 **inspection** 검사 **classify** 분류하다 **customs clearance** 통관 **procedure** 절차 **efficiently** 효율적으로

정답 ③

032

[해석]
> 신원 도용 사건이 증가하고 있음에 따라, 우정사업본부는 개인 정보를 보호하는 열 가지 방법을 제시했다. 그것들 중 하나는 사용자들이 금융 거래 웹사이트의 주소를 주소창에 바로 입력해야 한다는 것인데 이것이 스팸 이메일의 URL을 클릭할 때 흔히 일어나는, 피싱 사이트로의 접속을 방지하기 때문이다. 또한, 우정사업본부는 디지털 인증서를 저장하기 위해 하드 드라이브 대신 이동식 저장 장치를 사용하라고 주의를 주었다. 추가적으로, 그들은 민감한 정보를 요청하는 서비스를 사용하는 경우, 사용자는 보안되지 않은 와이파이망을 사용하는 것을 피하고 대신 5G와 같은 모바일 데이터망을 사용해야 한다고 권고한다. 사용자들은 이러한 기본적이지만 종종 간과되기 쉬운 지침들을 따라서 신원 도용의 희생자가 되지 않도록 해야 한다.

[해설] ② **to 부정사를 취하는 동사** 동사 warn은 to 부정사를 목적격 보어로 취하므로, use를 to 부정사 to use로 고쳐야 한다.

[오답분석]
① **현재진행 시제** 문맥상 '신원 도용 사건이 증가하고 있다'라는 의미가 되어야 자연스러우므로, 현재 진행되고 있는 일을 표현하는 현재진행 시제 are escalating이 올바르게 쓰였다.
③ **동명사를 목적어로 취하는 동사** 동사 avoid는 동명사를 목적어로 취하므로 동명사 using이 올바르게 쓰였다.
④ **부사절 접속사** 주어와 동사를 모두 갖춘 두 개의 완전한 절(Users ~ guidelines, they fall ~ theft)이 연결되려면 접속사가 필요한데, 문맥상 '신원 도용의 희생자가 되지 않도록'이라는 의미가 되어야 자연스러우므로, 부사절 접속사 lest(~하지 않도록)가 올바르게 쓰였다.

[어휘] **identity theft** 신원 도용 **incident** 사건 **escalate** 증가하다, 단계적으로 확대하다 **transaction** 거래 **removable** 이동식의, 제거할 수 있는 **storage** 저장, 보관 **certificate** 인증서, 자격증 **sensitive** 민감한 **overlook** 간과하다 **fall victim to** ~의 희생자가 되다

정답 ②

실전완성문제

033 다음 글에서 밑줄 친 부분이 어법상 틀린 것은?

The delivery time of packages via sea mail, which takes at least 30 days, is ① much longer than that of air mail. ② Despite the difficulty in tracking and ③ their slower speed, sea mail remains the most economical choice, with it ④ becoming a popular shipping method for those who want to send large volumes of packages and prioritize affordability.

034 다음 글에서 밑줄 친 부분이 문법상 옳지 않은 것은?

The involvement of post offices in banking tasks boosts offline financial accessibility; however, ① assigning the roles of commercial banks to post offices does not fully bridge the financial gaps faced by ② the elderly. This is because post offices in rural areas, ③ which a higher proportion of older adults reside, frequently encounter staffing shortages that hinder their ability to process financial transactions ④ promptly.

033

[해석] 최소 30일이 걸리는, 선편 우편을 통한 소포 배달 시간은 항공 우편보다 훨씬 더 오래 걸린다. (배송) 추적의 어려움과 그것의 느린 속도에도 불구하고, 선편 우편은 대량의 소포를 보내기를 원하면서 저렴한 가격을 우선시하는 사람들에게 인기 있는 배송 방법이 되면서, 가장 경제적인 선택지로 남아 있다.

[해설] ③ **인칭대명사** 대명사가 지시하는 명사(sea mail)가 단수이므로 복수 소유격 대명사 their를 단수 소유격 대명사 its로 고쳐야 한다.

[오답분석]
① **비교급 강조 표현** 비교급을 강조하기 위해 비교급 표현(longer) 앞에 올 수 있는 부사 much가 올바르게 쓰였다.
② **전치사** 명사구(the difficulty ~ speed) 앞에 올 수 있는 것은 전치사이고, 문맥상 '(배송) 추적의 어려움과 그것의 느린 속도에도 불구하고'라는 의미가 되어야 자연스러우므로, 양보를 나타내는 전치사 Despite(~에도 불구하고)가 올바르게 쓰였다.
④ **분사구문의 역할** 동시에 일어나는 상황은 'with + 명사 + 분사'의 형태로 나타낼 수 있고, 명사(it)와 분사가 '그것이 인기 있는 배송 방법이 되다'라는 의미의 능동 관계이므로 현재분사 becoming이 올바르게 쓰였다.

[어휘] volume 양, 부피, 음량 prioritize 우선시하다 affordability 저렴한 가격

정답 ③

034

[해석] 우체국의 은행 업무 참여는 오프라인 금융 접근성을 증가시킨다. 하지만, 상업 은행의 역할을 우체국에 맡기는 것은 노인들이 직면하는 금융 격차의 간극을 완전히 메꾸지는 않는다. 이것은 높은 비율의 나이 든 성인들이 거주하는 농촌 지역의 우체국들이 금융 거래를 신속하게 처리하는 능력을 방해하는, 인력 부족을 빈번하게 맞닥뜨리기 때문이다.

[해설] ③ **관계부사와 관계대명사 비교** 선행사(rural areas)가 장소를 나타내고, 관계사 뒤에 완전한 절(a higher proportion ~ reside)이 왔으므로 불완전한 절을 이끄는 관계대명사 which를 완전한 절을 이끌면서 장소를 나타내는 관계부사 where로 고쳐야 한다.

[오답분석]
① **주어 자리** 주어 자리에는 명사 역할을 하는 것이 와야 하므로 동명사 assigning이 올바르게 쓰였다.
② **정관사 the** 문맥상 '노인들이 직면하는 금융 격차'라는 의미가 되어야 자연스럽고, '노인들'은 'the + 형용사'(~한 사람들)를 사용하여 나타낼 수 있으므로 the elderly가 올바르게 쓰였다.
④ **부사 자리** 부사는 동사를 수식할 때 '동사(process) + 목적어(financial transactions)'의 앞이나 뒤에 올 수 있으므로 process financial transactions 뒤에 부사 promptly가 올바르게 쓰였다.

[어휘] involvement 참여, 개입 boost 증가시키다, 북돋우다 accessibility 접근성 assign 맡기다, 배치하다 bridge 간극을 메꾸다, 다리를 놓다; 다리 gap 격차, 틈 rural 농촌의, 시골의 proportion 비율 reside 거주하다 frequently 빈번하게 encounter 맞닥뜨리다 shortage 부족 hinder 방해하다 transaction 거래 promptly 신속하게

정답 ③

실전완성문제

035 다음 글에서 밑줄 친 부분이 어법상 <u>틀린</u> 것은?

With three services—SWIFT, Eurogiro, and Moneygram—all of which can be ① <u>accessed</u> through post office windows and smart banking platforms, the post office has contributed to ② <u>enhance</u> the convenience of international money transfers. Since each covers different areas of operation and offers currencies ③ <u>available</u> for remittance, customers should check the information ④ <u>posted</u> on the website.

036 밑줄 친 부분이 문법상 옳지 않은 것은?

The Time Capsule Post Office Boxes, which promise ① <u>to deliver</u> a letter a year after it is posted, ② <u>allow</u> users to more deeply reconnect with the art of letter writing. These special mailboxes are expected ③ <u>offer</u> a refreshing break and a meaningful connection to the past in today's fast-paced society, ④ <u>in which</u> most find it hard to slow down.

035

> 해석
>
> 우체국 창구와 스마트 뱅킹 플랫폼을 통해 모두 접근될 수 있는 SWIFT, Eurogiro, 그리고 Moneygram의 세 가지 서비스를 가지고, 우체국은 국제 송금의 편리성을 높이는 데 공헌해 왔다. 각각이 서로 다른 운영 지역을 포함하고 송금을 위해 이용 가능한 통화를 제공하기 때문에, 고객들은 웹사이트에 게시된 정보를 확인해야 한다.

해설 ② **동명사 관련 표현** 문맥상 '편리성을 높이는 데 공헌해 왔다'라는 의미가 되어야 자연스러운데, '-에 공헌하다'는 동명사 관련 표현 contribute to -ing를 사용하여 나타낼 수 있으므로 동사원형 enhance를 동명사 enhancing으로 고쳐야 한다.

오답분석
① **능동태·수동태 구별** 관계절(all of which ~ banking platforms)의 주어 all과 동사가 '모두 접근될 수 있다'라는 의미의 수동 관계이므로 be동사(be)와 함께 수동태를 완성하는 과거분사 accessed가 올바르게 쓰였다.
③ **형용사 자리** -able로 끝나는 형용사는 명사(currencies)를 뒤에서 수식할 수 있으므로 currencies 뒤에 available이 올바르게 쓰였다.
④ **현재분사 vs. 과거분사** 수식받는 명사(the information)와 분사가 '정보가 게시되다'라는 의미의 수동 관계이므로 과거분사 posted가 올바르게 쓰였다.

어휘 **contribute** 공헌하다, 기여하다 **enhance** 높이다, 향상시키다 **convenience** 편리성 **money transfer** 송금 **available** 이용 가능한 **remittance** 송금

정답 ②

036

> 해석
>
> 편지가 부쳐지고 1년 후에 배송할 것을 약속하는 타임캡슐 우체통은 사용자들이 편지를 쓰는 기술과 더 깊이 재연결되도록 한다. 이 특별한 우체통들은 대부분이 속도를 늦추는 것을 어렵다고 느끼는 오늘날의 빠르게 돌아가는 사회에서 산뜻한 휴식과 과거와의 의미 있는 연결을 제공할 것으로 기대된다.

해설 ③ **5형식 동사의 수동태** to 부정사를 목적격 보어로 취하는 5형식 동사(expect)가 수동태가 되면 to 부정사는 수동태 동사(are expected) 뒤에 그대로 남아야 하므로, 동사원형 offer를 to 부정사 to offer로 고쳐야 한다.

오답분석
① **to 부정사를 취하는 동사** 동사 promise는 to 부정사를 목적어로 취하므로 to 부정사 to deliver가 올바르게 쓰였다.
② **주어와 동사의 수 일치** 주어 자리에 복수 명사 The Time Capsule Post Office Boxes가 왔으므로 복수 동사 allow가 올바르게 쓰였다. 참고로, 주어와 동사 사이의 수식어 거품(which ~ posted)은 동사의 수 결정에 영향을 주지 않는다.
④ **전치사 + 관계대명사** 관계사 뒤에 완전한 절(most find it hard to slow down)이 왔으므로 '전치사 + 관계대명사'가 올 수 있다. 이때 전치사는 선행사나 관계절의 동사에 의해 결정되는데, 문맥상 '빠르게 돌아가는 사회에서'라는 의미가 되어야 자연스러우므로 전치사 in(~에서)이 관계대명사 which 앞에 온 in which가 올바르게 쓰였다.

어휘 **post** (편지를) 부치다, 게시하다 **reconnect** 재연결되다 **refreshing** 산뜻한, 신선한 **meaningful** 의미 있는

정답 ③

실전완성문제

037 다음 글에서 밑줄 친 부분이 어법상 틀린 것은?

> EMS is a service designed to securely deliver urgent documents and parcels overseas ① wherever special agreements with reputable foreign postal authorities are in place. The volume handled in the first year of operation in Korea—1979—was a mere 600 items, but it surged dramatically to 26 million items ② until 2020. However, ③ during the COVID-19 pandemic, the ongoing air transport shortages and the migration of commercial shipments to other carriers reduced the volume by half. Korea Post is seeking to develop differentiated new services and ④ respond to stricter customs policies, expecting that these efforts will address the decline in EMS volume.

038 다음 글에서 밑줄 친 부분이 문법상 옳지 않은 것은?

> Postage stamps, which evolved from being a basic tool for communication into a medium that represents a country's history and culture, still give people a sense of fascination as they ① succeed in capturing and preserving historical moments. They ② each have their own unique design and significance, so it is worth ③ collecting them. Also, recently, the "Self Stamp" program lets people ④ to create personalized stamps that express their individual identities.

037

해석
> EMS는 공신력 있는 외국의 우정 당국과의 특별 협정이 있는 곳이면 어디로든지 긴급한 서류와 소포를 안전하게 해외로 배송하도록 고안된 서비스이다. 대한민국에서의 운영 첫해인 1979년에 취급된 물량은 불과 600여 개였지만, 그것은 2020년까지 2,600만 개로 극적으로 급증했다. 하지만, 코로나19 팬데믹 동안, 계속되는 항공 운송 부족과 상업 수송품의 다른 운송 업체들로의 이동은 물량을 절반으로 줄였다. 우정사업본부는 차별화된 신규 서비스를 개발하고 더 엄격해진 세관 정책에 대응하고자 하며, 이러한 노력이 EMS 물량에서의 감소를 해결할 것으로 기대하고 있다.

해설 ② **전치사** 문맥상 '2020년까지 2,600만 개로 극적으로 급증했다'라는 정해진 시점(2020년)까지 완료되는 상황을 나타내고 있으므로, '특정 시점까지 어떤 행동이나 상황이 계속되는 것'을 나타내는 전치사 until을 '정해진 시점까지 어떤 행동이나 상황이 완료되는 것'을 나타내는 by로 고쳐야 한다.

오답 분석
① **복합관계부사** '공신력 있는 외국의 우정 당국과의 특별 협정이 있는 곳이면 어디로든지'를 나타내기 위해 복합관계부사 wherever(어디로 ~하든 상관없이)가 올바르게 쓰였다.
③ **전치사** 문맥상 '코로나19 팬데믹 동안'이라는 의미가 되어야 자연스러우므로, 명사 앞에 와서 '언제 일어나는가'를 나타내는 전치사 during(~ 동안)이 올바르게 쓰였다.
④ **혼동하기 쉬운 자동사와 타동사** 동사 respond는 목적어(stricter customs policies)를 취하기 위해 전치사(to)가 필요한 자동사이므로 respond to가 올바르게 쓰였다. 참고로, 접속사(and) 앞에 to 부정사구(to develop ~ services)가 왔으므로 and 뒤에도 to 부정사구가 와야 하는데, 병치 구문에서 두 번째 나온 to는 생략될 수 있으므로 (to) respond to가 쓰였다.

어휘 urgent 긴급한 agreement 협정, 동의 reputable 공신력 있는, 평판이 좋은 authority 당국, 권한 surge 급증하다; 급증 dramatically 극적으로 ongoing 계속되는 shortage 부족 migration 이동, 이주 commercial 상업적인 carrier 운송 업체 differentiate 차별화하다 strict 엄격한 customs 세관

정답 ②

038

해석
> 통신을 위한 기본적인 수단에서 한 나라의 역사와 문화를 대표하는 매체로 발전한 우표는 역사적 순간을 포착하고 보존하는 데 성공함에 따라 여전히 사람들에게 매력적이다. 그것들은 각각 저마다 독특한 디자인과 의미를 가지고 있어서, 그것들을 수집할 가치가 있다. 또한, 최근 '셀프 우표' 프로그램은 사람들이 그들 개인의 정체성을 표현하는 맞춤형 우표를 만들게 한다.

해설 ④ **원형 부정사를 목적격 보어로 취하는 동사** 사역동사 let은 목적격 보어로 원형 부정사를 취하므로 to 부정사 to create를 원형 부정사 create로 고쳐야 한다.

오답 분석
① **자동사** 동사 succeed는 전치사 없이 목적어(capturing ~ moments)를 취할 수 없는 자동사인데, '~에 성공하다'라는 의미를 나타낼 때는 전치사 in과 함께 쓰이므로, 목적어 capturing ~ moments 앞에 succeed in이 올바르게 쓰였다.
② **부정대명사** 부정대명사 each는 조동사(have) 뒤에 오거나 주어(They)와 조동사(have) 사이에 올 수 있으므로 They와 have 사이에 each가 올바르게 쓰였다.
③ **동명사 관련 표현** 문맥상 '수집할 가치가 있다'라는 의미가 되어야 자연스러운데, '~할 가치가 있다'는 동명사 관련 표현 It's worth -ing를 사용하여 나타낼 수 있으므로 동명사 collecting이 올바르게 쓰였다.

어휘 postage stamp 우표 evolve 발전하다, 진화하다 medium 매체, 매개체 represent 대표하다, 나타내다 fascination 매력 preserve 보존하다 significance 의미, 중요성 personalize 맞추다, 의인화하다 identity 정체성, 신원

정답 ④

실전완성문제

039 밑줄 친 부분이 문법상 옳지 않은 것은?

> New procedures have been implemented for treating dead mail that ① arrives at the international post office, in line with Korea Post's policies. Items returned from overseas are stored for a specified period as mandated by international postal regulations, and mail ② for which no customs clearance request is made within 15 days of storage will be posted on the Korea Post website notice board. Failure to request customs clearance within a month causes the item ③ to dispose of. Korea Post strongly recommends that recipients regularly check the Korea Post website for the list of undeliverable items and make a claim within a month because no compensation will be provided by Korea Post for parcels ④ discarded for this reason.

040 밑줄 친 부분이 문법상 옳지 않은 것은?

> Since 2015, the Korea Post Sharing Volunteer Group has been involved in various community services to help ① those in need, such as making home repairs and delivering basic necessities. ② Beside these efforts, there is another volunteer group organized by mail carriers. Given that post offices ③ are located all over the country, these volunteers will be able ④ to conduct more tailored activities using the post office's extensive network.

039

[해석] 우정사업본부의 정책에 맞추어, 국제 우체국에 도착하는 배달 불능 우편물을 처리하는 새로운 절차가 시행되었다. 해외에서 반송된 물품들은 국제 우편 규정에 의해 규정된 바에 따라 지정된 기간 동안 보관되며, 보관된 15일 이내에 통관 요청이 이루어지지 않은 우편물은 우정사업본부 홈페이지 게시판에 게시될 것이다. 한 달 안에 통관 요청을 하지 않는 것은 물품이 폐기되게 한다. 이러한 이유로 버려진 소포에 대해서는 우정사업본부에 의한 보상이 없을 것이기 때문에 우정사업본부는 수취인이 정기적으로 우정사업본부 홈페이지에서 배송이 불가능한 물품의 목록을 확인하고 한 달 안에 (통관을) 요구할 것을 적극적으로 권장한다.

[해설] ③ **to 부정사의 형태** to 부정사가 가리키는 명사(the item)와 to 부정사가 '물품이 폐기되다'라는 의미의 수동 관계이므로 to 부정사의 능동형 to dispose of를 to 부정사의 수동형 to be disposed of로 고쳐야 한다.

[오답 분석] ① **주격 관계절의 수 일치** 주격 관계절(that ~ post office)의 동사는 선행사(dead mail)에 수 일치시켜야 하므로 단수 동사 arrives가 올바르게 쓰였다.

② **전치사 + 관계대명사** 관계사 뒤에 완전한 절(no customs clearance ~ 15 days of storage)이 왔으므로 '전치사 + 관계대명사' 형태가 올 수 있다. '전치사 + 관계대명사'에서 전치사는 선행사 또는 관계절의 동사에 따라 결정되는데, 문맥상 '우편물에 대해 통관 요청이 이루어지지 않다'라는 의미가 되어야 자연스러우므로 전치사 for(~에 대해)가 관계대명사 which 앞에 온 for which가 올바르게 쓰였다.

④ **현재분사 vs. 과거분사** 수식받는 명사(parcels)와 분사가 '소포가 버려지다'라는 의미의 수동 관계이므로 과거분사 discarded가 올바르게 쓰였다.

[어휘] **procedure** 절차 **implement** 시행하다 **dead mail** 배달 불능 우편물 **specify** 지정하다 **mandated** (법에) 규정된, 권한을 가진 **customs clearance** 통관 **notice board** 게시판 **dispose** 폐기하다, 처리하다 **recipient** 수취인 **undeliverable** 배송 불가능한 **make a claim** 요구하다, 청구하다 **compensation** 보상 **discard** 버리다

정답 ③

040

[해석] 2015년부터 우정사업본부 나눔봉사단은 도움이 필요한 사람들을 돕기 위해 집수리하기와 기본적인 필수품 전달하기와 같은 다양한 지역 사회 봉사에 참여해 왔다. 이러한 노력 외에, 우편집배원들에 의해 조직된 또 다른 봉사단이 있다. 우체국이 전국에 위치해 있다는 것을 고려하면, 이 봉사단들은 우체국의 광범위한 연락망을 사용하여 더욱 맞춤형의 활동들을 수행할 수 있을 것이다.

[해설] ② **전치사** 명사(these efforts) 앞에 올 수 있는 것은 전치사이고, 문맥상 '이러한 노력 외에'라는 의미가 되어야 자연스러우므로 전치사 Beside(~ 옆에)를 전치사 Besides(~외에)로 고쳐야 한다.

[오답 분석] ① **지시대명사** 문맥상 '도움이 필요한 사람들'이라는 의미가 되어야 자연스러우므로 뒤에서 수식어구(in need)의 꾸밈을 받아 '~한 사람들'을 나타내는 지시대명사 those가 올바르게 쓰였다.

③ **능동태·수동태 구별** 주어 post offices와 동사가 '우체국이 위치하다(위치하게 되다)'라는 의미의 수동 관계이므로 수동태 are located가 올바르게 쓰였다.

④ **to 부정사 관련 표현** 형용사 able은 to 부정사를 취하는 형용사이므로 to 부정사 to conduct가 올바르게 쓰였다.

[어휘] **volunteer** 봉사하다; 봉사(자) **repair** 수리; 수리하다 **essential** 필수적인 **necessity** 필수품 **organize** 조직하다, 준비하다 **carrier** 집배원, 배송업체 **conduct** 수행하다 **tailored** 맞춤형의 **extensive** 광범위한

정답 ②

공무원시험전문 해커스공무원
gosi.Hackers.com

해커스계리직 **영어**
출제예상문제집

Part 5
실전 모의고사

실전 모의고사 1회
실전 모의고사 2회
실전 모의고사 3회
실전 모의고사 4회
실전 모의고사 5회

실전 모의고사 1

001 다음 대화에서 빈칸에 들어갈 말로 가장 적절한 것은?

> A: Can I send this parcel to Japan by EMS?
> B: Yes. Let me weigh the parcel.
> A: Here you go. It contains some books.
> B: It is 0.5 kilograms, so the fee will be twenty six thousand won. _____
> A: All right. Should I write the address in Japanese?
> B: You can, but English is fine, too.
> A: Then I'll write it in English.

① Does the sender reside in Korea?
② Could you fill out the invoice?
③ What is the total weight?
④ Did you make a prior reservation for EMS?

002 다음 대화에서 빈칸에 들어갈 말로 가장 적절한 것은?

> A: I'd like to sign up for Secure Insurance.
> B: Excellent choice. Do you have any further questions about it?
> A: How much does it cost?
> B: It's thirty five thousand won for a one-year agreement and sixty three thousand won for a three-year agreement. _____
> A: I prefer the longer term agreement.
> B: I see. Did you bring the documents to prove your income status?
> A: Yes, I've brought them with me.

① Do you meet the income requirements?
② Which type would you like?
③ Do you prefer installment payments?
④ Where did you obtain the related information?

001

해석

A: 이 소포를 EMS로 일본으로 보낼 수 있을까요?
B: 네. 소포의 무게를 재 볼게요.
A: 여기 있습니다. 책 몇 권이 들어 있어요.
B: 0.5 킬로그램이라, 요금은 26,000원입니다. 송장을 작성해 주시겠어요?
A: 알겠어요. 제가 주소를 일본어로 써야 할까요?
B: 가능합니다만, 영어도 괜찮습니다.
A: 그럼 영어로 작성할게요.

① 발송인께서는 한국에 거주하시나요?
② 송장을 작성해 주시겠어요?
③ 전체 무게가 몇인가요?
④ EMS에 대해 사전 예약하셨나요?

해설 B가 A의 소포를 일본까지 EMS로 발송하는 비용이 26,000원이라고 안내하고, 빈칸 뒤에서 A가 Should I write the address in Japanese? (제가 주소를 일본어로 써야 할까요?)라고 말하고 있으므로, '송장을 작성해 주시겠어요?'라는 의미의 ② 'Could you fill out the invoice?' 가 정답이다.

어휘 **weigh** 무게를 재다; 무게 **contain** 들어 있다, 함유하다 **fill out** ~을 작성하다 **invoice** 송장 **prior** 사전의 **reservation** 예약

정답 ②

002

해석

A: 저는 안심 보험에 가입하고 싶습니다.
B: 탁월한 선택이세요. 그것에 대해 더 궁금하신 점이 있나요?
A: 그건 비용이 얼마나 드나요?
B: 1년 약정에 35,000원, 3년 약정에 63,000원입니다. 어느 종류로 하시겠어요?
A: 저는 더 긴 기간의 약정을 선호합니다.
B: 알겠습니다. 고객님의 소득 상태를 증명할 수 있는 서류를 가져오셨나요?
A: 네, 가지고 왔죠.

① 소득 조건을 충족하시나요?
② 어느 종류로 하시겠어요?
③ 분할 납부를 선호하시나요?
④ 관련 정보를 어디서 얻으셨나요?

해설 안심 보험에 드는 비용을 묻는 A의 질문에 대해 B가 1년 약정과 3년 약정으로 나누어 알려 주고, 빈칸 뒤에서 다시 A가 I prefer the longer term agreement(저는 더 긴 기간의 약정을 선호합니다)라고 말하고 있으므로, '어느 종류로 하시겠어요?'라는 의미의 ② 'Which type would you like?'가 정답이다.

어휘 **sign up for** ~에 가입하다, 신청하다 **agreement** 약정, 협정 **document** 서류, 기록; 기록하다 **income** 소득, 수입 **status** 상태, 지위 **requirement** 조건 **installment** 분할, 1회분 **obtain** 얻다

정답 ②

실전 모의고사 1

003 빈칸에 들어갈 말로 적절하지 <u>않은</u> 것은?

> I'm thrilled to share that we are publishing a book to _____ the modernization efforts undertaken by Korea Post in the 20th century.

① touch on
② shed light on
③ draw attention to
④ put a lid on

004 빈칸에 들어갈 말로 가장 적절한 것은?

> The advent of registered mail added a layer of security for valuable items. This service gives senders the assurance they need, since they know that their parcels are _____.

① in good hands
② on the rise
③ from scratch
④ in detail

003

> 해석 저는 20세기 우정사업본부가 맡은 근대화 노력에 대해 언급하는/을 밝히는/에 관심을 끌어들이는 책을 출간할 예정임을 공유하게 되어 감격스럽습니다.

① ~에 대해 언급하다
② ~을 밝히다
③ ~에 관심을 끌어들이다
④ ~을 억제하다

어휘 thrilled 감격한, 아주 기쁜 publish 출간하다, 발표하다 modernization 근대화 undertake 맡다, 착수하다 touch on ~에 대해 언급하다 shed light on ~을 밝히다, 해명하다 draw attention to ~에 관심을 끌어들이다 put a lid on ~을 억제하다, 단속하다

정답 ④

004

> 해석 등기 우편의 출현은 귀중품에 대한 보안 단계를 추가했다. 발송인들이 그들의 소포가 잘 관리된다는 것을 알기 때문에, 이 서비스는 그들이 필요로 하는 확신을 준다.

① 잘 관리되는
② 증가하고 있는
③ 처음부터
④ 자세히

어휘 advent 출현, 도래 registered mail 등기 우편 valuable item 귀중품 assurance 확신 in good hands 잘 관리되는, 수중에 있는 on the rise 증가하고 있는, 상승세인 from scratch 처음부터, 아무런 사전 준비 없이 in detail 자세히

정답 ①

005 다음 글의 목적으로 가장 적절한 것은?

> Dear Valued Customer,
>
> As part of our ongoing efforts to improve the quality of our services and meet your expectations, the Wilford Valley Post Office will be conducting a customer satisfaction survey from September 1 to September 30. The aim of this survey is to gather your opinions on aspects such as delivery times, customer service quality, and the security of your mail, and to make changes if necessary. Please visit our official website at www.wilfordvalleypo.org/survey to participate. It should take no more than 10 minutes of your time and will not require you to provide any personal information. We appreciate your support and look forward to receiving your feedback.
>
> Warm regards,
>
> Martha Cochran
> Wilford Valley Post Office Manager

① 고객 친화적인 웹사이트를 소개하려고
② 개인 정보 활용에 동의를 구하려고
③ 고객 만족도 조사의 필요성을 강조하려고
④ 설문 조사의 참여를 요청하려고

006 밑줄 친 부분이 문법상 옳지 않은 것은?

> A spokesperson for Korea Post said that the service is seeking more improved logistics strategies now. The institution has been utilizing a P2P system, which was established during an era ① when letters were predominant, but the limitations of the P2P system are becoming apparent ② that the volume of parcels is exceeding that of letters. In the P2P system, parcels are moved to multiple regional terminals and then redistributed to customers. Korea Post is planning to move to a hub-and-spoke system, which requires parcels ③ to be collected nationwide at a central distribution terminal. This system handles large volumes of parcels more efficiently and includes fewer stops that parcels must go through before reaching the customer. However, logistics experts advise that Korea Post carefully ④ consider the pros and cons of both systems since the hub-and-spoke system has drawbacks, too.

005

해석

친애하는 고객님께,

서비스 품질을 개선하고 여러분의 기대를 충족시키기 위한 지속적인 노력의 일환으로, Wilford Valley 우체국은 9월 1일부터 9월 30일까지 고객 만족도 설문 조사를 실시할 예정입니다. 이 설문 조사의 목적은 배송 시간, 고객 서비스 품질 및 우편물의 보안과 같은 측면들에 대한 여러분의 의견을 수렴하고, 필요한 경우 변화를 도모하는 것입니다. 참여하기 위해 공식 웹사이트 www.wilfordvalleypo.org/survey를 방문해 주세요. 그것은 여러분의 시간을 10분 이내로 소요할 것이며 여러분에게 어떠한 개인 정보도 제공하기를 요구하지 않을 것입니다. 여러분의 지원에 감사드리며 의견을 받기를 고대하겠습니다.

따뜻한 안부를 전하며,
Martha Cochran
Wilford Valley 우체국장

해설
지문 앞부분에서 서비스 품질 개선을 위해 9월 한 달간 고객 만족도 조사를 실시할 예정이라고 하고, 지문 중간에서 조사의 목적과 참여 방법을 알려 주며 참여를 위한 웹사이트 방문을 요청하고 있으므로, ④ '설문 조사의 참여를 요청하려고'가 이 글의 목적이다.

어휘
expectation 기대 conduct 실시하다, 수행하다 satisfaction 만족(도) survey 설문 조사 gather 수렴하다, 모으다 aspect 측면 participate 참여하다

정답 ④

006

해석
우정사업본부의 대변인은 그들의 서비스가 현재 더 개선된 물류 전략을 모색하고 있다고 말했다. 그 기관은 편지가 지배적이던 시대 동안 설립되었던 P2P 시스템을 활용해 왔지만, 소포의 양이 편지의 것을 초과하고 있다는 점에서 P2P 시스템의 한계가 명확해지고 있다. P2P 시스템에서는, 소포가 다수의 지역 터미널로 이동된 후 고객에게 재분배된다. 우정사업본부는 대도시 터미널 집중 방식의 시스템으로 옮겨 가는 것을 계획하고 있는데, 이것은 소포가 전국적으로 하나의 중심적인 유통 터미널에 수거되는 것을 필요로 한다. 이 시스템은 대량의 소포를 더 효율적으로 처리하며 소포가 고객에게 도달하기 전에 거쳐야 하는 더 적은 수의 정거장을 포함한다. 하지만, 물류 전문가들은 대도시 터미널 집중 방식의 시스템 역시 단점이 있기 때문에 우정사업본부가 두 시스템의 장단점을 신중히 고려해야 한다고 조언한다.

해설
② **부사절 접속사** 문맥상 '소포의 양이 편지의 것을 초과하고 있다는 점에서'라는 의미가 되어야 자연스러우므로, 문장 내에서 명사 역할을 하는 명사절을 이끄는 접속사 that을 부사절 접속사 in that(~라는 점에서)으로 고쳐야 한다. 또는 that을 as(~함에 따라)나 because(~기 때문에)로 고쳐도 맞다.

오답 분석
① **관계부사** 선행사(an era)가 시간을 나타내고, 관계사 뒤에 완전한 절(letters were predominant)이 왔으므로 시간을 나타내는 관계부사 when이 올바르게 쓰였다.
③ **to 부정사를 취하는 동사 | to 부정사의 형태** 동사 require는 to 부정사를 목적격 보어로 취하는데, 이때 to 부정사가 가리키는 명사(parcels)와 to 부정사가 '소포가 수거되다'라는 의미의 수동 관계이므로 to 부정사의 수동형 to be collected가 올바르게 쓰였다.
④ **조동사 should의 생략** 주절에 제안을 나타내는 동사(advise)가 나오면 종속절에 '(should +) 동사원형'이 와야 하므로 (should) consider가 올바르게 쓰였다.

어휘
spokesperson 대변인 logistics 물류 institution 기관, 제도 predominant 지배적인, 우세한 limitation 한계, 제약 apparent 명확한 volume 양, 부피, 음량 exceed 초과하다 redistribute 재분배하다 hub-and-spoke 대도시 터미널 집중 방식의 distribution 유통, 분배 go through ~을 거치다, 겪다 pros and cons 장단점, 찬성과 반대 drawback 단점

정답 ②

실전 모의고사 1

007 밑줄 친 (A), (B)에 들어갈 말로 가장 적절한 것은?

> With the rise of e-commerce attracting new entities to the parcel delivery market and with a significant decline in traditional letter mail volume, long-running postal services are being forced to ___(A)___ their operations. While some are addressing the challenge by overhauling their existing processes and infrastructure, investing in larger sorting facilities and technologies, a better solution may be to expand out-of-home (OOH) networks, a logistics model in which parcels are delivered not to a recipient's home address but to a secure, automated locker in a public place or to a Pick-up and Drop-off (PUDO) point in an established retail or convenience store. This solution not only aligns with the changing preferences of consumers but also helps postal services reduce operational costs. For instance, since OOH delivery and PUDO points consolidate deliveries to a single location, the need for postal workers to make multiple delivery attempts is ___(B)___, resulting in less expenditure spent on fuel and labor.

	(A)	(B)
①	adapt	eliminated
②	classify	optimized
③	adapt	simplified
④	classify	induced

007

해석

전자 상거래의 증가가 소포 배송 시장에 새로운 기업들을 끌어들이고 전통적인 편지 우편물의 양이 상당히 감소하면서, 오래 계속되어 온 우체국 서비스는 그들의 운영을 (A) 조정할 수밖에 없는 상황이다. 일부는 기존 프로세스와 기반 시설을 정비하고, 더 큰 규모의 분류 시설과 기술에 투자함으로써 문제를 해결하고 있지만, 더 나은 해결책은 집 밖(OOH) 네트워크를 확장하는 것일지도 모르는데, 이것은 소포가 수취인의 집 주소가 아닌 공공장소의 안전하고 자동화된 사물함 또는 안정된 소매점이나 편의점의 배송품 전달(PUDO) 지점으로 배송되는 물류 모델이다. 이 해결책은 소비자의 변화하는 선호도에 맞을 뿐만 아니라 우편 서비스가 운영 비용을 줄이도록 돕는다. 예를 들어, 집 밖 배송과 배송품 전달 장소는 배송을 하나의 장소로 통합하기 때문에, 우체국 직원들이 여러 번 배송을 시도할 필요가 (B) 없어지는데, 이는 연료와 노동에 쓰이는 더 적은 지출을 초래한다.

	(A)	(B)
①	조정하다	없어진
②	분류하다	최대한 활용되는
③	조정하다	단순화되는
④	분류하다	유발되는

해설

(A) 빈칸이 있는 문장에서 전자 상거래의 증가로 소포 배송 시장에 새로운 기업들이 유입되고 편지 우편물의 양이 감소했다고 했으므로, 기존의 우체국 서비스가 그들의 운영을 '조정할' 수밖에 없다는 내용이 들어가야 적절하다.
(B) 빈칸이 있는 문장에서 집밖 배송과 배송품 전달 장소는 배송을 하나의 장소로 통합한다고 했으므로, 우체국 직원들이 여러 번 배송을 시도할 필요가 '없어진'다는 내용이 들어가야 적절하다.
따라서 ① (A) adapt(조정하다) - (B) eliminated(없어진)가 정답이다.

어휘

e-commerce 전자 상거래 attract 끌어들이다 entity 기업, 독립체 significant 상당한 decline 감소; 감소하다 volume 양, 음량, 권 long-running 오래 계속되어 온 operation 운영, 작전, 수술 address 해결하다, 연설하다; 주소 overhaul 정비하다 infrastructure (사회) 기반 시설 invest 투자하다 sort 분류하다 facility 시설 expand 확장하다 logistics 물류 automate 자동화하다 established 안정된, 자리 잡은, 인정받는 retail 소매의; 소매 convenience store 편의점 align with ~와 맞다, 일직선을 이루다 preference 선호(도) consolidate 통합하다 expenditure 지출 adapt 조정하다, 적응시키다 eliminate 없애다 classify 분류하다 optimize 최대한 활용하다 simplify 단순화하다 induce 유발하다, 설득하다

정답 ①

실전 모의고사 2

001 빈칸에 들어갈 말로 적절하지 않은 것은?

> Customers can _____ urgent documents through overnight express as long as they pay the additional fee.

① expedite
② dispatch
③ alleviate
④ convey

002 빈칸에 들어갈 말로 가장 적절한 것은?

> The renewal period for insurance contracts will _____ as outlined in the provisions of the contract, and the premium may be adjusted based on the circumstances.

① drop off
② run out
③ take effect
④ cut corners

001

[해석] 고객님들께서는 추가 비용을 지불하기만 하면 긴급 서류를 익일 특급으로 더 신속히 처리하실/발송하실/전달하실 수 있습니다.

① 더 신속히 처리하다
② 발송하다
③ 완화하다
④ 전달하다

[어휘] urgent 긴급한 overnight express 익일 특급 expedite 더 신속히 처리하다 dispatch 발송하다, 파견하다 alleviate 완화하다 convey 전달하다

정답 ③

002

[해석] 보험 계약의 갱신 기간은 계약 조항에서 서술된 대로 효력이 발생하며, 경우에 따라 보험료가 조정될 수 있습니다.

① 줄어들다
② 다 떨어지다
③ 효력이 발생하다
④ 절차를 무시하다

[어휘] renewal 갱신 insurance 보험 outline 서술하다, 윤곽을 보여 주다 contract 계약 provision 조항, 공급 premium 보험료; 고급의 adjust 조정하다, 적응하다 circumstance 경우, 상황 drop off 줄어들다, 깜빡 잠이 들다 run out 다 떨어지다, 다 써버리다 take effect 효력이 발생하다, 시행되다 cut corners 절차를 무시하다

정답 ③

실전 모의고사 2

003 다음 대화에서 빈칸에 들어갈 말로 가장 적절한 것은?

> A: Hi. I'd like to ship a small package to the U.S.
> B: Sure. Does it contain any fragile items like ceramics or glass?
> A: Yes. So can I take out insurance for the items?
> B: Certainly. Could you tell me the total value of the items?
> A: It's approximately one hundred thousand won. _____
> B: For international airmail, items under one hundred thousand won are charged one thousand won. Would you like to proceed?
> A: Yes. I prefer having the coverage.

① What is the minimum amount insured?
② How much is the insurance fee?
③ Can I pay the insurance fee by credit card?
④ Does it exceed the maximum coverage?

004 다음은 우체국에서 소포를 찾는 상황이다. 빈칸에 들어갈 말로 가장 적절한 것은?

> A: Hello. I missed a delivery, and I'm here to pick up the package. Can you find it with my tracking number?
> B: Ah, yes, your package has been here since yesterday. _____
> A: I have my driver's license.
> B: It looks like your ID is no longer valid. Do you have another one?
> A: No. I don't have any other ID with me now.
> B: Without a valid ID, I can't give the package to you.

① Can you verify the sender's name and address?
② We don't have any packages under that number.
③ Do you have some identification for confirmation?
④ I'll see if it has been processed for pickup yet.

003

해석
A: 안녕하세요. 저는 미국으로 작은 소포 하나를 보내고 싶습니다.
B: 그럼요. 도자기나 유리같이 깨지기 쉬운 물품이 들어 있나요?
A: 있어요. 그래서 그런데 그 물품에 대해 보험에 가입할 수 있나요?
B: 물론이죠. 물품의 총가격을 알려 주시겠어요?
A: 대략 10만 원입니다. 보험료는 얼마인가요?
B: 국제 항공 우편물에서는, 10만 원 이하 물품에 대해 천 원이 부과됩니다. 진행해 드릴까요?
A: 네. 저는 보장받는 것을 선호해서요.

① 보험에 가입되는 최소 금액은 얼마인가요?
② 보험료는 얼마인가요?
③ 보험료를 신용 카드로 결제할 수 있을까요?
④ 그것이 최대 보장 범위를 초과하나요?

해설 보험 가입을 희망하는 배송 물품의 총가격을 알려 달라는 B의 질문에 대해 A가 대략 10만 원이라고 대답하고, 빈칸 뒤에서 다시 B가 For international airmail, items under one hundred thousand won are charged on thousand won(국제 항공 우편물에서는, 10만 원 이하 물품에 대해 천 원이 부과됩니다)이라고 말하고 있으므로, '보험료는 얼마인가요?'라는 의미의 ② 'How much is the insurance fee?'가 정답이다.

어휘 **fragile** 깨지기 쉬운 **ceramic** 도자기 **take out** ~에 가입하다, ~을 꺼내다 **insurance** 보험 **approximately** 대략 **proceed** 진행하다, 나아가다 **coverage** 보장 (범위), 보도 **minimum** 최소의; 최소 **credit card** 신용 카드 **exceed** 초과하다 **maximum** 최대의; 최대

정답 ②

004

해석
A: 안녕하세요. 제가 배송을 놓쳐서 소포를 찾아가려고 왔어요. 제 추적 번호로 그것을 찾아 주시겠어요?
B: 아, 네, 고객님의 소포는 어제부터 여기 있었네요. 확인을 위한 신분 증명서를 가지고 있으신가요?
A: 제게 운전 면허증이 있어요.
B: 고객님의 신분증이 더 이상 유효하지 않은 것 같아요. 다른 것을 가지고 있으신가요?
A: 아니요. 지금은 다른 어떤 신분증도 가지고 있지 않아요.
B: 유효한 신분증이 없으면, 소포를 고객님께 드릴 수가 없습니다.

① 발송인의 이름과 주소를 확인해 주실 수 있나요?
② 저희는 그 번호로 된 어떤 소포도 가지고 있지 않습니다.
③ 확인을 위한 신분 증명서를 가지고 있으신가요?
④ 그것이 이미 수령 처리되었는지 확인해 보겠습니다.

해설 배송을 놓친 소포를 찾아가려고 왔다는 A에게 B가 A의 소포가 어제부터 보관되어 있었다고 확인해 주고, 빈칸 뒤에서 다시 A가 I have my driver's license(제게 운전 면허증이 있어요)라고 대답하고 있으므로, '확인을 위한 신분 증명서를 가지고 있으신가요?'라는 의미의 ③ 'Do you have some identification for confirmation?'이 정답이다.

어휘 **valid** 유효한 **verify** 확인하다, 검증하다 **identification** 신분 증명서 **confirmation** 확인

정답 ③

실전 모의고사 2

005 다음 대화를 읽고, 고객(M)이 결정한 일로 가장 알맞은 것은?

> M: Hi. I'm interested in opening a bank account.
> W: What type of account are you considering?
> M: I am thinking either a checking account or a savings account.
> W: Typically, the latter offers higher interest rates.
> M: I know. But I'm worried about the minimum deposit.
> W: The minimum amount is one hundred thousand won for a savings account.
> M: Oh. That's not so bad. I will go with it.

① To ask for a higher interest rate
② To open a savings account
③ To inquire about accounts with a lower minimum deposit
④ To visit other banks for additional information

006 다음 글의 내용과 일치하지 않는 것은?

> Package tracking is a system used to pinpoint a parcel's location during its journey from sender to receiver. At various times, including while the parcel is being sorted, stored, and finally delivered, the parcel's location is updated after a unique tracking number on it is scanned. The sender will have been given the tracking number when mailing the package and can therefore check on its status, and the recipient can also check the status if he or she is aware of the tracking number. All that either party must do is enter the tracking number into the postal service's website or a package tracking app.

① Package tracking allows customers to see where parcels are.
② A unique number is assigned to each package.
③ The frequency of location updates for a package depends on the class of mail.
④ The status of a parcel can be viewed online or through a dedicated app.

005

[해석]
> M: 안녕하세요. 저는 은행 계좌 개설에 관심이 있습니다.
> W: 어떤 종류의 계좌를 고려하고 있으신가요?
> M: 당좌 예금 계좌와 저축 예금 계좌 중 하나로 생각하고 있어요.
> W: 일반적으로, 후자가 더 높은 이자율을 제공합니다.
> M: 알고 있습니다. 하지만 최소 예치금이 걱정되어서요.
> W: 저축 예금 계좌의 경우 최소 금액은 10만 원입니다.
> M: 아. 그렇게 나쁘지는 않네요. 그걸로 할게요.

① 더 높은 이자율을 요구하기
② 저축 예금 계좌를 개설하기
③ 최소 예치금이 더 낮은 계좌 문의하기
④ 추가 정보를 얻기 위해 다른 은행들을 방문하기

[해설] 당좌 예금 계좌와 저축 예금 계좌 중에 개설을 고려 중이라는 고객(M)에게 W가 저축 예금이 이자율이 높고 최소 예치금도 많지 않다고 알려주자 M이 That's not so bad. I'll go with it(그렇게 나쁘지는 않네요. 그걸로 할게요)라고 말하고 있으므로, 고객(M)이 결정한 일을 '저축 예금 계좌를 개설하기'라고 한 ②번이 정답이다.

[어휘] account 계좌, 계정 checking account 당좌 예금 (계좌) savings account 저축 예금 (계좌) interest rate 이자율, 금리
deposit 예치(금), 보증금; 입금하다 inquire 문의하다

정답 ②

006

[해석]
> 소포 추적은 소포가 발송인으로부터 수취인에게 이동하는 동안 그것의 위치를 정확히 파악하기 위해 사용되는 시스템이다. 소포가 분류되고, 보관되고, 최종적으로 배송될 동안을 포함하여, 소포의 위치는 그것의 고유한 추적 번호가 스캔된 후에 여러 번 업데이트된다. 발송인은 소포를 우편으로 보낼 때 추적 번호를 받았을 것이고 따라서 그것의 상태를 확인할 수 있으며, 수령인 또한 그 추적 번호를 알고 있다면 그 상태를 확인할 수 있다. 양쪽 당사자가 해야 하는 일은 우편 서비스의 웹사이트나 소포 추적 앱에 추적 번호를 입력하는 것이 전부이다.

① 소포 추적은 고객이 소포가 어디에 있는지 확인하게 한다.
② 각 소포에는 고유한 숫자가 할당된다.
③ 소포의 위치 업데이트 빈도는 우편물의 등급에 따라 다르다.
④ 소포의 상태는 온라인이나 전용 앱을 통해 볼 수 있다.

[해설] ③번의 키워드인 updates(업데이트)가 그대로 언급된 지문 주변의 내용에서 소포의 위치는 고유한 추적 번호가 스캔된 후 여러 번 업데이트된다고는 했지만, '③ 소포의 위치 업데이트 빈도는 우편물의 등급에 따라 다른'지는 알 수 없다.

[어휘] pinpoint 위치를 정확히 파악하다 sort 분류하다 store 보관하다, 저장하다 status 상태 aware 알고 있는 party 당사자, 정당 assign 할당하다
frequency 빈도 dedicated 전용의, 헌신하는

정답 ③

007 안내문에 따라 다음 중 옳은 것은?

> Dear Customers,
>
> We are excited to announce the launch of the Post Office Together Card, designed to support commuting costs for low-income workers with severe disabilities. This initiative reimburses transportation expenses, including public transportation fares and personal vehicle fuel costs, within a monthly limit of fifty thousand won.
>
> Also, the card offers various cashback benefits based on spending amount, such as 20 percent on digital content services, 15 percent on online shopping and delivery apps, 5 percent on coffee shops and convenience stores, and 5 percent on postal services.
>
> Those eligible for this support are approximately 15,000 workers with severe disabilities who are exempt from minimum wage regulations or are part of low-income households. For more information, please visit your nearest post office or the Internet Post Office.

① 우체국 함께하는 카드는 모든 저소득 근로자들이 이용 가능하다.
② 매달 최대 5만 원의 출퇴근 교통비가 환급된다.
③ 우체국 함께하는 카드는 디지털 콘텐츠 서비스에 대해 15퍼센트 캐시백을 제공한다.
④ 신청서는 인터넷 우체국을 통해서만 제출될 수 있다.

007

해석

고객 여러분께,

저희는 중증 장애가 있는 저소득 근로자들의 출퇴근 비용을 지원하기 위해 고안된 우체국 함께하는 카드의 출시를 알리게 되어 기쁩니다. 이 계획은 매월 5만 원 한도 내에서 대중교통 요금과 개인 차량 연료비를 포함한 교통 지출을 환급합니다.

또한, 그 카드는 디지털 콘텐츠 서비스 20퍼센트, 온라인 쇼핑 및 배달 앱 15퍼센트, 커피 전문점 및 편의점 5퍼센트, 그리고 우편 서비스 5퍼센트와 같이, 사용 금액에 기반한 다양한 캐시백 혜택을 제공합니다.

이 지원에 대해 자격이 있는 분들은 최저 임금 규정이 면제되거나 저소득 가구의 일원인 중증 장애인 근로자 약 1만 5천 명입니다. 더 많은 정보를 위해서는, 가장 가까운 우체국이나 인터넷 우체국을 방문해 주세요.

해설 ②번의 키워드인 '5만 원'이 그대로 언급된 지문의 fifty thousand won(5만 원) 주변 내용에서 우체국 함께하는 카드 계획은 매월 5만 원 한도 내에서 출퇴근 교통 지출을 환급한다고 했으므로, ② '매달 최대 5만 원의 출퇴근 교통비가 환급된다'가 지문의 내용과 일치한다. ① 우체국 함께하는 카드는 중증 장애가 있는 저소득 근로자들의 출퇴근 비용을 지원하기 위해 고안되었다고 했으므로, 우체국 함께하는 카드가 모든 저소득 근로자들이 이용 가능하다는 것은 지문의 내용과 다르다. ③ 우체국 함께하는 카드는 디지털 콘텐츠 서비스에 대해 20퍼센트 캐시백을 제공한다고 했으므로, 우체국 함께하는 카드가 디지털 콘텐츠 서비스에 대해 15퍼센트 캐시백을 제공한다는 것은 지문의 내용과 다르다. ④ 우체국 함께하는 카드와 관련된 더 많은 정보는 우체국이나 인터넷 우체국에서 얻을 수 있다고는 했지만, 신청서가 인터넷 우체국을 통해서만 제출될 수 있는지는 알 수 없다.

어휘 announce 알리다, 발표하다 launch 출시, 발사 commute 출퇴근하다 severe 중한, 심한 disability 장애 initiative 계획 reimburse 환급하다, 배상하다 expense 지출, 비용 eligible 자격이 있는 approximately 약 exempt 면제되는 minimum wage 최저 임금

정답 ②

실전 모의고사 3

001 밑줄 친 부분이 문법상 옳지 않은 것은?

> The integration of ICT technology into logistics processes is aimed at enhancing the intelligence of operations, ① improving both human and material stability, and streamlining working environments. The digital transformation of postal logistics requires changes in three key stages: reception, sorting, and delivery. The use of AI-based self-service kiosks and autonomous postal vehicles ② is revolutionizing the reception phase. Machines ③ designed for automated loading and unloading and small parcel sorting machines contribute to a more optimized sorting stage. Finally, delivery is being transformed by the deployment of postal drones and robots, which could ④ use to reduce human labor and improve productivity.

002 다음 대화에서 빈칸에 들어갈 말로 가장 적절한 것은?

> A: I sent a parcel to France over a week ago, but it hasn't been delivered yet. I have the receipt I was given when I mailed it.
>
> B: It appears that your parcel arrived in France. But there's no tracking information available after that.
>
> A: Why? What happened?
>
> B: Sometimes, the tracking information may not be updated as soon as the parcel reaches the foreign country.
>
> A: Oh, I see. _____
>
> B: Normally it takes more than two days to reflect changed information.

① Is the receipt I provided invalid?
② Is it possible to file a claim for the delay?
③ When can I check the latest status of the package?
④ France does not provide detailed location information for international mail.

001

해석

ICT 기술의 물류 프로세스로의 통합은 운영 지능을 강화하고, 인적 및 물적 안정성을 향상시키며, 작업 환경을 효율화하는 것을 목표로 한다. 우편 물류의 디지털 전환은 접수, 분류 및 배송의 세 가지 핵심 단계에서 변화를 필요로 한다. 인공 지능(AI) 기반의 셀프서비스 키오스크와 자율 주행 우편 차량의 사용은 접수 단계에 혁신을 일으키고 있다. 자동화된 적재와 하차를 위해 고안된 기계와 소형 소포 분류기는 보다 최적화된 분류 단계에 기여한다. 마지막으로, 배송은 있는 우편 드론과 로봇의 배치에 의해 변화되고 있는데, 이는 인간의 노동을 줄이고 생산성을 향상시키기 위해 사용될 수 있다.

해설

④ **능동태·수동태 구별 | 조동사의 형태** 관계절의 주어 역할을 하는 선행사(postal drones and robots)와 동사가 '우편 드론과 로봇이 사용될 수 있다'라는 의미의 수동 관계이므로 수동태가 와야 하는데, 조동사(could) 뒤에는 동사원형이 와야 하므로 능동태 use를 수동태 be used로 고쳐야 한다.

오답분석

① **병치 구문** 접속사(and)로 연결된 병치 구문에서는 같은 구조끼리 연결되어야 하는데, 문맥상 '운영 지능을 강화하고, 인적 및 물적 안정성을 향상시키며, 작업 환경을 효율화하는 것을 목표로 한다'라는 의미로 and 앞뒤에서 전치사 at의 목적어 역할을 하는 동명사구(enhancing ~ operations, streamlining ~ environments)가 연결되고 있으므로, 동명사 improving이 올바르게 쓰였다.

② **주어와 동사의 수 일치** 주어 자리에 단수 명사 The use가 왔으므로 단수 동사 is가 올바르게 쓰였다. 참고로, 주어와 동사 사이의 수식어 거품(of AI-based ~ vehicles)은 동사의 수 결정에 영향을 주지 않는다.

③ **현재분사 vs. 과거분사** 수식받는 명사(Machines)와 분사가 '기계가 고안되다'라는 의미의 수동 관계이므로 과거분사 designed가 올바르게 쓰였다.

어휘 integration 통합 logistics 물류 enhance 강화하다 intelligence 지능, 기밀 operation 운영, 작업 stability 안정성 streamline 효율화하다, 간소화하다 transformation 변화 reception 접수 sort 분류하다 autonomous 자율 주행의, 자율적인 revolutionize 혁신을 일으키다 load 적재하다, 싣다 contribute 기여하다 optimized 최적화된 deployment 배치

정답 ④

002

해석

A: 제가 일주일도 더 전에 프랑스로 소포를 보냈는데, 그것이 아직 배송되지 않았어요. 그것을 우편으로 보낼 때 받은 영수증을 가져왔어요.
B: 고객님의 소포는 프랑스에 도착한 것으로 나옵니다. 그런데 그 이후에는 이용 가능한 추적 정보가 없네요.
A: 왜죠? 무슨 일이 일어난 건가요?
B: 가끔, 소포가 외국에 막 도착한 때에는 추적 정보가 업데이트되지 않을 수도 있습니다.
A: 아, 그렇군요. 제가 언제 소포의 최신 상태를 확인할 수 있을까요?
B: 보통 변경된 정보를 반영하는 데 이틀 이상 소요됩니다.

① 제가 드린 영수증이 유효하지 않나요?
② 지연에 대한 민원 제기가 가능한가요?
③ 제가 언제 소포의 최신 상태를 확인할 수 있을까요?
④ 프랑스는 국제 우편물에 대한 상세한 위치 정보를 제공하지 않는군요.

해설 발송한 소포가 프랑스에 도착한 이후 추적이 불가능한 이유에 대해 A가 묻자, B가 소포가 외국에 막 도착하면 추적 정보가 업데이트되지 않을 수도 있다고 하고, 빈칸 뒤에서 다시 B가 Normally it takes more than two days to reflect changed information(보통 변경된 정보를 반영하는 데 이틀 이상 소요됩니다)이라고 말하고 있으므로, '제가 언제 소포의 최신 상태를 확인할 수 있을까요?'라는 의미의 ③ 'When can I check the latest status of the package?'가 정답이다.

어휘 available 이용 가능한 invalid 유효하지 않은 file a claim 민원을 제기하다, 청구서를 제출하다 status 상태, 지위

정답 ③

실전 모의고사 3

003 다음 대화에서 빈칸에 들어갈 말로 가장 적절한 것은?

> A: What happens to mailboxes once people stop using them?
> B: Actually, we've recently come up with a good use for some of them. We've donated 100 mailboxes to a foundation.
> A: What will the foundation use them for?
> B: It's turning them into "Warmth Mailboxes." People can write about their worries, and a volunteer will respond with a letter to comfort them.
> A: That sounds like it could help a lot of people. _____
> B: Absolutely. Volunteers do not receive any information about letter writers.

① Where can I find one?
② What do they look like?
③ Can I volunteer to write responses?
④ Is the process anonymous?

004 빈칸에 들어갈 말로 가장 적절한 것은?

> I'd like you to note that you should _____ high-value items in your mail to customs.

① keep out of
② bypass
③ declare
④ make over

003

해석
> A: 사람들이 우체통을 사용하기를 중단하면 그것들은 어떻게 되나요?
> B: 사실, 저희는 최근 그것들 몇몇에 대해 좋은 용도를 생각해 냈습니다. 저희가 한 재단에 100개의 우체통을 기부했어요.
> A: 그 재단에서는 그것들을 어떤 목적으로 사용하게 되는데요?
> B: 그 재단이 그것들을 '온기 우체통'으로 바꾸고 있습니다. 사람들은 자신들의 고민거리에 대해 쓸 수 있고, 자원봉사자가 그들을 위로하기 위해 편지로 답장할 것입니다.
> A: 그것이 많은 사람들을 도울 수 있을 것 같네요. <u>그 과정은 익명인가요?</u>
> B: 물론입니다. 자원봉사자들은 편지 쓰는 사람에 대한 어떠한 정보도 받지 못합니다.

① 제가 어디서 찾을 수 있나요?
② 그것들은 어떻게 생겼나요?
③ 제가 답장을 쓰기 위해 자원할 수 있나요?
④ 그 과정은 익명인가요?

해설 '온기 우체통'을 통해 사람들이 고민 거리에 대한 편지를 쓰면 자원봉사자가 그들을 위로하는 답장을 할 것이라는 B의 설명에 대해 A가 그것이 많은 사람들을 도울 수 있을 것 같다고 하고, 빈칸 뒤에서 다시 B가 Absolutely. Volunteers do not receive any information about letter writers(물론입니다. 자원봉사자들은 편지 쓰는 사람에 대한 어떠한 정보도 받지 못합니다)라고 대답하고 있으므로, '그 과정은 익명인가요?'라는 의미의 ④ 'Is the process anonymous?'가 정답이다.

어휘 **come up with** ~을 생각해 내다 **donate** 기부하다, 기증하다 **foundation** 재단, 토대 **comfort** 위로하다; 안락 **anonymous** 익명의

정답 ④

004

해석
> 우편물에 들어 있는 고가의 물품은 세관에 <u>신고하셔야</u> 하는 점에 유의 바랍니다.

① ~에 들어가지 않다
② 건너뛰다
③ 신고하다
④ ~을 양도하다

어휘 **customs** 세관 **keep out of** ~에 들어가지 않다 **bypass** 건너뛰다, 무시하다 **declare** 신고하다 **make over** ~을 양도하다, 고치다

정답 ③

실전 모의고사 3

005 빈칸에 들어갈 말로 적절하지 않은 것은?

> According to the Deposit Protection Act, the protection limit per depositor is up to fifty million won, including the principal and interest. Similarly, individuals with postal savings accounts are also eligible for _____ up to the same limit.

① restitution
② coverage
③ enforcement
④ compensation

006 다음 글의 내용과 일치하지 않는 것은?

> A mail sorting machine is a device that can organize mail far more quickly than any human could. Once mail arrives at a processing station, the machine first sorts it by size and shape before orienting it to ensure it faces the same direction. It then scans the postage to make sure it has been paid for and adds a cancellation line to prevent stamps from being reused. Following this process, each piece of mail receives a barcode that correlates to the relevant postal code. Packages and letters are subsequently sorted again, this time based on these codes. At this point, carriers can simply pick up the already sorted mail for their specific routes.

① 우편물 분류 기계는 우편물이 같은 방향을 마주 보게 만든다.
② 우표 스캔을 통해 요금 지불 여부를 확인할 수 있다.
③ 우편물은 그것의 우편 번호에 따른 바코드를 할당받는다.
④ 집배원들은 우편물의 크기와 형태에 따른 분류 업무를 맡는다.

005

> 해석

예금자보호법에 따르면, 예금자 1인당 보호 한도는 원금과 이자를 합하여 5천만 원까지입니다. 마찬가지로, 우체국 예금 계좌가 있는 사람들 또한 같은 한도 내에서 배상/보장/보상을 받을 수 있습니다.

① 배상
② 보장
③ 시행
④ 보상

> 어휘

protection 보호 depositor 예금자 principal 원금; 주요한 interest 이자 eligible ~을 받을 수 있는, 적격의 restitution 배상 coverage 보장 (범위) enforcement 시행 compensation 보상

정답 ③

006

> 해석

우편물 분류 기계는 사람이 할 수 있는 것보다 훨씬 더 빨리 우편물을 정리할 수 있는 장치이다. 일단 우편물이 처리소에 도착하면, 그 기계는 우편물이 같은 방향을 마주하도록 방향을 맞추기 전에 그것을 크기와 형태에 따라 먼저 분류한다. 그것은 그 후 우표를 스캔하여 그것이 지불되었는지 확인하고, 우표가 재사용되지 않도록 취소선을 추가한다. 이 과정 다음에, 각 우편물은 연관된 우편 번호와 관련한 바코드를 받는다. 이어서 소포와 편지가 이번에는 이 코드들을 기반으로 다시 분류된다. 이 시점에서, 집배원들은 그들의 특정 경로를 위해 이미 분류된 우편물을 찾아가기만 하면 된다.

> 해설

④번의 키워드인 '집배원들'이 그대로 언급된 지문의 carriers(집배원들) 주변 내용에서 소포와 편지가 우편 번호 바코드를 기반으로 분류되고 나면 집배원들은 이미 분류된 우편물을 찾아가기만 하면 된다고 했으므로, ④ '집배원들은 우편물의 크기와 형태에 따른 분류 업무를 맡는다'는 지문의 내용과 다르다.

> 어휘

sort 분류하다 organize 정리하다, 준비하다 orient 방향을 맞추다, 향하게 하다 direction 방향 postage 우표, 우편 요금 correlate 관련하다 relevant 연관된 subsequently 이어서, 그 후에 carrier 집배원, 수송인 pick up ~을 찾아가다, ~를 태우러 가다

정답 ④

007 안내문에 따라 다음 중 옳은 것은?

> Dear Valued Clients,
>
> It brings us joy to facilitate your connections with loved ones over the holiday season.
>
> As you might be aware, however, the postal service is put under considerable strain during this time of year due to the large volume of holiday mail. We are not able to guarantee that your parcels and letters will reach their destination before the holidays. But to improve the chances that they do, we would like to announce the following holiday shipping deadlines:
>
> - Domestic Mail: December 15
> - International Mail: December 5 (both airmail & surface mail)
> - Express Mail Service (EMS): December 20
>
> To accommodate your needs, selected post offices nationwide will extend their operating hours from December 1 through December 23. A list of these locations can be found on our website.

① All parcels and letters sent before the holidays are promised delivery by the post office.
② Holiday delivery deadlines vary for domestic mail, international mail, and EMS.
③ The price is the same for both airmail and surface mail.
④ Designated post offices will operate longer hours throughout all of December.

007

> 해석

> 소중한 고객 여러분께,
>
> 연휴 기간 동안 사랑하는 사람들과 고객님의 연락을 용이하게 할 수 있다는 것이 저희에게 기쁨을 줍니다.
>
> 하지만 아시다시피, 매년 지금쯤이면 많은 양의 연휴 우편물로 인해 우편 서비스가 상당한 부담을 겪습니다. 저희는 여러분의 소포와 편지가 연휴 전에 목적지에 닿을 것을 장담할 수는 없습니다. 그러나 그렇게 할 가능성을 높이기 위해, 저희는 다음과 같은 연휴 배송 마감일을 공고하고자 합니다.
>
> - 국내 우편: 12월 15일
> - 국제 우편: 12월 5일 (항공 및 선편 우편 모두)
> - 국제 특급 우편(EMS): 12월 20일
>
> 여러분의 필요에 부응하기 위해, 전국의 선정된 우체국들은 12월 1일부터 12월 23일까지 운영 시간을 연장할 것입니다. 이 장소들의 목록은 저희 웹사이트에서 확인하실 수 있습니다.

① 연휴 전 발송된 모든 소포와 편지는 우체국에 의해 배송이 약속된다.
② 연휴 배송 마감일은 국내 우편과 국제 우편과 EMS가 서로 다르다.
③ 항공 우편과 선편 우편의 이용 가격은 동일하다.
④ 지정된 우체국들은 12월 내내 더 긴 시간 동안 운영할 것이다.

> 해설

②번의 키워드인 Holiday delivery deadlines(연휴 배송 마감일)를 바꾸어 표현한 지문의 holiday shipping deadlines(연휴 배송 마감) 주변의 내용에서 국내 우편은 12월 15일, 국제 우편은 12월 5일, EMS는 12월 20일이 연휴 배송 마감일이라고 했으므로, ② '연휴 배송 마감일은 국내 우편과 국제 우편과 EMS가 서로 다르다'가 지문의 내용과 일치한다. ① 많은 양의 연휴 우편물로 소포와 편지가 연휴 전에 목적지에 닿을 것을 장담할 수 없다고 했으므로, 연휴 전 발송된 모든 소포와 편지가 우체국에 의해 배송이 약속된다는 것은 지문의 내용과 다르다. ③ 국제 우편에 대해 항공과 선편 우편 모두 12월 5일이 연휴 배송 마감일이라고는 했지만, 항공 우편과 선편 우편의 이용 가격이 동일한지는 알 수 없다. ④ 전국의 선정된 우체국들이 12월 1일부터 12월 23일까지 운영 시간을 연장할 것이라고 했으므로, 지정된 우체국들이 12월 내내 더 긴 시간 동안 운영할 것이라는 것은 지문의 내용과 다르다.

> 어휘

facilitate 용이하게 하다 **considerable** 상당한, 많은 **strain** 부담, 압박감 **volume** 양, 음량, 부피 **guarantee** 장담하다, 보장하다
announce 공고하다, 알리다 **domestic** 국내의, 가정의 **surface mail** 선편 우편 **accommodate** 부응하다, 수용하다, 숙박시키다
extend 연장하다, 확대하다 **designate** 지정하다

정답 ②

실전 모의고사 4

001 빈칸에 들어갈 말로 가장 적절한 것은?

> Please note that anyone can freely _____ a post office savings account, and there is no minimum deposit required when opening the account. However, if no transactions occur for a certain period of time after the account is opened, it may be classified as a dormant account.

① pay off
② sign up for
③ take out
④ hold on to

002 빈칸에 들어갈 말로 적절하지 않은 것은?

> This item _____ a lot of space, so it should be removed to make room for other necessary items.

① takes up
② clears up
③ eats up
④ uses up

001

> 해석   우체국 예금 계좌는 누구나 자유롭게 가입할 수 있으며, 계좌를 개설할 때 요구되는 최소 예금액이 없다는 점을 참고 부탁드립니다. 하지만, 통장이 개설된 후 일정 기간 동안 거래가 없는 경우, 휴면 계좌로 분류될 수 있습니다.

① ~을 다 갚다
② ~에 가입하다
③ ~을 꺼내다
④ ~에 의지하다

어휘   savings account 예금 (계좌)   deposit 예금(액), 침전물   transaction 거래   classify 분류하다   dormant 휴면기의, 성장을 중단한
pay off ~을 다 갚다   sign up for ~에 가입하다, 신청하다   take out ~을 꺼내다   hold on to ~에 의지하다, 고수하다

정답 ②

002

> 해석   이 물품이 많은 자리를 차지해서/다 써 버려서/다 써서, 다른 필수적인 물품들을 위한 공간을 만들려면 치워져야 합니다.

① ~을 차지하다
② ~을 정리하다
③ ~을 다 써 버리다
④ ~을 다 쓰다

어휘   remove 치우다, 제거하다   take up ~을 차지하다   clear up ~을 정리하다   eat up ~을 다 써 버리다   use up ~을 다 쓰다

정답 ②

실전 모의고사 4

003 빈칸에 들어갈 말로 가장 적절한 것은?

> Post Office Finance must obtain the explicit _____ of the customer when collecting personal information. Only the minimum necessary information, as agreed to by the customer, should be gathered.

① assumption
② consent
③ oversight
④ breach

004 다음 대화에서 빈칸에 들어갈 말로 가장 적절한 것은?

> A: I was thinking of sending my colleagues some greeting cards.
>
> B: Certainly. We've just introduced two new types of greeting cards.
>
> A: Can you tell me more about them?
>
> B: Well, there's a general version and a premium version. You can add your own message to either of them.
>
> A: _____
>
> B: The message is printed directly onto the card in the general version but is added as an insert in the premium version.
>
> A: The premium version of the card sounds nice. Can I schedule when the cards are sent?
>
> B: Of course. You can set any delivery date within the next 13 months.

① Which messages are widely shared?
② How are they different?
③ What designs are currently available?
④ Is postage included with these cards?

003

해석

> 우체국 금융은 고객의 개인 정보를 수집할 때 그들의 명백한 <u>동의</u>를 얻어야 한다. 고객에 의해 동의된 대로, 최소한의 필요 정보만이 수집되어야 한다.

① 추정
② 동의
③ 실수
④ 위반

어휘 obtain 얻다 explicit 명백한 minimum 최소한의 gather 수집하다, 모으다 assumption 추정 consent 동의; 동의하다 oversight 실수, 감독 breach 위반; 위반하다

정답 ②

004

해석

> A: 저는 동료들에게 인사장을 좀 보낼까 생각 중입니다.
> B: 물론이에요. 저희가 막 두 가지 종류의 새로운 인사장을 선보였답니다.
> A: 그것들에 대해 더 설명해 주시겠어요?
> B: 자, 일반형과 고급형이 있습니다. 고객님께서는 그것들 중 어느 것에든 자신만의 메시지를 추가하실 수 있어요.
> A: <u>그것들은 어떻게 다른가요?</u>
> B: 일반형에서 메시지는 카드 위에 바로 인쇄되지만 고급형에서는 속지 형태로 추가됩니다.
> A: 고급형 카드가 근사할 것 같네요. 그 카드들이 발송되는 일정을 잡을 수 있나요?
> B: 그럼요. 앞으로 13개월 이내에 배송 날짜를 설정하실 수 있습니다.

① 어떤 메시지가 널리 공유되나요?
② 그것들은 어떻게 다른가요?
③ 어떤 디자인이 현재 구매 가능한가요?
④ 이 카드에 우편 요금이 포함되어 있나요?

해설 일반형 인사장이나 고급형 인사장에 자신만의 메시지를 추가할 수 있다는 B의 설명에 대해 A가 말하고, 빈칸 뒤에서 다시 B가 The message is printed directly onto the card in the general version but is added as an insert in the premium version(일반형에서 메시지는 카드 위에 바로 인쇄되지만 고급형에서는 속지 형태로 추가됩니다)이라고 설명하고 있다. 따라서 '그것들은 어떻게 다른가요?'라는 의미의 ② 'How are they different?'가 정답이다.

어휘 colleague 동료 greeting card 인사장, 축하 카드 insert 속지, 삽입; 삽입하다 postage 우편 요금

정답 ②

실전 모의고사 4

005 다음 대화에서 빈칸에 들어갈 말로 가장 적절한 것은?

> A: Hi. I need to purchase some postage stamps.
> B: How many stamps would you like, and do you have any preference for the design?
> A: I'm looking for 10 stamps with different designs, including the special commemorative stamp for young painters that recently came out.
> B: Regrettably, the commemorative one is out of stock.
> A: _____
> B: I'm afraid that we don't offer reservations for postage stamps. You can check back later to see if we've restocked.

① Are there plans to issue additional stamps?
② How many commemorative stamps are usually issued?
③ Could you show me other commemorative stamps available?
④ Can I reserve it for when you restock?

006 안내문에 따라 다음 중 옳지 <u>않은</u> 것은?

> Dear Patrons,
>
> Thank you for choosing our postal services for your delivery needs.
>
> In an effort to reduce our environmental footprint, we are excited to announce the introduction of eco-friendly packaging options for all our shipping services.
>
> Starting December 1, customers will have the choice to use recyclable and biodegradable packaging materials at no additional cost. Furthermore, the packaging for post office shopping deliveries, which previously used vinyl-coated boxes to prevent product damage, will be completely transitioned to eco-friendly boxes with cushioning properties.
>
> We believe in sustainability and are committed to making a positive impact on the environment while delivering your parcels safely and efficiently.
>
> We trust that your support for our green initiative will greatly contribute to our environmental goals.

① 친환경 포장은 모든 우체국 배송 서비스에 이용 가능할 것이다.
② 새로운 포장재는 재활용할 수 있는 소재이다.
③ 손상의 우려가 있는 상품에 한해 비닐 코팅 박스가 사용될 수 있다.
④ 친환경 포장재 사용에는 추가 요금이 청구되지 않는다.

005

해석

A: 안녕하세요. 저는 우표를 좀 구매해야 하는데요.
B: 우표 몇 장을 원하시나요, 그리고 선호하는 디자인이 있으신가요?
A: 이번에 나온 젊은 화가들에 대한 특별 기념우표를 포함해서, 서로 다른 디자인의 우표 10장을 찾고 있습니다.
B: 유감스럽게도, 그 기념우표는 품절입니다.
A: 당신이 다시 재입고할 때를 위해서 예약할 수 있을까요?
B: 죄송하지만 우표는 예약이 되지 않습니다. 고객님께서는 저희가 재입고했는지 알기 위해 나중에 다시 확인하실 수 있습니다.

① 추가 우표를 발행할 계획이 있나요?
② 기념우표는 보통 몇 장 발행되나요?
③ 구매 가능한 다른 기념우표를 보여 주시겠어요?
④ 당신이 다시 재입고할 때를 위해서 예약할 수 있을까요?

해설 A가 찾는 기념 우표가 품절이라는 B의 말에 A가 말하고, 빈칸 뒤에서 다시 B가 I'm afraid that we don't offer reservations for postage stamps(죄송하지만 우표는 예약이 되지 않습니다)라고 대답하고 있으므로, '당신이 다시 재입고할 때를 위해서 예약할 수 있을까요?'라는 의미의 ④ 'Can I reserve it for when you restock'이 정답이다.

어휘 **preference** 선호 **commemorative** 기념의 **out of stock** 품절인 **reservation** 예약 **restock** 재입고하다, 다시 채우다 **issue** 발행하다, 발표하다 **available** 구매 가능한, 이용 가능한

정답 ④

006

해석

치애하는 고객 여러분께,

여러분의 배송 필요를 위해 저희 우편 서비스를 선택해 주셔서 감사합니다.

환경 발자국을 줄이려는 저희의 노력의 일환으로, 저희의 모든 운송 서비스에 대해 친환경 포장 선택지를 도입하는 것을 발표하게 되어 대단히 기쁩니다.

12월 1일부터, 고객 여러분께서는 추가 비용 없이 재활용할 수 있고 생분해성인 포장재를 사용하는 선택지를 갖게 되실 것입니다. 더 나아가, 기존에는 제품 손상을 방지하기 위해 비닐 코팅 박스를 사용하던 우체국 쇼핑 배송용 포장이 완충의 속성이 있는 친환경 박스로 전면 전환될 것입니다.

저희는 지속 가능성이 옳다고 생각하며 여러분의 소포를 안전하고 효율적으로 배송하는 동시에 환경에 긍정적인 영향을 미치는 데 전념합니다.

저희는 환경친화적인 계획에 대한 여러분의 지지가 우리의 환경 목표에 크게 기여할 것이라고 믿습니다.

해설 ③번의 키워드인 '비닐 코팅 박스'가 그대로 언급된 지문의 vinyl-coated boxes(비닐 코팅 박스) 주변 내용에서 제품 손상 방지를 위해 비닐 코팅 박스를 사용하던 포장이 친환경 박스로 전면 전환될 것이라고 했으므로, ③ '손상의 우려가 있는 상품에 한해 비닐 코팅 박스가 사용될 수 있다'는 지문의 내용과 다르다.

어휘 **footprint** 발자국 **recyclable** 재활용할 수 있는 **biodegradable** 생분해성인 **additional** 추가의 **transition** 전환하다, 이행하다 **cushion** 완충 작용을 하다, 흡수하다 **property** 속성, 부동산 **sustainability** 지속 가능성 **efficiently** 효율적으로

정답 ③

실전 모의고사 4

007 밑줄 친 (A), (B)에 들어갈 말로 가장 적절한 것은?

> In many rural areas, the local post office functions as a community center, providing services that urban residents might take for granted. For instance, located in a remote area with a population of just over two thousand, Rivermount Post Office provides essential services such as local patrols and care for vulnerable populations, playing a crucial social role. This multifaceted role has led some policymakers to ___(A)___ expanding post office services in rural areas. However, experts emphasize the need to concurrently explore ways that can increase profitability. In light of this, Rivermount Post Office, concerned not only about maintaining ongoing operations but also its very existence amidst population decline, is ___(B)___ revenue-enhancing activities, like attracting clients from other areas for overseas shipping services.

	(A)	(B)
①	advocate for	pursuing
②	work against	pursuing
③	advocate for	arbitrating
④	work against	arbitrating

007

[해석]

많은 시골 지역에서는, 지역 우체국이 지역 주민 센터로써 기능하는데, 이것은 도시 거주자들은 당연하게 여길지도 모르는 서비스들을 제공한다. 예를 들어, 인구가 단 2천여 명인 외딴 지역에 위치한 Rivermount 우체국은 지역 순찰과 취약 계층 돌봄 등의 서비스를 제공하며, 중요한 사회적 역할을 맡고 있다. 이러한 다면적인 역할은 일부 정책 입안자들이 시골 지역에서 우체국 서비스를 확대하는 것(A)을 지지하게 이끌어 왔다. 하지만, 전문가들은 수익성을 증가시킬 수 있는 방안들을 동시에 모색할 필요성을 강조한다. 이에 비추어, 진행 중인 사업을 유지하는 것뿐만 아니라 인구 감소 와중에 그것의 존재 자체에 대해 우려하는 Rivermount 우체국은 해외 운송 서비스를 위해 다른 지역들로부터 고객을 끌어들이는 것과 같은, 수익 강화 활동을 (B) 추진하고 있다.

	(A)	(B)
①	~을 지지하다	추진하는
②	~에 반대하다	추진하는
③	~을 지지하다	중재하는
④	~에 반대하다	중재하는

[해설] (A) 빈칸 앞 문장에서 Rivermount와 같은 많은 시골 우체국이 지역 순찰과 취약 계층 돌봄과 같이 사회적으로 중요한 역할을 맡고 있다고 했으므로, 빈칸에는 시골 우체국의 이러한 다면적인 역할이 일부 정책 입안자들로 하여금 시골 지역에서 우체국 서비스를 확대하는 것'을 지지하게 한다는 내용이 나와야 적절하다.
(B) 빈칸 앞 문장에 전문가들은 시골 우체국의 수익성을 증가시킬 수 있는 방안들을 모색할 필요성을 강조한다는 내용이 있고, 빈칸이 있는 문장에서 Rivermount 우체국은 해외 운송 서비스를 위해 다른 지역들로부터 고객을 끌어들인다는 내용이 있으므로, 빈칸에는 수익 강화 활동을 '추진하고' 있다는 내용이 나와야 적절하다.
따라서 ① (A) advocate for(~을 지지하다) – (B) pursuing(추진하는)이 정답이다.

[어휘] rural 시골의, 지방의 function 기능하다; 역할, 기능 urban 도시의 take for granted ~을 당연하게 여기다 remote 외딴, 먼 patrol 순찰 vulnerable 취약한 multifaceted 다면적인 policymaker 정책 입안자 expand 확대하다 concurrently 동시에 profitability 수익성 ongoing 진행 중인 revenue 수익 enhance 강화시키다, 향상시키다 advocate for ~을 지지하다 pursue 추진하다, 추구하다 work against ~에 반대하다 arbitrate 중재하다

정답 ①

실전 모의고사 5

001 다음은 우체국에서 체크 카드를 만드는 상황이다. 빈칸에 들어갈 말로 가장 적절한 것은?

> A: I want to apply for a debit card.
> B: Do you have a specific type in mind?
> A: I'm seeking one with cashback rewards.
> B: We have a card that offers a 2 percent refund on purchases.
> A: That's perfect for me. _____?
> B: You need to provide some identification and complete an application form.

① What are the annual fees for this card
② How do I apply for the card
③ Can I request multiple cards simultaneously
④ When is the refund credited to the accounts

002 다음은 우체국에서 환전을 하는 상황이다. 빈칸에 들어갈 말로 가장 적절한 것은?

> 고객: I'd like to exchange four hundred thousand won for US dollars.
> 직원: Sure. Today's rate is thirteen hundred won per US dollar.
> 고객: How much will I be given in US dollars then?
> 직원: The amount you'll receive is approximately three hundred dollars.
> 고객: Got it. _____
> 직원: It's better to receive it earlier as there could be errors with the machine on the day of departure.
> 고객: I see. Then I'll exchange it now.

① Can I receive it at an airport ATM before my flight?
② Are there any forms I need to fill out for this transaction?
③ Is there a currency exchange limit by any chance?
④ Would you recommend exchanging more or less today?

001

해석
A: 저는 체크 카드를 신청하고 싶습니다.
B: 염두에 둔 특정한 종류가 있으신가요?
A: 저는 캐시백 보상이 있는 걸 찾고 있어요.
B: 저희에게 구매 시 2퍼센트 환급을 제공해 드리는 카드가 있습니다.
A: 제게 완벽하네요. <u>어떻게 카드를 신청할 수 있나요?</u>
B: 신분 증명서를 제시하고 신청서를 작성하셔야 합니다.

① 이 카드의 연회비는 얼마인가요
② 어떻게 카드를 신청할 수 있나요
③ 여러 카드를 동시에 신청할 수 있나요
④ 환급금은 언제 계좌로 입금되나요

해설 A가 캐시백 보상이 있는 체크 카드를 찾고 있다고 하자 B가 구매 시 2퍼센트 환급을 제공하는 카드를 추천하고, 빈칸 뒤에서 다시 B가 You need to provide some identification and complete an application form(신분 증명서를 제시하고 신청서를 작성하셔야 합니다)이라고 안내하고 있으므로, '어떻게 카드를 신청할 수 있나요'라는 의미의 ② 'How do I apply for the card'가 정답이다.

어휘 **debit card** 체크 카드, 직불 카드 **have in mind** ~을 염두에 두다 **seek** 찾다, 구하다 **refund** 환급(금), 환불; 환불하다 **complete** 작성하다, 완성하다 **application form** 신청서, 지원서 **annual** 연간의 **simultaneously** 동시에 **credit** 입금하다, 신용하다; 신용 거래

정답 ②

002

해석
고객: 저는 40만 원을 미국 달러로 환전하고 싶습니다.
직원: 물론입니다. 오늘의 환율은 1달러당 1,300원이네요.
고객: 그러면 제가 미국 달러로 얼마를 받게 될까요?
직원: 고객님이 수령하실 금액은 대략 300달러입니다.
고객: 알겠습니다. <u>제가 그것을 비행 전에 공항 현금 자동 인출기에서 수령할 수 있을까요?</u>
직원: 출국 당일에 기기 고장이 있을 수도 있으므로 더 일찍 수령하시는 편이 더 좋습니다.
고객: 그렇군요. 그럼 지금 환전하겠습니다.

① 제가 그것을 비행 전에 공항 현금 자동 인출기에서 수령할 수 있을까요?
② 이 거래를 위해 제가 작성해야 하는 양식이 있나요?
③ 혹시 환전 한도가 있나요?
④ 오늘 더 환전하는 것을 추천하시나요, 아니면 덜 하는 것을 추천하시나요?

해설 40만 원을 미국 달러로 환전하겠다는 고객에게 직원이 오늘의 환율과 환전 후 수령할 예상 금액을 알려 주고, 빈칸 뒤에서 다시 직원이 It's better to receive it earlier as there could be errors with the machine on the day of departure(출국 당일에 기기 고장이 있을 수도 있으므로 더 일찍 수령하시는 편이 더 좋습니다)라고 말하고 있으므로, '제가 그것을 비행 전에 공항 현금 자동 인출기에서 수령할 수 있을까요?'라는 의미의 ① 'Can I receive it at an airport ATM before my flight'가 정답이다.

어휘 **exchange** 환전하다, 교환하다; 환전 **transaction** 거래 **by any chance** 혹시

정답 ①

실전 모의고사 5

003 빈칸에 들어갈 말로 적절하지 <u>않은</u> 것은?

> Customers should _____ a claim immediately if they receive an insured package that appears damaged.

① give away
② lodge
③ send in
④ submit

004 빈칸에 들어갈 말로 가장 적절한 것은?

> The agent service fee for customs clearance is charged to cover the cost _____ when the post office handles mail items for customs inspection, so it is not applied to duty-free cleared ones.

① ruled out
② brought on
③ passed up
④ written off

003

> 해석 고객은 자신이 받은 보험에 가입된 소포가 손상된 것으로 보인다면 즉시 청구서를 제기해야/발송해야/제출해야 한다.

① ~을 나눠 주다
② 제기하다
③ ~을 발송하다
④ 제출하다

어휘 **claim** 청구(서); 주장하다, 청구하다 **insure** 보험에 가입하다 **give away** ~을 나눠 주다, 선물로 주다 **lodge** 제기하다, 숙박시키다 **send in** ~을 발송하다, ~를 파견하다 **submit** 제출하다

정답 ①

004

> 해석 통관 대행 서비스 수수료는 우체국에서 세관 검사를 위해 우편물을 처리할 때 발생되는 비용을 충당하기 위해 청구되는 것이므로, 면세 허가된 우편물에는 적용되지 않는다.

① 제외되는
② 발생되는
③ 거절되는
④ 탕감되는

어휘 **agent** 대행, 대리(인) **customs clearance** 통관 **charge** 청구하다; 요금 **cover** 충당하다, 보장하다, 덮다 **inspection** 검사 **duty-free** 면세의 **cleared** 허가된 **rule out** ~을 제외시키다 **bring on** ~을 발생시키다, 초래하다 **pass up** ~을 거절하다 **write off** (부채를) 탕감하다

정답 ②

실전 모의고사 5

005 다음 글에서 밑줄 친 부분이 어법상 틀린 것은?

The security of post office online banking systems, ① <u>which</u> has become increasingly important due to a surge in electronic financial transactions, is gaining heightened attention amidst rising concerns over data breaches and hacking incidents. When users install personal firewalls and digital certificates, deploy keyboard security programs, and utilize OTPs, the attackers' attempts can ② <u>thwart</u> and security is enhanced. By implementing these advanced security protocols, the post office's online banking system aims ③ <u>to safeguard</u> users' data effectively. Additionally, all transaction information is encrypted during transmission from customers' PCs to post office servers. Post offices cannot be ④ <u>too diligent</u> in their efforts to guarantee protection against sophisticated hacking techniques.

006 다음 글의 목적으로 가장 적절한 것은?

Dear Customers,

We are writing to inform you of possible mailing delays due to winter storms in the northeast. With snowy and icy road conditions, we have slowed deliveries to prioritize the safety of our postal workers.

To assist you, we've set up a special phone line for any concerns. Please also check your tracking numbers online for the most up-to-date package status.

We expect services to return to normal by the end of the week as temperatures rise. We appreciate your patience and understanding during this time.

Thank you.

① 겨울 폭풍의 위험성을 강조하려고
② 우편물 배송 지연을 예고하려고
③ 신설된 전화 회선을 홍보하려고
④ 배송 속도의 정상화를 알리려고

005

해석
> 전자 금융 거래의 급증으로 인해 더욱 중요해져 온 우체국 온라인 뱅킹 시스템의 보안이 데이터 침해 및 해킹 사건에 대한 높아지는 우려 속에서 고조된 관심을 얻고 있다. 사용자가 개인 방화벽과 디지털 인증서를 설치하고, 키보드 보안 프로그램을 알맞게 사용하고, OTP를 활용할 때, 공격자들의 시도가 좌절될 수 있고 보안이 강화된다. 이러한 첨단 보안 프로토콜들을 시행함으로써, 우체국의 온라인 뱅킹 시스템은 사용자의 데이터를 효과적으로 보호하는 것을 목표로 한다. 게다가, 고객의 PC에서 우체국 서버로 전송하는 동안 모든 거래 정보가 암호화된다. 우체국들은 정교한 해킹 기술에 맞선 보호를 보장하기 위한 노력에 있어 아무리 성실해도 지나치지 않다.

해설 ② **능동태·수동태 구별** 주절의 주어 the attackers' attempts와 동사가 '공격자들의 시도가 좌절될 수 있다'라는 의미의 수동 관계이므로 능동태 thwart를 수동태 be thwarted로 고쳐야 한다. 참고로, 조동사(can) 뒤에는 동사원형이 와야 한다.

오답 분석
① **관계대명사** 선행사(The security of post office online banking system)가 사물이고, 관계절 내에서 동사 has become의 주어 역할을 하므로 주격 관계대명사 which가 올바르게 쓰였다.
③ **to 부정사를 취하는 동사** 동사 aim은 to 부정사를 목적어로 취하므로 to 부정사 to safeguard가 올바르게 쓰였다.
④ **조동사 관련 표현** '아무리 성실해도 지나치지 않다'는 조동사 관련 숙어 표현 cannot ~ too(아무리 ~해도 지나치지 않다)를 사용하여 나타낼 수 있으므로 cannot be 뒤에 too diligent가 올바르게 쓰였다.

어휘 surge 급증 transaction 거래 heighten 고조시키다, 높이다 breach 침해 firewall 방화벽 certificate 인증서 deploy 알맞게 사용하다, 배치하다 thwart 좌절시키다 implement 시행하다 advanced 첨단의, 고급의, 진보된 safeguard 보호하다 encrypt 암호화하다 transmission 전송 guarantee 보장하다 sophisticated 정교한

정답 ②

006

해석
> 소중한 고객 여러분께,
>
> 저희는 북동부 지역에서의 겨울 폭풍으로 인한, 우편물 배송에서의 지연 가능성에 대해 여러분께 알리고자 편지를 씁니다. 눈길과 빙판 길의 상태로, 저희는 우체국 직원들의 안전을 우선시하기 위해 배송의 속도를 늦춰 왔습니다.
>
> 여러분을 돕기 위해, 저희는 모든 우려를 취급할 특별 전화 회선을 준비했습니다. 또한 가장 최신의 소포 상황을 위해 여러분의 추적 번호를 온라인으로 확인 부탁드립니다.
>
> 저희는 기온이 상승함에 따라 이번 주말 무렵에 서비스가 정상으로 돌아갈 것으로 예상합니다. 이 기간 동안의 여러분의 인내와 이해에 감사드립니다.
>
> 고맙습니다.

해설 지문 처음에서 겨울 폭풍으로 인한 우편물 배송 지연의 가능성에 대해 알리고자 편지를 쓴다고 하고, 지문 중간에서 해당 기간 동안 배송 관련 정보를 얻을 수 있는 방법들을, 지문 마지막에서 배송 정상화 예정 시점을 알려 주고 있으므로, ② '우편물 배송 지연을 예고하려고'가 이 글의 목적이다.

어휘 prioritize 우선시하다 up-to-date 최신의 status 상황, 지위 temperature 기온, 온도 patience 인내(심)

정답 ②

007 다음에 제시된 문장이 <보기>에 들어갈 위치로 가장 알맞은 것은?

> This shift has prompted postal organizations to reimagine their role, with many now offering innovative services such as digital identity verification and programs that allow delivery reservation and fee payment for online retailers.

<보기>

The postal service remains a vital logistics infrastructure that businesses continue to rely on, trying to meet the evolving needs of citizens in an era of digital connectivity. (①) Recent data indicates that while traditional letter volumes are decreasing by 4-6 percent annually, e-commerce parcel deliveries are surging by 15-20 percent year-over-year in many countries. (②) Furthermore, many postal services have introduced online platforms and mobile apps, enabling customers to track shipments, and manage deliveries digitally. A postal expert suggests that the future success of postal services hinges on their ability to leverage their extensive physical networks while embracing digital transformation. (③) Ultimately, the adaptability and innovation of postal services will determine their relevance and efficiency in the future. (④)

007

해석

> 이러한 변화는 우편 기관들이 그들의 역할을 재해석하게 했는데, 현재 우편 기관 다수가 온라인 소매업자들을 위해 디지털 신원 확인과 배송 예약 및 요금 지불을 허용하는 프로그램과 같이 혁신적인 서비스를 제공하고 있다.

우편 서비스는 디지털 연결성의 시대에서 시민들의 변화하는 필요를 충족시키기 위해 노력하면서, 기업들이 계속해서 의존하는 필수 물류 기반 시설로 남아 있다. ① 최근 자료는 전통적인 편지의 양은 매년 4퍼센트에서 6퍼센트 감소하고 있지만, 많은 국가들에서 전자 상거래 소포 배송은 전년 대비 15퍼센트에서 20퍼센트 급증하고 있음을 나타낸다. ② 게다가, 많은 우편 서비스들이 온라인 플랫폼과 모바일 앱을 도입해 오면서, 고객들이 운송을 추적하고 배송을 디지털로 관리할 수 있게 했다. 한 우편 전문가는 미래의 우편 서비스 성공이 디지털 전환을 수용하는 동시에 그것(우편 서비스)의 광범위한 물리적 네트워크를 유지하는 능력에 달려 있음을 시사한다. ③ 결국, 우편 서비스의 적응성과 혁신이 미래에 그것의 적합성과 효율성을 결정할 것이다. ④

해설 ②번 앞 문장에 최근 전통적인 편지의 양은 감소한 반면 전자 상거래 소포는 전년 대비 급증하고 있다는 내용이 있고, 뒤 문장에 게다가(Furthermore) 많은 우편 서비스들이 온라인 플랫폼과 모바일 앱을 도입했다는 내용이 있으므로, ②번 자리에 이러한 변화(This shift)가 우편 기관들로 하여금 온라인 소매업자들을 위한 혁신적인 서비스를 제공하게 만든다는 내용, 즉 우편물 배송에서의 최근 변화가 우편 서비스들의 디지털화를 이끌어낸 배경을 설명하는 주어진 문장이 나와야 지문이 자연스럽게 연결된다.

어휘 prompt ~하게 하다, 유도하다 reimagine 재해석하다, 다시 상상하다 innovative 혁신적인 identity 신원, 개성 verification 확인, 인증
retailer 소매업자 vital 필수적인 logistics 물류 indicate 나타내다 annually 매년 surge 급증하다; 급증 year-over-year 전년 대비, 매년
hinge on ~에 달려 있다 leverage 유지하다, 영향을 주다; 영향력 extensive 광범위한, 대규모의 embrace 수용하다 transformation 전환, 변형
ultimately 결국, 궁극적으로 adaptability 적응성 relevance 적합성, 관련성

정답 ②

공무원시험전문 해커스공무원
gosi.Hackers.com

해커스계리직 **영어**
출제예상문제집

부록

시험에 강해지는
계리직 핵심어휘

1. 우편
2. 공공 사업·복지
3. 예금·보험
4. 행정·인사
5. 우체국 업무 관련 숙어
6. 계리직 필수 회화형 표현

1. 우편

*체크 박스 □: 회독을 하면서 암기 여부를 체크하고, 복습 시 외우지 못한 어휘 위주로 학습할 수 있습니다.

□	recipient	명 수취인, 받는 사람	□	influx	명 쇄도, 유입
□	transportation	명 교통수단, 운송	□	disrupt	동 지장을 주다, 붕괴시키다
□	shipment	명 수송(품)	□	verify	동 확인하다, 입증하다
□	ordinary mail	일반 우편	□	postpone	동 연기하다, 미루다
□	registered mail	등기 우편	□	surge	동 밀려들다, 급증하다 명 쇄도, 급증
□	surface mail	선박 우편	□	in bulk	대량으로, 포장하지 않고
□	weigh	동 무게를 재다	□	fragile	형 깨지기 쉬운, 섬세한
□	postage	명 우편 요금	□	trace	동 추적하다
□	status	명 상태, 지위	□	calculate	동 계산하다
□	charge	명 요금 동 청구하다, (일을) 맡기다	□	estimate	동 견적을 내다, 추정하다
□	seal	명 인감, 봉인 동 밀봉하다, 날인하다	□	accumulate	동 축적하다, 모으다
□	destination	명 도착지, 목적지	□	transmit	동 전하다, 전송하다
□	customs	명 세관, 관세	□	forward	동 보내다 부 앞으로
□	handle	동 취급하다, 다루다	□	declare	동 신고하다, 선언하다
□	carrier	명 운송 업체, 집배원	□	file	동 제출하다, 보관하다
□	courier	명 집배원, 택배 회사	□	retrieve	동 회수하다, 되찾아 오다
□	transit	명 운송, 이동, 변화	□	perishable	형 상하기 쉬운
□	parcel	명 소포	□	flammable	형 가연성의, 불에 잘 타는
□	rate	명 요금, 비율, 속도	□	identification	명 신분증, 식별
□	expedite	동 더 신속히 처리하다 형 신속한	□	overnight	형 익일 특급의, 하룻밤 동안의
□	stuff	명 물건 동 채우다	□	scale	명 저울, 범위, 규모
□	dispatch	동 부치다, 파견하다	□	invoice	명 송장, 청구서
□	inspect	동 검사하다	□	wrapping	명 포장(지)
□	punctual	형 시간을 지키는	□	measure	동 측정하다 명 측정, 수단
□	domestically	부 국내에서	□	freight	명 화물

☐ pending	형 체류 중인, 임박한	☐ hotline	명 상담 전화, 직통 전화
☐ reschedule	동 일정을 변경하다	☐ prompt	형 신속한, 즉각적인 동 촉발하다
☐ dimensional	형 치수의, 부피의	☐ due date	마감일
☐ logistics	명 물류	☐ load	명 적재, 짐 동 적재하다, 싣다
☐ hazardous	형 유해한, 위험한	☐ volume	명 부피, 양, 음량
☐ exceed	동 초과하다, 초월하다	☐ zip code	우편 번호
☐ real-time	실시간의	☐ convey	동 전달하다, 운송하다
☐ automation	명 자동화	☐ leakage	명 누출, 누설, 새어 나감
☐ in person	대면으로, 직접	☐ classify	동 분류하다
☐ distribute	동 배분하다, 유통시키다	☐ consignment	명 탁송물, 위탁 판매

 1초 Quiz

각 어휘 및 표현의 알맞은 뜻과 연결하세요.

1. postage •   • ⓐ 전하다, 전송하다
2. dispatch •   • ⓑ 측정하다; 측정, 수단
3. fragile •   • ⓒ 축적하다, 모으다
4. transmit •   • ⓓ 깨지기 쉬운, 섬세한
5. measure •   • ⓔ 부치다, 파견하다
6. accumulate •   • ⓕ 우편 요금

2. 공공 사업·복지

*체크 박스 □: 회독을 하면서 암기 여부를 체크하고, 복습 시 외우지 못한 어휘 위주로 학습할 수 있습니다.

□	accommodation	명 편의, 거처, 숙소	□	retire	동 은퇴하다
□	optimize	동 최적화하다, 최대한 활용하다	□	patronage	명 지원, 후원
□	welfare	명 복지, 안녕	□	tailor	동 맞춤형으로 만들다, 재단하다
□	vulnerable	형 취약한, 연약한	□	convention	명 협약, 관습
□	convenience	명 편의	□	commitment	명 헌신, 약속
□	voucher	명 상품권	□	solidarity	명 연대, 결속
□	low-income	저소득의	□	renovation	명 보수, 개조
□	abolish	동 철폐하다	□	supply	명 물품 동 공급하다
□	rectify	동 (잘못된 것을) 바로잡다	□	commemorative	형 기념하는
□	consideration	명 고려 사항, 배려	□	maintenance	명 유지 보수
□	encompass	동 포함하다, 에워싸다	□	induce	동 유도하다, 설득하다
□	analysis	명 분석	□	mediate	동 중재하다
□	natural disaster	자연재해	□	blind spot	사각지대, 맹점
□	available	형 이용 가능한	□	overhaul	동 정비하다
□	affordable	형 저렴한, 형편이 되는	□	consolidate	동 통합하다, 굳히다
□	circumstance	명 경우, 상황	□	facilitate	동 가능하게 하다, 용이하게 하다
□	contribute to	~에 기여하다	□	outdated	형 더이상 쓸모없는, 구식의
□	resident	명 거주자, 주민	□	isolated	형 고립된, 외딴
□	shortage	명 부족함	□	promote	동 증진시키다, 촉진하다, 홍보하다
□	customized	형 (고객) 맞춤형의	□	foster	동 조성하다, 육성하다
□	advantageous	형 유리한, 이로운	□	cultivate	동 함양하다, 재배하다
□	around-the-clock	24시간 계속되는	□	legitimate	형 정당한, 합법적인
□	charity	명 자선 사업, 자선 단체	□	harmonious	형 조화로운
□	requirement	명 요건, 필요조건	□	household	명 가구, 세대
□	private	형 민간의, 개인의	□	comprehensive	형 포괄적인

☐ prioritize	동 우선시하다		☐ speciality	명 특산품, 특색
☐ institution	명 기관, 제도		☐ boost	동 북돋우다, 신장시키다
☐ employment	명 고용, 활용		☐ safeguard	동 보호하다
☐ disabled	형 장애가 있는		☐ adopt	동 채택하다, 입양하다
☐ stability	명 안정성		☐ notification	명 알림
☐ bolster	동 강화하다, 북돋우다		☐ public interest	공익
☐ minimum wage	최저 임금		☐ feasibility	명 실현 가능성
☐ sustainability	명 지속 가능성		☐ progress	명 진보, 진척 동 나아가다
☐ alleviate	동 완화하다		☐ conservation	명 보존
☐ burden	명 부담, 짐		☐ grant	동 승인하다, 주다 명 수여, 보조금

1초 Quiz

각 어휘 및 표현의 알맞은 뜻과 연결하세요.

1. vulnerable •
2. contribute to •
3. customized •
4. comprehensive •
5. overhaul •
6. affordable •

• ⓐ 포괄적인
• ⓑ 정비하다
• ⓒ (고객) 맞춤형의
• ⓓ ~에 기여하다
• ⓔ 저렴한, 형편이 되는
• ⓕ 취약한, 연약한

정답 | 01 ⓕ 02 ⓓ 03 ⓒ 04 ⓐ 05 ⓑ 06 ⓔ

3. 예금·보험

*체크 박스 □: 회독을 하면서 암기 여부를 체크하고, 복습 시 외우지 못한 어휘 위주로 학습할 수 있습니다.

□	transaction	명 거래	□	compensate	동 보상하다
□	wire	동 송금하다, 선을 연결하다	□	credit	명 신용 거래 동 입금하다, ~의 공으로 믿다
□	remit	동 송금하다, 보내다	□	provision	명 조항, 공급
□	withdraw	동 인출하다, 중단하다	□	certify	동 확인하다, 인증하다
□	policyholder	명 보험 계약자	□	valid	형 유효한, 타당한
□	teller	명 창구 직원, 현금 지급기	□	protection	명 보호
□	premium	명 보험료, 할증료, 상여금	□	consent	명 동의 동 동의하다
□	settlement	명 지급, 합의, 해결	□	charter	명 헌장
□	warrant	동 보장하다 명 보증서, 영장	□	margin	명 수익, 여백
□	subtract	동 빼다, 차감하다	□	reach	동 도래하다, 도달하다
□	deduct	동 차감하다, 제하다	□	cover	동 충당하다, 보장하다, 덮다
□	claim	동 청구하다, 주장하다 명 청구, 주장	□	incur	동 (비용을) 발생시키다, 초래하다
□	commission	명 수수료, 의뢰	□	exempt	동 면제하다
□	beneficiary	명 보험 수익자, 수혜자	□	reimbursement	명 배상, 환급
□	audit	명 회계 감사, 검사	□	principal	명 원금 형 주요한
□	terms and conditions	약관	□	mature	동 만기에 도래하다, 성숙하다 명 만기
□	accompany	동 수반하다, 동반하다	□	time deposit	정기 예금
□	interpretation	명 설명, 해석	□	interest rate	이자율, 금리
□	contract	명 계약 동 계약하다, 줄어들다	□	upfront	형 선불의, 솔직한
□	deficit	명 적자, 부족액	□	deposit	명 보증금 동 입금하다, 예금하다, 두다
□	compulsory	형 필수의, 강제적인	□	debit card	직불 카드, 출금 카드
□	agent	명 대리인, 대리 기관	□	transfer	동 송금하다, 이동시키다
□	commercial	형 상업적인	□	loan	명 대출 동 대출하다
□	issue	명 발행, 쟁점 동 발행하다, 발표하다	□	currency	명 통화, 화폐
□	statement	명 입출금 내역서, 진술	□	convert	동 환전하다, 전환하다

☐	reserve	몡 준비금 동 예약하다	☐ investment	몡 투자
☐	balance	몡 잔고, 잔액, 균형	☐ impersonate	동 사칭하다, (속이려고) 가장하다
☐	stock	몡 주식, 재고품 동 저장하다	☐ financial	형 금융의, 재정의
☐	expire	동 만료되다, 유통 기한이 지나다	☐ bankrupt	형 파산한 동 파산시키다
☐	annuity	몡 연금	☐ bill	몡 계산, 청구서
☐	payout	몡 지불(금)	☐ identity theft	신원 도용
☐	exchange	동 환전하다, 교환하다	☐ checkbook	몡 수표책
☐	account	몡 계좌 동 간주하다, 여기다	☐ bankbook	몡 통장
☐	revenue	몡 수익, 수입	☐ terminal	몡 단말기, (교통) 터미널 형 말기의
☐	asset	몡 자산	☐ payroll	몡 급여

1초 Quiz

각 어휘 및 표현의 알맞은 뜻과 연결하세요.

1. transaction •   • ⓐ 송금하다, 선을 연결하다
2. wire •   • ⓑ 차감하다, 제하다
3. withdraw •   • ⓒ 인출하다, 중단하다
4. beneficiary •   • ⓓ 동의; 동의하다
5. deduct •   • ⓔ 거래
6. consent •   • ⓕ 보험 수익자, 수혜자

4. 행정·인사

*체크 박스 □: 회독을 하면서 암기 여부를 체크하고, 복습 시 외우지 못한 어휘 위주로 학습할 수 있습니다.

□ amend	동 개정하다, 수정하다	
□ implement	동 시행하다, 실행하다	
□ administrative	형 행정의	
□ arrange	동 정리하다, 준비하다	
□ conduct	동 수행하다	
□ address	동 해결하다, 주소를 적다 명 주소	
□ operate	동 운영하다, 작동시키다	
□ designate	동 지정하다	
□ initiative	명 계획, 진취성	
□ validate	동 확인하다, 입증하다	
□ fine	명 벌금 형 질 높은	
□ penalize	동 처벌하다	
□ represent	동 대리하다, 대표하다, 해당하다	
□ withhold	동 보류하다	
□ investigate	동 조사하다	
□ resume	동 재개하다, 다시 시작하다	
□ resolve	동 해결하다, 결심하다	
□ interrupt	동 방해하다, 중단시키다	
□ suspend	동 보류하다, 매달다	
□ extend	동 연장하다, 늘리다	
□ complete	동 완료하다, 작성하다	
□ enforcement	명 시행, 강요	
□ enroll	동 등록하다	
□ oversee	동 감독하다	
□ establish	동 제정하다, 확립하다	

□ institute	명 기관, 제도 동 제정하다, 도입하다	
□ organize	동 준비하다, 조직하다	
□ release	동 출시하다, 풀어 주다	
□ authority	명 당국, 권한	
□ province	명 지역, 지방	
□ authorize	동 승인하다, 권한을 부여하다	
□ offset	동 상쇄하다, 벌충하다	
□ exaggerate	동 과장하다	
□ allowance	명 수당, 허용(량)	
□ temporary	형 일시적인	
□ bring to light	~을 드러내다, 폭로하다	
□ procedure	명 절차	
□ effective	형 효율적인	
□ protocol	명 규약, 의례	
□ deteriorate	동 악화되다, 타락하다	
□ proficiency	명 숙련(도), 능숙	
□ launch	동 출시하다, 발사하다	
□ phenomenon	명 현상	
□ negotiate	동 협상하다	
□ complain	동 불평하다, 항의하다	
□ proclaim	동 선포하다, 선언하다	
□ endorse	동 지지하다, 승인하다	
□ headquarter	명 본사, 본부	
□ branch	명 지점, 나뭇가지	
□ eligible	형 자격이 있는	

☐ integrate	동 통합하다		☐ entry	명 참가 신청, 출입
☐ manage	동 다루다, 관리하다, 용케 ~해내다		☐ assign	동 할당하다, 배정하다
☐ subside	동 가라앉다, 진정되다		☐ reinforce	동 강화하다, 증강하다
☐ bypass	명 우회로 동 우회하다, 건너뛰다		☐ sanction	명 제재, 허가 동 제재하다, 허가하다
☐ coordinate	동 조화시키다, 조정하다		☐ halt	동 중단하다
☐ stipulate	동 규정하다, 명기하다		☐ tariff	명 관세, 요금표
☐ look down at	~을 얕보다, 내려다보다		☐ export	동 수출하다 명 수출품
☐ disregard	동 무시하다		☐ import	동 수입하다 명 수입품
☐ ministry	명 (정부의) 부, 처		☐ standardized	형 표준화된
☐ host	동 주최하다, 진행하다		☐ underrate	동 과소평가하다

 1초 Quiz

각 어휘 및 표현의 알맞은 뜻과 연결하세요.

1. administrative •　　　　• ⓐ 관세, 요금표
2. conduct •　　　　• ⓑ 보류하다, 매달다
3. investigate •　　　　• ⓒ 당국, 권한
4. suspend •　　　　• ⓓ 행정의
5. authority •　　　　• ⓔ 조사하다
6. tariff •　　　　• ⓕ 수행하다

정답 | 01 ⓓ 02 ⓕ 03 ⓔ 04 ⓑ 05 ⓒ 06 ⓐ

5. 우체국 업무 관련 숙어

*체크 박스 □: 회독을 하면서 암기 여부를 체크하고, 복습 시 외우지 못한 어휘 위주로 학습할 수 있습니다.

□	sort out	~을 분류하다, 해결하다	□	throw out	~을 버리다
□	track down	~을 추적하다, 찾아내다	□	spell out	~을 설명하다, 적다
□	fill out	~을 작성하다, 채우다	□	keep up with	~에 정통하다, 시류를 따르다
□	take out insurance	보험을 들다	□	account for	~을 설명하다, 차지하다
□	on hold	보류된	□	cope with	~에 대처하다, 해결하다
□	qualify for	~의 자격이 있다	□	go over	~을 검토하다, 점검하다
□	meet the criteria for	~의 기준을 충족시키다	□	on time	제시간에
□	go through	~을 살펴보다, 겪다	□	stack up	~을 쌓다
□	pick up	~을 가져가다, ~를 데려가다	□	deal with	~을 다루다, 해결하다
□	be subject to	~이 적용되다, ~의 대상이다	□	in order	순차적으로
□	make over	~을 양도하다	□	keep track of	~을 계속 추적하다, 기록하다
□	proceed with	~을 진행하다	□	be equipped with	~을 갖추다
□	attend to	~을 처리하다, 돌보다	□	call for	~을 요구하다
□	bound for	~행의	□	hand in	~을 제출하다, 인계하다
□	take advantage of	~을 이용하다	□	take on	~을 맡다, 고용하다
□	cooperate with	~와 협력하다	□	in advance	미리, 사전에
□	comply with	~을 준수하다	□	put off	~을 미루다
□	carry out	~을 수행하다	□	run out	다 떨어지다, 모두 써버리다
□	get back to	~을 (나중에) 알리다, ~로 돌아가다	□	sign up for	~을 신청하다
□	depend on	~에 따라 결정되다, 의존하다	□	build up	쌓이다, 강화하다
□	hand out	~을 나누어 주다	□	out of stock	품절이 되어, 재고가 없어
□	abide by	~을 준수하다, 지키다	□	put away	~을 치우다, 따로 떼어 두다
□	adjust to	~에 맞추다, 적응하다	□	correspond to	~에 해당하다, 부응하다
□	take over	~을 인계받다, 장악하다	□	immune to	~에서 면제되는, 면역력이 있는
□	lay out	~을 배치하다, 계획하다	□	dispense with	~을 면제시키다, ~ 없이 하다

☐ at the cost of	~의 비용을 지불하여, ~을 희생하여	☐ turn out	~인 것으로 드러나다, (어떻게) 되어 가다
☐ serve as	~의 역할을 하다	☐ stand for	~을 상징하다
☐ background check	신원 조사	☐ dispose of	~을 버리다
☐ set up	~을 설치하다	☐ waste away	부식되다, 쇠약해지다
☐ kick in	(효과가 나타나기) 시작하다	☐ lay on	~을 부과하다
☐ figure out	~을 알아내다, 이해하다	☐ get rid of	~을 없애다
☐ pay tribute to	~에게 경의를 표하다	☐ on behalf of	~을 대신하여
☐ hand over	~을 넘겨주다, 이양하다	☐ stem from	~에서 기인하다
☐ pay off	~을 다 갚다	☐ stop by	~에 들르다
☐ honor the memory of	~를 기리다	☐ direct to	~로 향하다

 1초 Quiz

각 어휘 및 표현의 알맞은 뜻과 연결하세요.

1. track down •
2. waste away •
3. adjust to •
4. out of stock •
5. get rid of •
6. bound for •

• ⓐ ~에 맞추다, 적응하다
• ⓑ ~행의
• ⓒ ~을 없애다
• ⓓ 부식되다, 쇠약해지다
• ⓔ 품절이 되어, 재고가 없어
• ⓕ ~을 추적하다, 찾아내다

6. 계리직 필수 회화형 표현

*체크 박스 □: 회독을 하면서 암기 여부를 체크하고, 복습 시 외우지 못한 어휘 위주로 학습할 수 있습니다.

□	How long does it take to receive the mail?	우편물을 받는 데 얼마나 걸리나요?
□	We can put your mail delivery on hold.	고객님의 우편물 발송을 보류해 드릴 수 있습니다.
□	How much does it cost to send a letter overseas?	해외로 편지를 보내는 비용은 얼마인가요?
□	Our service guarantees delivery within 1-2 business days.	저희 서비스는 영업일 기준 1-2일 이내 배송을 보장합니다.
□	We can mail it by sea.	저희가 그것을 배편으로 보내 드릴 수 있습니다.
□	Inflammable things aren't allowed into the aircraft.	가연성 물품은 비행기에 허용되지 않습니다.
□	Can you tell me the invoice number?	운송장 번호를 알려 주시겠어요?
□	It seems the parcel was lost in transit.	소포가 운송 중에 분실된 것 같습니다.
□	I'd like to send this package by overnight delivery.	이 소포를 익일 특급으로 보내고 싶어요.
□	I didn't know about the weight limit.	무게 제한에 대해서는 몰랐네요.
□	I'd like to file a claim for compensation.	보상에 대한 청구서를 제출하고 싶습니다.
□	Do you offer bulk mailing services?	대량 우편 발송 서비스를 제공하시나요?
□	Would you fill out this form?	이 양식을 작성해 주시겠습니까?
□	I'll go with it.	저는 그걸로 하겠습니다.
□	Please use bubble wrap for fragile items.	깨지기 쉬운 물품은 포장용 에어캡을 사용해 주세요.
□	I've got nothing to declare.	저는 세관에 신고할 것이 없습니다.
□	Would you mind giving me a hand?	좀 도와주시겠어요?
□	Do you want to proceed?	진행하시겠습니까?
□	We never ask for personal information from our customers over the phone.	저희는 고객분들께 전화로 개인 정보를 결코 요청하지 않습니다.
□	I'll transfer you to that department.	그 부서로 연결해 드리겠습니다.

☐	Could you provide your identification?	신분증을 제시해 주시겠어요?
☐	I'll check my account.	제 계좌를 확인해 보겠습니다.
☐	I'd like to withdraw money from my account.	제 계좌에서 돈을 인출하고 싶어요.
☐	Are you looking for a regular savings account or a time deposit?	보통 예금 계좌를 찾으시나요, 아니면 정기 예금을 찾으시나요?
☐	I want to transfer money abroad.	해외로 돈을 송금하고 싶습니다.
☐	Could you wait in line?	줄 서서 기다려 주시겠어요?
☐	What's the exchange rate today?	오늘 환율이 어떻게 되나요?
☐	You can use a credit card or an instant postal account transfer.	신용 카드를 사용하시거나 우체국 즉시 계좌 이체로 하시면 됩니다.
☐	Bear with me, please.	잠시만 양해 부탁드립니다.
☐	Which one do you prefer?	어떤 것을 선호하세요?

1초 Quiz

각 회화형 표현을 알맞은 뜻과 연결하세요.

1. It seems the parcel was lost in transit.
2. Do you offer bulk mailing services?
3. I'll transfer you to that department.
4. I'd like to withdraw money from my account.
5. What's the exchange rate today?
6. I'll go with it.

ⓐ 제 계좌에서 돈을 인출하고 싶어요.
ⓑ 소포가 운송 중에 분실된 것 같습니다.
ⓒ 오늘 환율이 어떻게 되나요?
ⓓ 대량 우편 발송 서비스를 제공하시나요?
ⓔ 저는 그걸로 하겠습니다.
ⓕ 그 부서로 연결해 드리겠습니다.

2025 대비 최신판

해커스계리직
영어
출제예상문제집

초판 2쇄 발행 2025년 4월 7일
초판 1쇄 발행 2024년 9월 25일

지은이	해커스 공무원시험연구소
펴낸곳	해커스패스
펴낸이	해커스공무원 출판팀

주소	서울특별시 강남구 강남대로 428 해커스공무원
고객센터	1588-4055
교재 관련 문의	gosi@hackerspass.com
	해커스공무원 사이트(gosi.Hackers.com) 교재 Q&A 게시판
	카카오톡 플러스 친구 [해커스공무원 노량진캠퍼스]
학원 강의 및 동영상강의	gosi.Hackers.com

ISBN	979-11-7244-296-5 (13740)
Serial Number	01-02-01

저작권자 ⓒ 2024, 해커스공무원
이 책의 모든 내용, 이미지, 디자인, 편집 형태에 대한 저작권은 저자에게 있습니다.
서면에 의한 저자와 출판사의 허락 없이 내용의 일부 혹은 전부를 인용, 발췌하거나 복제, 배포할 수 없습니다.

공무원 교육 1위,
해커스공무원 **gosi.Hackers.com**

해커스공무원

· **해커스공무원 학원 및 인강**(교재 내 인강 할인쿠폰 수록)
· 해커스 스타강사의 **공무원 영어 무료 특강**
· **공무원 보카 어플, 공무원 매일영어 학습** 등 공무원 시험 합격을 위한 다양한 무료 학습 콘텐츠

한경비즈니스 2024 한국품질만족도 교육(온·오프라인 공무원학원) 1위

한국사능력검정시험 1위* 해커스!
해커스 한국사능력검정시험 교재 시리즈

*주간동아 선정 2022 올해의 교육 브랜드 파워 온·오프라인 한국사능력검정시험 부문 1위

**빈출 개념과 기출 분석으로
기초부터 문제 해결력까지
꽉 잡는 기본서**

해커스 한국사능력검정시험
심화 [1·2·3급]

**스토리와 마인드맵으로 개념잡고!
기출문제로 점수잡고!**

해커스 한국사능력검정시험
2주 합격   심화 [1·2·3급]   기본 [4·5·6급]

**시대별/회차별 기출문제로
한 번에 합격 달성!**

해커스 한국사능력검정시험
시대별/회차별 기출문제집   심화 [1·2·3급]

**개념 정리부터 실전까지!
한권완성 기출문제집**

해커스 한국사능력검정시험
한권완성 기출 500제   기본 [4·5·6급]

**빈출 개념과 기출 선택지로
빠르게 합격 달성!**

해커스 한국사능력검정시험
초단기 5일 합격   심화 [1·2·3급]
기선제압 막판 3일 합격   심화 [1·2·3급]